中国物流技术协　　　　教材
面向“十三五”物流专业工学结合规划系列教材

现代物流概论

人类进入21世纪后，以新型流通方式为代表的连锁经营、物流配送、等产业发展迅速
加之经济全球化趋势明显增强，给世界各国经济发展带来了前所未有的机遇
被誉为“第三利润源泉”的现代物流产业，在国民经济建设与社会发展中发挥着愈来愈重要的作用

XIAN DAI WU LIU GAI LUN

主　审　兰洪杰　文玉菊
主　编　华细玲　张凤玉
副主编　陶广华　苏巧娜　何红新　郑建英
参　编　刘　军　周海龙　苏　旋　万为军
　　　　吴　倩　刘大俊　游　俊　杨国荣

中国商业出版社

图书在版编目(CIP)数据

现代物流概论/华细玲,张凤玉主编. —北京:中国商业出版社, 2016.9

ISBN 7-5044-5732-9

Ⅰ.现… Ⅱ.①华…②张… Ⅲ.物流-概论 Ⅳ.F252

中国版本图书馆 CIP 数据核字(2006)第 101156 号

责任编辑:刘毕林

中国商业出版社出版发行

(北京广安门内报国寺 1 号 邮编:100053)

新华书店总店北京发行所经销

涿州市华建印刷有限公司印刷

*　*　*　*　*

787×1092 毫米 开本:1/16 印张:17.5 字数:300 千字

2016 年 9 月第 2 版 2016 年 9 月第 1 次印刷

定价:39.80 元

*　*　*　*

(如有印装质量问题可更换)

序

当前物流不仅在我国,就是在世界范围也已经成了经济活动的热点！因为随着市场国际化、采购全球化,生产布局也随市场采购一道全球化了,这就大大地加长了供应链。而电子信息网络技术的发展,已把供应链加长对商流、信息流和资金流造成的不利影响解决掉了,从而使物流的效率对整个生产与营销成本的影响突显出来,引起了大家的关注。中国已成为世界的加工厂,其物流需求极大,在国内物流企业快速发展的同时国外的物流企业也纷纷进入中国,物流市场竞争极为激烈,这就更加剧了我国物流人才短缺的状况。所以各院校纷纷设立物流专业,以满足市场对物流人才的迫切需求。在解决需求方面高端的如研究生,本科生等参与的单位很多,但在高职、中专方面关心的就少多了。这主要是由于人们对物流人才市场缺乏了解,加上我国的学生与家长们望子成龙的心太迫切,殊不知人才的需求也是综合的,尤如一架机器上的各个部件一样,是缺一不可的。为什么有些产品我们都喜欢原装的？这不是输入到中国的零部件有问题,主要是我们的操作人员在领会设计意图,理解操作规范和实际动手装配上,较之国外的企业有较大的差距。为此国家教育部特别强调在大、中专学生培养中一定要加强实操能力的培养与训练。在重视高层物流经营与管理人才培养的同时,也要特别关心物流职业技术教育,培养和造就一大批有一定的基础理论知识,又了解物流第一线生产实际状况,并具备岗位实操能力的物流人才。

为解决上述问题,中国物流技术协会与全国职业教育教学培训委员会商贸专业委员会合作进行了物流专业教师物流实践知识的培训,在海尔、昆船、红河、北京西南物流中心等国内著名企业里现场进行物流生产知识的讲授和参观、考察与研讨,丰富教师的物流生产实践知识;考察中教师们还对生产线进行了拍照和录相,带回学校作为课堂教学的素材,配合课堂讲解增强学生们对物流生产的感观认知度。在此基础上我们又做了大量的调研,分析了教学方面对教材的质量与专业性的要求,在兰州召开了"现代物流职业教育教材"编写研讨会,提出编写一套物流管理与实训相结合的系列教材。该系列教材共有14本,既系统地涵盖了目前物流专业教育的教学内容,又有针对性地培养学生的职业技能。

本系列教材在突出实用性技能的同时,也编进了一定量的物流领域新知识、新技术和新概念。除了可作学校教学使用外,也可作为企业人才培训和物流从业人员自我提高的辅导材料。

中国物流技术协会 牟惟仲

前 言

随着科学技术的迅猛发展和经济全球化趋势的增强，世界各国经济发展面临着前所未有的机遇与挑战。现代物流作为现代经济的重要组成部分，在国民经济和社会发展中发挥着重要作用。它将成为中国经济发展的重要产业和新的经济增长点。从中央到地方，都已将物流作为提高市场竞争能力、提高企业核心竞争力的重要手段。

目前，我国物流业发展迅速，但是物流管理人才的紧缺，已经成为制约我国物流业向更高层次发展的瓶颈。为了适应职业院校技术应用型物流管理人才培养的需要，我们编写这部《现代物流概论》教材。教材围绕着物流管理应知和应会的核心内容，理论与实际相结合，运用现代管理原理，从新的视角阐述了物流运作与管理的基本理论概念和基础知识，并通过对大量案例的分析力求扩展学生的思维空间和增强学生的自主学习能力；在编写方法上打破了传统教材过于注重“系统性”的倾向，精炼理论，突出实用技能，注重现实社会发展和就业需求，有针对性地培养学生的职业技能。该书的特点是引用案例较多，每章前有学习目标，每章后有复习思考题（名词解释、选择题、思考题、课堂讨论题与案例分析题），使得读者容易掌握重点，便于理解和复习。

本书共分十章，由华细玲（江西旅游商贸职业学院，副教授）设计全书框架，拟定编写大纲，并总纂定稿。本书由华细玲、张凤玉（江西应用技术职业学院）担任主编，陶广华（江西旅游商贸职业学院，副教授）、苏巧娜（天津市二商校，高讲）、何红新（福建工贸学校，讲师）、郑建英（福建经贸学校，讲师）担任副主编。华细玲编写第一章、第四章、第五章；张凤玉编写第二章；陶广华编写第七章；苏巧娜编写第三章；何红新、刘军（江西社会科学院）编写第八章；郑建英、周海龙（江西旅游商贸职业学院）编写第十章；苏璇（福建经贸学校，讲师）编写第九章的第一节；万为军（江西旅游商贸职业学院）编写第九章的二、三节；吴倩（江西旅游商贸职业学院）编写第六章第一节；刘大俊（安徽财贸职业学院）编写第六章第二节；游俊（福建经贸学校，讲师）编写第六章的第三节；杨国荣（江西旅游商贸职业学院）编写第六章第四节。由华细玲、张凤玉收集并编写案例。最后由江西旅游商贸职业学院经济管理系主任文玉菊教授进行了初审，同时特邀当代物流学研究资深教授兰洪杰对该书进行了最终审定。

在本书的编写中，借鉴了国内外诸多专家学者的学术观点，参阅了许多报刊媒体和网站的报道资料，在此特别鸣谢。

由于时间仓促和水平所限，书中难免有不妥之处，敬请读者批评指正。

现代物流教材编委会

2016 年 9 月

目 录

第一章 导论 1

* 学习目标

通过本章的学习，熟练掌握物流与物流管理的基本概念，掌握物流管理的基本内容、物流的分类；了解物流业的发展、物流的基本要素，了解物流所涵盖的传统行业和它们之间有机关联以及物流作为第三利润源的新兴产业将对我国国民经济发展所带来的巨大影响。

* 主要内容

物流概念及其发展

物流理论及物流观念

物流的基本构成要素

现代物流业

* 引导案例

深圳市将物流业作为支柱产业

中国深圳市第三次党代表大会确定了三大支柱产业发展战略，明确将现代物流业、金融业、高科技产业三项产业确定为深圳市在未来经济发展中的三大支柱产业，并且通过了三大支柱产业发展战略。确立了深圳作为中国南部地区物流中心城市的地位。

1. 制定深圳市“十五”规划及15年现代物流业发展规划。对现代物流业发展进行专门的规划，在国内尚无先例，在国外也只有日本等少数国家曾经做过类似的工作。

2. 大力度整合物流资源。深圳市采用与我国传统体制不同的新体制，将物流及相关经济领域进行整合，以求解决计划经济体制采用的产业分工。体制和机构形式所形成的“部门分割”的问题，从而为现代物流业的系统化发展奠定了一个良好的基础。

3. 大力推进物流及相关科学技术大发展，实行人才战略，用科技进步来推动现代物流业的发展。

4. 制定物流产业发展的产业政策，为物流产业的发展创造有利发展的宏观环境。

5. 构筑支持物流业发展信息平台和基础装备、设施平台，以使物流企业有一个顺畅运作的环境。

深圳平湖物流基基地是作为支柱产业率先启动的一个大型物流地，它瞄准了海铁、海公巨大规模的联运市场，准备把大型商贸、物流及房地产开发集约于一体，形成一个新型的开发区域。

第一节　物流的概念及其发展

一、物流的概念及其发展

（一）物流的概念

1. 早期物流概念

物流一词最早出现于美国，1915 年阿奇·萧在《市场流通中的若干问题》中指出，“物流是与创造需要不同的一个问题”，“物资经过时间或空间的转移，会产生附加价值”。在物流发展早期阶段，人们主要从有利于商品销售的目标出发，探讨怎样加强“物资分布过程”管理，有效地进行“物资配给”。

2. “后勤学”理论

二战期间，美国军队围绕战时物资供应问题，建立了“后勤学”理论。将战时物资的采购、生产、运输、分拨、配给等活动作为一个整体进行统一部署，以求战略物资补给的速度更快、质量更好、成本更低。“后勤学”逐渐成为单独学科，并演变为“后勤工程学”、“后勤管理学”等。

3. 商业后勤学

战后军事后勤学的理论方法被引入到商业领域，被称为“商业后勤学”，其含义为“包括原材料的流通、产品分配、运输、购买与库存控制、用户服务等业务活动”。这是一个范围更为广泛的物流概念，包括供应物流、生产物流和销售物流。

4. 物流学

在物流的发展过程中，许多机构及专家学者从不同角度以各自的理解与表述方法给出物流的定义。

1963 年，世界上第一个物流专业组织——美国物资流通管理协会对物流管理下了定义（简称“63 定义”）：物流管理是为了计划、执行和控制原材料、在制品库存及制成品从起源地到消费地的有效率的流动而进行的两种或多种活动的集成。这些活动可能包括但不仅限于：顾客服务、需求预测、交通、库存控制、物料搬运、订货处理、零件及服务支持、工厂及仓库选址、采购、包装、退货处理、废弃处回收、运输、仓储管理。

从 1963 年到 2003 年，美国对物流的定义进行了五次更新（即 63 定义、86 定义、98 定义、02 定义、03 定义）。

2003 年，美国物流管理协会（CLM）的定义为：物流是供应链管理的一部分，是对货物、服务及相关信息从起源地到消费地的有效率、有效益的正向和反向流动和储存进行的计划、执行和控制，以满足顾客要求。

从美国物流协会 2003 年对物流的重新定义，可以看出物流被包括在供应链管理范围之内，是供应链管理的一部分。物流活动一般包括进向和去向的运输管理、车队管理、仓储、物料搬运、订单履行、物流网络设计、库存管理、供应、需求规划、第三方物流服务商管理。在不同程度上，物流活动也包括：采购、生产计划与排程、包装与装配、客户服务。

从 2005 年 1 月 1 日起，美国物流协会，已正式更名为美国供应链管理专业协会（CSC-

MP)。这意味着在美国，物流已全部融入了供应链管理。供应链管理在企业的地位日益崇高，供应链管理人士的活动范围日益广泛，对企业价值的贡献得到了公认。

日本日通综合研究所的定义为:物流是物质资料从供给者需要者的物理性移动，是创造时间性、场所性价值的经济活动。

中国关于物流术语的国家标准(GB/T18354－2001)定义为:物品从供应地向接收地的实物流动过程。根据需要，将运输、储存、装卸、搬运、包装、流通加工、配送、信息处理等基本功能实施有机结合。

对物流定义的表述方法虽然有所不同，但这些概念描述有如下共同要点。

(1)物流的研究对象是贯穿生产领域和流通领域的一切产品流及有关的信息流，研究的目的是对其进行科学的计划、管理与控制。

(2)物流的作用是将产品由供给主体向需求主体转移(包括物品的废弃与还原)，在这一转移过程中创造空间价值和时间价值。

(3)物流活动包括运输、仓储、装卸搬运、包装、流通加工、配送及信息服务等主要功能活动。

二、现代物流的发展过程

(一)物流活动的发展阶段

物流发展也反映经济社会的发展，也是人们在不同时期对物流认识程度的反映。物流的发展过程，大体上经历了三个不同的阶段，即分拨阶段、转型阶段和现代物流阶段。

1. 物流分拨阶段

物流分拨阶段是指20世纪50年代前后的一段时间。如日本在第二次世界大战后的国民经济恢复初期，物流尚未被人们认识，运输、储存、包装等物流环节在流通过程中基本上是分散管理，而生产过程中的物流活动，更未引起重视。为此，日本组织考察团去美国进行实地考察，引进物流管理技术，并将“物资分拨”起名为“物流”。

2. 物流开发阶段

物流开发阶段的标志是经济学界和实业界对物流的重要性有了较为深刻的认识，并推动整个经济社会的物流开发。这一阶段大体上在20世纪60年代至70年代。在20世纪70年代中期出现的经济衰退，迫使企业更加重视降低成本，以提高商品的竞争力，但其着眼点是从生产领域转向了流通领域，通过流通开发和改进对顾客的服务和降低运输费用、存储费用用来增加利润。

3. 物流现代化阶段

这一阶段，在物流研究和管理方面的特点是把物流各项职能作为一个系统进行研究，从整体上进行开发。在美国，加强物流系统的管理被视为美国“再工业化”的重要因素。日本设立了专门机构来统筹全国的物流活动，使物流系统化、综合化、协调化有了很大的发展，物流现代化水平明显提高。

(二)我国的物流的发展

我国物流的发展与我国的经济发展水平、经济结构、技术发展状况有关，并且与我国的经济体制变革有关，自新中国成立以来，我们的物流发展大体也可分为四个阶段。

第一阶段:初期发展阶段(1949 年至 1965 年)

这一时期，新中国成立时间不长，国民经济尚处在恢复发展时期，工农业生产水平较低，经济基础较薄弱，并且出现了重生产、轻流通倾向。物流处于起步阶段，表现为:在生产和流通部门建立了为数不多的储运公司和功能单一的仓库;运输业处于恢复和初步发展时期;搬运和仓储环节比较落后。

第二阶段:停滞阶段(1966 至 1977 年)

1966 年开始的"文化大革命"，给国家经济、政治及其他方面造成了严重破坏。物流的发展也遇到了同样情况，物流理论的研究和物流实践基本处于停滞状态。

第三阶段:较快发展阶段(1978 年至 1990 年)

中共十一届三中全会以来，随着改革开放步伐的加快，我国开始从计划经济向市场经济过渡，国民经济特别是物流业得到了较快发展，运输业、仓储业、包装业的发展较快，新建了大量的铁路、公路、港口、码头、仓库、机场等，尤其是有关物流学术团体在此期间都相继成立，积极有效地组织开展国内国际物流学术交流活动，了解和学习国外物流管理先进经验。中国物资流通学会于 1989 年 5 月在北京成功地承办了第八届国际物流会议，对我国的物流发展起了促进作用，一些物流学的专著和译著也出版发行，人们在观念上逐步改变了孤立地对待包装、装卸、运输、保管、信息情报等机能，开始以系统的观点对它们的作用进行研究。

第四阶段:高速发展阶段(1991 年后)

1991 年以后，我国国民经济进入高速发展时期，科学技术的迅速发展和信息技术的普及应用，消费需求个性化趋势的加强，竞争机制的建立，使得我国的工商企业，特别是中外合资企业，为了提高竞争力，不断提出了新的物流需求，我国经济界开始把发展物流业提到了重要议事日程。在此期间，我国加快了物流系统的建设，促使其向标准化、国际化方向发展。

第二节　物流理论及物流观念

一、物流的商物分离说

商品从生产领域到消费领域的转移过程称为商品流通。在这个过程中，有商流和物流两个方面活动。一是商品价值的转移，即商品所有权的转移;另一个是商品使用价值的转移，即商品实体转移。我们把前者称为商流，把后者称为物流。商流和物流的统一，构成了商品流通。

(一)商流的概念

商流。对象物所有权转移活动称为商流。在商流中的物资也称为商品，商流活动一般称为贸易或交易。商品通过交易活动由供给方转让给需求方，这种转让是按价值规律进行的。商流的研究内容是商品交换的全过程，具体包括 市场需求预测、计划分配与供应，以及货源组织、订货、采购调拨、销售等。其中既包括贸易决策，也包括具体业务及财物的处理。

(二)商流和物流的关系

商流和物流都是流通的组成部分，二者结合才能有效地实现商品由供方向需方的转移过程。一般在商流发生之后，即所有权的转移达到交易之后，货物必然要根据新货主的需要进行转移，这就导致相应的物流活动出现。物流是产生商流的物质基础，商流是物流的先导。两者相辅相成，密切配合，缺一不可。只有在流通的局部环节，在特殊情况下，商流和物流可能独立发生，一般而言，从全局来看商流和物流总是相伴发生的。

(三)商物分离

尽管商流和物流的关系非常密切，但是他们各自具有不同的活动内容和规律。在现实经济生活中，进行商品交易活动的地点，往往不是商品实物流通的最佳路线的必经之处。如果商品的交易过程和实物的运动过程路线完全一致，往往会发生实物流路线的迂回、倒流、重复等不合理现象，造成资源和运力的浪费。商流一般要经过一定的经营环节来进行业务活动；而物流则不受经营环节的限制，它可以根据商品的种类、数量、交货要求、运输条件等，使商品尽可能由产地通过最少环节，以最短的物流路线，按时保质地送到用户手中，以达到降低物流费用、提高经济效益的目的。综上所述，在合理组织流通活动中，实行商物分离的原则是提高社会经济效益的客观需要，也是企业现代化发展的需要。

二、物流的“黑大陆”说

著名的管理学权威彼得·德鲁克曾经说过：“流通是经济领域里的黑暗大陆”。黑大陆的说法主要是尚未认识、尚未了解的意思。如果理论研究和实践探索照亮了这块黑大陆，那么摆在人们面前的可能是一片不毛之地，也可能是一片宝藏之地。黑大陆的说法也是对物流本身的正确评价：这个领域未知的东西还很多，理论和实践皆不成熟。

三、物流冰山

物流冰山是日本早稻田大学西泽修教授提出来的，他在专门研究物流成本时发现，现行的财务会计制度和会计核算方法都不可能掌握物流费用的实际情况，因而人们对物流费用的了解是一片空白，甚至有很大虚假性，他把这种情况比做物流冰山。冰山的特点是大部分沉在水面之下，而露出水面的仅是冰山一角。物流成本便是一座冰山，沉在水面以下的是我们看不到的黑色区域，而我们看到的不过是物流成本的一部分。

四、第三利润源

第三利润源的说法主要出自日本。

第三利润源是对物流潜力及效益的描述。经过半个世纪的探索，人们已肯定这“黑大陆”虽看不清，但绝不是不毛之地，而是一片富饶之源。尤其是经受了 1973 年石油危机的考验，物流已牢牢树立了自己的地位，今后的问题是进一步地开发。

从历史发展来看，人类历史上曾经有过两个大量提供利润的领域。第一个是资源领域，第二个是人力领域。

资源领域的利润起初是靠廉价原材料、燃料的掠夺或获得而产生。其后则依靠科技进步，节约消耗、节约代用、综合利用、回收利用、大量人工合成资源而获取高额利润。习惯称之为第一利润源。

人力资源最初是依靠廉价劳动，其后则有赖于科技进步提高劳动生产率、降低人力消耗或采用机械化、自动化来降低劳动耗用，从而降低成本，增加利润。这个领域习惯称做第二利润源。

在前两个利润源潜力越来越小，利润空间越来越有限的情况下，物流领域的创利潜力被人们所重视，按时间顺序称为第三利润源。

五、效益背反观念

物流领域中很普遍的现象，也是这一领域中内部矛盾的反映和表现。例如，包装问题，包装方面每少花一分钱，这一分钱就必然转到收益上来，包装越省，利润则越高。但是，一旦商品进入流通之后，如果简单的包装降低了产品的保护效果，造成了大量损失，就会使存储、装卸、运输功能要素的工作劣化和效益大减。显然，包装活动的效益是以其它的损失为代价的。我国流通领域每年因包装不善出现的上百亿元的损失，就是这种效益背反的实证。

六、服务中心认识

这种认识代表了美国和欧洲等一些国家学者对物流的认识，他们认为，物流活动最大的作用，并不在于为企业节约了消耗，降低了成本或增加了利润，而是在于提高企业对客户的服务水平进而提高了企业的竞争能力。因此，他们在使用描述物流的词汇上选择了后勤一词，特别强调其服务保障的职能。通过物流的服务保障，企业以其整体能力来压缩成本和增加利润。

第三节　物流的基本构成要素

研究物流过程，可以抽象出流体、载体、流向、流量、流程、流速共6项最基本的构成要素。

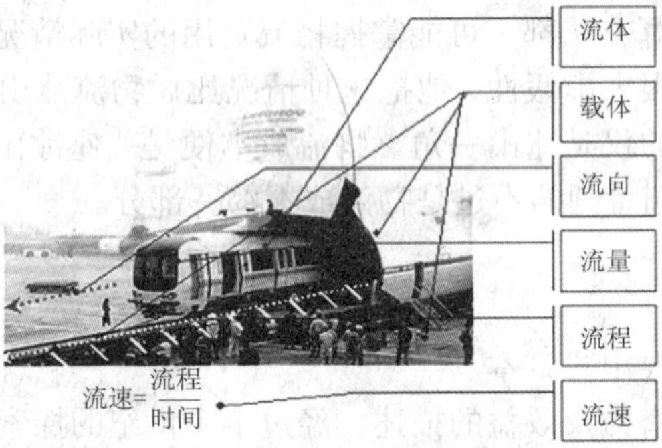

图1-1　物流的基本构成要素

一、流体

流体是指物流中的物流实体。流体具有自然属性和社会属性两类不同的属性。自然属性是指流体的物理、化学、生物学属性，物流管理的任务之一和物流服务质量的重要体现就是流体的自然属性不受损坏，因此在物流过程中应根据流体的自然属性合理安排运输、仓储、装卸、配送等物流作业，组织进行流体的检验及养护。社会属性是指流体所具有的价值属性，以及产品的生产者、采购员、物流业者、销售者之间的各种关系。单位体积或质量流体的价值量越大，物流过程组织越要精心，越要追求提高物流效率。物流活动的目的是实现物流由供应者向需求者的流动，尽管在这一过程中，部分流体可能不止一次地处于仓储状态，从流动的意义上说，仓储过程是流速为零的一种流动形式，因此可以说，液体总是处于不断流动的过程中的。

二、载体

载体是指物流过程中流体借以实现流动的设施和设备。物流载体可以分成两大类。

第一类载体指物流基础设施，主要指各类固定基础设施，如铁路车辆、公路路线、水运航道、港口码头、货运场站机场等。第二类载体指以各种固定设施为基础，直接承载运送流体的各种设备、集装器具、包装、加工、加工机械设备等。

三、流向

流向是指流体从起点到终点的流动方向。物流流向通常可以分为如下 4 种。

（一）自然流向——根据产销关系所确定的商品的流向。商品从其产地流向销地，表明对该产品的客观需要。

（二）计划流向——根据流体经营者的商品经济计划而形成的商品流向，即商品从供应地流向需求地。

（三）市场流向——根据市场供求关系和价值规律所确定的商品流向。

（四）实际流向——在物流过程中流体实际发生流向。在物流运作过程中，上述几中流向有可能相互重叠，但由于主客观多种因素的影响，也可能导致流体的实际的实际流向与其他流向发生偏离。物流科学通过对产销关系、供求关系的研究，深刻认识和准确把握流向的变化规律，提高计划制定和物流组织管理水平，努力做到实际流向与计划流向、市场流向及自然流向相一致，以达到优化配置物流资源、合理规划物流流向、提高物流运作效率、降低物流成本的目的。

四、流量

流量是指流体在一定流向上通过载体的数量表现。物流流量与流向是紧密相关、不可分割的两大要素，每一流向都有一定的流量与之相对应。因此，可参照流向的分类方法对流量进行分类，即分为自然流量、计划流量、市场流量和实际流量 4 类。此外，根据流量自身的特点，还可按实际流量和理论流量对流量进行分类。实际流量是指物流过程实际发生的物流产量，按不同分类标准又可细分为很多种。其中最基本的为 6 种：其一是按照流体类别统计的流量；其二是按照载体统计的流量；其三是按照流向统计的流量；其四是按照流程统计的流量；其五是按照发运人统计的流量；其六是按照承运人统计的流量。此外，还有按流体价值系数、按流速要求统计的流量，以及由上述各种分类方法相组合进行复合统计的更多种类的流量。

五、流程

流程是指流体通过载体在一定流向实现空间位移的数量表现。流量的大小对物流成本水平及物流载体形式的选择等有重要影响。与流量的分类方法相同，流程可以分为自然流程、计划流程、市场流程与实际流程；也可分为理论流程和实际流程。理论流程通常为可运行路径中的最短路；实际路径又可分为按流体统计、按载体统计、按流向统计、按发运人统计 4 种基本类型及通过不同组合进行复合统计的更多种类的流程。

六、流速

流速是指流体通过载体在一定流程上的速度表现。流速与流向、流量、流程是构成物流的四大量化要素，是衡量物流效率和效益的重要指标。

上述物流六大要素之间存在紧密的相互联系，在一定物流系统规划和组织物流流动活动种要注意分析和处理好这些要素之间的关系，以确保提升物流服务水平、降低物流成本、提高物流效率和效益。

第四节　物流的发展趋势

当今，物流业已经成为促进世界经济发展的主体行业，物流是国民经济的基础之一，物流通过不断输送各种物质产品，使生产者不断获得原材料、燃料以保证生产过程的正常进行，同时不断将产品运送给不同的需要者，以使这些需要者的生产、生活得以正常进行。20 世纪 90 年代以后，物流在国民经济中越来越多地表现为一个独立的、综合的业种——现代物流业。

[案例 1-1]

美国物流业的规模和进展

据统计，美国物流业规模为 9000 亿美元，几乎为高技术产业两倍，占美国国内生产总值的 10% 以上。物流产业合同金额为 34 亿美元，预计今后 3 年将以平均 23% 的速度增长。1996～2000 年，物流产业总共将压减 500 多亿美元的分拨成本。美国公司每年支出的库存利息有 40 多亿美元，支付的税金、折旧费、贬值损失及保险费用约 80 多亿美元，仓库费用有 20 多亿美元。近一半的企业认为物流代表了一种新竞争优势。

1999 年，美国的物流产业发生了三个显著变化：电子商务应用、供应链软件集成和作为中间市场的第三方物流业务的发展。变化的根本原因在于电子商务的大行其道。

一、现代物流的构成要素

我国物流标准对物流的定义明确提出：物流是物品从供应地向接收地的实体流动过程。根据实际需要，将运输、储存、装卸、搬运、包装、流通加工、配送、信息处理等基本功能实施有机结合。由此可以看出，现代物流的构成要素不同于传统物流，不仅有实现物品实体空间位移的运输要素和实现时间变化的储存要素，而且更有保证物流顺利进行以及实现物流高效率的装卸、搬运、包装、流通加工、配送、信息处理等要素，它们相互联系、相互制约。

(一)包装

包装功能要素是指产品在运输和保管过程中乃至延伸至其前的生产过程和其后的销售过程中为了保证产品的价值和形态所开展的物流活动。

(二)装卸、搬运

装卸、搬运功能要素是指发生在物流全过程中的物品取放活动，它具有将物流各环节相互衔接的功能。

（三）运输

运输功能要素是指运用一切可能的手段，使物品发生场所或者空间位移的物流活动，这种手段可以是各类交通工具，也可以是相对固定的输送管道和传输带。

（四）保管

保管功能要素是指和物品储存管理相关的物流活动，它是创造商品在生产者和消费者之间时间价值的主要手段。

（五）流通加工

流通加工功能要素是指当产品进入流通领域后，为了促进销售，保证产品合格率，实现物流高效化而进行产品后加工活动。

（六）配送

配送功能要素是指进入最终阶段的物流环节，包括运用集货、理货、配货、送货等方式开展的一种小型的综合物流活动，它涉及了其他各功能要素的内容。

（七）物流情报

物流情报功能要素是指为了物流系统正常运转而开展的相关信息收集、传输、处理、储存的一切活动的总称，是现代物流流区别于传统物流的标志性功能要素。在物流各环节的活动中，会产生大量的信息，如车辆选择、线路选择、库存决策、订单管理等，同时还有来自物流系统以外的信息，如:市场信息、商品交易信息等，要提高物流服务水平，必须有准确的信息保证。

在上述 7 个功能要素中，运输和保管分别解决了生产者和消费者之间的空间和时间的分离倾向，是物流创造“场所价值”和“时间价值”的主要功能要素，因而在现代物流业中处于主导地位。

二、现代物流业的分类

社会经济领域中的物流活动无处不在，对于各个领域的物流，虽然其基本要素都存在且相同，但由于物流对象、物流目的和物流范围、范畴的不同，形成了不同的物流类型。这些类型的划分为我们开展物流研究提供了较大的方便，主要分类方法如表 1－1 所示。

表 1－1　　物流的分类

分类标准	物流类别
按层次和作用分类	供应物流 生产物流 销售物流 回收物流 废弃物流
物流活动范围	国际物流 区域物流 城市物流 企业物流
物流作业对象	专项物流 综合物流

第五节　供应链管理系统

市场竞争不单单是企业之间的竞争，它已逐步拓展为整个供应链之间的竞争。20世纪90年代以来，供应链管理(Supply Chain Management，SCM)已成为产业界和企业界关注的热点问题。供应链管理摒弃了局部管理的思想，采用系统的观点和方法对物流系统进行管理，是一种整体优化。其基本思想包括：系统的观点、共同的目标、新型企业关系、全新的库存观念，以及集成化的管理思想。

一、供应链概述

(一)供应链的定义

国家标准物流术语的定义：供应链是在生产及流通过程中，为将货物或服务提供给最终消费者而创造价值，连接上游与下游而形成的组织网络。

供应链是由客户(或消费者)需求开始，贯通从产品设计，到最初原材料供应、生产、批发、零售等过程，中间或经过运输和仓储，把产品送到最终用户的各项业务活动。

供应链是围绕核心企业，通过对信息流、物流、资金流的控制，从采购原材料开始，制成中间产品以及最终产品，最后由销售网络的产品送到消费者手中的将供应商、制造商、分销商、零售商、直到最终用户连成一个整体的功能网链结构。

供应链是产品/服务的形成与交付给最终用户过程之间的原材料采购活动、转换过程、运输、存储、服务等活动的集成。

供应链中企业之间是上下游的关系，这些企业按商品流通的顺序而形成的网络便是该商品的供应链。通常，一条完整的供应链包括供应商(原材料供应商和零配件供应商)、制造商(加工厂或装配厂)、分销商(代理商或批发商)、第三方物流公司(储运公司或配送中心)、零售商(百货商场、超市、专卖店、便利店和杂货店等)以及消费者。任何一个企业都必然处于某条供应链当中。以服装厂为例，它所处的供应链向上经过纺织厂而延伸到纤维制造厂，向下经过批发商和专卖店而延伸到客户。

[案例1-2]

供应链交响曲

美国安达尔公司以供应链管理为自己的物流服务手段。物流对象是高价值的服务器。它承担的任务是以规定的时间，将空运公司、货 运代理、陆地承运人的优势物流企业组成供应链，从日本的藤津公司位于长野的工厂开始，绕过大半个地球，经历不同的文化理念地区，最终送到五百强公司客户的手中，在那里把产品包装拆卸，再安装好。这个供应链的过程如下：

从长野工厂开始，由安达尔公司的进出口人员将产品包装好，无须采取特殊保护性的运输包装，因为机器离开工厂开始就一直处于安 达尔公司的监控之中 。货物在长野交给日本通运公司，这是供应链里三家货运公司的第一家。货物从进入供应链开始，所有供应链上的企业都可以得知货物途中的信息。

从长野到成田机场，卡车运输由藤津物流公司承担，第一站到达承运人的室内集装箱仓库，然后装入日本通运公司选定航空公司的飞机。这一段停留时间不超过12小时。安达尔公司事先订好了货物中转次数，飞机一起飞，电子邮件就通过互联网发送出去，通知下一个接货环节。

如果目的地是美国，日本通运公司就要通知安达尔公司在美国的集装箱处理商 BAX 全球公司及地面承运人。当货物还在太平洋上空的时候，日本通运公司就事先向美国海关报关，并提前安装接货设备，一般只需 3 小时。BAX 全球公司选择离用户最近的机场，接到货后 BAX 全球公司通过电子邮件通知安达公司和运输公司准备下个接货环节。

全球公司的货运飞机起飞后，通过电子邮件通知运输公司，再由运输公司通知他的车队准备接货。这个运输公司在全球范围配备高科技运输车队，由安装全球卫星定位系统的拖车接运。运输公司接到货物直接送到用户的车间拆卸，在那里有安达尔公司的人员在场监督。

在这个运送过程中，运输公司通过 GPS 和电子邮件向安达尔公司通告交货过程，通过互联网每一个小时更新一次货物进展情况。运输公司的卡车卫星定位系统，每隔一百英尺就能标记新的所在位置。整个运送过程都在严格的监控之下。

(二)供应链管理的定义

供应链管理就是把供应链最优化，以最少的成本，使供应链从采购开始，到满足最终顾客的所有过程，包括工作流程、实物流程、资金流程和信息流程，均有效率地操作，把合适的产品、以合理的价格，及时送到消费者手上。

二、供应链管理的层次和实施

(一)供应链管理的层次

供应链管理是先进的管理理念、管理方法和信息技术相结合的产物。就目前的发展状况来看，供应链管理可以分为三个层次：

1. 企业内部供应链管理

它是将企业内部经营的所有业务单元，如订单、采购、库存、计划、生产、质量、运输、市场、销售、服务等以及相应的财务活动、人事管理等均纳入一条供应链内进行统筹管理。这种供应链管理将企业各个业务环节连接在一起，使得各种业务和信息能够实现集成和共享。

2. 产业供应链和动态联盟供应链管理

它是将企业内部供应链管理延伸和发展为面向全行业的产业链管理，管理的范围从企业内部扩展到了外部。在这种供应链的管理过程中，首先要在整个行业中建立一个环环相扣的供应链，使多个企业能在统一的管理下实现协作经营和协调运作，把这些企业的分散计划纳入整个供应链的计划中，实现资源和信息共享，从而大大增强了该供应链在大市场环境中的整体优势，同时也使每个企业均可以最小的个别成本和转换成本来获得成本优势。

3. 全球网络供应链管理

这是一种基于 Internet 的开放式的全球网络供应链管理。在全球网络供应链中，企业的形态和边界将产生根本性改变，整个供应链的协同运作将取代传统的电子订单，供应商与客户间信息的交流、沟通将采取交互、透明的方式。

(二)供应链管理的实施要点

1. 在一条供应链上的两个或多个企业达成长期共识——在物流流程一体化和同步化的原则下彼此开展业务。

2. 企业致力于发展高标准的信任与合作关系，目的是把买卖关系改变成合作的、团队性企业，彼此能够为对方着想。

3. 实施物流一体化活动，一般包括即时敏感的需求与销售数据、库存数据、货运状况等数据共享。

4. 供应链管理方式产生的透明性和灵活性将使传统的物流流程管理方式有重大改变。

5. 确定供应链中成员的利益共享机制，使各层次成员企业的服务改善和成本降低。

供应链管理的核心，是在生产商、供应商、分销商、零售商和最终客户之间，通过实现供应链环节中各企业的信息沟通、数据互换和协同工作，改造和整合企业的内部和外部业务流程，从而实现整体上更为高效的生产、分销、销售和服务活动，通过缩短交货周期、降低周转库存、缩小客户响应时间，而增加企业的盈利能力。

合作与协调是供应链管理的重点，如没有现代物流服务的无缝连接，运输的货物逾期未到，顾客的需要不能及时得到满足，采购的物资常常在途受阻等，会导致供应链的合作打折扣。因此，无缝连接的现代物流系统是保障供应链能协调运作的前提条件。灵活多样的现代物流服务，提高了用户的满意度。通过制造商和物流公司的及时信息交换，把用户关于运输、包装和装卸等方面的要求反馈给相关部门、提高供应链管理系统对用户需求的响应能力。力图降低整个供应链的成本，提高供应链提供给消费者的价值，增强整个供应链的竞争力，从而使系统中每个企业都受益。正如英国著名供应链专家马丁·克里斯多夫所言，“21 世纪的竞争不是企业和企业之间的竞争，而是供应链和供应链之间的竞争”，“市场上将只有供应链而没有企业”。

* 本章小结

本章介绍了物流的概念，物流的基本构成要素，通过物流的活动，了解物流与流通的关系，并对物流进行了分类。介绍了我国物流发展历史的四个主要阶段。第一阶段:初期发展阶段(1949 至 1965 年)，第二阶段:停滞阶段(1966 至 1977 年)，第三阶段:较快发展阶段(1978 至 1990 年)，第四阶段:高速发展阶段(1991 年后)。

※ 复习思考题

一、名词解释

物流　流体　载体　流向　流量　流程　流速

二、思考题

1. 什么是物流？你对物流概念及内涵如何理解？

2. 什么是商流？举例说明商流与物流的关系，并说明商物分离的意义。

3. 物流的基本构成要素有哪些？

4. 眼下有些个体户买辆运输车就自称为物流公司，对吗？

5. 中国如何发展物流产业才能适应国民经济的需要？

三、填空题

1. 中国关于物流术语的国家标准(GB/T18354－2001)定义为:物品从( )、向( )的实物流动过程。根据需要，将运输、储存、装卸、搬运、包装、流通加工、配送、信息处理等基本功能实施有机结合。

2. 物流的发展过程，大体上经历了三个不同的阶段，即( )、( )和( )阶段。

3. 我国物流的发展大致经历了( )、( )、( )、( )四个阶段。

4. 研究物流过程，可以抽象出( )、( )、( )、( )、( )、( )共6项最基本的构成要素。

5. 现代物流的构成要素不同于传统物流，不仅有实现物品实体空间位移的( )和实现 ( )的储存要素，而且更有保证物流顺利进行以及实现物流高效率的( )、( )、( )、( )、 ( )、( )等要素，它们相互联系、相互制约。

四、选择题(单选或多选)

1. 商品从生产领域到消费领域的转移过程称为商品流通。在这个过程中，有( )和( )两个方面活动。

①商流　②物流　③资金流　④信息流

2. 下列活动( )不属于物流范畴。

①属于物品物质实体的流动　②不属于经济活动的物质实体流动

③商流所有权转移和物流的实体位置转移　④不属于经济活动的物质实体流动

3. 现代物流业的分类，按物流活动范围，可分为( )。

①国际物流　②区域物流　③城市物流　④ 企业物流

4. 下列说法正确的是( )。

①物流所要“流”的对象是有形物品和无形物品

②只有物品物理位置发生变化的活动，如运输、搬运、装卸等活动才属于物流活动

③物流是从某个企业原材料的供应、储存、搬运、加工、生产直至产成品的销售整个过程

④物流不仅仅研究物的流通与储存，还研究伴随着物的流通与储存而产生的信息处理

五、课堂讨论

海尔集团创立于1984年，经过17年的艰苦努力，已发展成为在海内外享有较高美誉的大型国际化企业集团。海尔产品从1984年的单一冰箱发展到拥有白色家电、黑色家电、米色家电在内的86大门类13000多个规格的产品群，并出口到世界160多个国家和地区。17年来，海尔营业额以年均78%的增长速度发展。2001年，实现全球营业额602亿元，实现出口创汇4.2亿美元，品牌价值已达436亿元，成为中国家电第一品牌。

海尔首席执行官张瑞敏说，在网络经济时代，一个现代企业如果不搞现代物流，就没有生路。海尔搞现代物流的出发点是使企业每时每刻都对市场做出最快的反应。为此，必须对企业的整个流程进行一次“革命”，即“业务流程再造”。就是说，物流不仅是“精简车辆和仓库、业务外包、多拉快运”，还必须把改革的触角引伸到生产领域。海尔集团从1999年初开始物流改革，首先选择库存资金占用比较大的零部件作为突破点，建立了现代化的立体库，开发了库存管理软件。之后，发现车间、分货方和经销商的管理水平跟不上，又向他们推荐标

准的托盘和塑料周转箱，带动了机械化搬运和标准化包装。这些完成后，发现检验是一个薄弱环节。检验时间长，造成大量库存积压。于是又把检验集中起来，尽量分散到分供方和第三方仓库去检验。这样企业中的物流就没有检验这一环节，减少了大量的库存，库存资金也大大减少。

现在，海尔构建起了一个快速反应的现代物流体系，这个体系一头面对消费者(全球用户资源网)，一头面对分供方(全球供应链资源网)，有26万种采购物料每天都在这样一个体系中高速运转，按照消费者的指令要求和预付款，最终变成消费者手中的产品。目前，海尔接到客户的订单，在10天内即可完成从采购、制造到配送的全过程。而一般企业完成这个过程则需要36天。下面列出了海尔的一位客户从哈尔滨工贸公司发出一份150台洗衣机订单到接收的全部执行过程。

时间:8月7日上午9：00

物流推进本部－收到订单信息;哈尔滨工贸公司需要150台XQB48－62型洗衣机，要求8月8日完工，8月11日到货。

物流订单执行事业部－负责物料的采购和配送，将销售订单转化为生产订单;分解结果：共需要258种零部件。排查库存，199种缺货，需采购，并形成199份采购订单。

供货基地－得到供货订单;供货商之一海士茂电子塑胶公司物流车队当天运到了指定位置。

洗衣机产品本部－安排生产任务，启动生产线;安排一分厂3号生产线生产，将各种物料需要的具体时间和放置工位号等信息传递给物流配送部门。

洗衣机事业部一分厂3号生产线开始生产;开始生产。生产线每隔几米设一个工位，标有号码、摆放物料的种类、摆放时间和周期以及责任人等。

8月7日下午2：00

海尔国际物流中心(高22米、面积7200平方米、9名操作工)－得到供货信息;一辆辆无人驾驶激光导引车将这批货所需的电线、皮带、稳压块等59种已有物料下架运出。4个小时后，物料送达车间。

8月8日上午10：00

洗衣机事业部一分厂－完成生产任务，交货;一辆辆写着“海尔物流”字样的大货车已经开到了生产线的终端。包装操作工用红外线扫描仪往成品洗衣机的条形码上一扫，就标志着150台洗衣机退出了制造系统，随即装车。

分拣物流事业部－输出发货单;打印出这批洗衣机的发货单。

8月11日上午10：00

哈尔滨工贸公司洗衣机产品线经理－接收产品;150台洗衣机已经分别进入哈尔滨、牡丹江、齐齐哈尔的三个商场，与消费者见面。

海尔就是这样，通过三个JIT:JIT采购(需要多少，采购多少)、JIT送料(海尔立体仓库的零部件直接送到生产线，送料时间不超过4小时)、JIT配送(海尔在全国建立物流中心系统，无论在全国什么地方，都可以送货)摸索出一套海尔独有的物流管理模式，创立海尔独特的物流体系。

目前，海尔正努力使海尔的企业物流最终成为海尔的物流企业。海尔集团的高层管理者表示，海尔已经具备整合全球资源的能力，发展第三方物流已经纳入公司发展战略。海尔的第三方物流(指从原材料供应到最终产品销售之间提供全方位物流服务的服务商)已经起步，这是一个新兴产业，发展空间极为广阔。海尔提出在物流服务中也要做到三个三分之一，即三分之一服务本企业，三分这一服务国内其他企业，三分之一服务跨国公司。海尔物流服务也要像海尔产品那样走向世界。

讨论：

1. 物流为什么成为海尔战略调整中首选目标?
2. 如何理解海尔的企业物流最终成为海尔的物流企业?

第二章 物流系统

2

＊学习目标

物流是一个系统，用系统科学的观点来研究物流活动已成为现代物流学的重要特征。通过本章学习，掌握物流系统的基本概念，掌握系统与物流系统的定义、物流系统的组成要素和功能要素；了解物流系统的模式和物流系统分析的基本方法和原则；会用系统的方法分析物流问题。

＊主要内容

系统概念 物流系统的基本功能与增值服务功能

物流系统的概念 模式 目标 构成要素

物流系统分析的概念 要素 特点

物流网络和物流结点

供应链管理系统

＊引导案例

深圳福田保税区－跨国物流系统的实验基地

伴随着越来越多跨国物流企业的入驻，深圳福田保税区发展成为华南地区重要的跨国物流系统的实验基地，许多在这一带投资设厂的跨国公司都借助深圳福国保税区开展物料配送和产品分拨业务，其中世界500强企业就有三四十家，包括IBM、索尼、三星、松下、欧姆龙、美能达等。自1993年深圳深九国际物流有限公司在福田保税区设立首家以“物流”命名的企业以来，目前该保税区已引进仓储物流企业近90家，包括日本通运、美国伯灵顿等著名跨国物流企业。在深圳福田保税区，物流不再是简单的仓储、运输概念，而是以系统的形式出现，呈现出物流系统的整体优势。20世纪90年代后期，IBM把美国戴尔电脑的现代物流概念“配送”引入深圳福田保税区，IBM合资企业长城国际与福田保税区内的海福公司合作，开展工厂“零库存”配送业务，长城国际在深圳的两间工厂不再设备料仓库，其分布在东南亚和欧美的70多家供应商把7600多种不同品种规格的电子料件集中到海福仓库，海福公司借助联网电脑，根据生产厂当日流水线需求实现配送中心与生产线的“门到门”服务。这种模式使长城国际节省物流成本达12%，同时降低了大量库存带来的费用和风险。如今，深圳福田保税区的物流企业已成为华南地区产品生产、出口的重要环节。

第一节 物流系统概述

一、系统与物流系统

(一)系统的概念

“系统”这个词来源于古希腊语 System,有“共同”和“给以位置”的含义。

日本学者菊池康也认为系统是“为有效地达某种目的的一种机制”，也就是为了达成某一目的，把人力、物力、金钱、信息等资源作为指令输入(Input)使它产生某种结果(Output)的功能。因此，物流系统可以认为是“有效达成物流目的的机制”，物流的目的是“追求以低物流成本向顾客提供优质物流服务”的机制。

(二)系统的特征

从系统的概念，我们可以看出系统具有以下几个特征：

1. 集合性。系统的集合性是指系统必须是由两个或两个以上有一定区别又有一定相关的要素组成的整体。这种集合体的功能不是各要素功能的简单相加，而是按照逻辑统一性要求组成的整体。系统中任何一个要素的功能都不能代替系统的整体功能。

2. 关联性。系统的关联性是指系统本身构成的要素之间存在着相互作用和相互依赖的内在联系。这种内在联系使系统内任一要素的变化都会影响其他要素的变化。

3. 目的性。任何一个系统都是以实现某种功能为目的的，有着极其明确的目标。

4. 动态性。系统的动态性是指系统处于不断的变化和运动之中，即系统要不断输入各种能量、物质和信息，通过转换处理，输出满足人们某种期望的要求。系统就是在这种周而复始的运动变化中生存和发展，人们也正是在系统的动态发展中实现对系统的管理和控制，以便充分发挥系统的功能。

5. 适应性。系统总是处于一定的环境之中，受环境的约束和限制。当环境发生变化，系统的功能就会受到影响，甚至会改变系统的目标。因此，系统必须具有自我调节能力，以适应环境的各种变化。这种自我调节的“应变能力”就是系统的环境适应性。

(三)物流系统

物流系统是由运输、储存、包装、装卸、搬运、配送、流通加工、信息处理等基本功能要素构成的各个基本环节所组成的。在这里输送、储存、搬运、装卸、包装、物流情报等是外部环境向系统提供的“输入”过程;系统对这些输入的内容进行处理转化，而后将其送至客户手中，变成全系统的输出，即物流服务。

值得一提的是单一的运输或单一的包装等不能称为物流，只有基本的功能要素组合在一起才能称之为物流和物流系统。

物流系统输入的是输送、储存、搬运、装卸、包装、物流情报、流通加工等环节所消耗的劳务、设备、材料等资源，经过处理转化，变成全系统的输出，即物流服务。整体优化的目的就是要使输入最少，即物流成本最低，消耗的资源最少，而作为输出的物流服务效果最佳。

(四)物流系统服务性的衡量标准

1. 对用户的订货能很快地进行配送。

2. 接受用户订货时商品的在库率高。

3. 在运送中交通事故、货物损伤、丢失和发送错误少。

4. 保管中变质、丢失、破损现象少。

5. 具有能很好地实现运送、保管功能的包装。

6. 装卸搬运功能满足运送和保管的要求。

7. 能提供保障物流活动流畅进行的物流信息系统，能够及时反馈信息。

8. 合理的流通加工，以保证生产费、物流费之和最少。

二、物流系统的基本功能与增值服务功能

(一)物流系统的基本功能

1. 运输

运输又可以细分为运输与配送。

运输的主要业务包括集货、运输方式和运输工具的选择，路线和行程规划，车辆调度，商品组配、送达，分拣、拣选、配送方式等。运输的一般特点表现为：干线、中间运输、中长距离、少品种、大批量、少批次、长周期、功能单一；而配送虽然业务与运输有许多相同之处，但其特点几乎与运输特点相背，表现为：支线、前端或者末端运输、短距离、多品种、小批量、多批次、短周期、功能综合。

2. 储存

储存又可分为仓储管理与库存控制。

储存的主要业务包括收货、检验、分拣、保管、拣选、出货、对库存品种、数量、金额、地区、方式、时间及结构的控制等。仓储管理的一般特点主要是对确定的库存进行动态和静态的储存管理；而库存控制则主要是进行库存决策，确定储存用什么组合，有多少组合，什么时候组合，在哪里组合等。

3. 装卸

装卸包括装上、卸下和搬运。

装卸的主要业务包括装上是将流体装入载体，与发送相联系；卸下是将流体从载体中卸出，与到货相联系；而搬运则是将流体从甲地搬往乙地(短距离)，与载体的换装或者转移相联系。

4. 包装

包装包括工业包装、销售包装以及物流包装。

工业包装主要业务有：按照生产和销售需求规格用不同于产品的材料将产品包装起来，使之成为一个完整的产品，其特点是方便批量生产；销售包装的主要业务有：按照市场需求规格，用印有必要产品信息的包装材料将一定数量的商品进行包装，促进销售，主要是为了方便使用和销售；而物流包装的主要业务有：按照物流运作要求，用具有足够强度、印有必要物流信息的包装材料将一定数量的商品进行包装，以及包装加固、打包，以方便物流运作。

5. 流通加工

流通加工包括生产型加工、促销型加工和物流型加工。

生产型加工主要业务有:剪切、预制、装袋、组装、贴标签、洗净、搅拌、喷漆、染色，是在流通过程中进行的生产性活动，目的是完成生产过程;促销型加工主要业务有:烹调、分级、贴条码、分装、拼装、换装、分割、称量，使得在销售过程进行的生产活动，目的是便于促销;而物流型加工的主要业务是:预冷、冷冻、冷藏、理货、拆解、贴物流标签、添加防虫防腐剂，这些工作有利于物流，能达到保护商品的目的。

6. 物流信息

物流信息包括要素信息、管理信息、运作信息和外部信息。

要素信息包括流体、载体、流向、流量、流程五个要素，涉及物流全局;管理信息包括物流企业或者企业物流部门人、财、物等信息，涉及物流组织内部的各种信息;运作信息包括功能、资源、网络、市场、客户、供应商信息等，涉及物流过程市场的信息;外部信息则包括政策、法律、技术等,涉及物流环境的信息。

(二)物流系统的增值服务功能

物流增值服务是在物流基本服务基础上的延伸。增值性服务的内容主要有以下几点:

1. 增加便利性服务

简化操作程序，简化交易手续，简化消费者付费环节等。

2. 快速的信息传递服务与快递的物流服务

快速反应是物流增值服务的核心，它比一般的运输业或仓储业效率要高，更能吸引客户，使客户在享受服务中，得到增值。

3. 降低成本服务

我们所说的物流是第三利润源就在于“物流，特别是完善的物流系统是第三利润源”，其实质就是在为客户降低成本的同时，物流企业也在降低生产成本，实现企业与客户的双赢。

4. 延伸服务

通过物流供应链以及完善的信息系统，其增值服务还可以对其上游和下游进行延伸，如提供上游企业在原材料供给、配送、开发等方面的服务，还可以提供像税收、报关、教育培训、物流方案设计等。

第二节　物流系统的构成

一、物流系统的概念

物流系统是指在一定的时间和空间里，由所输送的物资和其他相关设备、人员以及通信联系等若干相互制约的动态要素构成的，具有特定功能的有机整体。

［案例2－1］

青岛啤酒的物流系统目标

青岛啤酒企业集团于1998年第一季度，提出了以“新鲜度管理”为系统目标的物流管理系统思路，开始建立新的物流管理系统。当时青岛啤酒的年产量不过30多万吨，但是库存就维持在3万吨左右。

这么高的库存，引发了几个问题：①占用了相当大的流动资金，资金运作效率低；②需要相当数量的仓库，当时的仓库面积有7万多平方米；③库存数量大，库存分散，就经常出现局部仓库爆满，局部仓库空闲的问题，同时没有办法完全实现先进先出，使一部分啤酒储存期过长中，新鲜度下降甚至变质。

啤酒集团并没有把压缩库存作为物流系统的直接目标，而是把“鲜度管理”作为物流系统的直接目标。这个目标的提出，不但能够达到库存降低，流动资金降低，损耗降低的目的，更重要的是面向消费者的实际需求，在实现消费者满意的新鲜度目标的同时，达到解决库存问题的目的。

新鲜度管理的物流系统目标提出：“青岛人民喝上当周酒，全国人民喝上当月酒”实施方法是：以提高供应链运行效率为目标进行物流管理改革，建立集团与各销售点物流、作息流和资金流全部由计算机网络管理的快速信息通道和智能化配送系统。

集团首先成立了仓储调度中心，重新规划全国的分销系统和仓储活动，实行统一管理和控制。由提供单一的仓储服务，到进行市场地域分布，流通时间等全面的调整，平衡和控制，成立独立法人资格的物流有限公司，以保证按规定的要求，以最短时间，最少环节和最经济的运行方式将产品送至目的地，这样一来，就实现了全国的订货，产品从生产厂直接运往港、站；省内的订货，从生产厂直接运到客户仓库。同时对仓储的存量规定做了大幅度压缩，规定了存量的上限和下限，低于下限发出要货指令，高于上限不再安排生产，这样使仓库成为生产调度的“平衡器”。

二、物流系统的模式

系统是相对外部环境而言的，并且和外部环境的界限往往是模糊过渡的，所以严格地说系统是一个模糊集合。外部环境向系统提供劳力、手段、资源、能量、信息，称为“输入”。系统以自身所具有的特定功能，将“输入”进行必要的转化处理活动，使之成为有用的产成品，供外部环境使用，称之为系统的输出。输入、处理、输出是系统的三要素。

物流系统同样具备输入、输出、处理（转化）、限制（制约）、反馈等功能。结合物流系统的性质，具体内容简述如下：

1. 输入。也就是通过提供资源、能源、设备、劳力等手段对某一系统发生作用，统称为外部环境对物流系统的输入。包括原材料、设备、劳力、能源等。

2. 处理（转化）。它是指物流本身的转化过程。从输入到输出之间所进行的生产、供应、销售、服务等活动中的物流业务活动称为物流系统的处理或转化。具体内容有物流设施设备的建设；物流业务活动，如运输、储存、包装、装卸、搬运等；信息处理及管理工作。

3. 输出。物流系统与其本身所具有各种手段和功能，对环境的输入进行各种处理后所提供的物流服务称为系统的输出。具体内容有产品位置与场所的转移；各种劳务，如合同的履行及其他服务等;能源与信息。

4. 限制或制约。外部环境对物流系统施加一定的约束称之为外部环境对物流系统的限制和干扰。具体有资源条件，能源限制，资金与生产能力的限制;价格影响，需求变化;仓库容量;装卸与运输能力;政策的变化等。

5. 反馈。物流系统在把输入转化为输出的过程中，由于受系统各种因素的限制，不能按原计划实现，需要把输出结果返回给输入，进行调整，即使按原计划实现，也要把信息返回，以对工作做出评价，这称为信息反馈。信息反馈的活动包括各种物流活动分析报告;各种统计报告数据;典型调查;国内外市场信息与有关动态等。

三、物流系统的目标

物流系统作为社会经济系统的一部分，其目标是得到宏观和微观两个效益。具体来讲，物流系统要实现以下 5 个目标。

1. 服务性(Service)。在为用户服务方面要求做到无缺货、无货物损伤和丢失等现象，且费用便宜。

2. 快捷性(Speed)。要求把货物按照用户指定的地点和时间迅速送到。为此可以把物流设施建在供给地区附近，或者利用有效的运输工具和合理的配送计划等手段。

3. 有效的利用面积和空间(Space Saving)。虽然我国土地费用比较低，但也在不断上涨。特别是对城市市区面积的有效利用必须加以充分考虑。应逐步发展立体化设施和有关物流机械，求得空间的有效利用。

4. 规模适当化(Scale Optimization)。应考虑物流设施集中与分散的问题是否适当，机械化与自动化程度如何合理利用，情报系统的集中化所要求的电子计算机等设备的利用等。

5. 库存控制(Stock Control)。库存过多则需要更多的保管场所，而且会产生库存资金积压，造成浪费。因此，必须按照生产与流通的需求变化对库存进行控制。

上述物流系统化的目标简称为“5S”，要发挥以上物流系统化的效果，就要进行研究，把从生产到消费过程的货物量作为一贯流动的物流量看待，依靠缩短物流路线，使物流作业合理化、现代化，从而降低其总成本。

四、物流系统的构成要素

物流系统和一般的管理系统一样，都是由人、财、物、设备、信息和任务目标等要素组成的有机整体。具体可以分成以下几个方面的要素:

1. 人。人是物流系统的主要要素，是物流系统的主体。提高物流专业队伍素质，是建立合理化的物流系统并使之有效运转的根本。

2. 财。它是指物流活动中不可缺少的资金。物流系统建设是资本投入的一大领域，离开资金这一要素，物流不可能实现。

3. 物。包括物流系统的劳动对象、劳动工具、劳动手段，如原材料、成品、半成品，各种物流设备、工具，各种消耗材料等。没有物，物流系统便成了无本之木。

4. 信息。这里是指与物流活动相关的信息。包括反映物流活动内容的知识、资料、图像、数据、文件等。在物流活动全过程中，始终贯穿着大量的物流信息。物流系统要通过这些信息把各个子系统有机的联系起来。

5. 任务目标。这里是指物流活动预期安排和设计的物资储存计划、运输计划以及与其他单位签订的各项物流合同等。

上述要素对物流发生的作用和影响称之为外部环境对物流环境的“输入”。物流系统本身所拥有的各种手段和特定功能，在外部环境的某种干扰作用下，对输入进行必要的转化活动，如物流管理、物流业务活动、信息处理等，使系统产生对环境有用的生产成品，提供给外部环境，这称之为物流系统的“转换处理”。物流系统的“输出”是物质产品的转移。而大量的物流信息则贯穿于整个输入、转换和输出过程。

第三节　物流系统分析

一、物流系统分析的概念

物流系统分析是系统方法在科学决策中的具体应用。它是一个有步骤地探索和分析问题的过程，以寻求解决问题的途径。具体表述为：系统分析上从系统的最优出发，在选定系统目标和准则的基础上，分析构成系统各级子系统的功能和相互关系，以及系统同环境的相互作用；运用科学的分析工具和方法，对系统的目的、功能、环境、费用和效益等进行充分的调研、收集、比较、分析和数据处理，并建立若干替代方案和必要的模型，进行系统仿真试验、分析、计算的各种结果同早先制订的计划进行比较和评价，寻求对系统整体效益最佳和有限资源配备最佳的方案，为决策者最后判断提供科学依据和信息。

系统分析的目的，在于通过分析，比较各种替代方案的功能、费用、效益和可靠性等各项技术、经济指标，向决策者提供可作出决策的资料和信息。所以，系统分析实质上就是在明确目的的前提下，来分析和确定系统所应具备的功能和相应的环境条件。

系统分析涉及的范围很广，需要对大量的信息进行收集、处理、分析、汇总、传递和存贮，因此在系统分析中应用多种数理方法和计算机技术，才能分析比较实现系统目标的不同替代方案的效果，为系统评价和系统设计提供充分的信息资料。

由于物流系统是由相互联系、相互作用的多个要素组成的，具有多个子系统并能实现多种功能的集合，对物流系统进行系统分析，就是要了解物流系统各部门的内在联系，把握物流系统行为的内在规律性，这不论对于设计新系统，还是改造现在系统，都是极其重要的。

二、物流系统分析的要素

系统分析的要素是指系统分析的项目，具体包括目标、替代方案、费用、效益、模型和评价标准。

1. 目标

目标是指系统所希望达到的效果和结果。目标的确定不仅是建立系统的依据，也是系统分析的出发点。只有全面、正解地理解和掌握所建系统的目标和要求，才能制定出替代方案，才能进行系统评价。

2. 替代方案

替代方案是指为达到系统目标可采取的各种手段和措施。一般情况下，当多种方案各有利弊时，究竟运用何种方案为最优，这就需要对这些方 案进行分析和比较。

3. 费用和效益

费用是实施方案的实际支出，而效益是指方案实施后获得的成效。建立一个系统，必然会发生费用，而建立系统的目的是为了得到效益。费用和效益是对方案的约束条件，只有效益大于费用的设计才是可取的，反之是不可取的。

4. 模型

模型是根据目标要求，用若干参数或因素对实体物流系统本质的抽象描述，它可以将复杂的问题化为易于处理和形式。即使在实体物流系统尚未建立的情况下，通过对一定模型的分析也可以求出物流系统设计所需的参数，并据此确定各种制约条件。同时还可以利用模型来预测各种替代方案的性能、费用和效益，有利于各种替代方案的分析和比较。在物流系统分析中常常采用数字模型和逻辑模型，用以确定物流系统中各要素之间的定量关系和逻辑关系。

5. 评价标准

不同的系统应根据其性质和要求，建立不同的评价标准，来对各种替代方案进行综合评价，确定出方案的优劣顺序。常见的评价标准是由一组评价指标组成的。见图 2－1。

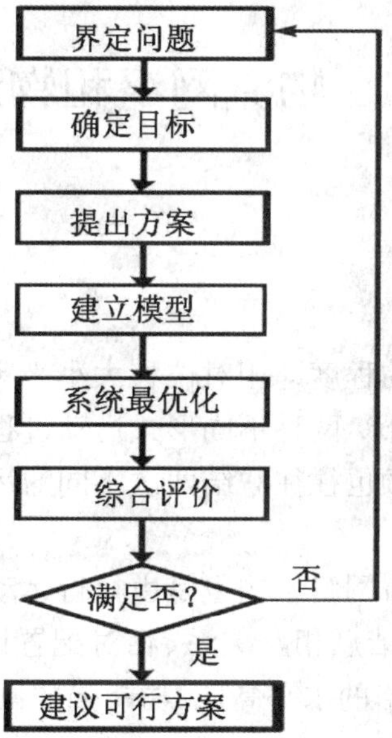

图 2－1 物流系统分析要素

三、系统分析的特点

系统分析是以系统的整体效益为目标，以寻求解决特定问题的最优策略为重点，运用定性和定量分析相结合的方法，为决策者提供价值判断依据，以寻求最有利的决策。

1. 以整体为目标。在一个系统中，处于各个层次的分系统都具有特定的功能及目标，彼此分工协作，才能实现系统整体的共同目标。比如，在物流系统布置设计中，既要考虑造价，又要考虑运输、能源消耗、环境污染、资源供给等因素。因此，如果只研究改善某些局部问题，而其他分系统被忽略或不注意，则系统整体效益将受到不利影响。所以，进行任何系统分析，都必须以发挥系统总体的最大效益为基本出发点，不能只局限于个别局部，否则会顾此失彼。

2. 以特定问题为对象。系统分析是一种处理问题的方法，有很强的针对性，其目的性在于寻求解决特定问题的最佳策略。物流系统中的许多问题都含有不确定因素，而系统分析就是针对这种不确定的情况，研究解决问题的各种方案及其可能产生的结果。不同的系统分析所解决的问题当然不同，即使对相同的系统所要解决的问题也要进行不同的分析，制定不同的求解方法，所以，系统分析必须以能求得解决特定问题的最佳方案为重点。

3. 运用定量方法。解决问题，不应单凭想像、臆想、经验和直觉。在许多复杂的情况下，需要有精确可靠的数字、资料，并以此作为科学决断的依据；有些情况下利用数字模型有困难，还要借助于结构模型、解析法或计算机模型等进行定量分析。

4. 凭借价值判断 。从事系统分析时，必须对某些事物作某种程度的预测，或者用过去发生的事实作对照，以推断未来可能出现的趋势或倾向。由于所提供的资料有许多是不确定的变量，而客观环境又会发生各种变化，因此在进行系统分析时，还要凭借各种价值观念进行综合判断和选优。

第四节　物流网络和物流结点

一、概述

(一)物流网络概念

物流的过程，如果按其运动的程度即相对位移大小来观察，它是由许多运动过程和许多相对停顿过程组成的。一般情况下，两种不同形式运动过程或相同形式的两次运动过程中都要有暂时的停顿，而一次暂时停顿也往往联结两次不同的运动。物流过程便是这种多次的运动－停顿－运动－停顿所组成。

与这种运动形式相呼应，物流网络结构也是由执行运动使命的线路和执行停顿使命的结点两种基本元素所组成。线路与结点相互关系、相对配置以及其结构、组成、联系方式不同，形成了不同的物流网络。物流网络的水平高低、功能强弱则取决于网络中两个基本元素的配置和两个基本元素本身。

(二)线路和结点

全部物流活动是在线路和结点上进行的。其中，在线路上进行的活动主要是运输，包括集货运输、干线运输、配送运输等。物流功能要素中的其他所有功能要素，如包装、装卸、保管、分货、配货、流通加工等，都是在结点上完成的。所以，从这个意义来讲，物流结点是物流系统中非常重要的部分。实际上，物流线路上的活动也是靠结点组织和联系的，如果离开结点，物流线路上的运动必然陷入瘫痪。

二、物流网络构造

物流网络构造由两个主要组成部分，即线路和结点。

(一)物流线路

物流线路广义的是指所有可以行驶的和航行的陆上、水上、空中线路，狭义仅指已经开辟的，可以按规定进行物流运营的路线和航线。在物流管理领域，线路一般指后者。

物流线路有以下几种类型。

1. 铁路线路。铁路线路对于物流的运作主要有以下几种类型:双轨线路、单轨线路;宽轨线路、标准轨线路、窄轨线路;普通线路、快运线路等。不同线路有不同的运营要求，所能够承担的物流服务要求和服务水平也不相同。

2. 公路线路。公路线路的种类是线路面最多、最复杂的。可以区分在以下很多类:国道、省道、城市道路;高速公路、快速公路、一般公路;货运线路、非货运线路;干线公路、支线公路、连接线公路等。不同公路能够提供的汽车运行条件不同，对车辆的通过能力和管理方式也不同。

3. 海运线路。海运线路又可分成远洋海运线路、近海海运线路和沿海海运线路三种。三种线路航运条件不同，航运设备也不同，虽然都是海上的线路，但是它们的功能和作用是有区别的。

4. 空运线路。已经开辟的能够进行管制、导航、通信等管理的空中航线。

(二)物流结点

物流结点是物流网络中连接物流线路的结节之处。所以又称物流结节点。物流结点的种类很多，在不同线路上结点的名称也各异，这是受物流学科形成之前，交通运输、外贸、商业等领域各自发展影响而形成的行业性叫法。

在铁路运输领域，结点的称谓有货运站、专用线货站、货场、转运站、编组站等。在公路运输领域，结点的称谓有货场、车站、转运站、枢纽等。在航空运输领域，结点的称谓有货运机场、航空港等。在商贸领域，结点的称谓有流通仓库、储备仓库、转运仓库、配送中心、分货中心等。

三、物流结点的作用和功能

(一)物流结点的作用

现代物流网络中的物流结点对优化整个物流网络起着重要的作用。从发展来看，它不仅执行一般的物流职能，而且越来越多地执行指挥调度、信息等神经中枢的职能，是整个物流网络的灵魂所在，因而更加受到人们的重视。所以，在有的场合也称之为物流据点，对于特别执行中枢功能的又称物流中枢或物流枢纽。

物流结点是现代物流中具有较重要地位的组成部分，这是因为物流学形成初期，学者们和实业家都比较偏重于研究物流若干基本功能，如运输、储存、包装等，而对结点的作用认识不足。物流系统化的观念越是增强，就越是强调总体的谐调、顺畅，强调总体的最优，而结点正是处在能联结系统的位置上，总体的水平往往通过结点体现，所以物流结点的研究是随现代物流的发展而发展的，也是现代物流学研究不同于以往之处。

（二）物流结点的功能

1. 衔接功能

物流结点将各个物流线路联结成一个系统，使各个线路通过结点变得更为贯通而不是互不相干，这种作用称为衔接作用。

在物流未成系统化之前，不同线路的衔接有很大困难，例如轮船的大量输送线和短途汽车的小量输送线，两者输送形态、输送装备都不相同，再加上运量的巨大差异，所以往往只能在两者之间有长时间的中断后再逐渐实现转换，这就使两者不能贯通。物流结点利用各种技术的、管理的方法可以有效地起衔接作用，将中断转化为通畅。

物流结点的衔接作用可以通过多种方法实现：通过转换运输方式衔接不同运输手段；通过加工，衔接干线物流及配送物流；通过储存衔接不同时间的供应物流和需求物流；通过集装箱、托盘等集装处理衔接整个"门到门"的运输，使之成为一体。

2. 信息功能

物流结点是整个物流系统或与结点相接的物流信息传递、收集、处理、发送的集中地，这种信息功能在现代物流系统中起着重要的作用，也是将复杂的物流诸单元能联结成有机整体的重要保证。

在现代物流系统中，每一个结点都是物流信息的一个点，若干个这种类型的信息点和物流系统的信息中心结合起来，形成了指挥、管理、调度整个物流系统的信息网络，这是一个物流系统建立的前提条件。

3. 管理功能

物流系统的管理设施和指挥机构往放集中设置于物流结点中，实际上，物流结点大都是集管理、指挥、调度、信息、衔接及货物处理为一体的物流综合设施。整个物流系统运转的有序化和正常化，整个物流系统的效率和水平取决于物流结点管理职能的实现情况。

四、物流结点的种类

现代物流发展了若干类型的结点，在不同领域起着不同的作用。按结点的主要功能可以分类如下。

（一）转运型结点

以连接不同运输方式为主要职能的结点，是处于运输线上的结点。铁道运输线货站、编组站、车站，不同运输方式之间的转动站、终点站，水运线上的港口、码头，空运中的空港等都属于此类结点。一般而言，由于这种结点处于运输上，又以转运为主，所以货物在这种结点上停滞的时间较短。

（二）储存型站点

以存放货物为主要职能的结点，货物在这种结点上停滞的时间较长。在物流系统中，储备仓库、营业仓库、中转仓库、货栈等都属此种类型的结点。尽管不少发达国家仓库职能在近代发生了很大变化，一大部分仓库转化成不以储备为主要职能的流通仓库甚至流通中心，但是，在现代世界上任何一个有一定经济规模的国家，为了保证国民经济的正常运行、保证企业经营的正常开展、保证市场的流转，以仓库为储备的形式仍是不可缺乏的，总还是有一大批仓库仍会以储备为主要职能存在，这种类型的仓库还占主要成分。虽然各种类型的物流结点中，仓库都是基本的设施，但是在储存型物流结点中，仓库几乎是惟一的设施。

（三）流通型结点

以组织物流为主要职能的结点。现代物流中常提到的物流基地、物流中心、流通仓库、流通中心、配送中心就属于这类结点。

需要说明的是，在各种以主要功能分类的结点中，都可以承担其他职能而不完全排除其他职能。如转运型结点中，往往设置有储存货物的货场或站库，从而具有一定的储存功能。但是，由于其所处的位置，其主要职能是转运，所以按其主要功能归入到转运型结点之中。

（四）综合性结点

综合性结点是在物流系统中集中于一个结点中全面实现两种以上主要功能，并且在结点中并非独立完成各自功能，而是将若干功能有机结合于一体，有完善设施、有效衔接和协调工艺的集约型结点。这种结点是适应物流大量化和复杂化，适应物流更为精密准确、在一个结点中要求实现多种转化而使物流系统简化、高效的要求出现的，是现代物流系统中结点发展的方向之一。

五、三个层次的物流结点

一个完善的物流网络，只要这个网络覆盖的地域比较广泛，网络比较复杂，都需要由物流结点来联结各种不同流线路。物流结点在网络中的作用也不相同，有的影响到整个物流网络，有的只是在局部网络范围中起作用。完整的物流系统一般有三个层次的物流结点，即物流基地、物流中心、配送中心。

（一）物流基地、物流中心、配送中心的概念界定

1. 规模不同。一般而言，物流基地是超大规模的，物流中心是大规模和中等规模的，配送中心则依据专业化配送和市场大小而确定，虽然有的规模较大，但一般而言规模较小。

2. 综合程度不同。物流基地必定是综合性的物流设施，物流中心带有一定的综合性，配送中心一般而言是专业化，或者是局部范围的。

3. 服务对象不同。物流基地是综合性的基础服务设施，面向全社会，物流中心则在局部领域进行经营服务，配送中心则是面向特定用户和特定市场。

4. 功能不同。物流基地具有综合运输、多式联运、干线终端等大规模处理货物和提供服务的功能，物流中心则主要是分销功能，配送中心则是向最终用户提供送货服务的功能。

5. 运作方式不同。物流基地、物流中心这种大规模的物流设施，带有基础性的公众性，虽然也不排除在未来经济发展中巨型物流企业拥有相应的物流基地或者或物流中心，但是，在我国国民经济中必然是以国家为主体、企业进行运作的形式，而配送中心的主体归属是企业，其运作也是由企业进行。

（二）物流基地、物流中心、配送中心的层次关系

物流基地、物流中心、配送中心组成了典型的结点网络。一般而言，物流基地的综合性的、大规模的结点，在物流基地之间进行快速、直达、大量干线运输，尤其是多式联运的干线运输；物流中心则是某一专业范畴的综合性大型物流结点，可以与干线运输相衔接，也可从

物流基地转运;配送中心则是面向最终用户末端运输的专业清晰、规模适应于需求的专业性物流结点。

(三)三种物流结点的配置

在城市和地区范围内，般按照层次关系规划和配置物流基地、物流中心、配送中心。

一般而言，大城市，尤其是位于国土端部的大城市，在单向物流辐射方向需要配置一个物流基地;中心城市，则有可能在相对的方向配置两个或多个物流基地。考虑到城市的扩展和物流基地的寿命周期，如果物流基地离城市过近，近期的物流成本会大幅度降低，但是随着城市的扩展，物流基地的寿命周期会比较短，鉴于物流基地的规模很大、投资很高，过短的寿命周期也不适宜的。一般而言，超大规模的物流基地，应该按照50年左右的寿命周期来定位置。而物流中心则需要考虑有20年以上的寿命周期。配送中心规模较小，如果运营得当，效益较高，比较效益不亚于其他产业，因此城市的扩展对其寿命不形成制约。但是，由于配送中心的特殊动作方式，一般而言，在经济发展到一定高度以后，配送中心需要大量实现日配，而这项工作一般都需要在深夜或凌晨进行，存在扰民问题和交通问题。

［**案例**2－2］

广东龙骏物流合理化的运作

广东龙骏物流有限公司地处珠江三角洲中心的东莞，港口、铁路、高速公路、国道四通八达，生产企业有很多是外资、港台资的电 子生产企业，因此，龙骏物流公司从成立之日起就将主营业务定位在为企业服务的物流行业。

龙骏物流公司在经营方向上有以下几个特点。

1. 结点建设

(1) 卡车货物集散调配中心经济总量的增加，给城市间、区域间的物流提出了愈来愈高的要求，而货物集散中心恰恰是解决城市物流集散的基础设施，龙骏公司利用地处高速公路和国道之间的优势,首先建立了为公共服务的卡车货物集散中心。其作用是利用货物集散中心给生产企业提供运输手段和储藏场所及其他物流服务；利用 Internet 将生产企业、流通企业（ 含商流、物流企业 ）结成合作伙伴,建立产品、信息网络并通过网络结成联盟形成龙骏物流资源。

(2) 建设物流中心由于国内结点建设落后，而政府和企业对其需求日益增大，所以龙骏物流公司在各地寻找合作伙伴，建立不同模 式的物流结点。最终通过信息平台将各地结点织成遍及全国的物流网络。

2. 输出物流管理

从目前我国的现状来看，大多数生产企业的物流管理处于一种粗放状态，为尽快扭转这一状况，除提供物流设施服务外，龙骏还为企业提供物流系统的设计、建设、管理服务以及物流系统软件的开发、运作、销售及培训等物流输出管理服务，通过推广软件及输出管理方 式，与对象企业结盟，最终建成遍及全国的物流连锁网络。龙骏公司认为，这种服务类似房地产开发商与物业管理公司之间的业务关系。

*本章小结

本章介绍了物流系统的目标具体表现为“5S”，服务性（Service）、快捷性（Speed）、有效的利用面积和空间（Space Saving）、规模适当化（Scale Optimization）、库存控制（Stock Control）。物流系统的核心是物流据点，物流系统的推进方法是将物流从一种模糊状态转变为有序的系统化状态的方法。阐述了供应链管理的目标是提高供应链的效率，供应链的本质概念和它的特点；如何实施供应链管理。

※ 复习思考题

一、名词解释

物流系统　物流网络　物流结点　供应链

二、思考题

1. 什么是物流系统？它有什么特征？
2. 简述物流系统的构成要素。
3. 简述物流基地、物流中心、配送中心的层次关系。
4. 举例说明供应链管理的方法。

三、填空题

1. 物流系统的目标是得到（ ）和（ ）两个效益。具体来讲，物流系统要实现以下5个目标（ ）、（ ）、（ ）、（ ）、（ ）。

2. 物流系统的构成要素是由（ ）、（ ）、（ ）、（ ）、（ ）和（ ）等要素组成的有机整体。

3. 完整的物流系统一般有三个层次的物流结点，即（ ）、（ ）、（ ）。

4. 在铁路运输领域，结点的称谓有（ ）、（ ）、（ ）、（ ）、（ ）等。在公路运输领域，结点的称谓有（ ）、（ ）、（ ）、（ ）等。在航空运输领域，结点的称谓有（ ）、（ ）等。在商贸领域，结点的称谓有（ ）、（ ）、（ ）、（ ）、（ ）等。

5. 通常，一条完整的供应链包括（ ）、（ ）、（ ）、（ ）、（ ）、以及（ ）。

四、选择题（单选或多选）

1. 物流增值服务是在物流基本服务基础上的延伸。增值性服务的内容主要有以下几点：（ ）

①增加便利性服务　　②快速的信息传递服务与快递的物流服务

③降低成本服务　　④延伸服务

2. 一般而言，超大规模的物流基地，应该按照（ ）年左右的寿命周期来定位置。而物流中心则需要考虑有（ ）年以上的寿命周期。

① 20　20　　② 50　20　　③ 100　50　　④ 30　10

3. 物流线路有以下几种类型（ ）。

① 铁路线路　　② 公路线路　　③ 海运线路　　④ 空运线路

4. 物流结点的种类，按结点的主要功能可以分类如下（ ）。

① 转运型结点　　② 储存型站点　　③ 流通型结点　　④ 综合性结点

5. 供应链管理就是把供应链最优化，以最少的成本，令供应链从采购开始，到满足最终顾客的所有过程，包括( )工作流程、实物流程、资金流程和信息流程，均有效率地操作，把合适的产品、以合理的价格，及时送到消费者手上。

① 工作流程　② 实物流程　③ 资金流程　④ 信息流程

五、课堂讨论题

面对21世纪，随着物流业在我国社会经济运行中作用的不断显现，各个领域都在规划自己在物流方面的发展，并逐步形成具有本领域特点的物流体系。但这些物流系统之间缺乏沟通和协调，因此很难使之系统化，一体化那就更为遥远了，以铁路和公路二种主要的运输方式而言，在各自规划的结点中，大部分都是“分立”的，也就是说有铁路、铁路站点的地方没在规划相应的公路及公路站点，有公路及公路站点的地方没有规划铁路及铁路站点。只有少数地区同时具备了铁路、公路及其站点的条件，但是也没有将两者“一体化”的规划。仍然是你干你的、我干我的。

讨论：

(1)分析这样做可能出现的弊病及其产生的后果。

(2)试提出解决这些问题的方案。

第三章 物流综合管理 3

＊学习目标

通过本章的学习熟练掌握管理的基本概念，了解物流服务的重要性，通过对物流成本、物流服务，物流网络构造与物流结点及功能的学习，掌握物流成本的计算方法及国际通用的物流标准。

＊主要内容

物流管理发展的历史

物流战略管理

物流成本管理

物流质量管理

＊引导案例

山姆·沃尔顿于1962年创立沃尔玛百货有限公司，在短短几十年间，沃尔玛由一家小型折扣商店发展成为世界上最大的零售企业。2002年营业收入达到了2178亿美元，跃居“全球500强”之首。沃尔玛的连锁店以其优质快捷的服务、惊人的销售利润、先进的管理思想及系统闻名全球。

1. 物流系统

沃尔玛十分重视物流运输和配送中心，在物流方面投入了大量的资金。物流运营过程中，沃尔玛逐步建立起一个“无缝点对点”的物流系统。所谓“无缝”，即整个供应链链接非常顺畅，沃尔玛的供应链是指产品从工厂到商店货架的整个物流系统，这种产品的物流应当是尽可能平滑。沃尔玛每年要满足全球4000多家连锁店对8万多种商品的配送需要，每年的运输总量超过78亿箱，总行程达到6.5亿公里。

2. 物流循环

沃尔玛的物流循环与配送中心是联系在一起的，配送中心是供应商的市场的桥梁，供应商直接将货物送到配送中心，从而降低了供应方的成本。沃尔玛的物流过程始终注重确保商店所得到的产品与发货单上的完全一致，精确的物流过程使每家连锁店接受配送中心的送货时只需卸货，不用再检查商品，有效降低了成本。

3. EDI

20世纪70年代后期，沃尔玛采用了EDI，对所有产品制定统一的代码，即UPC代码，商品的运送与销售都要扫描该码，可以清楚地了解商品的供应及销售情况，合理地预测未来的行情。EDI技术使得订单处理实现了无纸化，提高了自动补货系统的准确度。商品的信息直接传送到总部，减少了信息扭曲，有助于上层领导做出正确的决策。

4. 供应商与沃尔玛的计算机系统互相连接，供应方可以了解其商品的销售情况，并对未来生产进行预测，决定生产策略，从而丰富了供应方的市场信息，减少不必要的博弈成本。

5. 物流管理方式在中国的变通。沃尔玛公司的物流管理方式在中国的变通之一表现在“伸手向供应商要钱”。尽管沃尔玛公司一直秉承传统的“供应链制胜”的理念，不向供应商收取上架费，而是通过以最短时间和供应商结帐，帮助供应商改进工艺、提高质量、降低劳动力成本、分享沃尔玛公司的信息系统等，由此博得了供应商的依赖，实现双方的互赢，但目前在中国，沃尔玛公司对供应商的付款结算周期也在延长。在深圳，沃尔玛公司的店面最初铺货的某些费用也要由供应商负责。

在中国的变通之二则是由完全直购变成了弹性直购。沃尔玛公司的惯常做法是避开中间环节从制造商处直接进货。但是在中国，如果沃尔玛公司单个搜寻各制造商，采购成本将会更高。为了降低采购成本，沃尔玛公司把贸易商当成合作伙伴，依靠贸易商和制造商的亲密关系以解决沃尔玛公司当前在中国商店的采购问题。2002 年 9 月，沃尔玛中国公司的高级总监艾文纳在厦门和 400 多家中小型进出口贸易商洽谈了合作事宜。

2002 年，沃尔玛公司的全球采购办从香港迁到了深圳，10 月在上海成立了采购分部。它有意在武汉和天津建立北方区物流配送中心，满足沃尔玛公司在中国北区各店的配货需求。随着中国零售业、进出口贸易权、物流领域的进一步开放，将会有助于沃尔玛公司在中国步伐的提速。

在我国，2001 年 8 月正式颁布实施的中国国家标准《物流术语》GB/T18354—2001 中给物流管理(Logistics Management)下的定义是：为了以最低的物流成本达到用户所满意的服务水平，对物流活动进行的计划、组织、协调与控制。

第一节 物流管理概述

一、物流管理发展的历史

从发达国家物流管理发展的历史来观察，物流管理经历了以下五个阶段：

(一)物流功能个别管理阶段

(二)物流功能系统化管理阶段

(三)物流管理领域扩大阶段

(四)企业内物流一体化管理阶段

(五)供应链管理阶段

二、物流管理的内容

(一)物流活动诸要素的管理内容

从物流活动要素的角度出发，物流管理可分为：运输管理、储存管理、装卸搬运管理、包装管理、流通加工管理、配送管理、物流信息管理、客户服务管理。

(二)对物流系统诸要素的管理

根据物流系统诸要素的组成，物流管理又可分为:人的管理、物的管理、财的管理、设备管理、方法管理、信息管理。

(三)物流活动中具体职能管理

从物流活动职能上划分，主要包括物流计划管理、物流质量管理、物流技术管理、物流经济管理。

三、物流管理的原则

(一)物流管理的总原则——物流合理化

(二)物流合理化的基本的思想

物流活动各种成本之间经常存在着此消彼长的关系，物流合理化的一个基本的思想就是"均衡"思想，从物流总成本的角度权衡得失。不求极限，但求均衡，均衡造就合理。

四、物流管理的目标

(一)快速反应

(二) 最小变异

(三) 最低库存

(四) 物流质量

(五) 产品所处不同生命周期的不同物流管理目标

第二节 物流战略管理

一、物流战略管理的意义

所谓战略是为了适应环境的变化，确保竞争的优势，企业充分利用人、财、物、信息和时间等资源，决定各个活动的组合方针。

物流管理可概括为两大组成部分，其一是开拓创新管理(战略管理)，它侧重于创造和开发各种资源，包括人、财、物、时间与信息等。尤其是经济发展缓慢或企业不景气时期更应立足于企业物流的创新战略管理。其二是日常的例行管理(战术管理)，它侧重在现有条件下改善各种资源的利用状况。

二、物流战略的定义

随着市场竞争的加剧，不同厂商的产品差异性越来越小，企业纷纷在降低物流成本、提高物流服务水平上下功夫。为了以较低的交付成本、更好的物流服务在国内、国际市场中赢得竞争优势，物流战略越来越成为企业总体战略中不可分割的组成部分。美国由于构筑一体化物流战略，物流成本从 1980 年的 GDP 的 17.2% 下降到了 1997 年的 10.5% 。那么，到底什么是物流战略呢?

在我国，2001 年 8 月正式颁布实施的中国国家标准《物流术语》GB/T18354 – 2001 中给物流战略（Logistics Strategy）下的定义是：

为寻求物流的可持续发展，就物流发展目标以及达成目标的途径与手段而制定的长远性、全局性的规划与谋略。

物流战略管理（Logistics Strategy Management）是物流组织根据已制定的物流战略，付诸实施和控制的过程。

三、物流战略的决策内容

英国物流管理学会主席 Raymand C. Horshey 指出："目前物流管理面临的两大挑战是：从上到下，在更高的水平上，用系统思想重新认识物流管理，以使物流的效益最优；第二，在物流管理中创新的必要的方法，完成物流管理的目标。"其中第一条，谈到就是物流战略问题。关于物流战略，人们对它的认识也是逐步深入的。

表 3 – 1　　20 世纪物流战略的演变

时间	50 年代	60 年代	70 年代	80 年代	90 年代
物流战略	工作地物流	设施物流	企业物流	供应链物流	全球物流

从表 3 – 1 可以看出，在 20 世纪 50 年代，物流战略关注的是工作地物流。20 世纪 60 年代，物流战略关注的是设施物流，注重于生产原料的控制，当时物流的技术重点在工厂内部自动化机械的运用。20 世纪 70 年代，物流战略关注的是企业物流，此阶段注重如何将生产的产品迅速运送至消费者手中，企业重视产品的快速分类与运送，对物流成本的概念亦仅限于保管及出货部门。

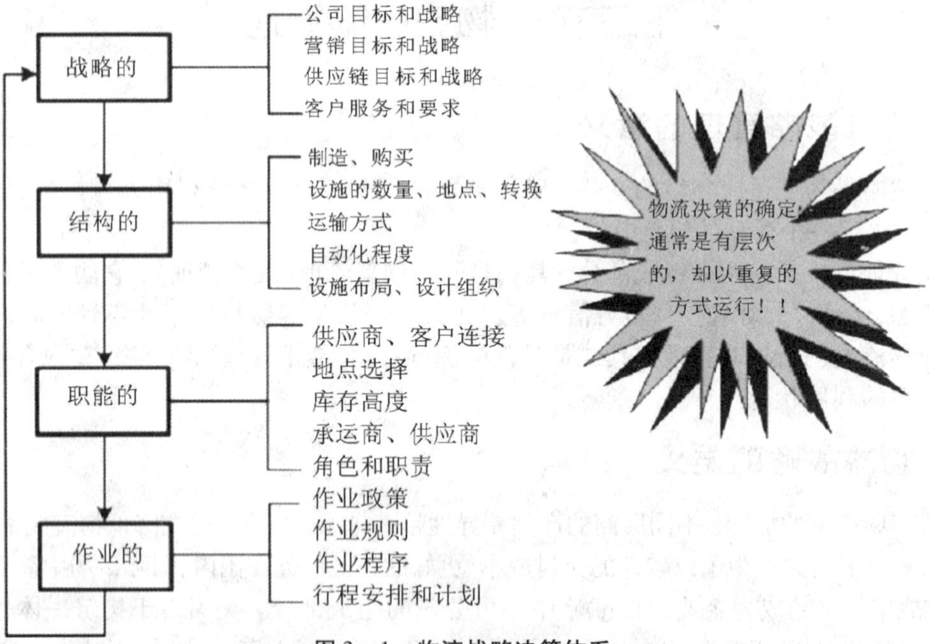

图 3 – 1　物流战略决策体系

20 世纪 80 年代，物流战略关注的是供应链物流，开始重视整体物流的成本控制，从生产原料的输入、制造过程、仓储保管、加工包装、订单销售及运送服务都涵盖于物流的范围内。20世纪90年代，物流战略关注的是全球物流。随着信息时代的到来、电脑及网络的普及，企业经营策略由供应链管理扩展到全球物流管理(Global Logistics Management,GLM)。

在企业中，物流战略的制定是一个体系，涵盖战略决策、结构决策、职能决策和作业决策。见图3－1。

在战略这一层面上，物流决策的内容集成了8个主要的领域:客户服务、供应链设计、物流网络战略、仓库设计与运作、运输管理、物料管理、信息技术、组织与变革管理。见图3－2。

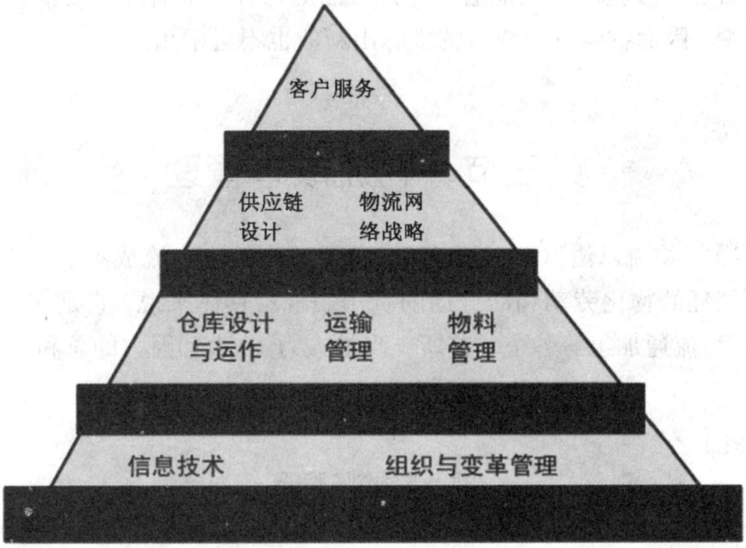

图3－2　物流战略管理的8个领域

近年来，欧美物流企业的经营战略具有以下特点:追求完美的一站式的服务，在物流特定擅长范围内实行特殊化，并成为其中最出色大企业，与此同时出售非核心业务。重新审视多角化业务的开展，继续实行物流范围的特殊化，在物流领域实现一站式服务。

对照世界上发达国家或地区的物流运作模式和中国物流的现状，提出中国企业物流的发展战略势在必行。可供借鉴的主要有三种:

1. 顾客服务战略。顾客服务战略要积极地探讨以什么样水准为顾客提供服务才能满足顾客，并能够扩大企业的销售。因此，该战略强调顾客可利用商品的品种、配送时间和质量、信息等。

2. 生产、销售、物流集成战略。现代物流的中心命题是从全局的角度，平衡供应、生产、物流和销售等要求，可以说不存在离开了生产和销售集成的企业内部供应链系统的现代物流。因为现代物流是以“部门最佳”直至“全体最佳”为目的，如果只强调“部门最佳”，很难在严峻的企业竞争中获胜。

3. 供应链管理战略 。生产、销售集成系统是企业内部供应链的集成系统，有必要将这一集成的概念扩展到包含交易伙伴在内的企业间供应链集成系统。就是说，不仅停留在企业间、以最终消费者的需要为根本，还要以原材料供应商、生产厂家、物流专业企业、流通企业等不同企业组织间的合作伙伴关系为基础，有必要建立企业间供应链集成系统，这样的企业间供应链集成系统称为供应链管理。

最后，物流规划的制定必须结合到公司的战略规划过程中，物流部门必须有一个清晰的远景目标作指引，必须定期衡量运作产出。

《物种起源》的作者达尔文说过这样一句话：健壮的物种不能幸存，有智慧的物种不能幸存，惟一能幸存的是对环境的变化地适应能力最强的物种。随着时间的推移，最终消费者的购买需求不断改变，因而物流管理战略的推陈出新的也不会中止。

第三节　物流成本管理

中国国家标准(《物流术语》GB / T18354 - 2001)中给出物流成本的定义是：物流成本是指物流活动中所消耗的物化劳动和活劳动的货币表现。具体来说，它是在实物运动过程中，如运输、包装、储存、流通加工等各个环节所支出的人力、物力和财力的总和。

[**案例** 3 - 1]

实行“捆绑”策略

上海市政府成功实施纯净水便民工程的最大成因，离不开其低成本甚至无成本地利用了较完善社区的管理人员以及社区的居委会资源。我们也常常看到日用品与其相同或相关产业产品进行的捆绑销售。这就引起了基于“捆绑”式配送运作的思考。让我们假设一下，如果低附加值产业与社区居委会合作将会如何？从政治层面而言，既可减轻社区政府的负担又可获得社会和大众的支持。从管理层面上讲，既可经由社区政府机构筛选或推荐获得更负责更合格的配送员工，又可在减轻日常管理压力的同时提高了服务的效率。从经济层面讲，这既可大幅减低配送的人力与管理成本，又可因为社会效应而获得企业品牌在无形资产上的增值。与下岗、失业、低收入群体进行捆绑的最大好处是：低附加值产品的企业将如同上海纯净水工程一样，获得与配送人员捆绑在一起的更低成本甚至无成本的“居家型活动仓库”，而且这种模式也更能体现出在配送运作上的便利性。如果这种策略再加以延伸，也完全和可以实现配送人与运具的“捆绑”。

物流成本无论对于企业还是国家来说，都绝非一个小数目。物流活动的成本在 GDP 中占有相当的份额。表 3 - 2 为 1997 年国际货币基金组织(IMF)统计的一些国家和地区物流成本的估算。

一些国家和地区物流成本估算

国家和地区	GDP/10 亿美元	物流总费用/10 亿美元	物流占 GDP 百分比%
中国大陆	4250	718	16.9
中国台湾	308	40	13.1
中国香港	175	24	13.7
新加坡	85	12	13.9
日本	3080	351	11.4
美国	8083	849	10.5
英国	1242	125	10.1

从表 3－2 中可以看出，物流成本(包括运输、仓储、库存维持等费用)占 GDP 的 10% 以上，在国民经济中均占有显著的地位。而从中可以发现，中国大陆地区的物流管理水平亟待提高，1997 年中国大陆的物流总成本占全国的 GDP 的 16.9%，同全球的平均值 12% 相比，高 4.9 个百分点，约 2082.5 亿美元，显然，增加的这笔费用将转嫁为商品价格的提高、企业利润的下降以及国家税收的减少。以上是物流所造成的宏观经济上的成本，再看物流在企业中的成本。从中国仓储协会 2000 年 3 月对中国家电、电子、日化、食品等行业具有代表性的 450 家大中型企业的调查可以看出，物流费用占产品销售费用的比例较高，比例在 12% 以上的占总数的 48.5%。显然，物流成本下降所带来的利润是巨额的。而且，所有的物流活动，都能变成成本加以掌握，这是一个很显著的长处，因为成本能忠实地反映活动实态，而且是可以成为评价所有活动的共同尺度。

加强对物流费用的管理对降低物流成本、提高物流活动的经济效益具有非常重要的意义。物流成本管理不是管理物流成本，而是通过成本去管理物流，可以说是以成本为手段的物流管理，通过对物流活动的管理降低物流费用。所以说，物流成本管理是对物流相关费用进行的计划、协调与控制。

一、物流成本的分类

(一)按物流活动发生的领域分类

1. 供应物流费:是指从原材料的采购直到送达购入者为止的物流活动所发生的运输、装卸、搬运等成本。

2. 生产物流费:是指企业在生产产品时，由于材料、半成品、成品的位置转移而发生的搬运、配送、发料、收料等物流活动发生的费用。

3. 销售物流费用:是指在销售产品过程中，产成品从出库到送达顾客为止的物流活动发生的费用。

4. 返品物流费:是指产品销售后因退货、换货所引起的物流活动发生的费用。

5. 废弃物物流费:是指为了处理已经成为废弃物的产品、包装物以及运输用容器、材料等物品所进行的物流活动发生的费用。

(二)按物流费用的支付形态分类

1. 材料费:是指包装材料费、燃料费、消耗工具材料等物品消耗的费用。

2. 人工费:是指工资、奖金、退休金、福利费等。

3. 水电费:是指水费、电费、燃气费等。

4. 维持费:是指维修费、消费材料费、房租、保险费等。

5. 一般经费:是指差旅费、交际费、教育费、会议费、杂费等。

6. 特别经费:是指折旧费等。

7. 委托物流费:是指包装费、运费、保管费、入出库费、手续费等委托企业外部承担物流业务支付的费用。

(三)按物流功能类别分类

1. 物资流通费:是指运输费、保管费、包装费、装卸费、流通加工费等。

2. 信息流通费:是指处理和传输物流相关信息发生的费用,包括库存管理、订单处理、顾客服务等相关费用。库存管理是指与库存的移动、计算、盘点等有关的信息处理、传达相关的业务。订货处理是指顾客委托仓库出库的相关信息处理业务,并不包括商流部分订货活动。顾客服务是指接受顾客的咨询和询问,提供有关信息的业务。以上业务的特点是离不开计算机和信息系统的支持,本质上属于信息活动。

3. 物流管理费:是指物流计划、协调、控制等管理活动方面发生的费用,不仅包括现场物流管理费,而且包括本部的物流管理费。现场物流管理费是指配送中心、仓库、物流网点等物流作业部门的人工费、事务费以及维持费等。

(四)按不同的管理科目分类

1. 部门类别物流费、商品类别物流费、销售地域类别物流费、顾客类别物流费。

2. 直接物流费、间接物流费。

3. 固定物流费、变动物流费。

二、影响企业物流成本的因素

影响企业物流成本的因素有很多,最主要的有3个:竞争性因素、产品因素和空间因素。

(一)竞争性因素

市场环境变幻莫测,充满了激烈的竞争,企业处于这样一个复杂的市场环境中,企业之间的竞争也非单方面的,它不仅包括产品价格的竞争,还包括顾客服务的竞争;而高效的物流系统是提高顾客服务的重要途径。如果企业能够及时可靠地提供产品和服务,则可以有效地提高顾客服务水平,这都依赖于物流系统的合理化,而企业的顾客服务水平又直接决定了物流成本的多少,因此物流成本在很大程度上是由于日趋激烈的竞争而不断发生变化的。企业必须对竞争作出反应,而每一个回击都是以物流成本的提高为代价的。影响顾客服务的主要方面体现在:

1. 订货周期

企业物流系统的高效必然可以缩短企业的订货周期，降低顾客的库存，从而降低顾客的库存成本，提高企业的顾客服务水平，增加企业的竞争力。

2. 库存水平

企业的库存成本提高，可以减少缺货成本。库存水平过低，会导致缺货成本增加，但库存水平过高，虽然会降低缺货成本，但是存货成本会显著增加，因此，合理的库存应保持在使总成本最小的水平上。

3. 运输

企业采用更快捷的运输方式，虽然会增加运输成本，却可以保证运输质量，缩短运输时间，提高企业竞争力。但这要建立在对顾客服务水平和自身成本的权衡上。

（二）产品因素

产品的特性不同也会影响物流的成本，主要体现在：

1. 产品价值

随着产品价值的增加，每一领域的成本都会增加。运费在一定程度上反映货物移动的风险，一般来说，产品价值越大，对其所需使用的运输工具要求越高，仓储和库存成本也随产品价值的增加而增加。高价值意味着存货中的高成本，高价值的产品其过时的可能性更大，在储存时所需的物理设施也越复杂和精密。高价值的产品往往对包装也有较高的要求。

2. 产品密度

产品密度越大，每车装的货物越多，运输成本就越低，同样，仓库中一定空间领域存放的货物也越多，这样，库存成本也就越低。

3. 易损性

易损性对物流成本的影响是显而易见的，易损性的产品对运输和库存都提出了更高的要求。

4. 特殊搬运

某种产品对搬运提出了特殊的要求，如利用特殊尺寸的搬运工具，或在搬运过程中需要加热或制冷等，这些都会增加物流成本。

（三）空间因素

空间因素是指物流系统中工厂或仓库相对于市场或供货点的位置关系。若工厂距离市场太远，则必然要增加运输费用。

三、降低物流成本的途径

降低物流成本是企业的“第三利润源泉”，也是企业可以从中挖掘利润的一片新的绿地。物流成本在企业中占有很大的比重，但一直未受到足够的重视，传统的企业总是将目光关注于制造成本的降低和销售利润的提高，关注于如何提高产品质量，却很少考虑如何以最小的成本将产品准时、准确地送到顾客手中，或准进准确地获得原材料和半成品。随着顾客对货的要求越来越高，物流成本也随着顾客服务水平的提高而提高。于是，物流成本的降低成为企业获得利润的重要方面。从长远的角度来看，降低企业的物流成本可通过以下几个途径。

(一)物流合理化

物流合理化是使一切物流合理，以尽可能低的成本获得尽可能好的物流服务。物流的各个活动的成本往往此消彼长，若不综合考虑的话，必然会造成物流费用的极大浪费。对于一个企业而言，物流合理化，是降低物流成本的关键因素，它直接关系到企业的效益，也是物流管理追求的总目标。物流的合理化要根据实际物流流程来设计、规划、不能单纯地强调某环节的合理、有效、节省成本，而是要通盘考虑。正因为如此，设计一个合理的物流服务方案，绝非开几次会就能解决，而需要广博的知识及广泛的调查，这里包括运输方式、运输路线的选择，还有仓库的选择、货物的堆码技术等各个领域的知识。

(二)物流质量

加强物流质量管理，也是降低物流成本的有效途径，这是因为只有不断提高物流质量，才能不断减少和消灭各种差错事故，降低各种不必要的费用支出，降低物流过程的消耗，从而保持良好的信誉，吸引更多的客户，形成规模化的集约经营，提高物流效率，从根本上降低物流成本。

(三)物流速度

提高物流速度，可以减少资金占用，缩短物流周期，降低储存费用，从而节省物流成本。海尔公司提出的“零运营资本”，就是靠加快采购物流、生产物流、销售物流的速度，来缩短整个物流周期，加大资金的利用率，从而达到零运营资本。美国的生产企业的物流周期平均每年16－18次，而我国还不到2次，也就是说，生产同样的东西，我们需要的资金是对方的8～9倍。由此可见，在我国，通过提高物流效率来降低物流成本的空间非常巨大，这里蕴涵着一个亟待开采的大金矿。

(四)物流人才

归根结底，21世纪的竞争是人才的竞争。使物流合理化，提高物流服务质量及加快物流速度，这些都需要专业的人员去做，他们的技能，工作方法、态度，都将间接影响企业物流成本的大小。我们要想发展物流，实现现代化物流，就必须重视物流人才的培养与培训，同时，制定出培养人才、留住人才、使用人才的人才管理办法，给他们创造一个良好的工作环境。

四、物流成本合理化管理

物流成本合理化管理主要包含以下内容。

(一)物流成本预测和计划

成本预测是对成本指标、计划指标事先进行测算平衡，寻求降低物流成本的有关技术经济措施，以指导成本计划的制定;而物流成本计划是成本控制的主要依据。

(二)物流成本计算

在计划开始执行后，对产生的生产耗资进行归纳，并以适当方法进行计算。

(三)物流成本控制

对日常的物流成本支出，采取各种方法进行严格的控制和管理，使物流成本减到最低限度，以达到预期的物流成本目标。

(四)物流成本分析

对计算结果进行分析，检查和考核成本计划的完成情况，找出影响成本升降的主客观因素，总结经验，发现问题。

(五)物流成本信息反馈

收集有关数据和资料并提供给决策部门，使其掌握情况、加强成本控制，保证规定目标的实现。

(六)物流成本决策

根据信息反馈的结果，决定采取能以最少耗费获得最大效果的最优方案，以指导今后的工作，更好地进入物流成本管理的下一个循环过程。

第四节 物流质量管理

一、物流质量的概念与内容

物流的质量的概念既包含物流对象质量，又包含物流手段、物流方法的质量，还包含工作质量，因而是一种全面的质量观。物流质量具体包括以下几方面内容：

(一)商品的质量保证及改善

物流的对象是具有一定质量的实体，即有合乎要求的等级、尺寸、规格、性质、外观。这些质量是在生产过程中形成的，物流过程在于转移和保护这些质量，最后实现对用户的质量保证。因此，对用户的质量保证既依赖于生产，又依赖于流通。

现代物流过程不单是消极地保护和转移物流对象，还可以采用流通加工等手段和提高商品的质量，由此，物流过程在一定意义上说也是商品质量的“形成过程”。

(二)物流服务质量

物流业有极强的服务性质，可以说，整个物流的质量目标就是其服务质量。服务质量因不同用户而要求各异，要掌握和了解用户要求，包括商品狭义质量的保持程度;流通加工对商品质量的提高程度;用户数量的满足程度;相关服务(如信息提供、索赔及纠纷处理)的满足程度。

(三)物流工作质量

工作质量指的是物流各环节、各工种、各岗位的具体工作质量。工作质量和物流质量是两个有关联但又不大相同的概念，物流服务质量水平取决于各个工作质量的总和。所以，工作质量是物流服务质量的某种保证和基础。重点抓好工作质量，物流服务质量也就有了一定程度的保证。

(四)物流工程质量

物流质量不但取决于工作质量，而且取决于工程质量。在物流过程中，将对产品质量发生影响的各因素,如人的因素、体制的因素、设备因素、工艺方法因素、计量与测试因素、环境因素等,统称为“工程”。很明显，提高工程质量是进行物流质量管理的基础工作，能提高工程质量，就能做到“预防为主”的质量管理。

二、物流质量管理的特点

物流质量管理可以归纳为以下三个特点：

(一)管理的对象全面

物流质量管理不仅管理物流对象本身，而且还管理工作质量和工程质量，最终对成本及交货期起到管理作用，具有很强的全面性。

(二)管理的范围全面

物流质量管理对流通对象的包装、装卸搬运、储存、运输、配送、流通加工等若干过程进行全过程的质量管理，同时又是对产品在社会再生产全过程中进行全面质量管理的重要一环。在这个过程中，必须一环不漏地进行全过程管理，才能保证最终的物流质量，达到目标质量。

(三)全员参加管理

要保证物流质量，就涉及到有关环节的所有部门和所有人员，决不是依靠哪个部门和少数人能搞好的，必须依靠各个环节的所有部门和广大职工的共同努力。物流管理的全员性，正是物流的综合性、物流质量问题的重要性和复杂性所决定的，它反映了质量管理的客观要求。

由于物流质量管理存在“三全”的特点，因此，全面质量管理的一些原则和方法(如“PDCA”循环)，同样适用于物流质量管理。但应注意，物流是一个系统，在系统中各个环节之间的联系和配合是非常重要的。物流质量管理必须强调“预防为主”，明确“事前管理”的重要性，即在上一道物流过程就要为下一道物流过程着想，估计下一道物流过程可能出现的问题，预先防止。

物流质量管理必须满足两方面的要求，一方面是满足生产者的要求，因为物流的结果，必须保护生产者的产品能保质保量的转移给用户；另一方面是满足用户的要求，即按用户要求将其所需的商品送达。这两方面的要求基本上是一致的，但有时也有矛盾，比如，过分强调满足生产者的要求，使商品以非常高的保证程度送交用户，有时会出现用户难以承担的过高的成本。物流质量管理的目的，就是在“向用户提供满足要求的质量服务”和“以最经济的手段来提供”两者之间找以一条优化的途径，同时满足这两个要求。为此，必须全面了解生产者、消费者、流通者等各方面所提出的要求，从中分析出真正合理的、各方面都能接受的要求，作为管理的具体目标。从这个意义上来讲，物流质量管理可以定义为：“用经济的办法，向用户提供满足其要求的物流质量的手段体系”。

三、影响物流质量的因素

现代质量管理专家菲根鲍姆认为，影响质量的基本因素有9个方面或称之为“9M”，即市场(Markets)、资金(Money)、管理(Management)、人员(Men)、激励(Motivation)、材料(Materials)、机器和机械化(Machines and Mechanization)、现代信息方式(Modern information methods)、产品规格要求(Mounting produce requirement)，在这9个“M”中，对物流质量影响较大的有7个“M”。

(一)市场

市场对物流质量的影响体现在需求的个性化和物流服务品种相对通用化的矛盾。尽管最近物流市场上提供的服务品种和数量在不断地增长，但离“一对一营销”的物流服务要求还存在很大的差距。物流企业要认真识别工商企业的需求，以便作为发展新服务品种的根据。市场的范围日益扩大，而所提供的服务则应更为专业化、细分化。

(二)资金

资金对物流质量的影响体现在投资改善设施和物流成本控制之间的矛盾。对于自动化和机械化的要求迫使物流企业拿出大笔的资金用于新设备和新工艺。这就要增加企业的投资，如果投资后的设施利用率不高，那么就可能形成质量成本增高，造成大量的亏损。

(三)管理

管理人员和项目经理对物流服务质量承担职责。营销部门和研发部门必须对物流项目的设计提出适应需求的规格要求;质量管理部门必须安排整个物流过程的质量检测方法以便能够确保服务符合质量要求。

(四)人员

人员对物流质量的影响体现在质量是由人员控制的，人员的不称职将导致物流质量的下降。

(五)激励

物流质量复杂性的提高进一步加强了每位职工对质量做出贡献的重要意义。对人类动机研究的结果显示，除了金钱报酬以外，当今的工人要求强化工作上的成就感，承认他们对实现公司目标所做出的贡献，这就突出了质量教育和提高质量意识的必要性。

(六)机器和机械化

机器和机械化对物流质量的影响主要是效率和操作标准化的问题。机械化程度越高，提高工人和机器的利用效率及切实降低成本就越是提高服务质量的关键因素。

(七)现代信息方法

现代信息方法对物流质量的影响主要体现在货物跟踪、自动化仓库、库存控制、运输决策等方面。现代信息技术使用越广泛，物流质量越容易得到控制。

四、物流质量的八大原则

质量管理是组织综合管理的核心内容，它通过建立和实施持续改进业绩的管理体系，可使组织获取成功。具体来讲有以下八大原则如下所示。

(一)以顾客为中心

组织依存于其顾客。因此，组织应理解顾客当前的和未来的需求，满足顾客需求并争取超过顾客期望。

(二)领导作用

领导者应建立本组织统一的宗旨、方向和内部环境。所创造的环境应能使员工充分参与实现组织目标的活动。

(三)全员参与

各级人员都是组织根本，只有他们的充分参与，才能使他们的才干为组织带来收益。

(四)过程方法

将相关的资源和活动作为过程来进行管理，可以更高效地达到预期的目的。

(五)管理的系统方法

针对设定的目标，识别、理解并管理一个由相互关联的过程所组成的体系，有助于提高组织的有效性和效率。

(六)持续改进

持续改进是组织的一个永恒的目标。

(七)以事实为决策依据

有效的决策是建立在对信息和资料进行合理和直观的分析基础上。

(八)互利的供方关系

组织与供方之间保持共同的利益关系，可增进两上组织创造价值的能力。

五、评价物流质量的主要指标

由于物流质量是衡量物流系统的重要方面，所以发展物流质量的指标体系对于控制和管理物流系统来说至关重要。物流质量指标体系的建立必须以最终目的为中心，是围绕最终目标发展出来的一定的衡量物流质量的指标。

一般来说，物流服务目标质量指标，包括物流工作质量指标和物流系统质量指标两个系列。以这两个指标为纲，在各工作环节和各系统中又可以制定一系列“分目标”的质量指标，从而形成一个质量指标体系。整个质量指标体系犹如一个树状结构，既有横向的扩展，又有纵向的挖掘。横向的主干是为了将物流系统的各个方面的工作都包括进去，以免遗漏；纵向的分支是为了将每个工作的质量衡量指标具体化，便于操作。没有横向的扩展就不能体现其广度，没有纵向的挖掘就不能体现其深度。

(一)服务水平指标

满足顾客的要求需要一定的成本，并且随着顾客服务达到一定的水平时，再想提高服务水平时，企业往往要付出更大的代价，所以企业出于利润最大化的考虑，往往只满足一定的订单，由此便产生了服务水平指标。可以想见，服务水平越高，企业满足订单的次数与总服务次数之比就越高。

(二)满足程度指标

服务水平指标衡量的是企业满足订单的次数的频率。但由于每次订货数量的不同，所以仅以此来衡量是不完全的，于是就产生了满足程度指标，即企业能够满足的订货数量与总的订单的订货数量之比。

(三)交货水平指标

我们知道，时间的准确性对于物流来说，是衡量其质量的重要方面，因此建立交货水平指标也很重要。它是指按期交货次数与总交货次数的比率。

(四)交货期质量指标

它衡量的是满足交货的时间因素的程度，即实际交货与规定交货期差的日数(天)或时数(时)。

1. 商品完好率指标

保持商品的完好对于客户来说是很重要的，即交货时完好商品量或缺损商品量与总交货商品量的比率(%)。宝洁公司在进入中国市场初期，其货物都是通过铁路运输的，由于中国缺乏专业的物流公司，因而其商品完好率很低。也可以用“货损货差赔偿费率”来衡量商品的破损。对于给公司带来的破损，要付出一定的赔偿金额，这部分金额占同期业务收入总额的比率(%),即是“货损货差赔偿费率”。

2. 物流吨费用指标

物流吨费用指标即单位物流量的费用(元/吨)，这一指标比同行业的平均水平低，说明运送相同吨位货物费用较低，则此公司拥有更高的物流效率，其物流质量较高。

* 本章小结

本章阐述了物流战略的基本要素和物流战略的核心内容。介绍了物流成本管理的目的是降低物流成本，物流服务管理的目标是加强成本管理，提出了提高物流服务水平，强化物流服务管理，保证成本与服务间的均衡关系，以实现物流的标准化。介绍物流网络和物流结点的种类与配置。

※ 复习思考题

一、名词解释

物流战略 物流成本 物流服务 物流标准化 物流模数

二、思考题

1. 什么是物流战略？物流战略的决策内容是什么？

2. 物流管理的内容从不同角度是怎样分类的？各包括哪些内容？

3. 什么是物流成本？物流成本的计算方法是什么？

4. 物流服务由哪些要素构成？物流增值服务的内容有哪些？

5. 物流标准化的方法包括哪几方面的内容？如何推动物流标准化？

三、填空题

1. 物流决策的内容集成了 8 个主要的领域:( )、( )、( )、( )、( )、( )、( )、( )管理。

2. 从企业订货周期所经过的阶段来分，可将订单服务工作分为 3 个组成部分，即( )服务、( )活动、( )服务。

3. 物流质量管理的特点有:( )全面、( )全面、( )管理 3 个特点。

4. 降低企业的物流成本可通过以下几个途径:( )、( )和( )。

5. 物流基础模数尺寸:( )。物流集装基础模数尺寸:以( )为主，也允许( )和( )的规格。

四、选择题(单选或多选)

1. 物流管理的目标有( )

① 快速反应 ② 最小变异 ③ 最低库存 ④ 物流质量

2. 物流质量主要从( )几个方面来衡量。

① 物流时间 ② 物流成本 ③ 物流效率 ④ 物流设备

3. 降低物流成本的途径主要有以下几种方式( )。

① 物流合理化 ② 物流质量 ③ 物流速度 ④ 物流人才

4. 物流标准根据其定义分为( )。

① 物流软件标准 ② 物流硬件标准 ③ 国际性标准 ④ 国内标准

5. 下列物流模数尺寸( )为物流基础模数尺寸。

① 600×400 ② 1200×1000 ③ 1200×800 ④ 1100×800

五、课堂讨论题

TQM和非TQM物流企业比较的启示

物流全面质量管理或持续性的工作改进计划已经被一些学者肯定。物流领域管理者对全面质量管理、过程重新设计和其他与持续性工作改善等课题非常关注。虽然人们判定TQM(全面质量管理)确实创造价值，但是还没有从经验研究中得到确切显示，实施TQM的公司的工作性能指标确实优于没有实施TQM的公司。安达信(R. D. Anderson)、克拉姆(M. R. Crum)和杰曼(R. E. Jerman)进行了调查，他们认真选择了调查对象(主要是货主企业)，调查物流质量计划在物流绩效、物流作业现场方面的效果，以公司是否经历了正式的物流质量计划过程而将被调查公司分为3类:没有物流质量计划经历的公司、有过短期(1～4年)物流质量计划经历的公司和有长期(5年以上)物流质量计划经历的公司，然后进行分析。

因为物流质量计划的成效不是立即实现的，所以以前大多数与此有关的研究是通过个别的或有组织的企业已得到的利益进行验证，这种方法存在一定缺陷。安达信等人认为，用两组公司的总绩效的平均值进行研究没有实际意义，因而需要对构成公司绩效的几种因素进行分析。他们研究了一种比较TQM公司和非TQM公司绩效的方法，调查了近百家企业的物流质量管理状况，把抽查对象分为甲、乙、丙3组，在所选择的17项要素之间分别进行两两成对比较，比较的两列数据均看做随机变量，数值为所观察到的组间随机变量平均变化值的概率，相关性反映了在质量管理要素和组间多序列相关的程度。从调查信息可以看出:

(1)具有1～4年正式的TQM或过程重新设计经历的企业，在制定基准、团队工作和可靠性方面明显地优于没有正式的TQM或过程重新设计经历的企业。

(2)具有5年以上正式的TQM经历或过程设计经历的企业，在团队工作、供应商管理、制定基准、承诺、培训、员工参与、统计方法使用等诸多方面明显地优于没有正式的TQM或过程重新设计经历的企业，成本等方面一般性地优于没有正式的TQM或过程重新设计经历的企业。

(3)具有5年以上正式的TQM经历或过程重新设计经历的企业，在供应商管理、成本等方面明显地优于具有1～4年正式的TQM或过程重新设计经历的企业，在团队工作、承诺、参与、竞争绩效等方面一般性地优于具有1～4年正式的TQM或过程重新设计经历的企业。

更详细的研究表明在竞争绩效方面，尽管具有5年以上正式的TQM经历或过程重新设计经历的企业表现出进步很大，其他各组企业也表现出有比较突出的改进。这是市场竞争的必然结果。从有关研究可以得出结论：

(1)有长期物流质量改进计划的企业绩效十分明显，用户对长期物流质量管理的企业满意度最高。

(2)近5年的人员数量统计表明，无质量改进计划的企业人员总数增加，而有短期质量管理计划和长期质量改进计划的企业人员减少，而且减少的数量依次增大。首先是非管理人员明显减少，其次是管理人员也有所减少，组织结构变得更为精简、高效。

(3)调查研究的统计结果反映出只有长期物流质量改进计划的企业在数据系统的完善、员工满足感、经济状态等方面存在一些问题，需要进一步研究解决。

物流质量管理研究的结果揭示：具有长期质量改进计划的企业员工的满足感、经济状态方面的改进不明显，以及在物流数据获得、想像力等方面进步不大。分析其中原因，可能有调查设计方面的问题，也可能包括更深刻的管理理论应用方面的问题。

讨论：

1. 什么是物流质量？什么是物流服务质量？
2. 物流企业的质量表现在哪些方面？
3. TQM质量管理的优势在哪里，对物流企业有效吗？

第四章 物流活动构成

4

* 学习目标

通过本章的学习，熟练掌握物流功能要素的基本内容，全面、准确地把握运输、保管储存、包装、装卸、流通加工、物流信息等基本功能的概念、作用、特点等；了解各个功能要素之间的有机联系及协调关系；知道各个功能要素所涵盖的内容及在具体物流实践中如何把握等。

* 主要内容

物流基本活动

运输

保管

装卸搬运

包装

流通加工

配送

物流信息处理

* 引导案例

Nevag 公司是前东德一家国营运输公司，东西德统一前主要从事州内客货运输。1993 年实行私有化，公司的大部份股份被史蒂勒斯(Stinnes)家庭现款收购，公司由单纯的州货物运输公司，逐步发展成为集运输、仓储、配送功能于一体的中型物流企业。

通过私有化筹到资金后，公司及时更新车辆，将原有普通货车淘汰，大力发展大型专业化运输车队，利用自己的设备和网络优势，承接了多家超市连锁商店，如阿尔迪(Aldi)、爱威(Rewe)的奶制品配送服务，随着这些超市在东德地区的发展，Nevag 公司也垄断了原东德 6 州的原料奶和奶制品运输市场，业务范围发展到全欧洲。在通过运输获得收益后，及时再投资修建冷藏仓库和冷冻仓库，发展仓储、配送、报关等一系列增值服务，完成了由一个州的运输公司向一个面向欧洲的现代化物流公司的质的飞跃。

Nevag 公司通过抓住成功改制、适应物流客户需求、走专业化的道路，使自身从一个运输型企业，成为一个功能齐全的现代化第三方物流企业。

第一节　物流活动概述

一、物流活动

所谓物流活动，是指对物流诸功能的实施与管理过程。由于不同企业组织结构各异，其所涉及的经营活动也各不相同，因而企业提供的产品或服务的内容对物流服务的要求也千差万别。典型物流管理系统应包括的物流活动有：

(一)客户服务

顾客服务为整个物流管理体系定下了基调，同时顾客服务水平又在一定程度上输入确定了物流成本水平。该工作的重点是判断客户对物流服务的需求、判断客户的人力资源供应，从而确立客户服务水平。

(二)需求预测和计划信息资源

物流部门通常从采购的角度预测需要向供应商订购多少原材料，或预测需要向每个目标市场运输产品的数量。在一些企业中，物流部门还要负责供销计划的制定。

(三)库存管理

库存管理需要对库存持有水平和顾客服务水平二者进行权衡，包括原材料和产成品的存储政策，存储点的产品组合、库存控制等内容。库存控制是物流管理的核心。

(四)物流信息交换

与客户交换信息以及物流信息在相关部门之间的快速传递，是提高物流作业效率、实现物流系统化的关键。

(五)物料装卸搬运

物料装卸搬运是指在保管和运输两端场所对物料进行的装车、卸车、移动、取货、分拣等作业活动。

(六)订单处理

企业订单处理系统的职能包括接受顾客订单、根据订单向顾客供货、跟踪订单处理状况、向顾客反馈订单处理信息。具体的订单处理过程包括库存检查、顾客信息审核、开具单据发票、发货等。订单处理对客户满意度影响极大。当今企业越来越多地通过因特网、电子数据交换(EDI)、电子转账（EFT）等手段来加快订单处理速度,提高准确性和效率。

(七)包装

包装是指为保证物流过程中货物不发生损坏、便于运输、保管和装卸搬运进行的包装活动。

(八)产品售后服务支持

物流部门需提供产品的售后服务支持，包括产品的安装调试、存储充足的备用物品、回收有缺陷的产品、对顾客的维修或退换货请求做出快速响应等。

(九)工厂和仓库布局

根据物流合理化的要求，确定物流节点的数量和位置。工厂（包括商店等)和仓库(包括配送中心)的位置及其数量直接关系到物流网络的基本格局,影响到物流的走向、物流的流量等。

(十)采购与供应

采购与供应是指外购物料或服务，以支持本企业的生产、销售以及物流等各项活动。采购活动的具体内容包括:供应商选择、与供应商谈判、供应商评价等。企业应当与主要的供应商结成长期的战略伙伴关系。

(十一)退货处理

退货处理是指将不合格货物和多余货物退还给供货部门的活动。退货处理对顾客满意程度的影响也很大,因此越来越受到企业的重视。

(十二) 运输

货物在空间位置上的转移必须通过运输来实现，这是一项十分重要的物流活动，也是大多数企业开支最多的物流活动。其主要内容包括：选择运输方式、确定正确的运输路线、选择承运人等。

(十三) 仓储

商品（特别是实物商品）的时间和地点价值只有在运输和仓储的支持下才能实现。仓储活动包括仓储的设计与构建、库存物品的管理、存库租赁决策等。

(十四) 回收物流

回收物流特指物流过程中各种废弃物的回收与处理。随着社会对环境问题的日益关注，企业在环保方面受到越来越多的管制，回收物流亦越来越重要。

(十五) 流通加工

流通加工是指在流通领域从事的简单活动。流通加工不改变商品的基本形态和功能,只是完善商品的使用功能，提高商品的附加价值。

(十六) 配送

配送属于由末端物流节点向最终用户进行的货物运输活动。它具有小批量、多品种的特点。

二、物流基本活动

由上可知,物流是一个复杂的系统,包括了多项管理和作业活动。但从实际来看,上述物流活动并不是每个物流管理系统都要全部涉及,其中某些活动只是间断出现,而有些活动在几乎所有的物流管理系统中都会涉及，我们将其称之为物流基本活动。这些基本物流活动包括:包装、装卸搬运、运输、保管、配送、流通加工、信息处理等。物流的整体功能主要是通过这些基本要素的有机结合来实现的。

物流活动的合理化首先要实现物流各项功能活动和各个环节的合理化，然后再通过系统化、集成化管理,最终实现物流系统的最优化。

第二节　运　输

一、运输的概念

(一)运输的概念

所谓运输,是指用设备和工具将物品从一地向另一地运送的物流活动。包括集货、搬运、分配、中转、装入、卸下、分散等一系列操作。运输与搬运不同,它是在不同的地域范围内对物品进行空间位移,是较大空间范围的移动。搬运是在同一地域的活动,一般是指短距离、小批量的运输。

[案例4-1]

美国物流业的规模和进展

据统计,美国物流业规模为9000亿美元,几乎为高技术产业前两倍,占美国国内生产总值的10%以上。物流产业合同金额为34亿美元,预计今后3年将以平均23%的速度增长。1996~2000年,物流产业总共将压减500多亿美元的分拨成本。美国公司每年支出的库存利息有40多亿美元,支付的税金、折旧费、贬值损失及保险费用约80多亿美元,仓库费用有20多亿美元。近一半的企业认为物流代表了一种新竞争优势。

1999年,美国的物流产业发生了三个显著变化:电子商务应用、供应链软件集成、作为中间市场的第三方物流业务的发展。变化的根本原因在于电子商务的大行其道。

(二)运输的功能

1. 物品转移功能:无论物品处于哪种形式,是材料、零部件、装配件、在制品,还是产成品,也不管是在制造过程中将被转移到下一阶段,还是将商品送达到最终顾客,运输都是必不可少的。

2. 物品储存功能:从本质上看运输车辆也是一种临时储存设施,具有临时储存物品的功能。当然用做临时储存物品的车辆是移动的,而不是闲置状态。

(三)运输的作用

1. 运输是社会物质生产的必要条件,是国民经济的基础和先行产业。如果没有运输,生产过程就无法完成。通过运输将物品送到场所效用最高的地方,才能发挥物品的最大潜力,提高物品的使用价值,实现资源的优化配置。

2. 运输具有扩大市场,稳定价格的作用,它对发展经济,提高国民生活水平有着十分巨大的影响。

3. 运输是"第三利润源"的主要源泉。运输承担大跨度空间转移任务,要靠大量的动力消耗才能实现。据分析计算,在整个社会的物流总成本中,运输费用占到近50%,所占比例最大。因而,合理组织运输活动,节约运输成本,是降低物流成本的重要内容。

(四)运输与物流其他环节的关系

1. 运输与包装的关系:货物包装的材料、规格、方法都不同程度地影响运输。包装的外部尺寸应与车辆的内部尺寸相吻合，这对提高货物的装载率有重要意义。

2. 运输与装卸的关系：只要运输活动发生就必然伴随装卸活动。物品在运输前的装车、装船活动是完成运输的先决条件。当货物运达目的地后的卸车搬运作为最终完成运输任务的补充劳动，使运输的目的最终完成。装卸还是各种运输方式的衔接环节，当一种运输方式向另一种运输方式转换时必须依靠装卸作为必要的衔接手段。

3. 运输与储存的关系：储存保管是货物的停滞状态，是货物投入消费前的准备。运输对货物的储存有重大影响，如果运输活动组织不善或运输工具不得力，就会延长货物在仓库的储存时间，这不仅增大了货物的储存量，而且还会使货物的损耗增大。在物流活动中将货物大批量长距离从生产工厂直接运达客户或者配送中心，称为运输。

4. 运输与配送的关系：将货物从配送中心就近发运到地区内各客户手中，称为配送。配送属于连接客户的末端运输。在物流系统中必须实现运输与配送的有机结合，才能高效地完成物流任务。

二、运输的基本方式及特点

运输方式是指运送物品（货物）所采用的交通工具和方法的类型。目前主要有 5 种基本的运输方式，即铁路、公路、水路、航空和管道运输。其特点如下：

（一）铁道运输

铁道运输是陆地长距离运输的主要方式。由于在固定轨道线路上行驶，可以自成系统，不受其他运输条件的影响。铁道运输可重载高速运行，运量大，因而使运费和劳务费降低。但由于车站之间距离比较远，所以缺乏机动性。

（二）汽车运输

汽车运输是最普及的一种运输方式。它最大的优点是空间和时间方面具有充分的自由性，不受路线和停车站的约束，可以实行从发货人到收货人之间“门到门”直达输送。由于它减 少了转运环节，货物包装可以简化，因而货物损伤、丢失和误送的可能性很小。汽车运输的运量小，产生不了大批量输送的效果。由于其单位运输成本高，长距离输送中缺点较为显著。随着汽车数量的增多，产生的废气、噪声会造成环境污染。

（三）船舶运输

船舶运输有海运和内河航运两种。利用水路运送货物，在大批量和远距离的运输的方式下，其价格便宜，还可以运送超大型和超重物。运输线路主要利用自然的海洋与河流，不受道路的限制，在隔海的区域之间是替代陆地运输的必要方式。水上航行的速度比较慢，航行周期长，易受天气影响，建设港湾也要花费高额费用。

（四）航空运输航空运输的主要优点是速度快

因为时间短，货物损坏少，特别适合一些保鲜物品的输送。但是在距离机场比较远的地方则不宜采用航空运输。客运飞机可以利用下部货仓运送少量货物。随着空运货物的增加，出现更多的专用货机。专用货机采用单元装载，缩短了装卸时间，保持了“快”的特色。

（五）管道运输

自来水和城市煤气的输配送是和人们生活最为密切相关的管道运输。其主要优点是：可以连续不断地输送大量物资，节省人力，运输成本低，管道铺设可以不占用土地或占地较少。管道运输的缺点是在输送地点和输送对象方面具有局限性，一般适用于气体、液体。但是，近年也发展了粉粒体的近距离输送，如粮食、矿粉等。

（六）电子运输

Internet 是一种集通信技术、信息技术、计算机技术为一体的网络系统。今天的因特网已经发展成为具有各种信息资源、贯通整个世界、连接千家万户、充满巨大市场潜力和商机的商业网。同时，因特网也是一种新的运输形式。人们利用因特网可以实时传输电子数据产品，可以纯文本形式，也可以影视并茂，如歌曲、影像、数据、电子文本等。

当然，这种新型的运输方式只适合电子数据产品，因特网的终端载体还局限于电脑。没有电脑、电话线人们利用不了这种运输方式。它的优点是费用低廉、速度快、不限量下载。

综合看来，在铁路运输、公路运输、水路运输、航空运输、管道运输、电子运输这 6 种主要运输方式中，运输能力、运价、速度、连续性、灵活性、可行性、可靠性和频率均不相同，在选择运输方式时，主要考虑各自的需求（见表 4－1）

表 4－1 6 种运输方式营运特征比较

营运特征	铁路	路	水路	航空	管道	电子
运输能力	2	3	1	4	6	6
运价	3	4	2	6	5	1
速度	4	3	5	2	6	1
连续性	3	4	6	5	2	1
灵活性	3	1	4	2	6	5
可行性	2	1	4	3	5	6
可靠性	4	3	5	6	2	1
频率	5	3	6	4	2	1

注：1～6 为由强到弱特征排序

我国一直是铁路运输方式占据主要地位，但是从 20 世纪 90 年代开始，公路运输超过铁路运输成为主要运输方式（见表 4－2）。

表 4－2 2000 年货物与旅客周转构成

运输方式	货物（%）	旅客（%）
铁路	31.3	37
公路	61.8	54.3
水运	5.4	0.8
航空	0.1	7.9
管道	1.4	
合计	100	100

另外一个新趋势是在铁路运输、公路运输和水路运输的方式中，越来越多地采用集装箱运输如图 4－1。

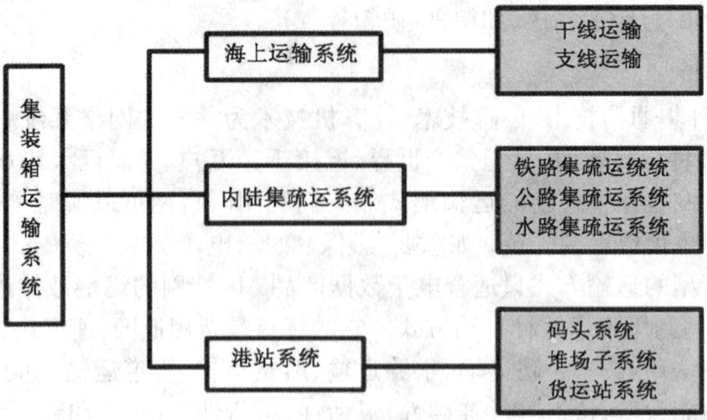

图 4－1　集装箱运输系统

三、运输合理化

物品从生产地到消费地的运输过程中，从全局利益出发，力求运输距离短、运输能力强、运输费用低、中间转运少、到达速度快、运输质量高，并充分有效地发挥各种运输工具的作用和运输能力，是运输活动要实现的目标。

(一)合理运输的“五要素”

1. 运输距离:在运输过程中，运输时间、货损、运费、车辆或船舶周转速度等运输的若干技术经济指标，都与运输距离有一定的比例关系。因此，运距长短是运输是否合理的一个最基本因素，缩短运距既具有宏观的社会效益，也具有微观的企业效益。

2. 运输环节:每增加一次运输，不但会增加起运的运费和总运费，而且会增加运输的附属活动，如装卸、包装等，从而使各项技术经济指标下降。所以，减少运输环节，尤其是同类运输工具的环节，对合理运输有促进作用。

3. 运输工具:各种运输工具都有其使用的优势领域，对运输工具进行优化选择才能最大程度地发挥所用运输工具的作用。

4. 运输时间:运输是物流过程中需要花费较多时间的环节，尤其是远程运输，在全部物流时间中，运输时间占绝大部分，因而运输时间的缩短对整个流通时间的缩短有决定性的作用。此外，运输时间短，有利于运输工具的加速周转，充分发挥运力的作用；有利于货主资金的周转；有利于运输线路通过能力的提高；对运输合理化有很大贡献。

5. 运费费用:运费在全部物流成本中占很大比例，运费高低在很大程度上决定了整个物流系统的竞争能力。运费的降低，无论对货主企业还是对物流经营企业，都是运输合理化的一个重要目标。

(二)运输合理化的措施

1. 提高运输工具实载率:实载率是反映车船吨位和里程利用情况的综合指标。提高实载率，能充分利用运输工具的额定能力，减少车船空驶和不满载行驶的时间，减少浪费，从而求得运输的合理化。例如，当前国内外开展的配送形式，优势之一就是将多家需要的物品或一家需要的多种物品实行配装，以达到容积和载重的充分利用，减少回程空驶的效果。在铁路运输中，采用整车运输、整车拼 装、整车分卸及整车零卸等措施，都是提高实载率的有效途径。

2. 改进运输，提高运输能力：在运输设施建设已定型和完成的情况下，通过改善运输组织可实现能源、设施的少投入，增加运输能力的目的。例如，铁路运输中采取“ 满载超轴”法（“ 满载 ”指充分利用货车容积和载货量，都载货，不空驶。“ 超轴”指在机车能力允许情况下，多加挂车皮 ）；水运上对竹、木等物品 采用拖排和拖带法；内河驳船采用的顶推法；汽车挂车法等，都是在充分利用动力能力的基础上，增加运输能力。

3. 发展社会化运输体系：运输社会化的核心是打破一家一户自成运输体系的状况，发挥运输的大生产优势，实行专业化分工与合作，实现运输的规模效益。实现运输社会化，可以统一安排运输工具，避免对流、倒流、空驶等多种不合理形式，不但可以追求组织效益，而且可以追求规模效益，如广泛开展的联合运输，已经取得了很大成绩。

4. 开展中短距离铁路公路分流：在公路运输经济里程范围内，尽量利用公路。通过公路分流，缓解铁路运输的紧张状况。充分发挥公路“ 门到门”，机动灵活，在中短途运输中速度快的优势，实现铁路运输服务难以达到的服务水平。

5. 发展直达运输：当客户一次运输批量和一次需求达到一整车时，要尽量组织直达运输。此外，在生产资料、生活资料中运输中，通过直达，建立稳定的产销系统和运输系统，从而提高运输效率。

四、网络经济时代运输的发展趋势

新经济提供的信息技术、网络技术、物流机械装备的大规模技术、自动化技术等，已经使构成物流的运输活动发生了很大的变化，形成了新的发展趋势。

（一）运输地位的变化

运输从物流的主导地位变成现代物流的支撑因素。

（二）运输结构的变化

承担大量运输的远洋海运及承担多品种、少批量、多批次的长距离的空中快运两类运输形式的比例将有比较大的增长。

（三）不同的运输方式的一体化

无论在基础平台建设方面还是在运行方面，会出现一体化的趋势。

第三节 保 管

一、保管

（一）保管的概念

储存一般是指对物资进行保管及对其数量、质量进行管理控制的活动。内容包括对物资进行检验、整理、保管、加工、集散等多种作业。保管是指对物品进行保存及对其数量、品质进行管理控制的活动。储存、保管解决了供需之间和不同运输方式之间的矛盾，为物资提供场所价值和时间效益。在物流系统中起着缓冲、调节和平衡作用，是物流活动的一个主要功能要素。

[案例 4－2]

上海通用汽车汽车零配件的零库存管理

上海通用汽车有限公司是美国通用汽车公司和上海汽车工业集团共同投资 15.2 亿美元组建的中外合资企业，主要生产世纪级质量的别克轿车。

中远集团承担起通用汽车零配件的供应任务，成为上海通用汽车供应链的一个组成部分。1998 年 7 月签订了“门到门”协议。

上海通用汽车公司采用标准的准时 JIT(Just In Time) 运作模式，由国际知名的物流咨询公司 RYDER 设计零库存管理，按照该设计案，汽车零配件 CKD 库存存在于运输途中，不再有大型仓库，而且在生产线旁设立再配送中心（RDC），中心维持 288 套最低安全库存。中远集团立足于中国物流系统的现状，对于上海通用汽车要求的零库存生产模式，提出用木箱配送的方案。即将在配送中心的库存躺在平衡状态并且逐渐递减，每天照零件拉动计划收取装有汽车零配件的木箱，多余的木箱仍然留在中远集团的仓库中，这样就使再配送中心可以在低负荷水平安全运行。

(二)保管的功能

1. 保存和保管的功能

保管过程中应保证物品不丢失、不损坏、不变质。要通过制定完善的制度，合理使用搬运机具，采用正确的操作方法，保证在搬运和堆放中不损坏物品。应根据所储存物品的特性，配备相应的仓储设备，以保证储存物品的完好性。

2. 调节供需的功能

从实际看，生产节奏和消费节奏不可能完全一致。这就要有储存作为平衡环节加以调控，使生产和消费协调起来。这也体现出物流系统创造时间效用的基本职能。

3. 调节货物运输能力的功能

各种运输工具的运量相差很大，如船舶的运量大，火车、汽车运量相对较小，当它们之间进行转运时，运输能力是很不匹配的。这种运力的差异也需要通过仓库或货场进行调节和衔接。

4. 配送和流通加工的功能

现代仓库除以保管储存为主要任务之外，还向流通仓库方向发展，使仓库成为流通、销售、零部件供应的中心。其中的一部分在所属物流系统中起着货物供应的组织协调作用，被称为物流中心。这一类仓库不仅具备储存保管货物的设施，而且还增加了分拣、配送、捆包、流通加工、信息处理等设备，这样既扩大了仓库的经营范围，也提高了服务质量。

(三) 保管的作业

一般储存保管作业程序包括以下主要内容：

1. 接货:接货是根据储存计划、发运单位、承运单位和发货或到达通知,进行货物的接受和提取,并为入库保管做好一切准备的工作。具体包括5项内容:

第一,与发货单位、承运单位的联络工作;

第二,制定接货计划;

第三,办理接货手续;

第四,到货的处理;

第五,验收工作。其中,验收工作是关键环节,要求做好核证、数量验收和质量验收工作。

2. 保管:保管是根据物资本身的特性以及进出库的计划要求对入库物资进行保护、维护管理的工作环节。要求在仓库规划化、存放系列化、保养经常化的基础上,做到保质、保量、保安全、保急需。具体要做好3项工作:第一,与接货单位及用货单位的联络工作;第二,制定保管计划;第三,办理入库、出库手续。

3. 发货:发货是根据业务部门的计划,在办理出库手续基础上,进行备货、出货、付货或外运付货工作。具体要做好4项工作:

第一,与收货单位、外运承运单位的联络工作;

第二,制定发货计划;

第三,核对及备货;

第四,办理交货手续。

(四)保管的种类

仓库作为物流服务的据点,在物流作业中发挥着重要作用。它不仅具有储存、保管等传统功能,而且包括拣选、配货、检验、分类等作业,并具有多品种小批量、多批次小批量等配送功能以及附加标签、重新包装等流通加工功能。根据不同标准,可对仓库的储存保管进行分类。

1. 按仓库在社会再生产过程中所处的领域分类

(1)生产领域的仓库(生产仓库或企业仓库)。

它是指用于存放生产储备物品,以保证生产正常进行而建立的仓库。这类仓库主要作用是用于存放企业生产所需的各种原料、材料、设备、工具等,并存放企业生产的产品。按其存放的物品的性质,又可分为原材料仓库和成品仓库。

(2)中转仓库(储运仓库)。它是指专门从事物品储存和中转业务的仓库,属于流通领域的仓库。

(3)国家储备仓库。它是指用于存放国家储备物资的仓库。国家储备物资是较长时间脱离周转的物资,这类物资同样也处在流通领域。因此,国家储备仓库也属于流通领域的仓库。

2. 按储存物资种类分类

(1)综合性仓库。它又称通用型仓库,即在一个仓库里储存多种不同属性的物资。在综合性仓库里,所储存的各种物资的化学、物理性能必须是互不影响的。

(2)通用仓库。它是指储存一般工业品、农副产品的仓库。它仅具有进出库、装卸、搬运、商品养护、安全要求一般的技术设施,无保温气调等特殊性装备。由于它可以存放各种一般的商品,适应性较强,利用率较高,在流通领域仓库中所占比重最大。

(3)专业性仓库。在一定时期内,一个仓库里只储存某一大类物资,或虽储存两类以上物资，但其中某一类物资的数量占绝大多数的仓库，如金属材料库、机电设备库等。由于专业性仓库存放的物资单一，比较容易实现仓库作业机械化。

3. 按储存的保管不同条件分类

(1)普通仓库。它是指存放一般性物资(如一般黑色金属材料和机电产品)的仓库。

(2)恒温恒湿仓库。它是指能使仓房内保持一定的温度和湿度,以适应有特殊保管要求和贵重物品等保管要求的仓库。

(3)高级精密仪器仓库。它是指库房有防尘、防震、防潮设备,并有恒温装置,用以存放高级精密仪器、仪表等物品的仓库。

(4)冷藏仓库。它能使仓房内保持低温,用于保管怕热、保鲜物资的仓库。

(5)特殊仓库。它一般指危险品仓库，用以存放具易燃性、易暴性、腐蚀性、有毒性和放射性等对人体或建筑有一定危险的物资的仓库，在库房建筑结构及库房内布局等方面有特殊要求，还必须远离工厂居民区。

4. 按库房建筑构造特点分类

(1) 普通封闭式库房和保温库房。封闭式库房适用于保管怕湿、怕暴晒的物资的保管，主要储存有色金属材料、金属制品、一般机电产品等物品。保温库房用于存放精明仪器仪表等。

(2)混合结构的机械化库房。库房内装置有起重机，实行机械作业。有的还铺有专用铁路，可直接在库房内进行装卸作业。

(3)货棚和简易仓库。用于保管那些不需防低温，但受雨、雪侵蚀会损坏物资的简易仓库。

5. 按使用范围分类

(1)自用仓库。用于保存自己货物的仓库称为自用仓库，包括工厂仓库（ 原材料、成品仓库 ）商业仓库、事业单位或团体的仓库等。

(2)营业仓库。它是指为经营仓库保管业务，根据仓库业管理的有关法规设立的仓库。营 业仓库面向社会提供仓储保管服务。商业系统、物资系统以及外贸等系统的储运仓库以及专 业仓库企业的仓库都属于营业仓库。

(3)公共仓库。它是指由政府部门或公共团体、社会团体修建的，为社会物流业提供服务的仓库。如，铁路车站的货物仓库，交通港口的码头仓库等都属于公共仓库。

(4)租赁仓库。仓库设施的所有者（ 营业仓库以外的企业或个人 ）本身并不直接提供保管服务，而是将其拥有的仓库设施租赁给他人用来储存保管物品，这种性质的仓库为租赁仓库。

6. 按保管目的分类

(1)配送中心(流通中心)型仓库。它是指以配送为主,储存为辅，以组织配送性销售或供 应进行实物配送为主要职能的仓库。其特点是:主要为特定客户服务;配送功能健全;有完善的信息网络;辐射范围小，储存物品品种多,批量小。

(2)储存中心型仓库。它是指以储存商品、延长产品使用时间和稳定商品交易市场为主要目的的仓库。

(3)物流中心型仓库。它是指具有储存、配货、流通加工功能的仓库。其特点是：主要面向社会服务;物流功能健全;有完善的信息网络;辐射范围大;储存物品品种少、批量大;储存、吞吐能力强;对物流业务进行统一管理。现代物流中心把商流、物流、信息流、资金流融为一体,成为产销企业之间的中介。

(五)保管方式的选择

储存保管方式指储存保管物品所采用的组织管理方法和形式。从物品储存保管的空间安排方式来看,有自建仓库、租赁公共仓库、采用合同制仓储三种方式。

1. 自建仓库储存保管的优缺点

自建仓库储存指企业利用自有仓库储存保管物品。自建仓库储存保管的优缺点是:

(1) 优点。便于控制仓储,货主能够对仓储实施更大控制,便于将仓储功能与企业的分销系统进行协调;管理更具灵活性,货主企业可以按照产品的特点和自身的要求对仓库进行设计 与布局,从而对产品进行更加专业的保管;长期仓储时自有仓储的成本低于公共仓储;有助于树立企业良好形象,当企业将产品储存在自有的仓库中时,客户会认为企业经营十分稳定、可靠,是产品的可靠供应者,这有利于提高企业的竞争优势。

(2) 缺点。修建自有仓库投资多、占用资金大、风险较高;自有仓库的位置、结构固定灵活性较差。

2. 租赁公共仓库储存保管的优缺点

租赁公共仓库储存指租赁提供营业性服务的公共仓库储存保管物品。

(1)优点。无需仓库投资,租赁公共仓库,货主企业无须对仓库设施设备投资,只需支付相对较少的租金即可得到仓储服务;灵活性高,利用公共仓储不受仓储位置制约,没有仓库容量的限制,从而能够满足企业不同时期,不同情况下对仓储空间的需求;使用公共仓储的成本直接随着储存保管货物数量的变化而变动,便于管理者掌握成本;管理比较简单,使用公共仓储由于无须聘用员工及进行作业管理,因而可以避免管理上的困难;公共仓储的规模经济可以降低货主的储存保管成本;公共仓储能够采用更加有效的物料搬运设备从而提供更好的服务。

(2)缺点。增加了企业包装成本。使用公共仓储时,为了避免不同性质的货物相互影响,必须对货物进行保护性包装,从而增加了包装成本;增加了控制库存的难度,在控制库存方面使用公共仓储比自有仓库储存难度大,另外货主企业还可能由此泄露有关商业机密。

3. 合同制仓储保管的优缺点

合同制仓储又称第三方仓储,指企业将储存保管等物流活动转包给专业化的外部公司,由外部公司为其提供物流服务。合同制仓储不同于一般公共仓储,它是通过货主企业与仓储企业之间建立伙伴关系来获得专业化、个性化、高效经济的服务。

(1)优点。有利于有效利用资源。合同仓储比自有仓储更能有效地处理季节性生产普遍存在的产品淡旺季存储问题;有利于扩大市场,合同仓储能够通过仓储设施的网络系统扩大货主企业的市场覆盖范围,有利于企业进行新市场的测试;通过合同仓储网络,使货主企业可以利用现有设施为客户服务,在促销或推出新产品时可以利用短期合同仓储来考察产品的市场 需求;有利于降低运输成本,由于合同仓储处理不同货主的大量产品,因此经过拼箱作业后,可大规模进行运输,这样大大降低了运输成本。

(2)缺点。合同仓储的单位成本较高,由于合同仓储将储存保管工作外包给其他公司,因而单位运输成本相对较高。

4. 不同储存保管方式的成本比较

货主企业选择哪种储存保管方式，其决策的主要依据是物流成本最低。在 3 种方式中租赁公共仓库和合同制仓储的成本只包含可变成本，随着储存总量的增加，成本也就增加，其总成本与储存量成正比，其成本函数是线性的。自建仓库仓储的成本包括固定成本和可变成本两部分，其中固定成本不随储存总量的增减而变化，可变成本的大小与储存总量成正比例。

5. 储存保管方式的选择标准

(1)总成本。物流总成本的大小是选择储存保管方式的周转量较低时，选择公共仓储比较有利;随周转量的增加，在超过成本相等点以后，则使用自有仓库储存更有利。

(2)周转总量。如果周转量较高，自有仓储更经济;相反，当周转量较低以后，则选择公共仓储更为明智。

(3)需求的稳定性。需求的稳定性是自建仓库的一个关键因素。如果需求稳定，仓库具有稳定的周转量，则自建仓储运作比较经济;如果需求波动大，储存量不稳定，则选择公共仓储比较有利。

(4)市场密度。市场密度较大或供应商相对集中，修建自有仓库比较有利;相反，市场密度较低，则在不同地方使用几个公共仓储比一个很大的地区更经济。

6. 集中储存与分散储存方式选择

采取集中还是分散方式储存保管物品，即仓库数量的选择，也是仓储管理的一项重要决策。企业规模不同，产品市场的竞争程度、产品的可替代性强弱不同，以及物流总成本的大小，都会影响到仓库数量的选择。集中或分散储存方式的选择标准有:

(1)成本大小

仓库数量对物流系统的各项成本都有重要影响。一般来说，随着物流系统中仓库数量的增加，运输成本和失销成本迅速下降，从而使总成本下降。但是，当仓库数量增加到一定规模时，库存成本的增加额超过了运输与失销成本的减少额，则总成本开始上升。因此，仓库数量要与储存成本平衡。

(2)客户服务的需要

影响仓库数量的另一个主要因素是货主企业对服务的需要。一般来说，产品的可替代程度与所需的客户服务水平之间存在很强的相关关系，当客户对服务标准要求很高时，需要更多的仓库来及时满足客户需求。

(3)运输服务水平

运输服务水平高，能实现快速运输服务，则需要仓库数量少;相反，在不能提供合适的运输服务情况下，就要增加仓库来满足客户对交货期的要求。

(4)客户的小批量购买

客户如果采取小批量购买，则需要分散化储存。

(5)计算机的应用

随着计算机在仓库管理中应用的普及，大大提高了仓库资源的利用率和运作效率，可以使货主企业对仓储的控制不再受仓库数量与位置的限制。

(6)单个仓库的规模

仓库规模大，则数量可少;规模小，则数量应增加。

7.储存保管作业的合理化

实现储存保管作业的合理化是提高物流管理的重要内容，为此应从以下方面入手:

(1)对储存物品实行 ABC 管理

仓库中一般储存的物资品种种类繁多，在管理过程中必须根据具体情况实行重点管理。ABC 管理是将库存物品分为三类，将数量约占 10%左右的高价值物品分为 A 类，数量占 70%左右的低价值物品分为 C 类，其余为 B 类(见表 4-3)。

在库存管理中应区别对待各类物品，A 类物品在不发生缺货的条件下尽可能减少库存，实行小批量订货;C 类物品制定安全库存，进行一般管理，大批量订货，年终盘点;B 类物品介于两者之间，半年盘点一次。

表 4-3 ABC 分类法

分类	占物资数量的百分比(%)	占资金的百分比(%)
A	10	70
B	20	20
C	70	10
合计	100	100

ABC 分类法是实施储存合理化的基础，在此基础上可以进一步解决各类物品结构关系、储存量等问题，从而确定各类物品的合理储存数量乃至实施零库存。

(2)追求经济规模，适度集中储存

适度集中储存是利用储存规模优势，以适度集中储存代替分散的小规模储存来实现合理化。集中储存有利于对储存物品进行调剂，集中储存的库存总量远低于分散储存的库存总量。但过分集中储存，储存点与用户之间距离增加，储存总量虽然降低，但运费增加，因此要达到适度集中库存。

(3)加快周转速度，提高单位产出

储存现代化的一个重要方面是将静态储存变为动态储存，加快周转速度，加快资金周转，减少货损，增加仓库吞吐能力，降低仓储成本。

(4)采取有效的"先进先出"的方式

为尽可能缩短储存物品的储存期，宜采取先进先出的方式。主要措施包括:使用贯通式货架，物品在通道中按时间顺序存取;采用"双仓"法储存，对每种储存物资准备两个货位，轮流进行储存与取出，一个货位取完后方可补充;建立计算机存取系统，存货时输入时间记录，取货时计算机按时间顺序给予取货指示。

(5)提高储存密度，提高仓容利用率

采用高层货架仓库、使用集装箱等，采取高垛方式，增加储存的高度;采用窄巷式通道，配以轨道式装卸车辆，缩小库内通道密度;采用密集型货架、贯通式货架减少通道数量，增加储存有效面积。

(6)采用有效的储存定位系统

采用有效的储存定位系统可以迅速查找货物位置，提高上货和取货速度。通常使用的是四位数定位法，依次表示库号、架号、层号、位号，使每个货位都有固定的编号。如K510d15表示:5号库房AB货区第10号料架第4层15号货位。见表4－4。

表4－4 货位编号

顺序号	1	2	3	4	5	6
表示内容	库棚场别	库棚场号	货区号	货架(垛)号	货架(垛)层号	货位号
符号	KPC	数字	大写字母	数字	小写字母	数字

(7)按物品的特性进行储存

根据出库频率选定储存位置，出入库高的物品靠近出入口，流动性差的物品放在离出入口稍远位置;同类物品放在同一位置，相类似的物品放在相近位置;重的物品放在货架的下部，轻的物品放在上部;标准形状的物品直接放在托盘或货架上，特殊形状的物品采用相应的器具保管。

二、自动化仓库

自动化仓库又称自动化立体仓库、高层货架仓库等AS/RS(Automatic Storage &Retriever System)。自动化仓库是在生产力和科学水平不断提高的情况下出现的崭新的物流技术。自动化仓库一般是指用货架－托盘系统储存单元化的货物，采用电子计算机控制机人工控制的巷道式起重设备取送货物的一种新型仓库。

图4－2 自动化仓库

(一)自动化仓库的分类

自动化仓库有以下几种分类方法:

1.按仓库的建筑形式分

有整体式自动化仓库和分离式自动化仓库。

2.按仓库高度分

12米以上的为高层自动化仓库;5~12米之间的为中层自动化仓库;5米以下的为低层自动化仓库。一般在5米以上，才称“立体”仓库。

3.按仓库库容量分

托盘数量在2000个以下的为小型自动化仓库;托盘数量在2000~5000个之间的为中型

自动化仓库;托盘数量在5000个以上的为大型自动化仓库。

4. 按货架形式分

有固定货架式自动化仓库、重力货架式自动化仓库。重力式货架借助重力作用，使物资自动从一端进，另一端出。

5. 按控制方法分

有手动控制的自动化仓库和电子计算机控制的自动化仓库。

(二)自动化仓库的运行

1. 电子计算机控制巷道堆垛机的运行

在采用托盘货架的自动化仓库中，物资的入库出库作业主要依靠巷道堆垛起重机来完成。电子计算机对堆垛起重机的控制有两种方式，即直接控制方式和由电子计算机输出纸带或卡片的间接控制方式。前者能够实现完全的实时处理，因而控制水平最高。

电子计算机直接控制巷道堆垛起重机是通过卡片或键盘输入出入库信息，经巷道堆垛机上控制系统接收并控制其运行、升降及货叉机构的运行，以完成对托盘货物的存取。

2. 入库作业过程

(1)码盘。物资运到仓库后，首先应在入库作业中验收、理货、按码盘工艺要求将成件货物集合码放在托盘上，使之成为托盘单元化货物。

(2)将托盘货物置于入库货台上。将托盘货物置于入库货台上有两种手段:使用叉车或由输送机自动进行。输送机的控制方式又可分为两种:由单独设置的顺序控制器控制或由电子计算机集中控制。对由电子计算机集中控制者，向电子计算机输入“入库”指令，从空格卡片盒中抽出一张空格卡片插入读卡器内，辅送机控制系统即根据货格地址的巷道序号顺序进入入库货台上。

(3)巷道堆垛起重机叉取托盘货物。输送机的上述动作完成后，经电子计算机对反馈信息的检查、确认，便再顺序发出巷道堆垛起重机的各项动作指令。首先是巷道堆垛起重机叉取置于入库货台上的托盘货物。货叉外伸，载货台起升，货叉缩回，于是托盘货物被移载到巷道堆垛机的载货台上。

(4)巷道堆垛起重机运行。巷道堆垛起重机沿巷道作纵向运行。同时，载货台沿立柱垂直起升。在运行和起升中，巷道堆垛起重机向电子计算机不断反馈认址信息，通过电子计算机运算、确认而向巷道堆垛起重机的运行机构和升降机构发出切换速度直至最终停止的指令，使巷道堆垛起重机的货叉部位停准在货架的预定位置。

(5)向货格存入托盘货物。货叉根据伸叉指令而向左或向右伸出。当货叉接近货格时，货叉上探测装置动作，探明该货格是否为“空格”，以避免对满格重入货而发生事故。在确认“空格”无误后，货叉继续外伸到位，载货台略为下降，放下托盘货物后货叉缩回。于是，托盘货物便由载货台移载到指定货格中了。

(6)巷道堆垛起重机回到原位。为了继续进行入出库作业，巷道堆垛起重机一般回到原位待命。这里所说的原位，通常为巷道的入库口。

根据仓库平面布置的不同，入库口与出库口有分在巷道两端的，也有合在一端共用的。如果入出库口共用，则巷道堆垛起重机回到原位时可顺便把需要出库的托盘货物带出。

电子计算机除了对机械作业进行自动控制外，还可以对温湿度、消防、报警等方面实行自动控制。

3. 出库作业过程

物资的出库作业与入库作业受同一套控制系统控制，但具体过程有所不同。简言之，操作人员根据出库通知单从满格卡片盒中找出储存所需物资的满格卡片，将此卡片插入读卡器中，发出“出库”指令。巷道堆垛起重机便按指令运行并停准在指定货格处，由货叉取出托盘货物，送到巷道出口处，将此托盘货物移载到出库货台上，然后由叉车或输送机运送出库。

(三) 自动化仓库的发展趋势

1. 自动化仓库已进入智能技术阶段

进入20世纪90年代后自动化仓库进入智能技术储存阶段。智能技术储存包括两种方式，即人工(或机械)智能和自然(或人类)智能，内容涉及智能物料储运设计和智能物料储运作业。目前，人们在人工智能及其有关在物料储运领域中的专家系统技术方面正在进行着大量的工作。例如，将专家系统应用于自动导引车和单轨系统，使它们具有确定的路线和合理的运行决策。在接受物料入库装运出库方面，专家系统能控制机器人进行物料入架和出库操作，能控制堆垛机的装卸，以及指定物料贮存地点。正在研制的一种专家系统，能辅助设计人员设计自动导引车导向槽和缓冲件，配置和选择单元装载和研究小型物件的储存技术。为了设计智能化的仓储系统，应不断深化研究物料处理的基础知识以及复杂的仓储大系统技术。

2. 堆垛技术的快速、准确

在堆垛机方面，除不断推出具有漂亮的外形的产品外，机械的性能也在不断提高。巷道堆垛机垂直和水平方向的运行速度也大幅度提高，最大走行速度可达近200m/min。最大提升速度可达近50m/min。巷道堆垛机作业双循环次数有最初的15～20次/小时提高到60～80次，一个大型的自动化仓库每小时可完成500～800次出入库作业。由于电子和控制技术在巷道堆垛机上的广泛应用，使巷道堆垛机具有了更高的定位精度、更强的搜索能力和更快的运行速度。

3. 信息处理技术实时、可靠

先进的自动化仓库发展的一个重要方面是信息处理技术的不断更新。目前为了提高信息的传输速度和信息的准确性，扫描技术的应用是一个明显的特征。将相关数据的采集、处理和交换在搬运工具与中央计算机之间快速进行传递，使物品的存取和信息的发送做到快速、实时、可靠和准确。

4. 自动化仓库的规模

自动化仓库的建设规模形成了一条从小到大的，又从大到小的运行曲线。最初的自动化仓库的规模仅有几百个或上千个货位，后来发展到上万个，甚至十几万个货位，美国的Hallmark公司使用的多达120条巷道的自动化仓库将建库规模达到了顶峰。如今大型的自动化仓库已不再是发展方向，甚至10～20条巷道自动化仓库也经常不是建库的首选了。为了适应市场多变的新形势，人们越来越多地钟情于规模较小的、反应速度更快的、用途更广的自动化仓库。

5. 自动化仓库更适应现代生产方式

现代生产方式的发展以柔性制造和精益生产为主流，计算机集成制造系统和工厂自动化生产对自动化仓库有提出了新的要求。从制造与仓库的关系角度考查，工厂和仓库中的物流必须伴随着并行的信息流。射频数据通讯、条形码技术、扫描技术等对信息的实时传递和处理与自动化仓库之中的巷道堆垛机、激光自动导引车、移动式机器人等的物流先进手段的配合，已证明是适合柔性制造的理想选择。

第四节 装卸搬运

一、装卸搬运概念

装卸搬运包括装卸和搬运两个基本作业环节。装卸搬运是指在同一地域范围内进行的，以改变物料的存放状态和空间位置为主要内容和目的的活动。

具体地说，包括对货物进行装上、卸下、运送、堆垛、取货、理货、分类出库、入库等作业。

在物流的各个环节之间和同一环节的不同活动之间，都必须进行装卸搬运作业。在企业的整个物流供应链中，是装卸搬运将物流运动的各个阶段连接起来，成为连续的流动过程。所以，商品装卸搬运是发生频率最高的一项作业，装卸搬运活动效率的高低，直接影响物流的整体效率。

二、装卸搬运的构成

（一）堆码拆垛作业

堆码是将物品从预先放置的场所移送到运输工具或仓库等储存设施的指定场所，再按所规定的位置和形态码放的作业；拆垛是与堆码逆向的作业。

（二）分拣配货作业

分拣是在堆码作业前后或配送作业之前把货物按品种、出入先后、运送方向进行分类，将货物堆码到指定地点的作业。而配货是将货物从所在的位置，按照货物种类、作业次序、发货对象等分类取货、堆码在规定场所的作业。

（三）搬送移送作业

搬运移送作业是为进行装卸、分拣、配送等活动而进行的各种移动货物的作业，包括水平、垂直、斜向搬送及其组合。

三、装卸搬运的方法

装卸搬运的方法按其作业对象分类，可分为单件作业法、集装作业法和散装作业法。

一些零散货物、长、大笨重货物、不宜集装的危险货物以及行包等多采用单件作业法，集装作业法是将货物先行集装再进行装卸搬运的方法，煤炭、矿石、粮食、化肥等大宗货物都采用散装装卸方式，具体方法如表 4 – 5 所示。

表 4－5　　装卸搬运方法

类型	特点
单件作业法	装卸搬运单件货物，依作业环境和工作条件可以采用人工作业法、机械化或半机械化作业法
托盘作业法	用托盘系列集装工具将货物组成货物单元，以便于采用叉车等设备实现装卸搬运作业机械化的作业方法
框架作业法	管件等及各种易碎建材（如玻璃品等），一般适用于各种不同的集装框来实现装卸机械化，框架通常采用木制或金属材料制作
集装箱作业法	分为垂直装卸和水平装卸作业。垂直装卸的机械采用跨运车或龙门起重机；水平装卸法即"滚上滚下"法，港口以拖车、挂车、叉车为主要装卸机械，车站则主要采用叉车或平移装卸机
货捆作业法	用捆装工具将散装货捆组成一个货物单元，使其在物流过程中保持不变木材、建材、金属等货物适于采用货捆作业法。带有与各种捆配套的专用吊具的门式起重机和悬臂式起重机是货捆作业法的主要装卸机械
网袋作业法	将粉粒状货物装入纤维编织集装袋、袋装货物装入纤维编织网或将块状货物装入钢丝网的集装装卸法
挂车作业法	先将货物装到挂车里，然后将挂车拖上或吊到铁路平板车上的装卸搬运方法
重力法	利用货物的位能来完成装卸作业的方法。重力法卸车是指底开门车或漏斗车在高架线或卸车坑道上自动开启车门，煤或矿石依靠重力自行流出的卸车方法。重力法装车设备有筒仓、溜槽、隧洞等。
倾翻法	将运载工具的载货部分倾翻，从而交货物卸出的方法。主要用于铁路敞车和自卸汽车的卸车。铁路敞车被送入翻车机，夹紧固定后，敞车和翻车机一起翻动，货物倒入翻车机下面的受料槽。自卸汽车靠液压油缸顶起货厢实现货物卸载
机械法	采用各种机械，使其工作机构直接作用于货物，通过舀、抓、铲等作业方式达到装卸目的的方法。常用的机械有带式输送机、链斗装车机、堆取料机。单斗和多斗装载机、挖掘机等。
气力输送法	利用风机在气力输送管内形成单向气流，依靠气体的流动或气压差来输送货物的方法

四、装卸搬运合理化原则

（一）防止无效搬运

无效搬运包括过多的装卸次数、过大的装卸包装、无效物资的装卸（货物中混入没有使用价值或对用户没有使用价值的掺杂物）。无效搬运造成装卸成本浪费，物流速度降低，且使物品质量受损的可能性增大。因此，如果采取措施，防止无效搬运，可以在很大程度上节省装卸费用，使装卸合理化。

（二）提高装卸搬运的连续性

装卸搬运作业应按流水作业原则运作，各工序间应密切衔接，必须进行的换装作业也尽可能采用直接换装的方式。

（三）提高搬运活性

待运物品应使之处在易于移动的状态，这种易于移运的状态，我们把它叫做“搬运活性”。搬运活性指数从低到高，依次为0到4级（见图4-3）。为提高搬运活性，应当把待运物品整理归堆，或者包装成单件放在托盘上，或地装在车上，或是放在输送机上。

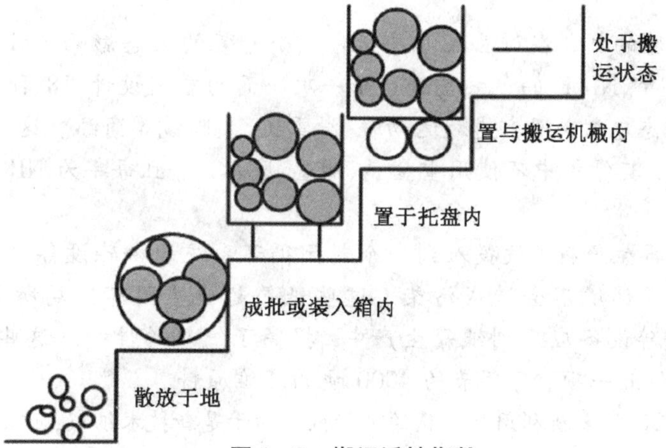

图4-3　搬运活性指数

（四）集装单元化

大力推行使用托盘和集装箱，推行将一定数量的货物汇集起来，成为一个大件货物以有利于机械搬运、运输、保管、提高作业效率。

（五）机械化

应尽可能地使搬运机械化。使用机械可以把作业人员或司机从重体力劳动中解放出来，并提高劳动生产率和作业安全性。

（六）利用重力

利用重力由高处向低处移动，有利于节省能源，减轻劳力。当重力成为阻力发生作用时，应把物品装在滚轮输送机上。

（七）系统化

物流活动由运输、保管、搬运、包装、流通加工等活动组成，应这些活动当成一个系统处理，使物流量尽可能均衡，以求其合理化。

第五节 包 装

一、包装的概念

所谓包装，是指在物流过程中为保护产品方便储运、促进销售，按一定的技术方法采用容器材料及辅助物等对物品进行科学包封，并予以适当的装潢和标志的工作总称。简而言之，包装是包装物和包装操作的总称。

[案例 4－3]

耐克公司包装管理的创新在过去几年中，为减小包装的生态影响，NIKE 进行了大量的包装创新工作。1995 年，NIKE 的包装盒进行了一次全面的重新设计，18 种包装盒改为 2 种，然后改为 1 种良性生态包装，用来盛放运动鞋、滑雪板、太阳镜等商品。这种包装采用了一种开创性的折叠式设计，其结构中不使用重金属、油墨、胶水，并且每年为 NIKE 节约 8000 吨纤维材料。

旧的包装盒作为再生原料，被投入到一个封闭循环系统的粉碎设备中处理。换句话说，在处理过程中，对周围环境不会造成污染。这些纸箱超出美国环保局所要求的环保标准。1998 年 5 月，新的粉碎设备应用到纸箱生产中，提高了纸箱的性能。这些纸箱重量减小了 10%，但强度不变。仅此一项，每年节约 4000 吨的纤维原料。

在配送中心，正在试验重新利用包装箱的可行性。由于是新技术纸板，这些纸箱不易被损坏，易于重新使用。但在纸箱的再利用中，上面的标签成为潜在的易导致错误的因素。

二、包装的特性及其功能

(一)包装的特性

1. 包装的保护性；

2. 包装单位集中性；

3. 包装便利性。

决定了它具有保护商品、方便物流、促进销售、方便消费的四大功能和作用。

(二)包装的功能

1. 包装的主要目的是保护物品，防止物品在运输、装卸中受到冲击、震动、压缩、摩擦等外力损害；防止物品在运输尤其是在保管过程中发生受潮、发霉、生锈、变质等化学变化；防止有害生物对物品的破坏。

2. 单位集中的功能

在物流过程中，商品包装的单元化问题显得至关重要。如果因为搬运单位偏大，可以发挥机械的效能，提高工作效率，从而做到搬运方便，灵活性好。负载大小的均匀，有利于实现作业标准化，避免物品在搬运作业中受到损伤。

3. 促进销售的功能：包装具有美化、宣传产品的作用。良好的包装往往能引起消费者的注目，激发购买欲望。

4. 便利功能:便利功能是指形成便于运输、搬动或保管;便于实施运输、搬动或保管等物流作业;便于生产废弃物的处理。

三、包装的类型

从实际构成来看,任何一个商品包装,都是采用一定的包装材料,通过一定的技术方法制造的,都具有各自独特结构、造型和外观装潢。因此,包装材料、包装技术、包装结构造型和表面装潢是构成包装实体的四大要素。

现代产品品种繁多,性能和用途千差万别,因而对包装的要求也各不相同。包装形式可采用表4-6所示的分类方法。

表4-6 包装的分类

标志值	名称	内容特点
包装物的作用	工业包装(运输包装)外包装)	基于运输的目的,起着保护商品、方便运输、方便装卸搬运及储存的作用。根据需要对包装容器有缓冲、防震、固定、保温、防水的技术措施的要求。
	单个包装(销售包装、小包装)	物品送到使用者手中的最小单位,直接与商品接触,在生产中与商品配成一个整体,并且印有作为商品的标记或说明等信息资料。以销售为目的,一般随同商品销售给顾客。单个包装起直接保护、美化、宣传商品促进商品销售的作用。
	商业包装(中包装)	中包装是介于单个包装与外包装之间的中间包装。中包装起着进一步保护商品及单个包装、方便使用和销售、方便商品分拨、便于销售时点数和计量、方便包装组合等作用。
包装材料	纸制品包装	成本低廉、透气性好,且印刷装饰性较好
	塑料制品包装	种类繁多,综合性能比较好
	木制容器包装	一般用在重物包装以及出口物品的包装等方面
	金属容器包装	罐头、铁桶和钢瓶
	玻璃陶瓷容器包装	耐腐蚀性较好,比较稳定
	纤维容器包装	麻袋和维尼纶袋
	复合材料包装	利用两种以上的材料复合制成的包装
	其他材料包装	竹、藤、苇等制成的包装
包装容器	包装袋	集装袋、一般运输包装袋、小型包装袋
	包装盒	塑料盒
	包装箱	瓦楞纸箱、木板箱、框架箱、集装箱、塑料箱
	包装瓶	塑料瓶
	包装筒	小型包装罐、中型包装罐、集装罐
商品包装保护	防潮包装	
	防锈包装	
	防虫包装	
	防腐包装	
	防震包装	
	危险品包装	

四、包装材料

包装材料是构成包装实体的主要物质,包装材料的选择对保护产品有着非常重要的作用。随着科学技术的发展，新型包装材料和包装技术不断出现，包装材料的性能将会更加完善。包装材料主要有以下几种类型。

(一)纸质包装材料

在包装材料中，纸的应用最广，耗量最大。因为纸具有价格低、质地细腻均匀、耐摩擦、耐冲击、容易粘合、不受温度影响、适于包装生产的机械化等优点。但是纸质材料也有弱点:防潮性能不好，受潮后强度下降，密闭性、防潮性、透明性差。

纸质材料一般有纸袋、纸箱、瓦楞纸箱等。运输用大型纸袋可用3~6层牛皮纸多层叠合而成。纸箱的原料是各种规格的白纸板和瓦楞纸板，但要求其强度和耐压能力必须达到一定指标，在选材和尺寸设计时应加以注意。

(二)木质包装材料

木质材料一般用作外包装，更能显示其抗震、抗压等优点，包括木桶、木箱、木框等，为了增加强度也可加铁箍,对于重物包装，常在底部加木制垫板。但是，木材存在易于吸收水分、易于变形开裂、易腐、易受白蚁侵害等缺点，再加上资源有限，限制了木质材料在包装中的应用。

(三)金属包装材料

将金属压成薄片制成容器用作物品的包装，一般指钢铁和铝材。通常制成罐、桶、箱、网、笼等，用量最大的材料是马口铁和金属箔。

金属罐用于食品、化学药品、牛奶、油质类物品，而桶则主要用于以石油为主的非腐蚀性的半流体及粉末、固体的包装。

金属材料用于包装，具有牢固、易于加工、不透气、防潮、避光、能再生使用等优点。但金属作为包装材料受到成本高、在流通中易变形、易锈蚀等缺点的限制。

(四)塑料包装材料

塑料材料在包装中的应用日益广泛，塑料箱、塑料袋、塑料瓶、塑料盘、塑料绳等在现代包装中处于越来越重要的地位。塑料材料不仅可用于包装固定物品，还可用于包装液体物品，代替传统的玻璃、金属、木制品。

塑料材料用于包装具有许多优点，有一定的强度、弹性、耐折叠、耐磨擦、抗震动、防潮、气密性好、耐腐蚀、易于加工等。但它也有不少缺点，易老化、有异味、废弃物难处理、易产生公害等。

(五)复合包装材料

复合包装材料是将两种或两种以上具有不同特性的材料，通过各种方法复合在一起，以改进单一包装材料的性能。常见的复合包装材料有三四十种，使用最广泛是塑料与玻璃复合材料、塑料与金属箔复合材料、塑料与塑料复合材料、塑料与纸张复合材料等。

五、包装合理化

包装是物流的起点，包装合理化是物流合理化的重要对象和基础。包装合理化，一方面，包括包装总体的合理化，用整体物流效益与微观包装效益的统一衡量；另一方面，包括了包装材料、包装技术、包装方式的合理组合与运用。

（一）包装合理化的要求

1. 防止包装不足，包括包装物强度不足、包装材料水平不足、包装容量层次与容积不足。

2. 包装成本过低，不能保证有效的包装。

3. 防止包装过剩，包括包装物强度设计过高、包装材料档次选择过高、包装技术过高、体积过大、包装成本过高。

4. 用科学方法确定最优包装，包括确定包装形式，选择包装方法，都应与物流诸因素的变化相适应；必须考虑到装卸、保管、输送的要求，确定最优包装。

（二）包装合理化的途径

1. 包装尺寸标准化：包装尺寸与托盘、集装箱、车辆、搬运机械、货架等物流设备，机具关系密切。只有它们之间相互匹配，才能实现物流全过程的合理化、高效化。因此，要从系统的观点制定包装的尺寸标准，实现包装尺寸标准化。

2. 包装作业机械化：实现包装作业的机械化是提高包装作业效率，减轻人工包装作业强度，实现省力的基础。包装机械化应从逐个包装机械化开始，直到装箱、封口、挂提手等外包装作业完成。

3. 包装的轻薄化：由于包装只是起保护作用，对产品使用价值没有任何意义，因此在强度、寿命、成本相同的条件下，更轻、更薄、更短、更小的包装，可以提高装卸搬运的效率。而且轻薄短小的包装一般价格比较便宜，如果是一次性包装还可以减少废弃材料的数量。

4. 包装单位大型化：随着交易单位的大量化和物流过程中的装卸机械化，包装的大型化趋势也在增强，托盘包装、集合包装得到越来越多的应用。大型化包装有利于机械的使用，提高装卸搬运效率。

5. 包装成本低廉化：首先，在包装设计上要防止过剩包装；其次，要选择合适的包装材料，节约材料费开支；最后，要提高包装作业效率。通过机械与人工的合理组合，提高包装作业效率，节约包装费开支。

6. 包装的绿色化：绿色包装是指无害少污染的符合环保要求的各类包装物品，主要包括纸包装、可降解塑料包装、生物包装和可食性包装等，它们是包装的发展主流。

第六节　流通加工

一、流通加工的概念

（一）流通加工概念

国家标准《物流术语》中对流通加工的定义是："物品在生产地到使用地的过程中，根据需要施加包装、分割、计量、分拣、刷标志、拴标签、组装简单作业的总称。"流通加工并不一定在物流活动中必然存在，而且，传统的运输、仓储一般也不包括流通加工功能。但是流通加工随着销售竞争的日益激烈和客户的个性化、多样化需求，越来越显示出它不可替代的重要地位和作用。所以，流通加工既属于加工范畴，又属于物流活动的一部分。

[案例4-4]

阿迪达斯的流通加工

阿迪达斯公司在美国有一家超级市场，设立了组合鞋式鞋店，摆放着不是做好了的鞋，而是做鞋用的半成品，款式花色多样，有6种鞋跟、8种鞋底，均为塑料制造的，鞋面的颜色以黑、白为主，搭带的颜色有80多钟，款式有百余种，顾客进来可任意挑选自己所喜欢的各个部位，交给职员当场进行组合。只要10分钟，一双崭新的鞋便唾手可得。这家鞋店昼夜营业，职员技术熟练，鞋子的售价与成批制造的价格差不多，有的还稍便宜些。所以顾客络绎不绝，销售金额比邻近的鞋店多10倍。

(二)流通加工和生产加工的区别

流通加工和一般的生产型加工在加工方法、加工组织、生产管理方面并无显著区别，但在加工对象、加工程度方面差别较大，其主要差别表现在五个方面。

1. 加工对象的区别。流通加工的对象是进入流通过程的商品，具有商品的属性，以此来区别多环节生产加工中的一环。流通加工的对象是商品，而生产加工对象不是最终产品，而且原材料、零配件、半成品。

2. 加工程度的区别。流通加工程度大多是简单加工，而不是复杂加工。一般来讲，如果必须进行复杂加工才能形成人们所需的商品，那么，这种复杂加工应专设生产加工过程，生产过程应完成大部分加工活动，流通加工则是对生产加工的一种辅助及补充。需要指出的是，流通加工绝不是对生产加工的取消或代替。

3. 附加价值的区别。从价值观点看，生产加工的目的在于创造使用价值，而流通加工则在于完善使用价值，并在不做大改变情况下提高价值。

4. 加工责任人的区别。流通加工的组织者是从事流通工作的人，能密切结合流通的需要进行这种加工活动。从加工单位来看，流通加工由商业或物资流通企业完成，而生产加工则由生产企业完成。

5. 加工目的的区别。商品生产是为交换、为消费而进行的，流通加工的一个重要目的也是为了消费(或再生产)，这一点与商品生产有共同之处。但是流通加工也有时候是以自身流通为目的，纯粹是为流通创造条件，这又是流通加工不同于一般生产的特殊之处。

(三)流通加工的地位与作用

1. 流通加工在物流中的地位

(1)流通加工有效地完善了流通。流通加工在实现时间场所的两个重要效用方面，确实不能与运输和储存相比，因而，不能认为流通加工是物流的主要功能要素。流通加工的普遍性也不能与运输、储存相比，流通加工不是所有物流中必然出现的。但这绝不是说流通加工不甚重要，实际上它也是不可轻视的，它有着补充、完善、提高、增加的功能，它的作用是运输、储存等其他功能要素无法替代的。所以，流通加工的地位可以描述为是提高物流水平，促进流通向现代化发展的不可少的形态。

(2)流通加工是物流中的重要利润源。流通加工是一种低投入高产出的加工方式，往往以简单加工解决大问题。实践证明，有的流通加工通过改变装潢使商品档次跃升而充分实现其价值，有的流通加工将产品利用率一下子提高20%～50%，这是采取一般方法提高生产率所难以企及的。根据我国近些年的实践，流通加工仅就向流通企业提供利润一点，其成效并不亚于从运输和储存中挖掘的利润，是物流中的重要利润源。

(3)流通加工在国民经济中也是重要的加工形式。在整个国民经济的组织和运行方面，流通加工是其中一种重要的加工形态，对推动国民经济的发展、完善国民经济的产业结构和生产分工有一定的意义。

2. 流通加工的作用

(1)通过流通加工，使物流系统服务功能大大增强。从工业化时代进入新经济时代，一个重要标志是出现"服务社会"，增强服务功能是所有社会经济系统必须要做的事情。在物流领域，流通加工在这方面有很大的贡献。

(2)使物流系统可以成为"利润中心"。通过流通加工，提高了物流对象的附加价值，这就使物流系统可能成为新的"利润中心"。

(3)通过流通加工，可以使物流过程减少损失、加快速度、降低操作成本，因而可能降低整个物流系统的成本。

(4)提高原材料利用率。利用流通加工环节进行集中下料，是将生产厂直接运来的简单规格产品，按使用部门的要求进行下料。例如将钢板进行剪板、切裁、木材加工成各种长度及大小的木板、方料等。

(5)进行初级加工，方便用户。用量小或临时需要的使用单位，缺乏进行高效率初级加工的能力，依靠流通加工可为使用单位省去进行初级加工的投资、设备及人力从而搞活供应，方便了用户。例如:净菜加工、将水泥加工成生混凝土、冷拉钢筋及冲制异型零件等加工。

(6)提高加工效率及设备利用率。由于建立集中加工点，可以采用效率高、技术先进、加工量大的专门机具和设备。一是提高了加工质量，二是提高了设备利用率，三是提高了加工效率。其结果是降低了加工费用及原材料成本。例如，在对钢板下料时，采用气割的方法，需要留出较大的加工数量，不但出材率低，而且加工质量也不好。集中加工后可设置高效率的剪切设备，在一定程度上防止了上述缺点。

(7)充分发挥各种输送手段的最高效率。流通加工环节将实物的流通分成两个阶段。第一阶段是在数量有限的生产厂与流通加工点之间进行定点、直达、大批量的远距离输送，因此，可以采用船、火车等大量输送的手段;第二阶段是利用汽车和其他小型车辆来输送经过流通加工后的多规格、小批量、多用户的产品。这样可以充分发挥各种输送手段的最高效率，加快输送速度、节省运力运费。

(8)改变功能，提高收益。在流通过程中进行一些改变产品某些功能的简单加工，其目的除上述几点外还在于提高产品销售的经济效益。例如，内地的许多制成品(如洋娃娃、工艺美术品等)在深圳进行简单的包装装潢加工，改变了产品外观，仅此一项就可使产品售价提高20%以上。

所以，在物流领域中，流通加工可以成为高附加价值的活动。这种高附加价值的形成，主要是满足用户的需要、提高服务功能而取得的，是贯彻物流战略思想的表现，是一种低投入、高产出的加工形式。

二、流通加工的类型

为了充分体现流通加工对物流服务的增强，形成了很多种流通加工。

（一）为弥补生产领域加工不足的深加工；

（二）为满足需求多样化进行的服务性加工；

（三）为保护产品所进行的加工；

（四）为提高物流效率，方便物流的加工；

（五）为促进销售的流通加工；

（六）为提高加工效率的流通加工；

（七）为提高原材料利用率的流通加工；

（八）衔接不同运输方式，使物流合理化的流通加工；

（九）以提高经济效益、追求企业利润为目的的流通加工；

（十）生产流通一体化的流通加工形式。

三、各种产品流通加工形式

（一）水泥熟料的流通加工

在需要长途运入水泥的地区，变运入成品水泥为运进水泥熟料，在该地区的流通加工点磨细，并根据当地资源和需要掺入混合材料及外加剂，制成不同品种及标号的水泥供应给当地用户，这是水泥流通加工的重要形式之一。

（二）机电产品组装加工

自行车及机电设备储运困难较大，主要原因是不易进行包装，如进行防护包装，包装成本过大，并且运输装载困难，装载效率低，流通损失严重。但是，这些货物有一个共同特点，即装配较简单，装配技术要求不高，主要功能已在生产中形成，装配后不需进行复杂检测及调试。所以，为解决储运问题、降低储运费用、对半成品（部件）进行高容量包装出厂、在消费地拆箱组装，组装之后随即进行销售，这种流通加工方式近年来已被广泛采用。

（三）钢板剪板及下料加工

热轧钢板和钢带、热轧钢板等板材最大交货长度可达 7～12 米，有的是成卷交货，对于使用钢板的用户来说，大、中型企业由于消耗批量大，可设专门的剪板及下料加工设备，按生产需要进行剪板、下料加工。但是，对于使用量不大的企业和多数中、小型企业来说，单独设置剪板、下料的设备有设备闲置时间长、人员浪费大、不容易采用先进方法的缺点，钢板的剪板及下料加工可以有效地解决上述弊病。

剪板加工是在固定地点设置剪板机进行下料加工或设置种种切割设备将大规格钢板裁小，或切裁成毛坯，降低销售起点，便利用户。

（四）木材的流通加工

1. 磨制木屑、压缩输送

这是一种为了实现流通的加工。木材是低密度的物资，在运输时占有相当大的体积，往往使车船满装但不能满载，同时，装车、捆扎也比较困难。从林区外送的原木中有相当一部分是造纸材，采取在林木生产地就地将原木磨成木屑，然后采取压缩方法使之成为密度较大、容易装运的形状，之后运至靠近消费地的造纸厂，以此达到较好的效果。

2. 集中原木下料

在流通加工点将原木锯截成各种规格材，同时将碎木、碎屑集中加工成各种规格板，甚至还可进行打眼、凿孔等初级加工。实行集中下料按用户要求供应规格料，可以使原木利用率提高到95%，出材率提高到72%左右，有相当大的经济效益。

（五）煤炭及其他燃料的流通加工

1. 除矸加工

它是以提高煤炭纯度为目的的加工形式。为了多运“纯物质”，少运矸石，以充分利用运力、降低成本，可以采用除矸的流通加工排除矸石。

2. 为管道输送煤浆进行的煤浆加工

煤炭的运输方法主要采用运输工具载运方法，运输中损失浪费较大，又容易发生火灾。采用管道运输是近代兴起的一种先进技术。这种方式不与现有运输系统争夺运力，输送连续、稳定而且快速，是一种经济的运输方法。

3. 配煤加工

在使用地区设置集中加工点，将各种煤及一些其他发热物质，按不同配方进行掺配加工，生产出各种不同发热量的燃料，称作配煤加工。这种加工方式可以近需要发热量生产和供应燃料，防止热能浪费、“大材小用”的情况;也防止发热量过小，不能满足使用要求的情况出现。

4. 天然气、石油气等气体的液化加工

由于气体输送、保存都比较困难，天然气及石油气往往只好就地使用，如果当地资源充足而使用不完，往往就地燃烧，造成浪费和污染。在产出地将天然或石油气压缩到气液临界压力之上，使之由气体变成液体，就可以用容器装运，使用时机动性也较强。

（六）平板玻璃的流通加工

按用户提供的图纸对平板玻璃套裁开片，向用户供应成品，用户可以将其直接安装到采光面上。这种方式的好处是:平板玻璃的利用率可由62%~65%提高到90%以上。不但节约了大量包装用木材，而且可防止流通中大量破损，单品种大批量生产，能提高厂生产率，废玻璃相对数量少并且易于集中处理，能够增强服务功能。

（七）生鲜食品的流通加工

1. 冷冻加工

为解决鲜肉、鲜鱼在流通中保鲜及搬运装卸的问题，采取低温冻结方式的加工。这种方式也用于某些液体商品、药品等。

2. 分选加工

农副产品规格、质量差异情况较大，为获得一定规格的产品，采取人工或机械分选的方式加工称分选加工。广泛用于果类、瓜类、谷物、棉毛原料等。

3. 精制加工

农、物、渔等产品精制加工是在产地或销售地设置加工点，去除无用部分，甚至可以进行切分、洗净、分装等加工。这种加工不但大大方便了购买者，而且还可以对加工的淘汰物进行综合利用。比如，鱼类的精制加工所剔除的内脏可以制成某些药物或饲料，鱼鳞可以加工成高级粘合剂，头尾可以制鱼粉等。

4. 分装加工

许多生鲜食品零售起点较小，而为保证高效输送出厂，包装则较大，也有一些是采用集装运输方式运达销售地区。为了便于销售，在销售地区按所要求的零售起点进行新的包装，即大包装改小、改装改小包装、运输包装改销售包装。这种方式称分装加工。

（八）冷链系统和商品混凝土

冷链系统和商品混凝土是两种特殊的流通加工形式。一般的流通加工，都是在物流结点上进行加工，而冷链系统和商品混凝土中的一种加工方式（不是全部商品混凝土），是在流通线路上，流通设施运行的过程中进行加工概念又有区别。

1. 冷链系统

冷链系统是在物流过程中创造物流环境的温度条件进行控温冷藏、冷冻的一种特殊的物流系统。冷链的"链"的含义，指的是"全过程"，和一般冷藏物流系统相比较，特别强调一开始就进入所要求的温度环境之中，直到交给消费者为止。例如，水果从采摘之后开始，到达最终消费时为止；肉类从屠宰冷却之后开始，直到交给消费者。全过程都在有效的温度环境控制之中。

2. 商品混凝土

改变以粉状水泥供给用户、由用户在建筑工地现制现拌混凝土的习惯使用方法，而将粉状水泥输送到使用地区的流通加工点（集中搅拌混凝土工厂或称商品混凝土工厂），在那里搅拌成商品混凝土，然后供给各个工地或小型构件厂使用；也可以将混凝土的干配料混合搅拌，到工地之后，通过专用喷射设备与水及外加剂混合成为混凝土。这是水流流通加工的另一种重要方式。采用集中搅拌混凝土的方式，也有利于新技术的推广应用，大大简化了工地材料的管理，节约施工用地。

四、流通加工合理化

流通加工合理化的含义是实现流通加工的最优配置，不仅要做到避免各种不合理，使流通加工有存在的价值，而且要做到最优的选择。为避免各种不合理现象，对是否设置流通加工环节，在什么地点设置，选择什么类型的加工，用用什么样的技术装备等，需要做出正确的抉择。目前，国内在进行这方面合理化的考虑中已积累了一些经验，取得了一定成果。

实现流通加工合理化主要考虑以下几方面。

（一）加工和配送结合

这是将流通加工设置在配送点中，一方面按配送的需要进行加工，另一方面加工又是配送业务流程中分货、拣货、配货之一环，加工后的产品直接投入配货作业，这就无需单独设置一个加工的中间环节，使流通加工有别于独立的生产，而使流通加工与中转流通巧妙地结合在一起。同时，由于配送之前有加工，可使配送服务水平大大提高，这是当前对流通加工做合理选择的重要形式，并在煤炭、水泥等产品的流通中已表现出较大的优势。

(二)加工和配套结合

在对配套要求较高的流通中，配套的主体来自各个生产单位，但是，完全配套有时无法全部依靠现有的生产单位。进行适当流通加工，可以有效地促进配套，大大提高流通的桥梁与纽带功能。

(三)加工和合理运输结合

流通加工能有效衔接干线运输与支线运输，促进两种运输形式的合理化。利用流通加工，在支线运输转干线运输转支线运输这本来就必须停顿的环节，不进行一般的支转干或干转支，而是按干线或支线运输合理的要求进行适当加工，从而大大提高运输及运输转载水平。

(四)加工和合理商流相结合

通过加工有效促进销售，使商流合理化，也是流通加工合理化的考虑方向之一。通过加工，提高了配送水平，强化了销售，是加工与合理商流相结合的一个成功的例证。

此外，通过简单地改变包装加工，形成方便的购买量，通过组装加工期解除用户使用前进行组装、调试的难处，都是有效促进商流的例子。

(五)加工和节约相结合

节约能源、节约设备、节约人力、减少耗费是流通加工合理化的重要考虑因素，也是目前我国设置流通加工时，考虑其合理化的较普遍形式。

第七节 配 送

一、配送

(一)配送概述

1. 概念：所谓配送是指在经济合理区域范围内，根据客户要求对物品进行拣送、加工、包装、分割、组配等作业，并按时送达指定地点的物流活动。

从物流角度来说，配送几乎包括了所有的物流功能要素，是物流的一个缩影或在较小范围中物流全部活动的体现。一般的配送集装卸、包装、保管、运输为一体，通过一系列活动完成将物品送达到客户的目的。特殊的配送则还要以加工活动为支撑，所以，包括的内容十分广泛。

[案例 4 – 5]

一年前一宗配送延误案令物流商差一点损失数百万元人民币。案情如下：某物流商经过招标，好不容易取得某公司的电视机总成流水线半成品件的配送任务。对于全面满足该公司配件零库存而设置的配送要求，物流商从业不敢掉以轻心，因为高标准的服务提供给他们的回报是那样丰厚的，令同行好不嫉妒。但是天有不测风云，2004 年 6 月的一天，物流商本应于上午 10 点靠上流水线配件卸货平台的配送卡车，却没有按时到达，10 分钟不到，生产线开始空放，立即惊动所管公司高级管理层。经紧急查询，方知物流商车队的车吊突然发生故障，备用车吊因交通受阻不能及时赶到码头仓库，导致装载延误，等姗姗来迟已是12点15分，流水线全线停产整整2个小时，某公司初步估算直接损失数百万元，显然该物流商已构成违约。在市场竞争异常激烈的情况下，任何处置不当，都会给合作蒙上阴影。该物流商立即向集团报告，集团领导立即亲自带队，上门向客户赔礼道，并表示应承担责任，当场提出整改措施，一是从第二天起，车队提前2小时出车，为解决某公司卸车场地狭小，成品出运和配件进入呈交替动态状，不允许重车提前进入滞留待卸的情况，提前到达的物流商车队在某公司就近寻找停车点，以保证10点准时进入卸车月台不再出现延误。二是在短期内选择设施先进的车队，替换现有车队，进一步保证配送质量。后来，因客户认为物流商态度诚恳，又是初次，领导又如此重视，整改已见成效，也就免去此次赔偿了。合作得以继续，至今虽然运转还算正常，但物流项目部的同志们仍如履薄冰，这样的心境只有经历了这样的教训才体会深刻。

2. 配送的发展阶段

配送活动的实践始于20世纪60年代初，这一阶段，可称为配送的萌芽阶段。人们由普通送货转向备货、送货一体化。之后进入配送的发展阶段，企业开始设立配送中心，探索共同配送。

到了20世纪末，配送进入成熟阶段。配送区域进一步扩大，配送手段日益先进，配送集约化程度明显提高。现在，已经进入配送的现代化阶段，配送讲求信息化、网络化、系统化、自动化、规模化、社会化(见表4-7)。

表4-7 配送的发展阶段

时间	阶段	内容
1960年~1965年	配送的萌芽阶段	由普通送货转向备货、送货一体化
1965年~1980年	配送的发展阶段	设立配送中心，实行共同配送，建立配送体系
1980年~20世纪末	配送的成熟阶段	配送区域进一步扩大，配送手段日益先进，配送集约化程度明显提高，配送方式日趋多样化
21世纪	配送的现代化阶段	配送进一步信息化、网络化、系统化、自动化规模化、社会化

3. 配送的作用

(1)完善了输送及整个物流系统

配送环节处于支线运输、灵活性、适应性、服务性都较强，能将支线运输与小搬运统一起来，使运输过程得以优化和完善。

(2)提高了末端物流的经济效益

采取配送方式，通过增大经济批量来达到经济地进货。它采取将各种商品配齐集中起来向用户发货和将多个用户小批量商品集中在一起进行发货等方式，以提高末端物流经济效益。

(3)通过集中型库存，可使企业实现低库存或零库存

实行集中库存，集中库存的总量远低于不实行库存时各企业分散库存之总量。同时增加了调节能力，也提高了社会经济效益。此外，采用集中库存可利用规模经济的优势，使单位存货成本下降。

(4)简化手续，方便用户

采取配送方式，用户只需要向配送中心一处订购，就能达到向多处采购的目的，只需组织对一个配送单位的的接货便可代替现有的高频率接货，因而大大减轻了用户工作量和负担，也节省了订货、接货等一系列费用开支。

(5)提高了供应保证程度

生产企业自己保持库存，维持生产，供应保证程度很难提高(受库存费用的制约)。采取配送方式，配送中心可以比任何企业的储备量更大，因而对每个企业而言，中断供应、影响生产的风险便相对缩小，使用户免去短缺之忧。

(二)配送的基本环节

从总体上看，配送是由备货、理货和送货等三个基本环节组成的，其中每个环节又包含着若干项具体的、枝节性的活动。

1. 备货

(1)备货的概念

备货即指准备货物的系列活动。它是配送的准备工作或基础环节，又是决定配送成败与否、规模大小的最基础环节。

(2)备货的内容

①筹集货物。在不同的经济体制下，筹集货物是由不同的行业为主体去完成的。若生产企业直接进行配送，那么，筹集货物的工作自然是由企业自己去组织的。在专业化流通体制下，筹集货物的工作则会出现两种情况:其一，由提供配送服务的企业直接承担，一般是通过向生产企业订货或购货完成此项工作;其二，选择商流、物流分开的模式时行配送，订货、购货等筹集货物的工作通常是由货主自己去做，配送组织只负责进货和集货等工作，货物所有权属于事主。然而，不管具体做法怎样不同，就总体活动而言，筹集货物都是由订货(或购货)、进货、集货及有关的质量检查、结算、交接等一系列活动组成的。

②储存货物。储存货物是购货、进货活动的延续。在配送活动中，货物储存有两种表现形态:一种是暂存形态。即指按照分拣、配货工序要求，在理货场地储存少量货物。这种形态的货物储存是为了适应“日配”、“即时配送”需要而设置的，其数量多少对下一个环节的工作方便与否会产生很大影响，但一般来说，不会影响储存活动的总体效益。

另一种是储备(包括保险储备和周转储备)形态。即按照一定时期配送活动要求和根据货源的到货情况，有计划地确定的，它是使配送持续运作的资源保证。

如上所述，用于支持配送的货物储备有两种具体形态:周转储备和保险储备。然而不管是哪一种形态的储备，相对来说，数量都比较多。据此，货物储备合理与否，会直接影响配送的整体效益。

2. 理货

(1)理货的内容

理货是配送的一项重要内容，也是配送区别于一般送货的重要标志。理货包括货物分拣、配货和包装等项经济活动。

(2)货物分拣的主要方式

货物分拣采用适当的方法和手段，从储存的货物中分出(或拣选)用户所需要的货物。分拣货物一般采取两种方式来操作：一是摘取式，二是播种式。

①摘取式分拣，就像在果园中摘果子那样去拣选货物。具体做法是：作业人员拉着集货箱在排列整齐的仓库货架间巡回走动，按照配送单是所列的品种、规格、数量等将客户所需要的货物拣出及装入集装箱内。在一般情况下，每次拣选只为一个客户配装。目前，推广和应用了自动化分拣技术，由于装配了自动化分拣设施等，大大提高分拣作业的劳动效率。

摘取式分拣的工艺过程：储物货位相对固定，而拣选人员或工具相对运动，所以又称作人到货前式工艺。形象地说，类似于人们进入果园，在一棵树上摘下熟了的果子后，再转到另一棵树前去摘果。

②播种式分拣货物，类似于田野中的播种操作。具体做法是：将数量较多的同种货物集中运到发货场，然后，根据每个货位货物的发送数量分别取出货物，并分别投放到每个代表用户的货位上，直到配货完毕。为了完好无损地运送货物和便于识别配备好的货物，有些经过分拣、配备好的货物尚需重新包装，并且要在包装物上贴上标签，记载货物的品种、规格、数量、收货人的姓名、地址及运抵时间等。播种式分拣的工艺过程：用户的分货位固定，而分货人员或工具携货物相对运动，所以又称作货到人到前式工艺。形象地说，又类似于一个播种者，一次取出几亩地所需要的种子，在地中边巡回边播种，所以又称之为播种方式。

3. 送货

送货是配送活动的核心，也是备货和理货工序的伸延。在物流运动中，送货的现象形态实际上就是货物的运输。因此，常常以运输代表送货。但是，组成配送活动的运输与通常所讲的“干线运输”是有很大区别的：前者多表现为对用户的“末端运输”和短距离运输，并且运输的次数比较多；后者多为长距离运输（“一次运输”）。由于配送中的送货（或运输）需面对众多的客户，并且要多方向运动，因此，在送货过程中，常常要进行运输方式、运输路线和运输工具的三种选择。按照配送合理化的要求，必须在全面计划的基础上，制定科学的、距离较短的货运路线，选择经济、迅速、安全的运输方式和适宜的运输工具。通常，配送中的送货都把汽车作为主要的运输工具。

4. 配送加工

配送加工是配送企业在配送系统内，按用户要求，设立加工场所进行的加工活动，如卷板展平、开片、下料，原木锯材，型材加工，玻璃集中套裁等，把货物变为用户需要的尺寸、规格或成分；还有器件组装、包装、集装、换装等。虽然配送加工的加工目的单一，但是可以取得多种社会效果，比如可以提高运输效率、降低消耗、减轻生产企业负担、满足用户需要、提高配送质量、增加配送效益等。同时，也可 以完善配送功能，提高配送的总体经济效益。

配送企业必须按照所配送商品的特点和用户的基本要求来确定其加工内容，并设置加工设备，配备一定加工及其技术管理人才，按生产加工程序组织生产，努力提高劳动生产率和加工质量，降低劳动消耗，提高配送加工的经济效益。

（三）配送应用

1. 在销售环节的应用——销售配送

销售配送的经营管理模式有以下几种。

（1）电子商务的销售配送

①和 B－to－C 电子商务配套的“门到人”销售配送。这种销售配送的用户是以生活资料

为主体的最终消费者。这就决定在管理上要面临数量庞大的用户、需求不稳定的用户、个性化及 突发性需求的用户、每次需求品种及数量都小的用户，当然，在这种情况下，很难实行计划配送，因而有非常大的管理难度。

②和 B－to－B 电子商务配套的"门到门"配送。这种销售配送的用户是以生产产品为主体的企业，或是以零售为主的商业企业。这些用户的特点是需求品种规格较多、数量较大、需求较稳定而且用户的数量确定，用户的随机性较小。所以，这种类型的销售配送，比较容易建立精细的计划管理。

在网络经济时代中，和虚拟网上交易相配套，利用配送方式将网上销售的商品送交用户，这是网络经济运行中必须要做的事情，销售配送作为电子商务重要的支撑力量，是不可缺乏，因而也是"新经济"的一种经济活动方式。

(2)批发分销型销售配送

批发分销型销售配送的应用领域主要是大型商业批发企业、大型工业、农业企业在国际贸易中或全国性、大范围的批发分销，其过程如图 4－4。

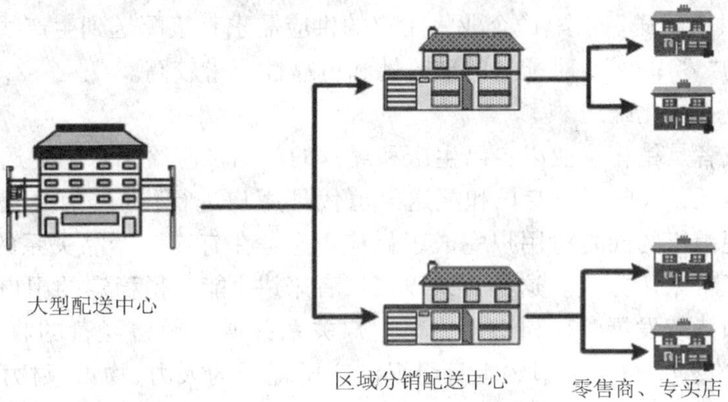

图 4－4 批发分销配送

(3)零售型销售配送

零售销售配送是面向广大消费者的配送，主要是"门到人"和"门到门"方式的配送。

零售型销售配送可以采用电子商务的交易方式，也可以采用电话订货、传真订货、通信订货以及现在广泛采用的商店购货等方式进行交易活动，然后采用"商物分离"的方式，由配送中心或者商店进行配送。这是通用的配送方式，前面所讲的和电子商务配套的销售配送只是其中的一个类型。

2. 在供应环节的应用－供应配送

供应配送往往是针对特定的用户，用配送方式满足这特定用户的供应需求的配送方式。

这种方式配送的对象是确定的，用户的需求是确定的，用户的服务要求也是确定的，所以，这种配送可以形成较强的计划性，较为稳定的渠道，有利于提高配送的科学性和强化管理。有了这个前提条件，才可以建立"供应链管理"的管理方式。

供应配送有以下两种方式：

(1)由企业自己组织企业供应需求的配送

这种配送组织管理方式多发生在巨型企业和集团企业。这种类型的企业可以实行统一订货、集中库存、准时配送的方式，以保证车间和分厂或分公司的供应配送服务，甚至可以达到“零库存”的配送供应服务。由于是在同一企业之内，可以建立比较完善的信息系统，有统一的计划、指挥系统，可以做到企业内需求和供应的同步，有较强的科学性。

(2)由社会物流服务商(第三方物流)进行供应配送

这种配送组织管理方式，是由社会物流服务商对某一企业或者若干企业的供应需求实行统一订货、集中库存、准时配送或其他配送服务的方式。依靠社会物流服务商的专业配送服务，可以使企业专注于本身的核心竞争力和核心生产力，把供应服务委托给专业的第三方物流企业去做，往往可以取得更好的供应保障和更低的成本。

这种供应配送按用户送达要求的不同可以分为以下几种形式：

①“门到门”配送。即由配送企业将用户供应需求配送到用户“门口”，以后的事情由用户自己去做，有可能在用户企业内部进一步延伸成企业内的配送。

②“门到库”配送供应。由配送企业将用户供应需求直接配送到企业内部各个环节的仓库。

③“门到线”供应配送。由配送企业将用户的供应需求直接配送到生产线。显然，这种配送可以实现企业的“零库存”，对配送的准时性和可靠性要求较高。

3. 销售－供应一体化配送

由生产企业或者是销售企业以自己生产和经营的产品供应给用户的配送形式。第三方物流只是受用户之委托，以自己的专长和配送渠道代理用户进行供应，而不是货物的所有者。货物所有者在实现销售的同时对用户完成了供应，这是在有连锁产品关系的企业之间、子企业和母企业之间经常采用方式。这种方式以销售者来讲，能获得稳定的用户我销售渠道，有利于本身的稳定和持续发展，有利于强化与用户关系并取得销售经营的收益。对于用户来讲，能获得稳定的供应，可大大节约本身组织供应所耗用的人力、物力、财力，因而对供应保证程度可望大大提高。

二、配送中心

(一)配送中心的定义

配送中心是从事货物配备(集货、加工、分货、拣选、配货)并组织对用户的送货，以高水平实现销售和供应服务的现代物流据点。2001 年 8 月 1 日颁布实施的《中华人民共和国国家标准物流术语》(GB/T18354－2001)中关于配送中心是这样定义的：从事配送业务的物流场所或组织，应基本符合下列要求：

1. 主要为特定的用户的服务；
2. 配送功能健全；
3. 完善的信息网络；
4. 辐射范围小；
5. 多品种、小批量；
6. 以配送为主，储存为辅。

[案例4－6]

加拿大大都会公司食品配送中心

加拿大大都会公司(METRO－RICHELIEU)的食品杂货配送中心是加拿大魁北克省最大的商品配送中心，该配送中心坐落在在幢庞大的单层建筑里，总面积达5.5万平方米，层高将近9米。

M－R配送中心的固定供配货对象有320家零售商、18家区域批发商。配送服务供应半径为300公里，每日配送发货量超过10万箱 从接到客户要货指令，到配送发货、商品到达客户，一般不超过8小时，实现“日配”。

电脑管理

M－R配送中心对进货、存货、配送、发货进行全过程的电脑控制。进货、仓位、货架、配送输送线、发往何处、发多少货、库存等等，都借助电脑有条不紊地进行。M－R配送中心还与部分零售商的POS系统联网，随时了解商店的销售动态，做到商店尚未提出要货就已把缺货的商品主动送货上门。

条形码

进出M－R配送中心的商品，除了商品条形码标记以外，商品的包装箱外还贴有区位码和物流码。有的区位码是由电脑处理信息后，由配送中心通知供应商贴上的，所以货物由供应商送到配送中心后，可以很快送到指定的仓位、货架贮存。物流码则主要用于配送过程中，一般在配送发货前贴上，部分在进货时就贴上。借助于物流码，自动分拣系统可以方便地进行分拣配送商品。

自动分拣系统

自动分拣系统是M－R配送中心的关键设备，整个系统由控制室、辊道输送线、激光扫描仪等组成。控制室内配置着电脑、键盘控制器、现场监视器。操作员坐在控制室内，从监视器屏幕上，可以选 择看到不同部位商品配送的情景。纵横交错的辊道输送线则将各个仓位、货架连成一体，便于进行自动配送。除了主输送线外,M－R配送中心设有12条分支线，直接通往12个发货出口。发往同一供货对象的不同商品，或者发往不同供货对象的同一商品，在主输送线上移动时，激光扫描仪会自动“阅读”商品箱上的物流码，将信息传送到。

“道口”，商品箱移动到“道口”时，便会被自动转入到指定的分支线，送达指定的出口处打包发货。

自动打包机

M－R配送中心的12个出口处都装有一台大型自动打包机。发往同一供货对象的商品，由辊道输送线送到打包平台上，自动打包机便将小型分散的不同商品箱，组合打包成一个标准箱，送上卡车运往要货单位。

(二)配送中心的基本功能

1. 采购功能

配送中心应根据市场的供求变化情况，制定并及时调整统一的、周全的采购计划，并由专门的人员与部门组织实施。

2. 存储功能

配送中心的服务对象是为数众多的生产企业和商业网点。配送中心通过集货和储存货物，起到了平衡供求的作用，能有效地解决季节性货物的产需衔接问题。

3. 配组功能

由于每个用户企业对商品的品种、规格、型号、数量、质量、送达时间和地点等的要求不同，配送中心就必须按用户的要求对商品进行分拣和配组。配送中心的这一功能是其与传统仓储企业的明显区别之一，这也是配送中心的最重要的特征之一。可以说，没有配组功能，就没有配送中心。

4. 分拣功能

作为物流节点的配送中心，其服务对象是为数众多的企业，且彼此之间差别很大；因此，在订货或进货时，不同的用户对于货物的种类、规格、数量会提出不同的要求。针对这种情况，为了有效地进行配送，即为了同时向不同的用户配送多种货物，配送中心必须采取适当的方式对组织进来的货物进行拣选，并且在此基础上，按照配送计划分装和配装货物。这样，在商品流通实践中，配送中心除了能够储存货物、具有存储功能外，它还增加了分拣货物的功能，发挥分拣中心的作用。

5. 分装功能

从配送中心的角度来看，它往往希望采用大批量的进货来降低进货价格和进货费用。但是用户企业为了降低库存、加快资金周转、减少资金占用，则往往要采用小批量进货的方法。为了满足用户的要求，即用户的小批量、多批次进货，配送中心就必须进行分装。

6. 集散功能

在物流实践中，配送中心凭借其特殊的地位以及其拥有的各种先进的设备和设施，能够将分散在各个生产企业的产品集中到一起，然后经过分拣、配装向多家用户发运。与此同时，配送中心也可以做到把各个用户所需要的多种货物有效地组合在一起，配送中心也可以做到把各个用户所需要的多种货物有效地组合（或配装）在一起，形成经济、合理的货载批量。配送中心在流通实践中所表现出来的这种功能即（货物）集散功能，也有人把它称为“配货、分散”功能。

7. 加工功能

为了扩大经营范围和提高配送水平，目前，国内许多配送中心都配备了各种加工设备，由此形成了一定的加工能力。这些配送中心能够按照用户提出的要求和根据合理配送商品的原则，将组织进来的货物加工成一定的规格、尺寸和形状。这些加工功能是现代配送中心服务职能的具体体现。

配送中心应该添置必要的机器设备，以便满足用户，特别是生产企业对物料的不同需求。为了扩大经营范围和提高配送水平，目前，国内外许多配送中心都配备了各种加工设备，因此形成了一定的加工能力。

（三）配送中心的类别

配送中心解决了用户多样化需求和厂商大批量专业化生产的矛盾，因此，逐渐成为现代物流的标志。

表 4－8　　配送中心的类别

类型	作用
供应配送中心	专门为某个或某用户组织供应的配送中心
销售配送中心	以销售经营为目的，以配送为手段的配送中心。其一，生产企业为本身产品直接销售给消费者。其二，流通企业作为本身经营的一种方式，建立配送中心以扩大销售。其三，流通企业和生产企业联合的协作性配送中心。
城市配送中心	以城市范围为配送范围的配送中心，可直接配送到最终用户。这种配送中心往往和零售经营相结合，由于运距短，反应能力强，因而从事多品种、少批量、多用户的配送较有优势。
区域配送中心	这种配送中心在国外十分普遍。它以较强的辐射能力和库存准备，向省际、全国乃到国际范围的用户配送的配送中心。这种配送中心配送规模较大，用户规模也较大，虽然也从事零星的配送，但不是主体形式。
储存型配送中心	它有很强储存功能、且具有较大库存，为广泛的库存品种提供集中运输。
流通型配送中心	基本上没有长期储存功能，仅以暂存或随进随出方式进行配货、送货的配送中心。
加工型配送中心	以加工产品为主，因此在其配送作业流程中，储存作业和加工作业居主导地位。
专业配送中心	配送对象、配送技术属于某一专业范畴，在某一专业范畴有一定的综合性，综合这一专业的多种物资进行配送。以配送为专业化职能，基本不从事经营的服务型配送中心。
柔性配送中心	它与专业配送中心相辅相成，且不向固定化、专业化方向发展，而向能随时变化、对用户要求有很强的适应性、不固定供需关系、不断发展配送用户并向改变配送用户的方向发展。
特殊的配送中心	指某类配送中心进行配送作业时所经过的程序是特殊的，包括不设储存库（或储存工序）的配送工艺流程和分货型配送中心。

（四）欧洲国家配送中心的类型

1. 运输业配送中心

此类配送中心的业务活动主要以运输货物为主，围绕着运输而进行货物配送。其特点是运输能力较强，可以调动的运输车辆比较多。但是，并非所有的运输车辆都由配送中心自备，有些配送中心本身拥有的运输设备很少，它们向用户配送货物或运送货物主要是依靠社会上众多运输公司的车辆来完成。

属于运输业范围的配送中心，其代表组织主要在英联邦运输公司集配中心、瑞典 ASG 公司斯德哥尔摩货运站。

（1）英联邦运输公司集配中心

英联邦运输公司为了使货物分拣、配送作业趋于合理化及实现集约化经营，实行了集中运输、集中分拣和集中管理运输车辆的物流体制。为此，公司设置了 9 个货物集配中心，每个中心都附设有仓库，其作用集货并向“中心”运货，同时将“中心”配送来的货物转运到收货地。集配中心的作业流程，一般是在傍晚时分先将集中在仓库中的货物运至集配中心，然后操作人员利用自动分拣设备或用人力进行分拣，并且在24小时之内将分拣好的货物运至目的地仓库，再在2~3天之内由目的地仓库工作人员将货物发送到收货地。据有关资料介绍，英联邦政府运输公司的货物集配中心，每天可接受的货物数量为13500件，工作人员共有100左右。

在货物集配中心，除了配置有自动分拣设备、运输设备以外，还建立了诸如车辆维修工厂、备品或备件库房等辅助设备。

(2)瑞典ASG公司斯德哥尔摩货运站

瑞典ASG公司既从事国内货运，又从事国际货运，年货运能力为900万吨。斯德哥尔摩货运站也同样承接国内、国际货运业务。据有关资料介绍，该货运站占地面积达18525平方米，由接货站、发货台和事务所三部分组成。接货台可以同时容纳41辆运输车，发货台可以容纳97辆卡车和24辆铁路货车。货运站配置了自动化分拣设备，分拣设备的货物出口共有38条，货运站接到货物后，通常都由自动分拣机分拣，其分拣能力为2800件/h。

ASG公司的专用发货站每天可发85辆卡车的货物，其发货量占公司全部货运量的15%，其余85%的货物由ASG公司直接集货、直接配送。

值得注意的是，ASG公司是从400家公司租用2500辆货车来进行接发货活动的，公司及其货运站本身均不自备车辆。

2. 批发业配送中心

(1)芬兰SESKO公司中央配送中心

芬兰SESKO公司是垄断芬兰商品批发和零售市场的五大集团之一。它把芬兰划分成在13个区域，按区域配置分店和设立仓库。它直接经营的商店有800家，公司的地方仓库储存着400~2000种畅销商品。

隶属于该公司的中央配送中心则保管有4.2万种商品，库存量为5.7万个托盘。该配送中心利用计算机处理订货和交货事宜。其程序大致如下：第一，零售店用电话或计算机向SESKO公司设在地方的分店提出订货要求；第二，分店用计算机将用户的订货数量等信息发送至公司本部；第三，订货数据经计算中心处理以后，传输给地方仓库或中央仓库；第四，地方或中央仓库按照得到的信息和指令分拣商品；第五，夜间用卡车从中央仓库向地方仓库发运货物；第六，通过各地方仓库向用户发送商品。从时间上看，第一至第三项工作通常是当天完成，第四至第五项工作在次日完成；而向用户配送商品的工作一般在第三天完成。

(2)瑞典LCA公司西南配送中心

该配送中心建于1984年，其任务是向地处瑞典西南部的240家商店配送食品和日用品。其规模和设备配置情况是：中心占地38500平方米，年经营的商品品种有600~700种，主要为食品、冷冻食品、化妆品和日用品。中心有从业人员125名，有叉车55台，运输车辆20辆，运输机总长3200米。每日发货量为日用品37000箱，冷冻食品8000箱，库存量为18000个托盘。

3. 零售业配送中心

这类配送中心隶属于商品零售公司，它既是提供物流服务的组织，本身又是商品销售中心。其代表组织有英国WAITROSE伯克舍布鲁内卢配送中心。该配送中心于1972年开始营业，由事务所、生鲜食品中心和干货中心组成。建筑面积为1.8万平方米。其中，高层自动化仓库的面积为3000平方米，库容量1.8万平方米，存货量为1万个托盘。

伯克舍布鲁内卢配送中心的4个作业区域分别为收货区、保管区、分拣区和出货区，均由计算机系统控制。商品分拣作业主要采用指令分拣方式，具体做法是：按照计算机发出的指令，操作人员用塔式吊车将货物吊至分拣台；然后，再按商品顺序拣选出商品中，并将货物装入网箱中；待全部网箱（36箱）装满商品后，利用台车把配备好的货物自动送到发货站台，开始运送。

4. 汽车制造业配送中心

自从日本汽车打入到欧洲和美国市场后，日本汽车配供应和需求不断增加。于是，在美、法、英等国家先后建立了许多供应日本汽车配件的组织——配件中心。从职能上看，这些称作配件中心的组织，既负责向用户供应和销售汽车配件，也从事货物的存储、分拣、输送等物流活动，向用户提供系列化的后勤服务，起着配送中心的作用。其中德国的MAZDAMOTOR配件中心最为典型。

该配件中心建于1988年3月，总面积为2.5万平方米，经营的配件有8万种。其特点是：经营规模比较大，设备先进且数量较多。在这个配件中心内部，共配置了17台能吊装各种大型配件和小型配件的塔式起重机，10台运输配件的自动化机械和程式分拣设备。此外，在中心内部还建立了使用光导传送技术的新的库存管理系统，使分拣出的配件能及时出库。

德国的MAZDAMOTOR配件中心的工作人员主要是利用各种机械来进行配件的入库和出库作业。货物入库时，大、中型配件是以托盘为单位的，用升降机将其吊运至固定的货物存储地；小型配件入库则采取以“预约定位”方式，配件连同存储容器一起存入货架。其运作过程是：在盛装配件的容器上贴有标明入库位置的条形码，当升降机或运输机械吊运的货物所到架位正好与条形码读出要求相符合时，便按指令将货物送入货架。出库作业与入库作业类似，也是利用条形码技术和光导装置。

5. 交货代理服务业配送中心

隶属于德国DEXTRA公司的配送中心就是这类配送中心，也称作货物转运站，属于纯粹代理性的服务配送中心。其功能是按委托方的要求从工厂接收货物，对货物进行分拣后将货物送达到用户手中。

该配送中心占地4万平方米，建筑面积为2.8万平方米。建有自动化仓库，库容量为2800个托盘。每日进货量为1500～2000个托盘，多为食品。

德国的DEXTRA公司配送中心配备着许多先进的物流设备，共有升降机8台，自动分拣机2台，接货运输机8台，记录入库的终端机8台。在这里，商品入库作业量的80%为机械操作，其余的20%是手工操作。具体做法是：的托盘为装载单元的货物进货后，先用叉车从装载体上搬运到通往自动化仓库的传送带上，再在仓库收货台上，按照货主所属分别填写收货卡片，并将卡片贴到托盘上，同时贴上条形码，自动入库；经过分拣的货物出库时，直接装上托盘，并用塑料薄膜封装，然后装车，直接发送到零售店。

第八节　物流信息处理

一、物流信息概述

（一）物流信息的概念

所谓物流信息，是指反映物流各种活动内容的知识、资料、图像、数据、文件的总称。物流信息是物流活动中生成的信息，与物流过程中的运输、保管、装卸、包装等各种职能结合在一起，在物流活动中起着“神经系统”的作用。从来源上看，物流信息既有来源于物流活动本身的信息，也有来源于对物流活动有重要影响的外部环境信息。

（二）物流信息的特征

物流信息除具有一般信息的特征外，还具有反映物流活动的具体特征：

1. 信息量大。物流信息随着物流活动以及商品交易活动的展开而大量发生。从今后的发展来看，随着企业间合作倾向的增强，供应链系统的各个环节和各种活动也必然会产生更多的信息。

2. 周期性。物流为生产经营服务，必然反映市场周期性变化的影响，从而导致物流信息的周期性。

3. 及时性。物流信息必须适应企业物流高效运行的及时性需求。

4. 来源的广泛性。物流信息不仅包括企业内部物流信息，而且包括企业间的物流信息和与物流活动有关的基础设施的信息等。物流信息必须适应物流开放性、社会性发展的要求。

5. 精确性。物流信息必须准确反映当前物流状况。

6. 灵活性。物流信息必须有能力提供能迎合特定顾客需要的数据。

7. 全面性。在物流系统中，除对各项活动进行计划预测、动态分析时需要及时提供有关的物流作业信息外，还要提供物流费用、生产情况、市场动态等相关信息。只有全面、及时地收 集和传输有关信息，才能使物流通畅化、定量化。

8. 关联性。物流信息涉及到物流管理的各个层次和环节，他们彼此之间相互关联。譬如源于客户订单的拣货清单不仅属于仓库和库存计划的战术性决策信息，而且还涉及战略决策，如最初的仓库布局等。

（三）物流信息的结构

物流信息的结构可以从纵向和横向两个角度分析。

1. 从水平方面（ 横向 ）看，信息系统贯穿与供应物流、生产物流、销售物流、回收和废弃物流中的运输、储存保管、搬运装卸、包装、流通加工等各种环节，联系着供应链中的每个节点。

2. 从垂直方向（ 纵向 ）看，可以分为三个层次，即战略层、管理控制层和作业层信息。其 中，战略层信息主要是用来辅助企业高层领导制定中长期计划；战术层信息主要是用来辅助中 层管理者制定中短期计划，如预测、生产计划和资源计划；操作层信息是用来辅助一线管理者 和操作者进行短期瞬间决策的，如应对变化和偶发事件。

（四）物流信息的基本功能

1. 支持保证功能。在物流活动的管理中，诸如运输工具的选择、运输路线的确定、在途货物追踪、仓库的有效利用、订单管理等，都需要详细、准确的物流信息。因此，物流信息对运输 管理、库存管理、订单管理等物流活动具有支撑保证的功能。在供应链管理中，它还具有连接 整合整个供应链，使整个供应链活动效率化的功能。

2. 决策功能。物流信息能协调管理人员对物流活动的评估、比较，进行成本——收益分析，从而更有效地进行物流决策，具有决策功能。

3. 控制功能。物流信息对于控制物流活动，确保物流服务水平，具有重要作用。

4. 战略功能。全面、及时、可靠的物流信息，有助于开发和确立物流战略。总之，物流的所有组成部分都依赖于信息来进行计划、组织、协调与控制。物流信息的时间性和质量影响了决策的质量，优质的信息有助于制订好的策略，而不充分或不正确的信息只 能导致决策的失败。

二、物流信息系统的所要解决的问题

（一）缩短从接受订货到发货的时间。

（二）库存适量化（压缩库存并防止脱销）。

（三）提高搬运作业效率。

（四）提高运输效率。

（五）使接受订货和发出订货更为省力。

（六）提高接受订货和发出订货精度。

（七）防止发货、配送出现差错。

（八）调整需求和供给。

（九）回答信息咨询。

物流信息系统就是要解决好上述这些问题。所有这一切的目的，都是为了提高对顾客的服务水准和降低物流总成本。

三、物流信息技术

物流信息是物流不可缺少的要素之一，物流信息技术是物流现代化的重要标志，物流信息技术，主要内容有：

（一）物流信息采集技术：条形码、视频采集；

（二）物流信息通信技术：有线、无线（移动）；

（三）物流信息传输和交换技术：EDI、网络技术；

（四）物流信息存储技术：数据库技术；

（五）物流信息运用技术：决策、优化；

（六）物流信息安全技术；

（七）物流信息评价技术；

（八）物流信息规划与预测技术；

（九）物流信息智能技术：人工智能、专家系统、模拟、遗传算法、神经网络等。

[案例4-7]

TNT:信息"武装"到司机

TNT快递公司有遍及英国的32个仓库,每个仓库每星期有成千上万的货物交付处理。其中,伍斯特(Worcester)仓库拥有28辆车,正在示范一个新的方案。

过去,客户订单先被记录下来,然后传递给无线通信员,再通过无线电转发给司机。现在,TNT内部已经安装了一个新的计算机网络系统。在控制室中,一个PC和配电盘取代了最初的无线电发送装置。应用新的系统,公司可以从客户那里搜集订单输入系统,并转移到控制室。通过RAM移动数据网络转换数据,在控制室操作员可以很容易地搜集数据,为司机选择数据。在司机的驾驶室里安装了便携数据终端(Symbol Technologies PDT3100),这个数据终端安装在汽车仪表板一个可以调整的底座上。

过去,无线电报务员与司机通过语音交流,经常受到无线电波的干扰,常需要抵抗持续不断流入和流出活动的噪音和喧闹。现在,"在伍斯特仓库,这个新系统给予报务员的一个反馈控制,报务员不再花时间来回应司机,而是更有效率地进行计划,主要集中在搜集订单,并根据这些订单的送货位置、货量及其他因素,选择合适的车辆进行配送。"TNT的网络发展项目经理大卫说:"我们已经用新的系统取代了无线电通信系统,过去常常围绕着系统紧张忙碌的场景已经没有了,一个轻松的工作环境已经形成。"

在司机的驾驶室里,系统控制装置改变了司机接收订单的方式,装置的"哗哗"声和指示灯闪亮,通知司机有新的任务,司机按下"接收"按钮回应控制室,让控制室知道命令已经接收,司机将会完成任务。在司机终端设备上的编码键,使司机可以完成日常信息的快递。在规定的时间,当任务结束的时候,司机按下"完成"键,报告配送任务已经完成。

万一任务不能完成,司机可以按下编码键上的"前提关闭(premise closed)"键或者其他表示不能完成配送任务的标准键。除此之外,这套系统还提供了可以输入自由文本信息的工具,司机可以输入额外的注释(或者建议)并传回控制室。

TNT公司还意识到,有些信息过于复杂,需要一些语音交流。因此,每个司机配备了移动电话,如果司机希望直接与控制室通话,他们可以按下在数据终端设备的"要求通话(request to talk)"键,当这个信息显示在操作员的PC上,这时操作员可以与发送信息的司机通话,这样,无线电报务员仍然可以牢牢控制和管理配送活动。

在头一天晚上,第二天的配送任务便直接传输到驾驶室的数据终端。

在伍斯特仓库工作的司机,每天大约要处理1200个配送订单。现在,司机可以通过检查屏幕上的托运详细信息,判断他们是否可以在必须的时间内完成订单。另外,新笼统提供了一个高容量的中央数据库,为TNT总部可以得到帮助,进行全面的管理决策。

这项计划的实施,从根本上改变了TNT公司的营运操作。大卫说:"信息通过数据频道直接传输,既减少了日常文书工作,使人为的错误降到最低,又提高了对客户的服务质量,同时降低了营运成本。在基层工作中,它缓解了司机无线通信联系的拥挤和排队现象,管理层又可以很快得到实时数据。

＊本章小结

本章介绍了包装、搬运装卸、运输、储存、流通加工、物流信息、配送及配送中心的国家标准概念。掌握物流具有的功能，它们在总体物流之中起什么作用，如何去发挥作用。掌握各环节之间的衔接及相互影响，及他们的合理化和现代化进程。

※ 复习思考题

一、名词解释

包装　搬运装卸　运输　储存　流通加工　物流信息　配送　配送中心

二、思考题

1. 现代物流包括哪些功能要素？说明它们各自的含义。

2. 包装的功能、种类有哪些？它的主要作用是什么？

3. 装卸搬运作业的内容有哪些？它的主要作用是什么？

4. 保管储存方式有哪些？它的主要作用是什么？

5. 简述自动化仓库的分类。并分析自动化仓库的发展趋势。

6. 配送作业包括哪些形式？如何理解配送是现代物流最重要的特征？

7. 我国的流通加工主要有哪些形式？

8. 铁路运输、水路运输、公路运输各有什么特点？各适应哪些运输？运输对现代物流有何作用？

9. 简述信息在现代物流中的地位。

三、填空题

1. (　)、(　)、(　)和(　)是构成包装实体的四大要素。

2. 目前主要有5种基本的运输方式，即(　)、(　)、(　)、(　)和(　)运输。

3. 按仓库库容量分：托盘数量在(　)以下的为小型自动化仓库；托盘数量在(　)之间的为中型自动化仓库；托盘数量在(　)以上的为大型自动化仓库。

4. 分拣货物一般采取两种方式来操作：一是(　)，二是(　)。

5. 配送中心的基本功能有(　)、(　)、(　)、(　)、(　)、(　)、(　)。

四、选择题(单选或多选)

1. 包装的功能有(　)。

① 保护商品　② 方便物流　③促进销售　④方便消费

2. 下列情况中(　)属于不合理运输。

① 单程空驶　② 舍近求远　③ 无效运输　④ 长途联运

3. 对于长距离运输，如果对时间的要求不高，下列运输形式(　)的成本最低。

① 航空运输　② 公路运输　③ 铁路运输　④ 水路运输

4. 零售销售配送是面向广大消费者的配送，主要是( )方式的配送。

① 门到人　　② 门到门　　③ 门到库　　④ 门到线

5. ABC 管理是将库存物品分为三类，下列表述正确的是( )：

① 将数量约占10%左右的高价值物品分为A类，数量占70%左右的低价值物品分为C类，其余为B类；

② 将数量约占70%左右的高价值物品分为A类，数量占10%左右的低价值物品分为C类，其余为B类；

③ 将数量约占50%左右的高价值物品分为A类，数量占20%左右的低价值物品分为C类，其余为B类；

④ 将金额占10%左右的物品分为A类，金额占70%左右的物品分为B类，其余为C类。

课堂讨论题

美国联锁店配送中心(American Chain Store DC)

从20世纪60年代起，商品配送合理化在美国企业中普遍受到重视。为了向流通领域要效益，美国企业采取了以下措施：一是将老式的仓库改为配送中心；二是引进计算机管理网络，对装卸、搬运、保管实行标准化操作，提高作业效率；三是为了促进商品配送合理化，各联锁店共同组建配送中心，促进联锁店效益的增长。

1. 配送中心的类型

美国联锁店的配送中心有多种，主要有批发型、零售型和仓储型3种类型。

(1)批发型。美国加州食品配送中心是全美第二大批发配送中心，每天为分布在纽约州、宾夕法尼亚州等6个州的沃尔玛公司100家联锁店配送商品。

沃尔玛配送中心设在100家联锁店的中央位置，服务半径320km，服务对象店的平均规模为12万平方米。中心经营商达4万种，主要是食品和日用品，通常库存为4000万美元，旺季库存为7000万美元，年库存周转24次。在库存商品中，畅销商品和滞销商品各占50%，库存商品期限超过180天为滞销商品。各联锁店的库存量为销售量的10%左右。1995年，该中心的销售额为20亿美元。在沃尔玛各联锁店销售的商品，根据各地区收入和消费水平的不同，其价格也有所不同。总公司对价格差价规定了上下限，则上不能高于所在地区同行业同类商品的价格。

(2)零售型。

(3)仓储型。美国福来明公司的食品配送中心是典型的仓储式配送中心，主要任务是接受美国独立杂货商联盟加州总部的委托业务，为该联盟在该地区的350家加盟店负责商品配送。该配送中心建筑面积为7万平方米，经营8.9万个品种，其中有1200种是美国独立杂货商联盟开发的，必须集中配送。在服务对象店经营的商品中，有70%左右的商品由该中心集中配送，一般鲜活商品和怕碰撞的商品，如牛奶、面包、炸土豆片、瓶装饮料和啤酒等，从当地厂家直接进货到店。蔬菜等商品从当地的批发市场接货。

2. 配送中心的运作经验

美国配送中心的库内布局及管理井井有条，使繁忙的业务互不影响，其主要经验如下：

(1)以托盘为主，4组集装箱为一货架。

(2)商品的堆放分为储存商品和配送商品。一般根据商品的生产日期、进货日期和保质期，采取“先进先出”的原则，在存货架上层是后进的储存商品，在存货架下层是待出库的配送商品。

(3)品种配货是数量多的整箱货，所以用叉车配货；店配货是细分货，小到几双一包的袜子，所以利用传送带配货。

(4)轻量、体积大的商品(如卫生纸等)，用叉车配货；重量大、体种小重量大、体积小的商品用传送带配货。

(5)设立特殊商品存放区，如少量高价值的药品、滋补品等，为防止丢失，用铁丝网圈起，标明无关人员不得入内。

讨论：

1. 美国联锁店的配送有哪几种，运作经验有何特色？
2. 建立该配送中心对当地发展经济有何促进作用？

第五章 企业物流 5

* 学习目标

通过本章的学习，全面认识企业物流的内涵，了解企业物流的运作知识，包括企业供应物流，企业生产物流，企业销售物流和回收物流与废弃物流等基本内容；掌握如何进行企业物流的操作流程，以适应现代物流对企业人才的需要。

* 主要内容

企业物流概述

企业生产物流

企业采购及供应物流

企业销售物流

回收物流与废弃物流

* 引导案例

零部件物流的长安模式

汽车零部件物流服务是各个环节必须衔接得十分流畅的高技术物流行业，是国际物流业公认的最复杂、最具专业性的物流领域。长安汽车（集团）有限责任公司在实践中摸索出了一套值得国内汽车企业借鉴的经验和做法。

建立准时制运作模式（JIT）

首先是配套供应商在主机厂周边建立配套工业园区。为了有效地解决零部件的供应问题，缩小运输半径，提高反应速度，零部件生产企业往往会围绕主机厂建立自己的生产基地，从而加强与主机厂的联系，实现均衡生产和准时制供应，并有助于实现降低自身持有的库存和运输成本的目的。其次是供应商仓储（VMI）和配送中心（RDC）相结合。由于主机厂普遍实施准时制运作模式，同时又客观存在着各个配套供应商的生产水平良莠不齐以及均衡生产问题。因此，为了在现实运作中保证对主机厂的供应，零部件生产、供应企业往往需要通过自建仓库、租用主机厂仓库或社会仓库资源等方式，构造自身的仓储系统，建立起在主机厂附近的安全库存以实现缓冲的作用，这就相当于把一部分零部件成品仓库前移至主机厂的生产线旁，形成了供应商仓储。由供应商负责在客户运作过程中管理存货，检查其可得性，组织供给以及其他一切库存控制工作，从而确保存货在需要的时刻实现准时供应。此外，为了有效地配合主机厂的生产需要，还要求零部件生产、供应商严格按照其生产节奏和生产需求量，实施“直送工位”的JIT(准时制供货)配送。这样，就形成以供应商仓储和配送中心相结合的有机的物流运作体系。

改善业务流程，优化物流环节

长安民生物流公司根据汽车物流供应链管理的需要，提出了供应链物流一体化的战略，并结合自身实际，不断修正和优化长安集团物流的内外结构及业务流程，形成了一整套高效率、低成本的物流业务流程。

将物流体系价值整合到企业价值链中

在传统的价值链中，物流的价值并未得到完全的体现。传统的价值链观认为，一定水平的价值链是一个特定产业内的各种活动的组合，其基本活动可以分为内部物流、生产经营、外部物流、市场销售、服务。物流的内容仅在内部物流(即工业物流)和外部物流(商业物流)环节有所体现。但是，如果把传统的价值链从生产与流通的角度进行整合和设计价值链结构，物流就会从幕后走向前台，成为主角。改善企业的价值链，这是企业在重新审视其整体价值链中最应关注的一点，这样不仅可以优化运作模式，提高企业的整体运作水平，改善企业的财务业绩，而且还有利于企业对整体的战略定位和业务流程进行优化重组，提升企业的核心竞争能力。

第一节 企业物流概述

一、企业物流的产生

企业物流可理解为围绕企业经营的物流活动，是具体的、微观物流活动的典型领域。

企业系统活动的基本结构是投入-转换-产出。对于生产型的企业来说，是投入原材料、燃料、人力、资本等的投入，经过制造或加工使之转换为产品或服务；对于服务型企业来说，则是设备、人力、管理和运营，转换为对用户的服务。物流活动便是伴随着企业的投入-转换-产出而发生的。企业物流相对于投入的是企业外供应或企业外输入物流，相对于转换的是企业内生产物流或企业内转换物流，相对于产出的是企业外销售物流或企业外服务物流。如图5-1

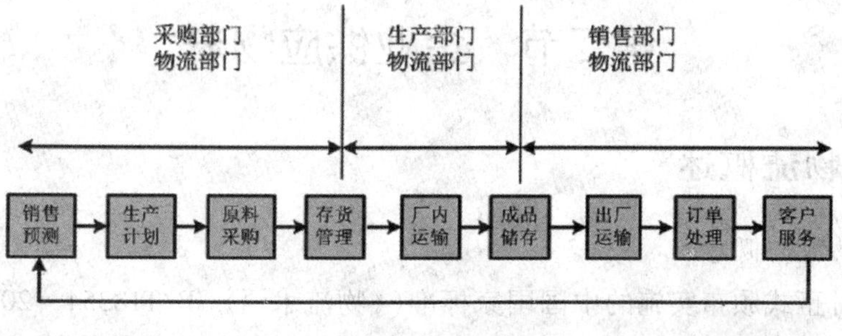

图5-1 企业物流的内容

二、企业物流的定义

由此可见，在企业经营活动中，物流已渗透到各项经营活动之中。在我国，2001 年 8 月正式颁布实施的中国国家标准(《物流术语》GB/T18354 - 2001) 中给企业物流(Internal Logistics)下的定义是:企业物流是企业内部的物品实体流动。

从定义本身看，企业物流只包括企业内生产物流或企业内转换物流，但是这个外延是不够全面的。因为企业物流是企业一体化管理的重要组成部分，它是指以客户满意度为目标和驱动力，在企业内和它的供应、营销渠道上，对货物、服务和相关的信息从货源地对目的地进行有效的流通和储存，以满足客户要求。因此，企业物流活动的范围应从原材料采购开始，到产成品送达顾客，甚至连退货、废弃品回收也应涵盖在内，见图 5 - 2。

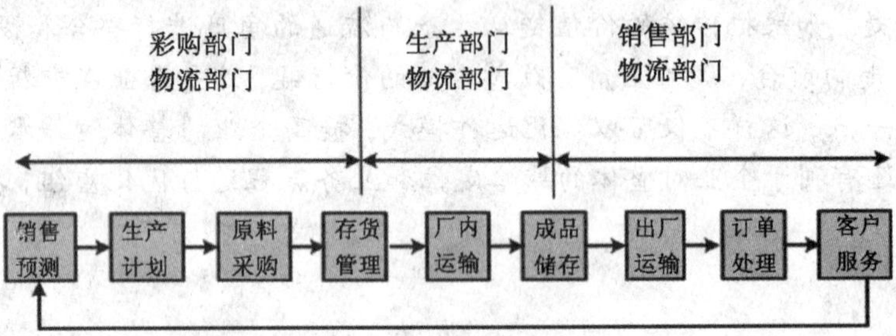

图 5 - 2　企业物流示意图

企业物流也有一种新趋势，即物流外包，并不是所有的企业自己承揽下所有的企业物流活动。也可以将部分甚至全过程的物流活动交由第三方物流企业去完成。而且，对于不同类型的企业，物流重点不相同。例如，对于一个制造企业而言，物流活动出现在工厂和仓库之间;对于一个批发商而言，物流活动出现在分销中心;对于一个零售商而言，物流活动出现在分销中心和零售点。

三、企业物流的分类

如果把企业物流圈定为一个综合的、独立的物流系统，这个大系统或以划分出若干物流子系统。按照企业经营活动的环节，企业物流可以分为供应物流、生产物流、销售物流、回收物流和废弃物流。

第二节　企业供应物流

一、供应物流概述

(一)供应物流的概念

2001 年 8 月正式颁布实施的中国国家标准(《物流术语》GB/T18354 - 2001) 给供应物流(Supply Logistics)下的定义是:为生产企业提供原材料、零部件或其他物品时，物品在提供者与需求者之间的实体流动，它包括原材料等一切生产资料的采购、进货运输、仓储、库存管理、用料管理和供料运输。

供应作为生产准备工作的重要组成部分，是生产得以正常进行的首要条件或前提。供应商供应物料的数量、质量、供货时间直接影响到生产的连续性和稳定性，而供应过程中发生的费用则直接构成产品的生产成本。因此，供应不仅是一个保证供应的问题，更进一步是以最低成本、最少消耗、最快速度来保证生产的物流活动。

一般地讲，企业采购的零部件和辅助材料要占到最终产品销售价值的40%～60%。这意味着，在获得物料方面所做的点滴成本节约利润产生的影响，要大于企业其他领域内相同数量的节约给利润带来的影响。同时，企业作为大批量商品生产的主体，也需要大批量商品的采购。例如，一辆典型的家用四门轿车一般包括6000多个零部件，货车的零部件总数达到7000～8000个，这么多的零部件，都是通过采购而获取的。为了维持汽车装配线的正常运行，这就需要有强有力的供应活动作保证。又如，中国石化集团公司2000年实现销售额约合400亿美元，并首次入围全球前五十家化工公司，中石化一年物资装备的采购额达600亿元了，约占销售收入的20%。

人们对供应物流的认识经过了购买、采购、供应三个阶段。人们对供应物流的最初认识就是购买(Purchase)，当然，购买行为比较简单，是最原始的阶段。第二个阶段是采购(Procurement)，采购的外延比购买广泛，包括购买、储存、运输、接收、检验、废料处理。而近年来，随着供应链管理的兴起，供应(Supply)一词正在逐步取代采购这一职能称呼。供应是采购部门面向增值的业务活动，它是以流程为导向，强化与供应商关系的战略性活动。

(二)供应物流系统形成所涉及的因素

供应物流系统需要考虑供应商与生产商之间的关系。供应物流系统服务的大部分对象是生产者市场，也称中间消费市场，其用户涵盖了农业、采掘业、制造业、建筑业、运输业、金融业、服务业等领域的购买者，用户购买是为了生产其他产品，有极强的盈利性动机。供应物流系统形成主要考虑下列因素：

1. 包括供货对象、供货品种、供货数量、供货渠道、供货频数、供货成本等在内的物流供应链设计。
2. 供货仓库规划与布局。
3. 运输方式与工具。
4. 供货信息发布。
5. 包装标准化。
6. 供应物流服务项目设计与实现。
7. 装卸搬运设备。
8. 供货系统运行机制。
9. 供应物流经营费用。
10. 物流信息网及支持技术。

二、供应物流系统的构成

供应物流包括原材料等一切生产资料的采购、进货运输、仓储、库存管理，用料管理和供料运输。供应物流是生产过程物流的外延部分，受企业外部环境影响较大。它是企业物流中独立性相对较强的一个子系统，并且和生产系统、搬运系统、财务系统等企业各部门以及企业外部的资源市场、运输条件等密切相关。

(一)采购

1. 采购的概念

所谓采购，一般是指从多个对象中选择购买自己所需要的物品的意思。这里所谓对象，既可以是市场、厂家、商店，也可以是物品。

采购一般包括三层含义：

(1)所有采购，都是从资源市场获取资源的过程。无论是生活，还是生产，采购对于人们的意义，就在于能解决人们所需要、但是自己又缺乏的资源问题。这些资源，包括生活资料，也包括生产资料；包括物资资源（如原材料、设备、工具），也包括非物资资源（如信息、软件、技术、文化用品等）。能够提供这些资源的供应商，形成了一个资源市场，而为了从资源市场获取这些资源，都是通过采购的方式。也就是说，采购的基本功能，就是帮助人们从资源市场获取他们所需要的各种资源。

(2)采购，既是一个商流过程，也是一个物流过程。采购的基本作用，就是将资源从资源市场的供应者手中转移到用户的过程。在这个过程中，一是要实现将资源的所有权从供应者手中转移到用户手中，二是要实现将资源的物质实体从供应者手中转移到用户手中。前者是一个商流过程，主要通过商品交易、等价交换来实现商品所有权的转移；后者是一个物流过程，主要通过运输、储存、包装、装卸、流通加工等手段来实现商品空间位置和时间位置的转移；使商品实实在在地到达用户手中。采购过程，实际上是这两个方面的完整结合，缺一不可。只有这两个方面都完全实现了，采购过程才算完成了。因此，采购过程实际上是商流过程与物流过程的统一。

(3)采购，是一种经济活动。采购是企业经济活动的主要组成部分。所谓经济活动，就是要遵循经济规律，追求经济效益。在整个采购活动过程中，一方面，通过采购，获取了资源，保证了企业的正常生产的顺利进行，这是采购的效益；另一方面，在采购过程中，也会发生各种费用，这就是采购成本。我们要追求采购经济效益的最大化，就要不断降低采购成本，以最少的成本去获取最大的效益。而要做到这一点，关键的关键，就是要努力追求科学采购。科学采购是实现经济利益最大化的基本利润源泉。

2. 采购流程

从物流的角度看，最初的采购流程运行得成功与否将直接影响到企业生产、销售、最终产品的定价情况和整个供应链的最终获利情况。企业采购流程通常是指有制造需求的厂家选择和购买生产所需的各种原材料、零部件等物料的全过程。在这个过程中，作为购买方，首先要寻找相应的供货商，调查其产品在数量、质量、价格、信誉等方面是否满足购买要求。其次，在选定了供应商后，要以定单方式传递详细的购买计划和需求信息给供应商并商定结款方式，以便供应商能够准确地按照客户的性能指标进行生产和供货。最后，要定期采购物料的管理工作进行评价，寻求提高效率的采购流程创新模式。

3. 采购的管理目标及策略

企业为制造而采购，而采购的目标是生产与经营。因为制造业产品的成本中主要是材料费用，如果采购成本控制不力而造成采购成本偏高的话，无论企业再如何控制企业内部的其他成本都无济于事，所以有必要对采购业务进行严格而深入的控制和管理。换言之，采购管理的核心内容就是控制采购流程，实现最小采购成本。一方面，企业通过采购控制，可以把原材料的成本维持到一个比较合理的较低水平；另一方面，也可以使企业的生产有一个持续的原材料供应和原材料质量的保障。

(1)采购管理实现的目标

①正确计划用料，加强对用料的控制，预防呆滞废料的产生。

②适当的存量管理。通过强化重点管理(如ABC管理)，改善库存结构，降低库存量，减少库存资金占用。

③按照适价、适质、适时、适地的原则做好采购工作，降低采购成本。

④发挥储存运输功能，确保物品品质、规范收发作业、维护仓库安全。

⑤加强供应商关系管理。与供应商建立一种能促使其不断降低成本，提高质量的长期合作关系。

(2)采购管理策略

①通过选择可靠的供应商确保采购质量。

②采用ABC分类法等科学方法采购，降低库存量，减少库存资金。科学确定订购批量与订购时间，降低采购成本。

③采取分类管理策略，管理与供应商的关系。如对于制造企业而言，原材料和零部件的采购最为频繁，要加强对原材料供应商的日常管理；对于设备类物品采购，一次性投资大，在设备的维修方面需要与供应商建立良好的沟通与合作，所以选择能提供优质服务的供应商十分重要；对于办公用品采购，一般尽可能选择少数供应商，保持长期的合作关系，以获得批量优惠，节约企业管理费用；对于物流服务采购，随着公司业务的扩大，专业分工的细化，物流的运输职能越来越倾向于利用外部资源，请第三方物流公司承担。

4. 采购方式的选择

采购方式的种类，采购方式是采购主体获取资源或物品、工程、服务的途径、形式和方法。采购方式的选择主要取决于企业制度、资源状态、环境、专业、资金、储运水平等。根据采购权限、物品交割时间等的不同，采购方式可以分为：集体采购、分散采购、现货采购、远期合同采购、直接采购、间接采购等(见表5－1)。

表5－1 采购方式的种类

划分标准	具体形式	
采购权限	集体采购： 企业在核心管理层建立专门的采购机构，统一组织企业所需要物品的采购业务。 特点：量大、过程长、手续多、集中度高、决策层次高、支付条件宽松、优惠条件多，专业性强	分散采购： 由企业下属各单位如分厂、车间或分店实施的满足自身生产经营需要的采购，是集团将权力下放的采购。 特点：批量小或单位价值低，开支小、过程短、手续简单、决策层次低，问题反映快、针对性强，方便灵活，占用资金少、库存空间小、保管简单方便

续表

划分标准	具体形式	
物品的交割时间	现货采购： 经济组织与物品或资源持有者协商后，即时交割的采购方式，这是最为传统的采购方式。 特点：即时交割、责任明确、灵活、方便、手续简单，易于组织管理、无信誉风险、对市场的依赖性大	远期合同采购： 供需双方为稳定供需关系、实现物品均衡供应而签订的远期合同采购方式。 特点：时效长、价格稳定、交易成本及物流成本相对较低，交易过程透明有序、易于把握，便于民主科学决策和管理。
完成采购任务的途径	直接采购： 采购主体直接向物品制造厂家采购的方式。 特点：环节少、时间短、手续简便，意图表达准确、信息反馈快，易于供需双方交流、支持、合作及售后服务与改进。同时，长期合作便于供应商资信认证，能形成战略伙伴关系，实现供应链管理。	间接采购： 通过中间商实施采购行为的方式，也称中介采购。主要包括流通企业采购、调拨采购。 特点：充分发挥工商企业各自的核心能力，减少流动资金占用，增加资金周转率。分散采购风险，减少物品非正常损失，减少交易费用和时间，从而降低采购成本。

5. 几种新的采购方式

（1）全球统一采购。随着全球经济一体化的发展趋势日益明显，采购过程打破和淡化了时间和空间上的限制，从跨国间的咨询、报价、样品传达到订单下达等环节变得越来越简单和易于操作，整个世界成为一个紧密联系的共同经济体。全球化的采购供应、全球化的生产、全球化的销售配送成为发展趋势。现实中，许多零部件的采购需要通过国际采购完成，而且物料价值高。通常，我国企业进行国际采购的提前期为两个月，而离市场时间越长，产品的预测就越不准确，生产的风险就越大。

（2）网上采购。网络的全球化和高速化为采购提供了及时、准确的产品和需求信息，网上采购的前景看好。在中国，众多大型企业海尔、万科等纷纷启动了生产资料的网上采购平台。结果显示，实现网上采购的企业在盈利能力方面有了不同程度的提高。网上采购系统包括生产资料采购和非生产资料采购两种，该系统既可通过虚拟的在线商品目录迅速而实时地访问产品信息，通过价格和品质的比较选定产品供应商，也能够实现与内部采购流程无缝集成，对供应商进行科学的管理，以及对采购的业务的数据进行分析和决策等。

网上采购系统采用 Java 技术和模块化的体系结构，集成了公司管理、目录管理、采购计划、合同管理、供应商管理、请购单管理、询价管理、采购单管理、订单管理、审批管理和竞拍管理等功能模块，覆盖企业采购的各个环节，真正实现采购流程的电子化。

（3）供应链管理。供应链是指围绕核心企业，通过对信息流、物流、资金流的控制，从采购原材料开始，制成中间产品以及最终产品，最后由销售网络把产品送到消费者手中，将供应商、制造商、分销商、零售商直到最终用户连成一个整体的功能网链结构模式。供应链管理是利用计算机网络技术，全面规划供应链中的商流、物流、信息流、资金流等，并进行计划、组织、协调与控制。

供应链管理的主要内容：合理供应、准时生产、高效物流、满足需求、总成本控制、信息管理，以及与供应链上各环节成员的战略联盟关系管理，包括客户关系管理等。

(4)招标采购。招标采购是现代国际社会通用的采购方式，是众多供应商中选择最佳供应商的有效方法。所谓招标采购，是指采购企业作为招标方，事先提出采购的条件和要求，邀请众多企业参加投标，并按照规定的程序和标准一次性地从中择优选择交易对象。

招标采购的特点是公开、公平、公正和择优。对于供需双方而言，增加透明度，体现了市场竞争优胜劣汰的原则，从而达达保证物料采购质量，降低产品总成本，提高经济效益的目的。

国际上四大采购规则:《联合国采购示范法》、《WTO 政府协议》、《欧盟采购指令》、《世界银行采购指南》均主张采用招标采购这种采购方式。招标采购是一个复杂的系统工程，它涉及各个方面各个环节。一个完整的招标采购，基本可以分为五个阶段:策划——招标——投标——评标——定标。

但是，招标采购是一项比较庞大的活动，牵涉面广、费时间、费精力、成本高。

(5)准时采购(JIT)采购。准时采购与供应的物流体系建立在以订单为驱动力的采购流程上，物流可以从供应商生产线到制造商的生产线。当然，零库存是准时采购与供应的最高境界。JIT 采购做到各种物料的订货量的准确性和相应的质量保证以及批量运输的准确性和及时性。JIT 采购的策略如下:其一，减少供应商数量;其二，小批量采购;其三，保证采购的质量;其四，合理选择供应商;其五，可靠的送货和特定的包装要求。

6. 供应商的选择与评价

为了提高供应商的质量，改善供应水平，控制和减少所有与采购相关的成本，需要对供应商进行管理和评价。

在选择供应商时，综合考虑供应商供应材料的数量、质量、价格、供货时间保证、供货方式和运输方式等，根据配合本企业的生产需求进行比较，选定供应商。同时建立供应商档案，记录其企业概况、产品种类、各类费用成本、交易的执行情况及服务质量等，为选择供应商提供依据。

良好的供应商关系对企业的高效运行具有重要意义。因此，应该建立有效的供应商综合评价体系，对供应商分类进行评估，保持动态平衡，抓住关键要素。

(二)库存管理

它是供应物流的核心部分。它依据企业生产计划的要求和库存状况制定订货策略库存控制策略,以及库存计划的执行与反馈修改。总成本最小化是库存管理的关键。

[案例 5-1]

星网星园

位于北京经济技术开发区的诺基亚“星网”工业园，是诺基亚在全球惟一按产业链模式兴建的世界级产业基地。2001 年10 月，投资100 亿的星网国际(工业)园启动，诺基亚向零库存发起挑战。一部标准的手机大约由400 个零部件组成，在星网工业园，诺基亚每天都要组装2.5 亿个零部件。每天 8 至12 点的生产需要多少件零部件，诺基亚就会通过园区内的电子商务平台，在7 点30 分将货款付给供应商。8 点上班时，星网工业园的物流提供者金鹰国际货运代理有限公司就会将这些零部件传送到诺基亚的生产线，每隔4 个小时就有一次货物的移动和货款的支付。

为了实现全园“零”库存目标，园区内各相关的企业之间都设有网络联线，以保证物流和信息流的即时连接和直接沟通，有的配套厂商甚至准备专门建立直接通向诺基亚组装厂房的超大型产品传送带。在星网，从供应商那里拿到零部件，到最后自己的产品运出工厂，这一整套生产流程只需要3个小时。

没有库存，快速生产和与物流同步的报关系统可以为诺基亚降低成本50%以上。2002年诺基亚出口额25亿欧元，星网已经成为诺基亚面向全球的生产基地。

1. 库存的概念

库存是指企业在生产经营过程中为现在和将来的耗用或者销售而储备的资源。包括原材料、材料、燃料、低值易耗品、在产品、半成品、产成品等。

2. 合理储存量

合理储存量是指在新的商品（或生产资料）到来之前，能保证在这个期间商品（或生产资料）正常供应的数量。合理储存必须以保证商品流通正常进行为前提。影响合理储存量的因素有以下几个方面：

（1）社会需求量。储存量与市场需求有直接关系，为了满足消费的需要，要求有相应的数量的商品，随时可投放市场。在其他条件不变的情况下，储存量与市场需求量成正比。

（2）商品再生产时间。储存量必须与再生产时间相适应。在其他条件不变的情况下，储存量的大小与再生产周期的长短成正比。

（3）交通运输条件。商品从生产领域进入消费领域，需要运输工具和运输时间，交通运输发达的地区和不发达地区，其在途中的时间是不同的。

（4）管理水平主设备条件。储存量的大小也受企业本身条件的限制。如仓库设备、进货渠道、中间环节、进货时间等，都会影响储存量。

（5）合理储存结构。合理储存结构是指商品的不同品种、规格之间储存量的比例关系。社会以商品的需要既要求供应总量的满足，又要有品种、规格的选择，而且要求的结构也在不断变化，所以，确定合理储存数量的同时，还必须考虑不同商品及其品种、规格在储存中的合理比例关系，以及市场变化情况，以便确定正确的商品储存结构。

（6）合理储存时间。储存时间，第一，受商品销售时间的影响。商品销得快，储存时间就短；商品销得慢，储存时间就长，甚至积压在库。所以，物流部门要随时了解生产、销售情况，促进生产、扩大销售，加速周转。第二，储存时间受客观存在的物品的物理、化学、生物性能的影响。超过物品本身自然属性所允许的储存时限，物品会逐渐推动其使用价值。因此，储存时间还必须以保证物品安全，减少损失、损耗为前提。

（7）合理储存网络。仓库网点的合理布局，也是合理储存的一个重要条件。就流通领域而言，在商品流通过程中，商业批发企业和零售企业为了完成销售任务，分别进行一定数量的商品储存。由于批发企业和零售企业的经营特点和供应范围不同，对批发环节和零售环节的储存要求也有所不同。批发企业，一般担负着经济区的供应任务，它要一定量的储存来调剂市场，起“蓄水池”的作用。所以，在批发环节，储存量要大，要合理设置储存网点。零售企业是流通渠道末端，网点分散，销售量小，因而，在零售环节，一般附设小型仓库，储存量小，应勤进且快销，加速周转。就生产领域而言，物资主要是分散储存在各工厂的仓库里，储存应适量，不宜过多，以免原材料大量积压。

(8)组织合理储存的重要性。

(9)组织合理储存可以减少国家财富的占用。用于储存过程的物资是不增加价值的，相反，它是用于生产的财富的一种扣除。这种储存过程占用的物资越多，用于生产的财富就越少。所以，进行合理储存，可以相对地减少储存过程中资金积压，而增加用于生产的资金。

(10)组织合理储存，可以缩短物资流通的周期，从而加速再生产过程。由于流通时间是社会再生产总时间的一个组成部分，而社会再生产时间等于生产时间和流通时间之和，所以，组织合理储存能够相对缩短物资在流通领域内停滞的时间，加快物资周转，从而加速整个社会再生产的过程。

(11)组织合理库存，可以减少费用支出，为国家积累资金。合理储存可以加快物资周转速度，减少流通资金占用，从而节约银行利息支出；可以减少物资储存数量和时间，降低储存过程中的保管费和损耗费，有利于降低物流费用，提高经济效益。

(12)组织合理储存，可以减少不必要的中转环节，避免迂回倒流运输，节约运力。

(13)库存控制。库存控制是实现合理储存的重要手段。因此，应认真研究库存性质、库存的目标，以及其实现控制的手段，即库存控制系统。

(14)库存的性质。需求、补给、约束和成本是任何库存系统都共有的组成部分。需求是指从库存中提取物品。需求可按其数量、需求率和需求模式进行分类。补给是指将物品加入库存。补充供应可以按数量、模式和前置时间进行分类。补充供应量是指被接收入库的订货量。约束是指由管理或实际环境施加于需求、补给或成本的限制。如仓库的约束可能限制库存的数量，管理当局把资金的约束施加于库存投资金额或对某些物品采取不准缺货的策略等等。成本是指维持库存和不维持库存所花费的代价。库存成本是和库存系统的经营有关的成本，是输入到任何库存决策模型的基本经济参数，主要由购入成本、订购和生产准备成本、储存成本、缺货成本等部分组成。

(15)库存的目标。库存问题不是孤立的，它和营销问题、仓库问题、生产问题、材料运输问题、采购问题、财务问题等都有千丝万缕的联系，因此，物料管理所涉及的目标并不完全一致，有些甚至是互斥的目标。库存问题是企业内部不同职能部门间矛盾的根源，这种矛盾是由于不同的职能部门在涉及存货的使用问题上有不同的任务而引起的。表5-2所示，表明各部门对库存的态度。

表5-2 各部门互斥的目标

职能部门	职 能	库存目标	库存量的倾向
营销	出售产品	对顾客的良好服务	高
生产	制造产品	有效的批量	高
采购	购入所需物料	单位成本低	高
财务	提供流动资金	资金的有效利用	低
工程	设计产品	避免陈旧	低

表 5-3　各部门对库存的态度

部　　门	典型的反应
市场经营与销售	如果总是缺货或无足够的品种，可不能用空的货车去销售，那样就不能保住我们的用户。
生产	如果按大批量生产，就可能降低单位成本和有效地经营。
采购	如果整批大量购进，就能降低单位成本。
财务	从哪里筹集资金来支付存货的货款？库存水平应更低一些。
仓库	这里已经没有货位了，怎么也不能再放了。

由此看出，物料管理所涉及的目标并不是完全一致的，甚至不容易叙述清楚。其主要的目标是使库存投资最少、对用户的服务水平最高和保证企业的有效（低成本）经营。一些带有共性的次一级目标是单位成本低、存货周转率高、质量稳定、与供应商保持良好的关系以及保持供应持续不断等。很容易看出上述目标很不一致，有的甚至相互抵触。因此，要根据现实条件和环境的各种限制，很好地把这些目标协调起来，也就是所谓的“次级优化”。“次级优化”是用来描述以系统的目标为代价而使子系统最优化的术语。

（三）库存控制系统

库存控制系统是解决订货时间和订货数量问题的常规联动系统。一个有效的系统要达到下列目的：保证获得足够的货物和物料；鉴别出超储物品、畅销品与滞销品；向管理部门提供准确、简明和适时的报告；以最低的成本费用完成前述 3 项任务。

一个完整的库存系统所涉及的内容远不止是各种定量库存模型，还必须考虑六个极其重要的方面：开展需求预测和处理预测误差；选择库存模型，如经济订货量（EOQ）、经济订货间隔期（EOI）、经济生产量（EPQ）、物料需求计划（MRP）、一次性订货量（SOQ）；测定存货成本（订购、储存、缺货成本）；用以记录和盘点物品的方法；验收、搬运、保管和发放物品的方法；用以报告例外情况的信息程序。

常见的库存控制系统有以下五种：

1. 连续库存系统。这个系统以经济订货量和订货点的原理这基础。连续库存系统要保持系统数量的记录，并在存货量降到一定水平时进行补充供应。

2. 双堆库存系统。其特点是没有连续的库存记录，属于固定订货量系统。订货点由肉眼来判定，当存货消耗一堆时便开始订货，其后的需求由第二堆来满足。

3. 定期库存系统。在定期库存系统中，在储物品的数量要按固定的时间间隔进行检查。

4. 非强制补充供货库存系统。也称为最小最大系统，是连续系统和定期系统的混合物。库存水平均按固定的间隔进行检查，但订货要在库存余额已经降至预定的订货点时才进行。

5. 物料需求计划库存系统。物料需求计划库存系统广泛地用于计划生产。由于属于材料和零件和材料需要订购的日期和数量。该系统在预先已知最终产品的具体需求量和某项物品的需求量按某种可预断的方式同其他物品的需求量联系在一起时，可得到良好的效果。各种常用库存系统的特点，如表 5-4 所示。

表5-4　　库存系统的特点

因素	库存系统				
	连续	双堆	定期	非强制补充供货	物料需求计划
订货数量	固定	固定	可变	可变	可变
订货点	固定	固定	可变	可变	可变
检查周期	可变	可变	固定	固定	固定/可变
需求率	固定/可变	固定/可变	固定/可变	固定/可变	固定
前置时间	固定/可变	固定/可变	固定/可变	固定/可变	固定/可变
保存存货量	中	中	大	很大	小/无

所有库存系统都有各自的优缺点，因此，适用范围也不同。例如，连续系统最适合于高价物品，对于这类物品要经常检查；双堆系统用在由于作用小或单价低而无需经常检查的场合；定期系统适用于零售领域和供货渠道较少或货源来自中心仓库的场合。

库存控制的方法很多，都有具体的分析计算方法，运用时可参考有关资料。

三、采购决策

(一)采购决策的内容

采购决策的内容主要包括:市场资源调查、市场变化信息的采集和反馈、供货方选择和决定进货批量、进货时间隔。

首先，企业采购决策者应对所需原材料的资源分布、数量、质量和市场供需要求等情况进行调查，作为制订较长远的采购规划的依据;同时，要及时掌握市场变化的信息，进行采购计划的调整、补充。主要内容包括:

1. 企业内部协同。由于采购的内容包括:正确的物料、合适的数量、正确的交付、合适的货源和合适的价格。而这些信息的获得来自于销售和市场部门、设计部门、生产部门、采购部门的信息。企业要进行高效的采购行为，就需要企业内部各部门的协同合作。此外，随着新产品急剧增加，需要采购的新零部件的数量也大大增加。为达到物料数据的一致性协同，各部门需要及时维护相关数据，如BOM(Bill Of Materials 物料单)数据、供应商数据、采购价格数据等。该项基础工作将保证企业能够长期动态地保持业务流程的稳定性。

2. 企业外部协同。企业外部协同是指企业和供应商在共享库存、需求等方面信息的基础上，企业根据供应链的供应情况实时在线地调整自己的计划和执行交付的过程。同时，供应商根据企业实时库存、计划等信息实时调整自己的计划，可以在不牺牲服务水平的基础上降低库存。

3. 由“为库存采购”转化到“为订单采购”。在传统的采购模式中，采购的目的是为了补充库存，即为库存采购。在供应链管理的环境下，采购活动是以订单驱动方式进行的，制造订单的需求是在用户需求订单的驱动下产生的。这种为订单采购的方式使得供应链系统得以准时响应用户的需求，同时降低了库存成本。

4. 采购过程中的外部资源管理。传统采购管理的不足之处，就是与供应商之间缺乏合作，缺乏柔性和对需求快速响应的能力。有效的外部资源管理就是制造商在采购活动中，建立一种新的、有不同层次的供应商网络，并通过逐步减少供应商数量，致力于与供应商建立一种长期的、互利的合作关系。一方面，通过提供信息反馈和教育培训，促进供应商质量改善和质量保证；另一方面，参与供应商的产品设计和产品质量控制过程，并协调供应商的计划。

其次，在选择供货方时，应考虑原材料供应的数量、质量、价格（包括运费）、供货时间保证、供货方式和运输方式等，根据本企业的生产需求进行比较，最后选定供货方。

要建立供货商档案，其内容主要有企业概况（地点、规模、营业范围等），供应物料种类、运输条件及成本，包装材料及成本，保管费和管理费，包装箱和包装材料的回收率，交易执行状况等。完善的档案数据是选定供货商的重要依据。

第三，采购批量在采购决策中是个十分重要的问题。一般情况下，每次采购的数量越大，在价格上得到的优惠越多，同时因采购次数减少，采购费用相对能节省一些，但一次进货数量大容易造成积压，从而占压资金，多支付银行利息和仓储管理费用。如果每次采购的数量过小，在价格上得不到优惠，因采购次数的增多还会加大采购费用的支出，并且要承担因供应不及时而造成停产待料的风险。如何控制进货的批量和进货时间间隔，使企业生产不受影响同时费用最省，是采购决策应解决的问题。

（二）经济订货批量

1. 经济订货批量的概念：经济订货批量是通过平衡采购进货成本和保管仓储成本核算，以实现总库存成本最低的最佳订货量。

由定义可知，总库存成本 = 采购进货成本 + 保管仓储成本

采购进货成本与采购批量成反比例关系，因为每采购一次，就要花费一次采购成本。当在一定时间内采购总量一定时，每次采购的批量大，采购的次数少，采购成本就低；反之，采购批量小，采购次数多，采购成本就大。

2. 经济订货批量的计算：

$TC = OC + SC = D / Q \times K + Q/2 \times C = D / Q \times K + Q/2 \times PI$

式中 OC 为采购订货成本，SC 为保管仓储成本，D 为该存货年需要量，Q 为订货量，EOQ 为经济定货批量，K 为每次订货费用，C 为单位存货的年保管仓储成本，P 为进货价格，互为存货的保管成本率，Q/2 为平均储存量。

要使年库存成本最小，求上面公式关于 Q 的极小值，此时的 Q 为经济订货批量。由数学推导可得：$ECQ = \sqrt{\frac{2KD}{C}} = \sqrt{\frac{2KD}{PI}}$

例：某公司某种材料年需要量 4000 吨，每次采购订货成本 20 元，每吨仓储保管成本 1 元，试确定经济订货批量、总库存成本、采购次数和采购周期。

解：根据公式：

$$ECQ = \sqrt{\frac{2KD}{C}} = \sqrt{\frac{2KD}{PI}}$$

$$ECQ=\sqrt{\frac{2KD}{C}}=\sqrt{\frac{2\times 2\times 4000}{I}}=400(\text{吨})$$

总库存成本 = D / Q × K + Q/2 × C = (4000/400) ×20 + (400/2) ×1 = 400(元)

采购次数 = 4000/400 = 10(次)

采购周期 = 360/10 = 36(天)

四、准时制采购

(一) 准时制采购的概念

准时制采购是企业内部准时制系统的延伸，是实施准时制生产经营的必然要求和前提条件，是一种理想的物资采购方式，它的极限目标是原材料和 外购件的库存为零、缺陷为零。在向最终目标努力的过程中，企业不断地降 低原材料和外购件的库存，从而不断地暴露物资采购工作中的问题，采取措 施解决问题，进一步降低库存。

(二) 准时制采购的策略

1. 小批量采购

小批量采购减少和消除了原材料和外购件的库存，会使送货频率增加，从而引起运输物流费的上升。

2. 保证采购的质量

准时制采购原材料及外购件时，库存减少，以至不存在库存，但必须保证所采购物资的质量。

3. 合理选择供货方

准时制采购应选择供货商，选择因素有产品质量、交货期、价格、技术能力、应变能力、批量柔性、交货期与价格的均衡、批量与价格的均衡、地 理位置等。

4. 可靠的送货和特定的包装要求

因为消除了缓冲库存，任何交货失误和送货延迟都会造成难以弥补的损失。

实行准时采购战略不但取决于企业内部，而且取决于供货方的管理水平、取决于物流系统的管理水平，因此应对准时制采购的相关因素做好合理的全面的考虑。

五、供应物流合理化

企业的生产过程同时也是物质资料的消费过程。企业只有不断投入各种物质资料，才能进行生产和保证其经营活动的连续性。但是，物资供应特别是原材料和零部件，由于物流费用可以加在进货价格中，其合理化问题往往不被人们重视。不过，供应物流与销售物流相比，以企业内部为主体，合理化问题较易解决。

供应物流合理化主要从下述两方面入手：

(一) 进货方式合理化

现代企业生产的规模大、品种多、技术复杂，生产需要的物资不仅数量、品种、规格、型号繁多，供应来源也广，因此在物料采购时，必须改变过去那种分别购买、各自进货的做法，根据企业生产经营的用货需要和进货要求，采取联合进货方式，由运输单位实行有组织的送货，使企业的物流批量化，以提高运输单位的配送车辆效率和进货工作效率。同时，还可以与同行企业采用代理进货方式，由别的企业代为采购、发送，以提高整车发送率。在美国，为了提高对供应物流合理化的重视，以整车为单位进行交易时，其物流费由卖方负担，非整车交易物流费则由买方负担。

（二）供应方式合理化

其主要内容包括：①发展以产定供的多种形式的物资技术供应，包括按需加工供应、承包配套供应、定点直达供应等。②实行供运需一体化供货，即物资供应厂商按照企业生产、工艺和设备要求，签订供货合同，实行定品种、定质量、定数量、定时间送货上门，运输部门按供货合同承担送货任务。按确定的时间将物料送达规定地点。这种供运需一体化供应方式有利于缩短供应物流时间，减少物流费用。

第三节 企业生产物流

一、生产物流概述

（一）生产物流的概念

2001 年 8 月正式颁布实施的中国国家标准（《物流术语》GB/T18354－2001）中给生产物流下的定义是：生产物流（Production Logistics）是指生产过程中，原材料、在制品、半成品、产成品等，在企业内部的实体流动。这种物流活动是与整个生产工艺过程伴生的，实际上已经构成了生产工艺过程的一部分。过去人们在研究生产活动时，主要关注一个又一个的生产加工过程，而忽视了将每一个生产加工过程串在一起且和每一个生产加工过程同时出现的物流活动。例如，不断离开上一工序，进入下一工序，便会为断发生搬上搬下、向前运动、暂时停止等物流活动。实际上，一个生产周期，物流活动所用的时间应多于实际加工的时间。所以，企业生产物流是企业物流的关键环节，生产物流研究的潜力、劳动节约的潜力是非常大的。

（二）生产物流的目标

在企业生产系统中，物料流转贯穿加工制造过程的始终。无论是在厂区内、库区内、车间内，还是车间之间、工序之间、机台之间，都存在原材料、零部件、半成品和成品的流转运动，都离不开物料的装、卸、运等活动，也就必然产生费用支出。

生产过程物流的目标应该是：

1. 提供畅通无阻的物料流转，以保证生产过程顺利地、高效率地进行。

2. 减少物料搬运的数量、频率和距离，减少搬运费用，降低成本。

3. 防止物料损坏、丢失，防止人身设备事故。

（三）生产物流的主要影响因素

1. 生产的类型

不同的生产类型，它的产品品种、结构的复杂程度、精度等级、工艺要求以及原料准备不尽相同，这些特点影响着生产物流的构成以及相互间的比例关系。

2. 生产规模

生产规模是指单位时间内的产品产量，通常以年产量来表示。生产规模越大，生产过程的构成越齐全，物流量越大。如大型企业铸造生产中有铸铁、铸钢、有色金属铸造之分。反之生产规模小，生产过程的构成就没有条件划分得很细，物流量也较小。

3. 企业的专业化与协作水平

社会专业化和协作水平越高，企业内部生产过程就越趋于简化，物流流程缩短。某些基本的工艺阶段的半成品，如毛坯、零件、部件等，就可由其他专业工厂提供。

（四）生产物流的特点

生产物流区别于其它物流系统的最显著的特点是它和企业生产紧密联系在一起。只有合理组织生产物流过程，才有可能使生产过程始终处于最佳状态。

1. 实现价值的特点

企业生产物流和社会物流的一个最本质不同之处，也即企业物流最本质的特点，不在于是“实现时间价值和空间价值的经济活动”，而主要是实现加工附加价值的经济活动。

企业生产物流一般是在企业的小范围内完成，当然，这不包括在全国或者世界范围内布局的巨型企业。因此，空间距离的小变化在企业内部的储存，和社会储存目的也不相同，这种储存是对生产的保证，而不是一种追求利润的独立功能，因此，时间价值不高。

企业生产物流伴随加工活动而发生，实现加工附加价值，也即实现企业的主要目的。所以，虽然物流空间、时间价值潜力不高，但加工附加价值却很高。

2. 主要功能要素的特点

企业生产物流的主要功能要素也不同于社会物流。一般物流功能的主要要素是运输和储存，其他是作为辅助性或次要功能或强化性功能要素出现的。企业物流主要功能要素则是搬运活动。

许多生产企业的生产过程，实际上是物料不停地搬运的过程，在不停搬运过程中，物料得到了加工，改变了形态。

即使是配送企业和批发企业的企业内部物流，实际也是不断搬运的过程，通过搬运，商品完成了分货、拣选、配货工作，完成了大改小、小集大的换装工作，从而使商品形成了可配送或可批发的形态。

3. 物流过程的特点

企业生产物流是一种工艺过程性物流，一旦企业生产工艺、生产装备及生产流程确定，企业物流也因而成了一种稳定性的物流，物流便成了工艺流程的重要组成部分。由于这种稳定性，企业物流的可控性、计划性便很强，一旦进入这一物流过程，选择性及可变性便很小。对物流的改进只能通过对工艺流程的优化，这方面和随机性很强的社会物流也有很大的不同。

4. 物流运行的特点

企业生产物流的运行具有极强的伴生性，往往只是生产过程中的一个组成部分或一个伴生部分，这就决定了企业物流很难与生产过程分开而形成独立的系统。

在总体的伴生性同时，企业生产物流中也确有与生产工艺过程可分的局部物流活动，这些局部物流活动有本身的界限和运动规律，当前企业物流的研究大多针对这些局部物流活动而言。这些局部物流活动主要是：仓库的储存活动、接货物流活动、车间或分厂之间的运输活动等。

（五）生产物流过程

企业生产物流的过程大体分为：原材料、零部件、燃料等辅助材料从企业仓库和企业的"门口"开始，进入到生产线开始端，再进一步随生产加工过程各个环节运动，在运动过程中，本身被加工，同时产生一些废料、余料，直到生产加工终结，再运动至成品仓库便终结了企业生产物流过程。

二、生产物流的合理组织

（一）生产物流的空间与时间组织

1. 生产物流的空间组织

生产物流的空间组织是相对于企业生产区域而言，目标是如何缩短物料在工艺流程中的移动距离。一般有三种专业化组织形式，即工艺专业化、对象专业化、成组工艺等。

（1）按工艺专业化形式组织生产物流

工艺专业化形式也叫工艺原则或功能性生产物流体系。其特点是把同类的生产设备集中在一起，对企业欲生产的各种产品进行相同工艺的加工，即加工对象多样化但加工工艺、方法却基本一致。

这种方式的优点是对产品品种的变化和加工顺序的变化适应能力强，生产系统的可靠性较高，工艺及设备管理较方便；其缺点是物料在加工过程中物流次数及路线复杂、难于协调。

在企业生产规模不大，生产专业化程度低，产品品种不稳定的单件小批生产条件下，适宜于按工艺专业化组织生产物流。

（2）按对象专业化形式组织生产物流

对象专业化形式也叫产品专业化原则或流水线，其特点是把生产设备、辅助设备按生产对象的加工路线组织起来，即加工对象单一但加工工艺、方法却多样化。

这种方式的优点是可减少运输次数，缩短运输路线；协作关系简单，从而简化了生产管理；在制品少，生产周期短。其缺点是对品种的变化适应性差，生产系统的可靠性较低，工艺及设备管理较复杂。

在企业专业方向已经确定，产品品种比较稳定，生产类型属于大量、大批生产，设备比较齐全并能有充分负荷的条件下，适宜于按产品专业化组织生产物流。

（3）按成组工艺形式组织生产物流

成组工艺形式是结合了上述两种形式的特点，按成组技术原理，把具有相似性的零件分成一个成组生产单元，并根据其加工路线组织设备。其主要优点是可以大大地简化零件的加工流程，减少物流迂回路线，在满足品种变化的基础上有一定的批量生产，具有柔性和适应性。

上面三种组织生产物流形式各有特色，而如何选择则主要取决于生产系统中产品品种多少和产量大小。

2. 生产物流的时间组织

生产物流的时间是指一批物料在生产过程中各生产单位、各道工序时间上的衔接和结合方式。要合理组织生产物流，不但要缩短物料流程的距离，而且还要加快物料流程的速度，减少物料的成批等待，实现物流的节奏性、连续性。

(二)生产物流的人员组织

生产物流的人员组织主要体现在人员的岗位设计方面。要实现生产物流在空间、时间两方面的组织形式，必须对工作岗位进行再设计，以保证生产物流优化而通畅。

人力资源管理理论提倡岗位设计应该把技术因素与人的行为、心理因素结合起来考虑。

1. 原则

根据生产物流的特征，岗位设计的基本原则应是“因物料流向设岗”而不是“因人、因设备、因组织设岗”，由此要考虑以下几个问题：

(1)岗位设置数目是否符合最短物流路径原则。

(2)所有岗位是否实现了各工艺之间的有效配合。

(3)每一个岗位是否在物流过程中发挥了积极的作用。

(4)物流过程中的所有岗位是否体现了经济、科学、合理的系统原则。

2. 内容

根据人的行为、心理特征，岗位设计还要符合工作者个人的工作动机需求。由此要从三个方面入手：

(1)扩大工作范围，丰富工作内容，合理安排工作任务。目的在于使岗位工作范围及责任增加，改变人员对工作的单调感和乏味感，获得身心成熟发展，从而有利于提高生产效率，促进岗位工作任务的完成。可以从横向和纵向两个途径扩大工作范围。

横向途径有：将分工很细的作业单位合并，由一个人负责一道工序改为几个人共同负责几道工序；尽量使员工进行不同工序、设备的操作，即多项操作代替单项操作；采用包干负责制，由一个人或一个小组负责一项完整的工作，使其看到工作的意义。

纵向途径有：生产人员承担一部分管理人员的职能，如参与生产计划的制定、自行决定生产目标、作业程序、操作方法、检验衡量工作质量和数量，并进行工作核算。不但承担一部分生产任务，而且还可参与产品试验、设计、工艺管理等技术工作。

(2)工作满负荷。目的在于制定合理的生产定额从而确定岗位数目和人员需求。

(3)优化生产环境。目的在于改善生产环境中的各种不利于生产效率的因素，建立人——机——环境的最优系统。

3. 要求

岗位设计体现在生产物流的三种空间组织形式上，对人员又有不同的要求。

(1)针对按工艺专业化形式组织的生产物流，要求员工不仅专业化水平高，而且具有较多的技能和技艺，即一专多能，一人多岗。

(2)针对按对象专业化形式组织的生产物流，要求员工在工作中具有较强的“工作流协调”能力，能自主平衡各工序之间的“瓶颈”，保证物流的均衡性、比例性、适应性要求。

(3)针对按成组工艺形式组织的生产物流，要求向员工授权，即从管理和技术两个途径，保证给每个人都配备技术资料、工具、工作职责和权利，改变不利于物流合理化的工作习惯，加强新技术的学习和使用。

三、生产物流计划管理

（一）生产物流计划的内容

生产物流计划是根据计划期内规定的出产产品的品种、数量、期限，对物料在各工艺阶段的生产进度所做的安排。生产物流计划的核心是生产作业计划的编制工作，即根据计划期内规定的出产产品的品种、数量、期限以及发展了的客观实际，具体安排产品及其零部件在各工艺阶段的生产进度。与此同时，为企业内部各生产环节安排短期的生产任务，协调前后衔接关系。具体内容包括：

1. 确定企业计划期的生产物料需用量。

2. 确定生产物料的消耗定额。

3. 清查企业的库存资源，经过综合平衡，编制出物料需求计划，并组织实现。

（二）生产物流计划的任务

1. 保证生产计划的顺利完成。为了保证按计划规定的时间和数量出产各种产品，必须研究物料在生产过程中的运动规律以及在各工艺阶段的生产周期，以此来安排经过各工艺阶段的时间和数量，并使系统内各生产环节的在制品的结构、数量和时间相协调。

2. 为均衡生产创造条件。均衡生产是指企业及企业内部的车间、工段、工作地等生产环节，在相等的时间段内，完成等量或均衡数量的产品。均衡生产的要求：

（1）每个环节都要均衡地完成所承担的生产任务。

（2）不仅要在数量上均衡生产和产出，而且各阶段物流要保持一定的比例性。

（3）要尽可能缩短物料流动周期，同时要保持一定的节奏性。

3. 加强在制品管理，缩短生产周期。保持在制品、半成品的合理储备是保证生产物流连续进行的必要条件。在制品过少，会使物流中断而影响生产；反之，又会造成物流不畅，加长生产周期。因此，对在制品的合理控制，既可减少在制品占用量，又能使各生产环节衔接、协调，按物流作业计划有节奏地、均衡地组织物流活动。

（三）编制生产计划的准备工作

编制生产物流计划前，必须了解生产物料的市场供求状况、生产物料的需用量、储备量以及生产物料分销要求等情况，然后运用系统分析和综合平衡的方法制定出科学合理的生产物流计划。

1. 做好市场预测，掌握生产物流市场动态

在市场经济体制下，生产物料市场总是呈现波动状态，这就要求对所需要的生产物料做好市场调研工作，分析货源，调查了解现有的供应量，供货方的生产能力，今后市场需求的变化趋势，是否有相应的替代品；并联系本企业的生产计划确定某项生产物料的需求计划。

2. 收集企业内部的相关数据资料

生产物流计划是企业生产经营活动在物资方面的综合反映，对企业的整个生产过程会产生重要影响，所以编制生产物流计划前需要掌握详尽的企业内部资料。这些资料包括：生产物料消耗定额、生产计划、在制品数量、产品设计更改单、物料供应与物料消耗规律分析、上期生产物料计划在执行中的问题、在途及库存生产物料资源、委托加工生产物料资源、预计计划

期初资源等。

3. 制定有关生产物流的消耗定额

生产物流消耗定额，是指在一定的生产技术和组织条件下，为制造单位产品或完成单位工作量所规定的必须消耗的生产物料数量标准。它是现代企业生产物流管理的基础工作和重要手段，又是编制生产物流计划的依据和考核生产物流消耗的标准。

(四) 生产物流计划的编制和执行

1. 生产物流供应计划的编制

企业生产物流计划按计划期的长短可分为年度生产物流计划、季度生产物流计划和月份生产物流计划。三者之中，年度生产物流计划是企业全年生产物流供应工作的依据和基础；季度生产物流计划是在年度计划的基础上编制的，是由年度到月度，由长期到短期的中间环节，由企业物资部门在季节到来之前10天左右时间编制；月份生产物流计划是季度计划的具体化，其任务是把年度、季度生产物流计划中规定的指标，按照月、旬具体地安排到车间、班组，层层落实，保证企业生产计划的完成。这里，重点介绍年度生产物流计划的编制，其他计划的编制可参照年度计划。

(1) 审核数据计算指标。编制计划时，对有关的数据和资料要进行认真的审核，特别要注意的是：生产部门的生产物资需求量是否合理，需要时间是否恰当，生产物料消耗定额是否先进可靠，预计期末库存、周转库存量是否合理，各种物资需要是否配套，生产物料所需资金是否超出资金定额指标等。

(2) 综合平衡。生产物流计划和其他计划，如生产计划、运输计划、资金使用计划、库存计划等构成一个企业的计划管理体系，各计划之间存在着相互依存、相互制约的关系。因此，企业的生产物流计划与企业其他计划要进行综合平衡。

(3) 编制计划。生产物流供应计划一般由三部分组成，即生产物流核算表、待购生产资料物流表和文字说明。

生产物流部门在编制年度生产物流计划时，要考虑一些不确定因素的影响，虽不能预见到全年、全季度的所有变化，但可以增强计划抗突发事件的能力。在生产物流计划的实施过程中，会出现某些不确定的偶然事件，从而破坏年度和季度生产物流计划中原有的平衡。这时，就通过月份生产物流计划来进行调整，月份计划就是从长期到短期，从概括到具体，积极应变，实现组织供需平衡的过程。

2. 生产物流计划的执行与检查

(1) 生产物流计划的执行。执行计划的重点在于资源，要积极组织力量通过订货、采购、委托加工、协作等形式保证生产物料供应。生产物料进厂后，一方面要及时发放，重要产品生产所需生产物料应优先保证，紧张短缺生产物料择优供应，超储积压生产物料组织利用；另一方面要加强生产物流管理，定额发料，防止浪费。

执行生产物流计划的方法主要有两种：

一是内部经济合同。企业内部采取生产物料供应部门与用料单位签订内部经济合同的方法，明确双方的经济责任。计划范围内的供应不到位或不及时，由生产物流供应部门负经济责任。用料部门用料计划不准或计划外用料，由用料部门承担经济责任，以加强生产物流计划的严肃性。

二是定额承包。生产物料供应部门可以对生产用主要原料、燃料和材料按消耗定额承包给生产单位。在完成生产任务的前提下，如果节约留用，则按规定提取奖金，如果超出消耗定额，则按规定扣发奖金，以此来促使生产部门关心生产物流的节约，降低消耗，提高经济效益。

(2)生产物流计划的检查。在生产物流计划执行过程中，要不时对计划的执行情况进行检查。主要检查的内容有：计划需用量与实际耗用量的对比；生产物料到货衔接情况、供货合同执行进度和情况；生产物料消耗定额执行情况；生产物料节约使用等情况。相应地，检查的方法有全面检查与专题检查，经常检查与定期检查，统计资料对比与现场分析，以及在计划期结束后进行的生产物料核销检查，等等。

在生产物流计划检查时，应该做到“有法可依，有章可循”，这里的“章”，是指在编制生产物料供应计划时事先制定好的一些重要考核指标，如计划准确率、订货合同完成率、生产物料节约率、库存生产物料周转率、库存生产物料损失率、仓库机械化作业率、包装容器回收率、资金占用量及周转率等。工作中对照检查这些指标，可以考核企业生产物流计划的执行力度。

3. 生产物流计划的修订

生产物流供应计划在执行过程中，要根据执行的情况和外部条件的变化而进行相应的调整。一般计划调整的原因有：生产计划的变动、设计变动、工艺变动、由于生产物流计划本身的不准确性需要进行的修订等。

对生产物流供应计划进行 修订时，通常采用的方法有：(1)定期修订，多在订货前修订；(2)经常修订，指对随时可能发生的变化进行的局部性的、较小的修订；(3)专项修订，指当实际进程与原计划任务相差较大时进行的修订。

四、生产物流控制原理

在实际的生产物流系统中，由于受内外部各种因素的影响，计划与实际之间会产生偏差。为了保证计划的完成，必须对物流活动进行有效的控制。

(一)控制系统组成要素

1. 控制对象

控制对象是由人、设备组成的一个系统单元，通过施加某种控制或指令，能完成某种变化。在生产物流系统中，物流过程是主要的控制对象。

2. 控制目标

控制目标是系统预先确定的力争达到的目标，控制的职能就是随时或定期对控制对象进行检查，发现偏差，进行调整，以利于目标的实现。

3. 控制主体

在一个控制系统里，目标已定，收集控制信息的渠道也已畅通，就需要一个机构来比较当前系统产状态与目标值的差距，如果差距超过容许的范围，则制定纠正措施，下达控制指令。这样的控制机构就成为控制主体。

(二)生产物流控制的内容

1. 进度控制物流控制的核心是进度控制，即物料在生产过程中的流入、流出时间以及物流量的控制。

(1)在制品管理

在生产过程中对在制品进行静态、动态控制以及占有量的控制。在制品控制包括在制品实物控制和信息控制。有效地控制在制品，对及时完成作业计划和减少在制品积压均有重要意义。

(2)偏差的测定和处理

在进行作业过程中，按预定时间及顺序检测执行计划的结果，掌握计划量与实际量的差距，根据发生差距的原因、差距内容及严重程度，采取不同的处理方法。首先，要预测差距的发生，事先制定消除差距的措施，如动用库存、组织外协等;其次，为及时调整产生差距的生产计划，要及时将差距的信息向生产部门反馈;再次，为了使本期计划不做或少做修改，要将差距的信息向计划部门反馈，作为下期调整的依据。

实现对生产物流的控制可以采用不同的形式。但无论采取何种形式，都具有一些共同的要素。这些要素包括以下几个方面:

①强制控制和弹性控制。即通过有关期量标准、严密监督等手段所进行的强制控制或自觉控制。

②目标控制和程序控制。目标控制通过核查生产实际结果与计划的差异来实施控制;程序控制通过对生产程序、生产方式进行核查来实施控制。

③管理控制和作业控制。管理控制的对象是全局，是指为使系统整体达到最佳效益而按照总体计划来调节各个环节、各个部门的生产活动。作业控制是对某项作业进行控制，是局部的，其目的是保证其具体任务或目标的实现。有时不同作业控制的具体目标之间可能会出现脱节或矛盾的情况，需要管理控制对此进行协调，以使整体达到最优效果。

(三)生产物流的控制程序

生产物流控制的程序一般包括以下几个步骤:

1. 制定期量标准。物流控制从制定期量标准开始，所制定的标准要保持先进与合理的水平，随着生产条件的变化，标准要定期和不定期地进行修订。
2. 制订计划。依据生产计划制定相应的物流计划，并保持生产系统能够正常运转。
3. 物流信息的及时收集、传达、处理。
4. 短期调整。为了保证生产的正常运行，要及时调整偏差,以保证计划顺利完成。
5. 长期调整及其有效性的评估。

(四)生产物流控制原理

1. 物流推进式控制原理

物流推进式控制的基本原理是，根据最终的产品需求量，在考虑各阶段的生产提前期之后，向各阶段发布生产指令量。企业对生产物流实行集中控制，每个阶段物流活动服从集中控制的指令，各阶段没有独立影响本阶段局部库存的能力。

推进式控制模式是基于美国计算机信息技术的快速发展和美国制造业大批量生产基础上提 MRP II(制造资源计划)技术为核心的生产物流控制模式。但从实践结果来看，该模式的长处却在多品种小批量生产类型的加工装配企业得到了最有效的发挥。其具体做法是，在计算机、通信技术控制下制定和调节产品需求预测、主生产计划、物料需求计划、能力需求计划、物料采购计划、生产成本核算等环节。生产物流严格按照各工艺顺序确定的物料需要数量、需要时间(物料清单所表示的提前期),从前道工序"推进"到后道工序或下游车间。在整个控制过程中,信息流往返于每道工序、车间,并与生产物流完全分离。通过信息流控制保证按生产作业计划的要求完成物料加工任务。

2. 物流拉引式控制原理

物流拉引式控制的基本原理是,在最后阶段按照外部市场需求,向前一阶段提出物流供应要求,前一阶段按本阶段的物料需求量向上一阶段提出供应要求。以此类推,接受供应要求的阶段再重复地向前一阶段提出供应要求。采用此方式的物流控制原理称为物流拉引控制原理。

拉引式模式是以日本制造业提出的 JIT(准时制)技术为核心的生产物流管理模式。具体表现为,使物流始终处于不停滞、不堆积、不超越、按节拍地贯穿于从原材料、毛坯的投入到成品的全过程。该模式强调物流同步管理,要求在恰当的时间将恰当数量的物料送到恰当的地点。采用从后向前拉动控制的方法,即从最终市场需求出发,每道工序、上游车间只生产后道工序、下游车间需要数量的零部件。在拉引控制中信息流与物流完全结合在一起,但信息流(生产指令)与生产物流方向相反。信息流控制的目的是要保证按后道工序要求准时完成物料加工任务。

五、物料需求计划

物料需求计划是指库存资源的管理,做到在需用的时候所有的物料都能配套备齐,而在不需用的时刻,又不过早地积压,从而达到既要降低库存,又要不出现物料短缺的目的。

MRP 即制造资源计划(Manufacturing Resource Planning),是由美国加特纳公司(Cartner Group Inc)在 20 世纪 90 年代初首先提出的。其核心管理思想是供应链管理。是一种将库存管理和生产进度计划结合为一体的计算机辅助生产计划管理系统。

1. 概念:根据市场需求制定营销计划后,生产系统必须按期交付出产成品,由此倒推产生了主生产进度计划,再根据产品的数量与产品的层次结构逐次求出各零部件所需时间,就称为 MRP。

2. MRP 的逻辑原理

(1)主产品结构文件。主产品结构文件反映产品的层次结构,即所有物料的结构关系和数量组成。由需求时间和相互关系来确定主产品进度计划。根据营销计划,主产品结构和工艺规程决定了成品出厂时间和各个时间段内和生产量,包括产出时间、数量或装配时间和数量等。

(2)产品库存文件。产品库存文件,包含原材料、零部件和产成品的库存量,已订未到量和分配但还没有提取的数量。根据物料需求计算所需物料量,应考虑库存量,不足部分再进行采购。

3. MRP 的特征

主要体现在以下几个方面:

(1)需求的相关性。如根据订单确定了所需产品的数量之后,由产品结构文件即可推算出各种零部件和原材料的数量，这种根据逻辑关系推算出来的物料数量称为相关需求。

(2)需求的确定性。MRP 计划都是根据主生产进度计划、产品结构文件和库存文件精确计算出来的，品种、数量和需求时间都有严格的要求，不可改变，即刚性需求。

(3)计划的复杂性。由于产品的所有零部件需要的数量、时间、先后关系等需要准确地计算出来，当产品的结构复杂，零部件数量特别多时，必须依靠电子计算机计算。

4. MRP 的优越性

(1)由于各个工序对所需要的物资都按精密的计划适时地足量地供应，一般不会产生超量库存，对于在制品还可以实现零库存，从而节约库存费用。

(2)有利于提高企业管理素质。企业只有加强物流的信息化、系统化和规范化管理，才能协调好供应、生产和销售以及售后服务工作。

六、准时制生产(JIT)

(一)概念

准时制生产即将必要的零件以必要的数量在必要的时间送到生产线，并且将所需要的零件，只以所需的数量，只在正好需要的时间送到生产线。这是为适应消费需要多样化、个性化而建立的生产体系及为此生产体系服务的物流体系。

(二)准时制生产的目标

JIT 的中心思想是彻底消除一切无效劳动和浪费。它的具体目的有以下几点：

(1)实现最大的节约。JIT 的思想认为，多余生产的物资或产品不但不是财富，反而是一种浪费，因为它要消耗材料和人工，还要花费装卸搬运和仓储等物流费用。在 JIT 中生产指令是由生产线终端开始，根据订单依次向前一工序出发的，因而在各个环节不会产生多余的库存。

(2)库存量最低(零库存)。传统的观点认为，在制品库存和产成品库存都是资产，代表系统中已积累的增值。JIT 思想认为，任何库存都是浪费，必须予以消除。库存是生产系统设计不合理、生产过程不协调、生产操作不良的证明。

(3)废品量最低(零废品)。传统的生产管理认为一定数量的不合格产品是不可避免的，允许可接受的质量水平。而 JIT 的目标是消除各种引起不合格品的因素，在加工过程中，每一道工序都力求达到最好水平，使每个需方都拒绝接受废品，让废品只能停留在供方，不让其继续流动而损害以下的工序。

(4)使生产提前期最短。JIT 是短的生产提前期与小批量结合的系统，应变能力强、柔性好。

(5)减少零件搬运，使搬运量降低。

(三)实施 JIT 的条件

JIT 的原理虽然简单，但由于对物流控制的要求很高，实施具有一定的难度。它要求：

1. 整个生产均衡化。即合理组织，使生产物流在各作业之间，生产线之间、供需之间、工厂之间均衡地流动。

2. 尽量按照产品专业化的要求，布置生产设置。以减少排队时间、运输时间和准备时间。

3. 实行全面质量管理。必须建立质量保证体系，消灭各环节的不合格品，消除可能引起不合格品的根源，从根本上保证产品质量。

4. 合理设计产品。使产品与市场需求相一致，并且易生产、易装配。如采用模块设计，设计的产品尽量使用通用件、标准件，设计时应考虑实现自动化。

5. 采用强制性方法解决生产中存在的不足。由于库存已降到最低状态，生产无法容易任何中断，所以整个生产过程必须精心组织安排，以避免任何可能出现的问题。

(四) JIT 的应用——看板系统简介

JIT 的实施方法多种多样，无论采用何种方法都要贯穿及时物流的思想，即在一个物流系统中，原材料准确（适量）无误（及时）地提供给加工单位（或加工线），零部件准确无误地提供给装配线，从 JIT 实施情况看，最著名案例是日本丰田汽车公司发明的看板方式。

1. 看板的概念：所谓看板方式就是一张卡片，用它来传递信息，协调生产过程以及生产过程的每个环节使生产过程同步。看板的样式和内容也有多种多样，但最基本的内容应当包括需求物资的品种规格、需求数量、需求时间和送达地点等。

2. 看板的种类主要有：

(1) 拿取看板。它用于向前一道工序取货，应标明拿取的产品的种类和数量。

(2) 生产订货看板。它是生产加工的指令，应标明前一道工序所生产的产品的种类和数量。

(3) 外协看板。它用于向供应商取货用的看板。

(4) 信号看板和其他特种看板。

3. 看板使用规则

(1) 下道工序必须准时到前道工序取适量的零件；

(2) 决不允许将废次品送给下道工序；

(3) 前道工序必须及时适量地生产后道工序所需的产品；

(4) 看板的数量必须减少并控制到最少；

(5) 看板应具有微调作用。

[案例 5-2]

丰田公司的看板管理是一种生产现场管理方法。它是利用卡片作为传递作业指示的控制工具，将生产过程中传统的养料制改为取料制，以看板作为“取货指令”、“运输指令”、“生产指令”进行现场生产控制。看板作为可见的工具，反映了系统的物流，使企业中生产各工序、车间之间按照卡片作业指示，协调一致地进行连续生产；同时，促使企业的产、供、销各部门密切配合，有效和合理地组织输入、输出物流，满足市场销售需要，实现整个生产过程的准时化、同步化和库存储备最小化，即所谓零库存，保证企业获得良好的经济效益。

实际上，看板管理是由代表客户需求的订单开始，根据订单按产品结构自上而下进行分解，得出完成订单所需零部件的数量。生产控制人员检查现有零部件库存，是否能满足订单的要求，如果不足，就由最后一道加工工序开始，反工艺顺序逐级拉动前面的工序。在此过程中，看板起到指令的作用，通过看板的传递或运动来控制物流。

看板的形式很多。有塑料夹内装着的卡片、存件箱上的标签、流水线上的小球或电视图像等。表 5-5 是最典型的生产看板和取货看板的实例。

表 5 – 5　　　　生产看板实例

生产看板	
工作号	A521
工件名	主轴
产品型号	BW – 2170
容器容量	30
所需物资	5#黑色漆
存放于	三车间 3 – 6 储藏室

表 5 – 6　　　　取货看板实例

取货看板	
工件号	C221
工件名	曲轴
产品型号	BW – 3568
容器容量	20
供应时间	9:00 – 10:30
存放于	6D – 11
前道工序	机加工
后道工序	喷漆

七、现代制造系统与生产物流（精益生产、敏捷制造）

(一)精益生产(Lean Production)

1. 概念

精益生产的要领是由美国麻省理工学院在研究丰田生产方式的基础上提出来的，它是准时制生产的进一步提高。精益生产是为力求以最小的投入获得最大的产值，以最快的速度进行设计和生产，无休止地降低成本，追求消灭残次品，追求零库存，实现全面、高效、灵活、优质的服务。

2. 精益生产的特点

消灭物流浪费是人类无限的追求。虽然在现实中几乎不可能达到这种理想的完美境界，但是不间断地追求而产生的效果是惊人的。

3. 精益生产的原则

(1)实行团队作业方式，强调集体协作精神。

(2)各部门、各生产环节之间必须有良好的交流。

(3)更有效地利用资源和更大程度地消除浪费。

(4)永不满足现状，不间断地对生产过程进行改进或改善。

(二)敏捷制造(Agile Manufacturing)

由于准时制生产在美国的实行并取得了明显的效益，美国制造业认为:仅在市场竞争中降低成本和提高产品质量是不够的，还要缩短产品开发周期、加快产品更新换代，从产品的质量、价格、服务和时间上取得竞争力。

1. 敏捷制造

就是指制造系统在满足低成本和高质量的同时，能够对多变的市场需求做出快速反应。这里所说的敏捷性，是指企业对市场变化、技术发展以及社会环境变化做出反应的速度与能力。

2. 企业敏捷能力的体现

(1)快速反应能力。能够随市场变化做出判断与预测，并能做出正确反应。

(2)竞争力。企业具有一定生产能力、工作效率以及有效参与竞争所需的技能。

(3)灵活性。以同样的人员与设备生产不同产品或实现不同目标的能力。

(4)快速性。以最短的时间执行任务的能力(最短的产品开发周期，最短生产周期，供货准时等)。

3. 敏捷制造企业的战略

(1)以顾客为中心，以用户为上帝。要让用户通过敏捷企业的产品与服务得到满意的答案。为了平衡产品批量和生产成本之间的制约关系，可以实行敏捷定价，同一产品对于不同顾客可实行不同定价。

(2)通过合作增强竞争能力。为了尽快向市场推出低成本和高质量的产品，敏捷企业必须充分利用现有资源在何处或属于谁。因此要加强国内外的合作，组织交叉功能的团队，重组商业过程，组织虚拟公司等。为了扩展可以充分利用资源的途径，和竞争对手也可以合作。

(3)具有灵活重组的能力。敏捷企业为了保证在多变的市场环境中发展，组织结构必须具有高度的灵活性，能够迅速地重组人力和物力。

(4)重视人才培养和信息交流。在敏捷企业中，管理人员必须培育一种企业家精神，由于用户需求极为复杂，市场处于不断变化之中，因此敏捷企业没有固定和现成的模式可循，关键在于要将敏捷性原则贯彻于企业的目标以及实施目标的具体步骤中去。

第四节　企业销售物流

企业销售物流是企业为保证本身的经营效益,不断伴随销售活动,将产品所有权转给用户的物流活动。企业销售物流是通过包装、送货、配送等一系列环节实现物质的销售。

一、销售物流概述

《中华人民共和国国家标准物流术语》(GB/T18354－2001)下的定义是:

销售物流(Distribution Logistics)是生产企业、流通企业出售商品时,物品从供方向需方的实体流动。

[案例5－3]

德国人喜欢一瓶一瓶买饮料,一家饮料制造商根据市场的这一特色设计了一种六瓶装的新包装,然后开始试销,消费者反应良好。这种携带方便的包装很受客户欢迎,零售商也表示赞赏。因为六瓶装的新包装在货架上十分方便,而且促使人们一次购买的瓶数增加。饮料制造商根据市场反应立即着手设计和生产将六瓶装的饮料送往商店的货箱和货盘,工厂的经营管理也因此重新加以调整,以适应新的六瓶包装的生产。这种新包装的饮料大量上市后,很快成了畅销品。

相反,曾经,伊拉克的一家酿酒厂生产出啤酒后,把装满啤酒的瓶子放入箱中,然后把箱子放到货车上,货车将啤酒从最后的生产线运送到公司周围的围墙顶上,消费者购买啤酒必须到工厂,取走啤酒后,举起箱子支付货币。这种情况下,产品销量屈指可数。

(一)销售系统的功能

1. 调查与需求预测。

2. 编制销售计划。

3. 组织管理订货合同。

4. 组织产品推销。

5. 组织售后服务。

(二)销售物流的构成

1. 产成品包装

包装是生产的终点,同时又是销售物流的起点。企业应结合生产后的物流系统情况来虑包装。

2. 产成产储存

储存是包含库存和储备在内的一种广泛的经济现象,是一切社会形态都存在的经济现象。现代物流管理要研究的是广义的储存概念,是以改变"物"的时间状态为目的的活动,从克服产需之间的时间差异获得效益。

3. 订单服务

订单服务指按客户的订单将货物装运发出直到送到客户手中服务过程。它是企业销售物流工作中最重要的内容之一。订单服务包括订单传递服务、订单处理服务、订单分拣和集合服务三部分内容。订单传递指从客户发出订单直到企业收到订单期间所进行的系列工作。订单处理指从接受订货到发运交货(包含受理客户收到货物后的反映意见)的处理单据的过程,包括确认交易、下达发运指令、备货整装、制单等工作。订单分拣与集合服务包括填制文件、组织货物分拣及装车发运等内容。上述三个部分紧密结合,形成了完整的订单服务过程。

4. 产成品的运送

根据产成品的批量、运送距离、地理条件、时间、费用、运输质量要求,以及运输工具情况制定运输、配送方案，组织产成品的发送。

二、销售物流的组织模式

销售物流有3种组织模式：

(一)生产者企业自己组织销售物流；

(二)委托第三方组织销售物流；

(三)由购买方上门取货。

三、销售物流的管理

(一) 物流信息系统的管理

1. 接受订货系统

办理接受订货手续是交易活动的始发点，为了迅速准确地将商品送到，必须准确迅速地办理接受订货的各种手续。

2. 订货系统订货系统是与接受订货系统、库存管理系统互动的，库存不仅应防止缺货、断货，还应在库存过多或库存不合理时，根据订货情况，适时适量地调 整订货的系统。

3. 收货系统

收货系统是根据预定信息，对收到的货物进行检验，与订货要求进行核对无误之后，计入库存，指定货位等的收货管理系统。

4. 库存管理系统

正确把握商品库存，对于制定恰当的采购计划、接受订货计划、收货计划和发货计划是必不可缺的，所以，库存管理系统是物流信息的中心。

5. 发货系统

通过迅速、准确的发货安排，将商品送到顾客手中。发货系统是一种与接受订货系统、库存管理系统互动，向保管场所发出拣选指令或根据不同的 配送方向进行分类的系统。

6. 配送系统

降低成本对高效配送计划是重要的，将商品按配送方向进行分类，制定车辆调配计划和配送路线计划的系统。企业销售渠道的组成情报系统应畅通，企业应建立起高效、快速的信息情报系统。

(二) 将物流服务行为作为竞争手段

物流服务水平是一种销售竞争手段，在物流企业中应建立物流服务评价体系，成立物流服务管理机构，对物流服务进行追踪调查，不断提高物流服 务的水平，提高物流服务的满意程度。

(三) 需求计划管理

1. 需求的概念

需求预测是一项十分复杂的工作，在需求趋势相当稳定或没有竞争时都要进行需求预测。在竞争条件比较稳定时预测需求是较易于操作的，但在市场环境不断变化条件下，需求预测也变得复杂起来，应根据市场需求的不断变化，做好需求趋势预测。市场需求是指一定的顾客在一定的地理区域、一定的时间、一定的市场 营销环境和一定的市场营销方案下购买商品的总量。随着市场变化,市场需求不是一个固定的数值,是一个变量。

2. 市场需求测量

(1)市场潜量是指在一定时间内，在一定水平的行业市场营销努力下，在一定的环境条件下，一个行业中所有企业可能达到的最大销售量，用公式计算：

$\Omega = hqp$

式中 Ω 为总市场潜量

h 为在给定条件下，特定的产品或市场中购买者的数量；

q 为单位产品价格；

p 为平均每个购买者购买的产品数量；

(2) 区域市场潜能

① 市场累加法。该法是先识别每个市场的所有潜在顾客，并估计每个潜在顾客的购买量，计算出每个市场的购买潜量，然后把每个市场的购买潜量加起来。

② 多因素指数分析法。描述区域需求的最重要的指数是购买力指数，是一个多因素指数。各个因素的重要性一般是不同的，必须给每个因素以一定的权数，从而使计算较为合理。

四、分销需求计划(DRP)

(一) 分销需求计划的概念

分销需求计划(Distribution Requirement Planning)是流通领域的一种物流技术，是物流技术在流通领域应用的直接结果，主要解决的问题是分销物资的供应计划和调度。该计划简称为 DRP。

(二) 分销需求计划的原理

1. 分销需求计划的基本特征

(1)以保证满足社会需求为目的。

(2)通过物流运作满足社会的需求。

(3)合理组织物流资源。

分销需求计划的原理示意图如图 5－3 所示。

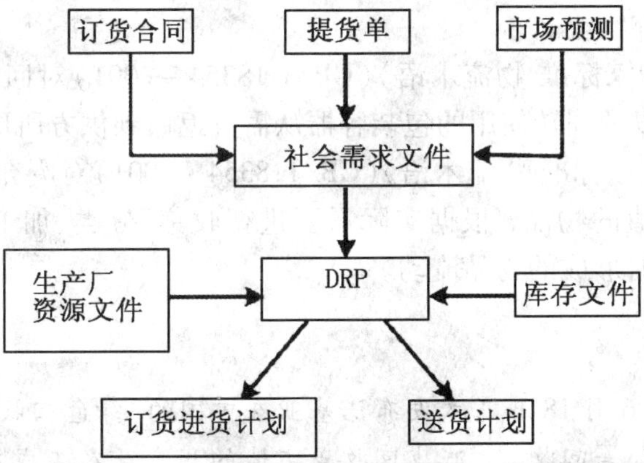

图 5－3　DRP 原理

2. 分销需求计划内容

分销需求计划内容包括：输入文件和输出文件。

(1) 输入文件

① 需求文件。所有用户的订货单、提货单和供货合同，包括子公司的订货单、企业的订货单，市场调查、预测的需求量构成社会需求文件。

② 库存文件。对自有库存物资进行统计汇总，从而根据需求情况确定进货量。

③ 资源文件。包括生产企业的地理位置、企业可供应的物资品种。

(2)输出文件

①订货进货。即从生产企业订货进货的计划。

②送货计划。送货计划是根据物资流动的作业时间、路。

③ 为用户送货的计划。

(三) 分销需求计划的发展

分销需求计划，仅仅是提出了需求计划而未考虑其执行计划的能力问题,分销需求计划增加物流能力计划后，形成一个集成，闭环的物资资源配置系统，使分销需求计划得到发展。分销需求计划发展后，是一个自我适应、自我发展的闭环系统，从而增加了车辆管理、仓储管理、物流能力计划、物流优化辅助决策、成本核算的系统，对物资进、销、存有更合理的配置，优化物流管理和决策。

第五节 企业回收物流与废弃物流

一、回收物流与废弃物流的概念

(一)回收物流与废弃物流概述

生产经过流通直到消费的过程中，在企业物流的主渠道中将分离出来一些废弃物资，它们都是生产或流通中产生的排泄物，这些物资一部分可以回收并再生利用，称为再生资源，形成回收物流。另一部分在循环利用过程中，基本或完全失去了使用价值，成为无法再利用的最终排放物，形成废弃物流。

《中华人民共和国国家标准 物流术语》(GB/T 18354 - 2001)对回收物流下的定义是:不合格物品的返修，退货以及周转使用的包装容器从需方返回到供方所形成的物品实体流动。

《中华人民共和国国家标准 物流术语》(GB/T18354 - 2001)对废弃物流的定义是:将经济活动中失去原有使用价值的物品，根据实际需要进行收集、分类、加工、包装、搬运、储存等，并分送到专门处理场所时形成的物品流动。

[**案例** 5 - 4]

诺基亚手机2002 年6 月18 日正式发布诺基亚在中国的“绿色回收大行动”。公司利用诺基亚授权维修中心网络部署回收箱，减少回收点占地的租金及人工成本，利用公司已有的运输途径和贮存条件收集废弃物，建立废弃手机及配件回收系统。到 2002 年底，诺基亚在我国

98 个城市中设置了 160 个回收箱，收集到半吨以上的废弃手机配件和电池。并且持续地开展“以旧换新”活动，支持环保。

我国南孚电池有限公司作为中国电池工业龙头企业，所生产的 R20、R14、R6、R03、6、R61 系列碱锰电池均为无汞、无铅绿色环保产品，比国家九部委下达的无汞化目标提早了 5 年。拥有 400 只/分、600 只/分无汞碱锰电池生产线 12 条，产量居“亚洲第三、世界第五”。

（二）回收物流与废弃物流的意义

1. 回收物流是社会物资大循环的组成部分。自然界的物资不是无限的，森林的采伐、矿山的开采都是有一定限度的，在资源已日渐枯竭的今天，人类社会越来越重视通过回收物流将可以利用的废弃收集、加工、重新补充到生产、消费的系统中去。例如废纸回收已成为造纸业原料供应不可缺少的一环。1987 年我国回收废纸达 160 万吨。据统计，钢铁产量有近 1/3 来自回收的废钢、橡胶和玻璃而回收利用。城市垃圾中的一些成分也可以加工成肥料或燃料，甚至有些废物、废材经过适当加工，可以直接成为商品进入消费领域。

2. 回收物流与废弃物流合理化的经济意义。废弃物资是一种资源，但和自然资源不同，它们曾有过若干加工过程，本身凝聚着能量和劳动力的价值，因而常称为载能资源。回收物资重新进入生产领域作为原材料会带来很高的经济效益。

北京、上海等城市产生的垃圾数量很多，必需有庞大的环卫队伍并耗费巨额资金进行收集、搬运和处理。据资料介绍，日本东京每天要产生 13000 吨垃圾，每年用于垃圾处理费用高过 1521.85 亿日元，其中收集费用为 69.82 亿日元，占 4.01%，车辆搬运费为 448.07 亿日元，占 29.4%，也就是物流费用占总费用的 69.5%。回收物流的合理组织对降低垃圾处理成本有显著效果。

3. 回收物流与废弃物流合理化的社会意义。由于废弃物的大量产生严重地影响人类赖以生存的环境，必须有效地组织回收物流与废弃物流，使废弃物得以重新进入生产、生活循环或得到妥善处理。

当前社会最关切的问题之一就是环境问题，而环境污染的根本问题是废弃物（含废水、废气）造成的。良好的垃圾处理系统是文明的标志之一，城市垃圾如果没有环卫系统进行的处理工作，数日之间将变得又脏又臭，良好的生活环境和工作环境将受到破坏。造纸厂和化工厂产废水任其流入自然界的水源中，将污染河流、海洋，不仅危害人类，水生动植物也将会受到致命打击。核废料的处理已成为国际公害，受到世界舆论的密切关注。因此，回收物流和废弃物流的管理不完全是从经济效益角角度考虑，也是为社会效益角度考虑。

二、回收物流与废弃物流技术

（一）回收物流与废弃物流技术的特点

1. 小型化、专用化的装运设备

使用各种机动车和非机动车，采用多阶段收集、逐步集中的方式将分布广泛的各类生产和生活废弃物回收处理。

2. 多样化的流通加工

对回收的废弃物根据其类别采用分拣、分解、分类、压块、捆扎、切断和破碎的加工处理方法。

3. 简易包装与储存

对于废弃物多数不需包装，只需露天堆放，但对一些特殊废弃物应讲求其包装，以防止对环境的污染。

(二)回收物流技术

1. 以废汽车为代表的拆解及破碎分选物流技术

废汽车是再生资源，在废汽车回收物流过程中，流通加工占着重要位置，所有的废旧汽车几乎都通过一定的流通加工，然后以各种新的资源进入到新一轮循环利用中。

2. 以废玻璃瓶为代表的回送复用技术

废玻璃瓶作为再生利用资源的回收物流过程中，有一个回送复用的运输系统，依靠这个运输系统，可将用过的玻璃瓶再回运给生产企业，成为再生资源。

3. 以废纸为代表的收集集货物流技术

回收废纸资源的物流过程中，有一个收集废纸的废纸收集物流系统，这种收集系统是集货系统的一种，废纸需要收集、集中，才能批量提供回收加工业。

4. 以粉煤灰为代表的联产供应物流技术

粉煤灰再生资源的回收物流过程中，采用管道这种物流手段，将电厂排放的粉煤灰，通过管道直接运送供应给生产企业，进行加工处理。

三、废弃物流技术

(一)垃圾掩埋、焚烧

在一定的规划区内，利用原来的废弃坑塘或用人工挖出深坑，将垃圾运来后倒入，到一定处理量之后，表面用土掩埋。在一定地区用高温焚烧垃圾以减少垃圾和防止污染及病菌、虫害滋生。

(二)垃圾堆放

在远离城市地区的沟、坑、塘、谷中，选择合适位置直接倒垃圾，也是一种物流技术。

(三)净化处理加工

对垃圾进行净化处理，以减少对环境危害的废弃物物流技术，尤其是废水的净化处理。

回收与废弃物流具有良好的社会效益，同时对资源的再利用起着较大的作用。

(四)垃圾发电

对垃圾进行技术处理，利用现代技术手段，对垃圾进行转化，通过燃烧和化学降解，使其转换成热能和电能。

*本章小结

本章介绍了企业物流对于企业的重要性;企业供应物流、生产物流、销售物流的主要特点、差异;在不同市场环境内，三种物流形式的优势和组织形式;典型的生产物流和回收及废弃物物流的情况及作用。

※ 复习思考题

一、名词解释

企业物流 生产物流 供应物流 销售物流 经济进货批量

二、思考题

1. 简述企业物流过程。

2. 怎样理解经济订购批量公式?

3. 采购原则是什么?

4. 什么是精益生产? 什么是敏捷制造?

5. 什么是销售物流?

6. 什么是 JIT,有什么特点?

三、填空题

1. 企业物流包括( )、( )、( )和( )。

2. 企业生产过程的物流大体为( )、( )、( )、( )等的物料流动。

3. 供应物流包括原材料等一切生产资料的( )、( )、( )、( )、( )、( )和( )。

4. 供应物流系统由( )、( )、( )和( )所构成。

5. 库存系统由( )、( )、( )和( )所组成。

6. 生产物流具有( )、( )和( )的特点。

7. 现代企业的快捷能力体现于( )、( )、( )和( )。

8. ( )和( )是企业生产物流的循环结束点。

9. 废弃物流技术包括( )、( )、( )、( )等。

四、选择题(单选或多选)

1. 企业敏捷能力的体现在快速反应能力,( )。

① 竞争力 ② 灵活性 ③ 快速性 ④ 经济性

2. 销售系统的功能是:调查与需求预测、( )。

① 编制销售计划 ② 组织管理订货合同 ③ 准时制 ④ 销售策略计划

3. MRP 表示( )。

① 物料需求计划 ② 生产需求计划 ③ 准时制 ④ 销售策略计划

4. 各个工序对所需要的物资都按精密的计划适时地足量地供应,一般不会产生超量库存,从而使在制品实现零库存,达到节约库存费用的效果,这反映了( )。

① 需求的相关性 ② 需求的确定性 ③ MRP 的优越性 ④ 计划的复杂性

五、课堂讨论题

TH 科技股份有限公司的物流管理

TH 科技股份有限公司是一家以智能建筑集成为主线展开产品系列的上市公司。公司产品线包括:各型发电机和发电机组、各型中央空调、高低压开关柜等。公司的生产呈现产量规模小、品种多,产品变化快,零配件以外购为主,实行装配生产的特点。

TH公司实行的是事业部制，有六个事业部，分别是：空调事业部、军工事业部、电机事业部、电力电气事业部、楼宇电气事业部、产品事业部、工程事业部。六个事业部都是产、供、销一条龙，采购管理、仓库管理独立操作。

近年来，随着生产的快速发展，企业进入高速成长期，年营业额超5亿元。同时，企业所面临的市场竞争也越来越激烈，既要争时间、抢进度，又要抢占市场、争取效益。如何整合资源，发挥规模优势，为事业部提供成本降低的机会和手段，使各事业部之间的资源得以共享，但又不能伤害到事业部老总的工作积极性，是公司必须解决的问题。

公司老总认识到物流管理在公司经营管理中处于重要地位，准备先从物流着手，整合事业部资源，降低物流成本。基于此，TH公司聘请了著名的咨询机构为企业作诊断。专家进入公司后，进行了深入的调研，发现问题如下。

1. 信息化程度低、各事业部信息资源不能共享

目前，每个事业部相互独立，物流管理也各自为政。各事业部采购计划的编制、库存管理、生产任务的安排、销售订单的处理过程等基本上停留在传统的手工操作水平，导致各事业部之间究竟存在哪些原材料的通用件，能在紧急情况时临时调用，谁都不清楚，更不用说供应商信息、价格信息、质量信息、运输信息等方面的信息资源的共享，有时可能会出现某事业部因为某种原材料没有按时供货，影响到准时交货，使企业信誉受损，而事实上这种原材料中另一事业部仓库就有货，却因无法知道其库存信息，而不能进行相互协调调用的现象；有时，不同的事业部的产品在同一时间运到同一地，却由于缺乏信息沟通而分别派出车辆或分别委派运输商运输，且运输量都很小，造成运输费用、人力费用的浪费。

2. 仓库管理数据不全

几乎没有一个事业部能够拿出有关现有库存原材料品种、数量情况以及在产品生产过程中所用到的原材料品种数、提前订购时间、平均到货时间等基本情况的相应统计数据。

3. 内部报表不统一、不规范

各事业部上报总部的报表存在格式、栏目、指标、计量单位等多方面的不统一，不规范的情况。

4. 原材料消耗定额不准确

相当一部分的采购清单的原材料数量是凭经验估计的，并在估计的基础加放一些余量，原材料消耗定额不准确。

5. 生产能力闲置

由于工时定额不准确等因素，各事业部的生产能力利用率普遍不高。据调查分析结果显示：各事业部的生产能力利用率都仅为50%左右，如电机事业部，机组生产能力最大为600台/年，而2001年年产量为288台，利用率为48%；军工事业部的利用率为50%，楼宇V型机生产能力利用率为62%。

6. 仓库、车间布局不合理

车间内堆放零乱，设备未按流程摆放，工具没有固定的地方，即使有也没有按时归位；闲置设备和其他无用资产、废弃物没有尽快清理，占用了生产车间的空间；车间内随意圈地作仓库，以至原材料库、生产车间成品库界限模糊，这样既易导致原材料和成品的丢失或重复计算，也不便于管理。

7. 缺货现象比较严重

质检部门、仓库不能及时收到采购员签订的采购合同，因此，往往出现采购的物资因采购员不在而均未无法及时检验入库，延误生产。或质检部因无采购合同而无法严格按要求检验入库，导致维修成本上升，影响企业声誉。

听着咨询公司专家列一大堆问题，公司老总锁紧了眉头，这么多问题有什么解决良方呢？

讨论：

1. 你认为TH公司物流的弊端在哪里？

2. 应从哪些方面来改善TH公司的物流现状？

第六章 国际物流 6

* 学习目标

通过本章的学习，熟练掌握国际物流、国际货代、报关的基本概念；了解国际物流的特点，国际物流各种运输方式及其特点，了解国际物流的发展过程，国际物流与国际贸易的关系、物流全球化发展趋势、国际物流网络的重要作用。

* 主要内容

国际物流概述

国际物流管理

国际物流的运输方式

国际货代

---

* **引导案例**

德国邮政:扩张战略网罗世界

德国邮政的胃口真的是很好，收购 DH，整合旗下所有物流业务并统一到 DH 品牌下刚刚两年多，几乎没做休整，就又发动了新的更大的收购。1995 年以前，德国邮政还是一家以臃肿不堪，效率低下“闻名于世”的官僚机构。10 年后，出资 55 亿欧元现金加股票收购英国物流集团 Exel，德国邮政不但成为营业收入 430 亿欧元的全球邮政行业的先行者和领头羊，而且成为世界上最大的物流集团。

德国邮政 CEO 崇文礼圈点了五个成功的因素。

①实现全球化

②技巧娴熟地整合

③不要为了规模去寻求并购

④要像盟友而不是敌人那样对待工会

⑤对监管的解除善加利用

看来的确如此，从净收入来看，德国邮政的四大业务邮政、快递、物流和金融分别占 49%、21%、18% 和 12%。特别是对于物流业务在地域上的分布来说，德国、法国、意大利和欧洲其他国家分别占 23%、17%、8% 和 23%，斯堪的纳维亚、美洲、远东澳洲分别占 12%、11% 和 6%，疯狂的并购扩张战略，同一品牌扩张战略，抢先进入了扩张战略，三大扩张战略加上技巧娴熟地整合，用了短短 10 年时间打造了今天世界最大的物流集团，真正实现了全球化。

第一节　国际物流概述

一、国际物流的含义

国际物流(International Logistics,IL)的狭义理解是:当生产和消费分别在两个或两个以上的国家(或地区)独立进行的情况下,为了克服生产和消费之间的空间隔离和时间距离而对物资(商品)所进行的物理性移动的一项国际商品贸易或交流活动,完成国际商品交易的最终目的,即实现卖方交付单证、货物和收取货款,而买方接受单证、支付货款和收取货物的贸易对流条件。在国际物流活动中,为实现物流合理化,必须按照国际商务交易活动的要求来开展国际物流活动。并且,不仅要求降低物流费用,而且要考虑提高顾客服务水平(Service Level,SL),提高销售竞争能力和扩大销售效益,即提高国际物流系统的整体效益,而不仅仅是提高局部效益。

中国国家标准(《物流术语》GB/T18354－2001)中,给国际物流所下的定义是:国际物流是不同国家(地区)之间的物流。

国际物流过程离不开贸易中间人,即由专门从事商品使用价值转移活动的业务机构或代理人来完成,如国际货物的运输是通过国际货物运输服务公司(代理货物的出口运输),另外如报关行、出口商贸易公司、出口打包公司和进口经纪人等,它们主要是接受企业的委托,代理与货物有关的各项业务。这些是由于在国际物流系统中,很少有企业单独依靠自身力量办理和完成这些复杂的进出口货物的各项业务工作。这正是国际物流与国内物流最重要的区别之一。

[案例6－1]

国际物流服务商

中国远洋运输(集团)总公司:该集团成立于1961年,后于1993年2月16日成立中国远洋运输集团。中远集团是以国际航运为主业,集船务代理、货运代理、空运代理、码头仓储、内陆集运、贸易、工业、金融、保险、房地产开发、旅游、劳务输出、院校教育等业务于一体的大型企业集团,是国家确定的56家大型试点企业集团之一。中远集团是以全球最大船运公司之一的中国远洋运输(集团)总公司为核心组建起来的,现有国内外成员企业500余家,其中包括中国最大的船务代理企业中国外轮代理总公司,中国最大的汽车运输总公司和中国专门从事海上燃料供应业务的企业中国船舶燃料供应总公司等一大批享誉海内外的大型企业。中远集团在全国各地都有自己的企业和网点,其中广州、上海、青岛、天津、大连等地的远洋运输企业已经成为具有相当实力的地区性公司。此外,中远集团在世界38个国家和地区设有自己的代理机构或公司,在全球150多个国家和地区的1100多个港口设有自己的代理,已经形成了一个以北京为中心,以中国香港、美国、德国、日本、澳大利亚和新加坡为地区分中心的跨国经营网络。

二、国际物流的特点

(一)物流环境存在差异

国际物流的一个非常重要的特点是,各国物流环境的差异,尤其是物流软环境的差异。不同国家的不同物流适用法律的不同,使国际物流的复杂性远高于一国的国内物流:不同国家不同经济和科技发展水平会造成国际物流处于不同科技条件的支撑下,甚至有些地区根本无法应用某些技术而迫使国际物流全系统水平下降;不同国家不同标准,也造成国际间物流"接轨"的困难,因而使国际物流系统难以建立;不同国家的风俗人文也使国际物流受到很大局限。由于物流环境的差异,迫使一个国际物流系统需要在多个不同法律、人文、习俗、语言、科技、设施的环境下运行,无疑会大大增加国际物流的难度和系统的复杂性。

(二)物流系统范围广

物流本身的功能要素、系统与外界的沟通已经很复杂,国际物流再在这复杂系统上增加不同国家的要素,这不仅是地域的广阔和空间的广阔,而且所涉及的内外因素更多,所需的时间更长,广阔范围带来的 直接后果是难度和复杂性增加,风险增大。正因为如此,国际物流一旦融入现代化系统技术,其效果会更显著。例如,开通某个"大陆桥"之后,国际物流速度会成倍提高,效益显著增加。

(三)国际物流必须有国际化信息系统的支持

国际化信息系统是国际物流非常重要的支持手段。国际信息系统建立的难度,一是管理困难,二是投资巨大,再由于世界上有些地区物流信息水平较高,有些地区较低,所以会出现信息水平不均衡因而信息系统的建立更为困难。

(四)国际物流的标准化要求较高

要使国际间物流畅通起来,统一标准是非常重要的。如果没有统一的标准,国际物流水平将难以提高。目前,美国、欧洲基本实现了物流工具、设施的统一标准,如托盘采用 1000mm × 1200mm,集装箱的几种统一规格及条码技术等,这大大降低了物流费用,降低了转运的难度,而不向这一标准靠拢的国家,必然在转运、换车等许多方面要多耗费时间和费用,从而降低其国际竞争能力。

三、国际物流的发展概况

国际物流发展到今天这样的规模经历了一个漫长的历史发展。第二次世界大战之前,国际间虽然已有了不少经济交往,但无论是从数量还是从质量上都没有形成规模,与各国的国内物流相比处于次要地位,远不能和现今的规模相比。

第二次世界大战结束后,西方各主要发达国家都经历了一个经济起飞的过程,伴随着这一过程的延伸,各国间的经济交往、贸易活动越来越频繁,越来越活跃。到了 20 世纪 60 年代,国际间大流量物流开始形成,由于物流技术的需要,大型物流工具开始进入国际物流领域,如:续航能力很强的大吨位油船和矿石散装船等。

进入上世纪 70 年代,由于国际上大企业跨国公司规模越来越大,对国际物流业务的要求也变得更高,因而迫使国际物流服务商不断提高其物流服务水平,这一时期超大型油船(60

万 t）、货船（30 万 t）开始出现，国际间集装箱定期班轮投入运营，航空物流量大幅度增加，同时还 出现了更高水平的国际联运，国际物流由此进入一个新的发展时期。

20 世纪 80 年代以后，国际物流业界在大运量物流持续发展的前提下，逐渐将重点转向了提高国际物流服务水平，提高物流的机械化、自动化、信息化水平的方向，并在国际物流界引进了许多新技术、新方法、新理念。人们也把国际物流的侧重点转向了“全方位、小批量、高频率、多品种”的所谓“精细物流”，并且出现了一批如 UPS（美国联合包裹运输公司）、DHL（敦豪国际快运公司）、TNT（天地国际快运公司）、Fedex（联邦快递公司）等著名的跨国物流企业。

20 世纪 90 年代以来，随着信息产业和技术的突飞猛进，因特网技术、条形码术以及全球卫星定位系统、电子报关系统等在国际物流领域被广泛应用，这极大地提高了物流信息化水平和服务水平。高科技手段的运用也为国际物流地位的提升和发展以及国际物流供应链的构建提供了条件，使得国际物流迎来了一个新的发展时期。

四、国际贸易与物流的关系

国际物流是随着国际贸易的发展而产生和发展起来的，并已成为影响和制约国际贸易进一步发展的重要因素。国际贸易与国际物流之间存在着非常紧密的关系。

（一）国际物流是国际贸易的必要条件

世界范围社会化大生产必然会引起不同的国际分工，任何国家都不能够包揽一切，因而需要国际间的合作。国际间的商品和劳务流动是由商流和物流组成的，前者由国际交易机构按照国际惯例进行，后者由物流企业按各个国家的生产和市场结构完成。为了克服他们之间的矛盾，就要求开展与国际贸易相适应的国际物流。只有物流工作做好了，才能将国外客户需要的商品适时、按质、按量、低成本地送到，从而提高本国商品在国际市场上的竞争能力，扩大对外贸易。

（二）国际贸易促进物流国际化

第二次世界大战以后，出于恢复重建工作的需要，各国积极研究和应用新技术、新方法，促进生产力迅速发展，世界经济呈现繁荣兴旺的景象，国际贸易得以迅速发展。同时由于一些国家和地区资本积累达到了一定程度，本国或本地的市场已不能满足其进一步发展的经济需要，加之交通运输、信息处理及经营管理水平的提高，出现了为数众多的跨国公司。跨国经营与国际的贸易的发展，促进了商品和信息在世界范围内的大量流动和广泛交换，物流国际化成为国际贸易和世界经济发展的必然趋势。

（三）国际贸易对物流提出新的要求

随着世界经济的飞速发展和政治格局的风云变幻，国际贸易表现出一些新的趋势和特点，从而对物流提出了更新、更高的要求。

1. 质量要求。国际贸易的结构正在发生着巨大变化，传统的初级产品、原料等贸易品种逐步让位于高附加值、精密加工的产品。由于高附加值、高精密度商品流量的增加，对物流工作质量提出了更高的要求。同时由于国际贸易需求的多样化，造成物流多品种、小批量化，要求国际物流向优质服务和多样化发展。

2. 效率要求。国际贸易活动的集中表现就是合约的订立和履行。而国际贸易合约的履行是由国际物流活动来完成的，因而要求和物流高效率地履行合约。从输入方面的国际物流看，提高物流效率最重要的是如何高效率地组织所需商品的进口、储备和供应。也就是说，从订货、交货、直至运入国内保管、组织供应的整个过程，都应加强物流管理。根据国际贸易商品的不同，采用与之相适应的巨型专用货船、专用泊位以及大型机械等专业运输等，这对提高物流效率起着主导作用。

3. 安全要求。由于国际分工和社会生产专业化的发展，大多数商品有世界范围内分配和生产。例如，美国福特公司某一牌号的汽车要同 20 个国家中 30 多个不同厂家联合生产，产品销往 100 个不同国家或地区。国际物流所涉及的国家多，地域辽阔，在途时间长，受气候条件、地理条件等自然因素和政局、罢工、战争等社会政治、经济因素的影响。因此，在组织国际物流时，选择运输方式和运输路径，要密切注意所经地域的气候条件、地理条件，还应注意沿途所经国家和地区的政治局势、经济状况等，以防止这些人为因素和不可抗拒的自然力造成货物灭失。

4. 经济要求。国际贸易的特点决定了国际物流的环节多，备运期长。在国际物流领域，控制物流费用，降低成本有很大潜力。对于国际物流企业来说，选择最佳物流方案，提高物流经济性，降低物流成本，保证服务水平，是提高竞争力的有效途径。

第二节　国际物流管理

一、国际物流合理化概述

（一）国际物流网络的概念

国际贸易和经营的竞争要求国际物流系统的物流费用要低，顾客服务水平要高。这实现这一目标，建立完善的国际物流系统网络十分重要。

国际物流系统网络是指由多个收发货的“节点”和它们之间的“连线”所构成的物流抽象网络，以及与之相伴随的信息流动网络的集合。

所谓收发货节点是进、出口过程所涉及的国内外的各层级的仓库或储存所，如制造商仓库、中间商仓库、货运代理人仓库、口岸仓库、国内外中转站仓库以及流通加工配送中心和保税区仓库。

国际贸易商品和物资交流，就是通过这些仓库的收进和发出，并在中间存放保管，实现国际物流系统的时间效益，克服生产时间和消费时间上的分离，促进国际贸易的顺利进行。节点内商品听收与发是依靠运输连线和物流信息的沟通、输送来完成的。

（二）国际物流系统的组成

国际物流系统是由商品的包装、储存、装卸、运输、检验、报关、流通加工和其前后的整理再包装以及国际配送等子系统组成。其中运输、储存和通关等子系统是国际物流的核心系统。

1. 包装子系统国际市场和消费者是通过商品来认识企业的，而商品的商标和包装就是企业的面孔，它反映了一个国家的综合科技文化水平。商标关系着一个企业乃至一个国家的信誉和命运。国际 进出口商品商标的设计要求有标识能力；要求表现一个企业或一个国家的特色产品的优点，简洁明晰并易看、易念、易听、易写、易记；要求有持久性和不违背目标国际市场和当地的风俗习惯，出口商标翻译要求传神生动，商标不得和国旗、国徽、军旗、红十字会会章相同，不得与宗 教标记或政府机关的标记相同或相近。在考虑出口商品包装设计和具体作业过程时，应把包 装、储存、装卸和运输有机联系起来统筹考虑，全面规划实现现代国际物流所要求的包、储、运一体化。即从开始包装商品时，就考虑储存的方便、运输的快速，以加速物流，减少物流费用，符合现代物流系统设计的各种要求。

2. 运输子系统

国际货物运输是国际物流系统的核心子系统。国际货物运输具有路线长、环节多、涉及面广、手续繁琐、风险性大、时间性强、多次变更运输工具等特点。特别是国际货运具有两段性运输的特性，即国内段货运（包括出口国、进口国两方面）和国际段货运，它们都具有各自不同的 运输要求。

3. 储存子系统

外贸商品流通是一个由分散到集中,再由集中到分散的源源不断的流通过程。在这个过程中,商品必然会有或长或短的相对停滞状态,因此需要储存。货物储存是国际物流系统的另一核心子系统。其功能之一是通过对货物的储存实现时间价值的转换,创造时间效益;功能的另一方面表现在它是集货和配货过程中的必要步骤。例如,外贸商品从生产厂或供应部门被集中运送到装运出口港(站、机场)以备出口,有时须临时存放一段时间,再从装运港装运出口,这是一个集和散的过程。有时为了转运或中转,为了再加工或再包装，以及为了到货后的批量、批次的配送等,都会有货物储存的要求,这就需要储存子系统发挥自身的优势和作用,来完成系统目标。

4. 检验子系统

国际物流中的物品是国际贸易交易的货物或跨国经营的商品,具有投资大、风险高、周期长等特点。通过检验,可以促进销售、维护产品质量和提高国际物流效率,这就使商品检验成为国际物流系统中的一个重要子系统。通过商品检验,可以确定交货品质、数量和包装等条件是否符合合同规定,如发现问题可分清责任。在国际货物买卖合同中,一般都订有商品检验条款，主要包括检验时间与地点、检验机构与检验证明、检验标准与检验方法等内容。

5. 通关子系统

国际物流的一个重要特点就是货物要跨越国境。由于各国海关的规定并不完全相同,所以对于国际货物的流通而言,各国的海关可能会成为国际物流中的“瓶颈”。要消除这一瓶颈，就要求物流经营人熟知有关各国的通关制度,在适应各国的通关制度的前提下,建立安全有效 的快速通关系统,保证货畅其流。我国的海关和检验检疫等口岸机构为进出境的货物制定了有关的监管规定和程序,以促进我国对外贸易的发展,并为办理有关手续提供方便。

6. 装卸子系统

国际物流运输、储存等作业离不开装卸搬运，因此，国际物流系统中的又一个重要子系统是装卸搬运子系统。它是短距离的物品搬移,是储存和运输作业的纽带和桥梁。装卸搬运是保证商品运输和保管连续的一种物流活动。搞好商品的装船、卸船、商品进库、出库以及在库内的搬运、清点、查库、转运、转装等，对提高国际物流系统的运转速度十分重要，而且节省装卸搬运费用也是物流成本降低的重要环节。有效地搞好装卸搬运作业可以减少运输和保管之间的摩擦,充分发挥商品的储运效率。

7. 流通加工子系统

流通加工是国际物流中具有特殊意义的物流子系统。流通加工所包括的内容很广,譬如:商品的挑选、检验、包装、数量核准、定量小包装(直接上超市货架)贴标签以及工业产品的整理、检测、分装、组装以及服装类商品的检验、费率等。这种出口加工型的流通加工,不仅能提升物流服务水平,最大限度地满足客户的多元化需求,而且还是创造物流利润的一个重要途径。

8. 信息子系统

国际物流信息子系统的主要功能是采集、处理和传递国际物流的信息情报。在现代物流的背景环境下,如果没有功能完善的信息系统,国际贸易和跨国经营将会寸步难行。国际物流信息的主要内容包括进出口单证的作业过程、支付方式信息、客户资料信息、市场行情信息、供求信息以及物品在国际物流环节中的位置和状况信息等。国际物流信息系统的特点是信息量大、交换频繁;传递量大、时间性强;环节多、点多、线长,所以应该建立技术先进的国际物流信息系统。国际贸易中 EDI 的发展是一个重要趋势,因特网的发展也为国际物流信息系统的完善提供了条件。

(三)建立与完善国际物流网络应注意的问题

1. 在规划网络内建库数目、地点及规模时,都要紧密围绕着商品交易计划,乃至一个国家宏观国际贸易总体规划。

2. 明确各级仓库的供应范围、分层关系及供应或收购数量,注意各层仓库间的有机衔接。诸如:生产厂家仓库与各中间商仓库、港(站、机场)区仓库以及出口装运能力的配合和协调,以保证国内外物流畅通,少出现或不出现在某一层仓库储存过多、过长的不均衡状态。

3. 国际物流网点规划要考虑现代物流技术的发展,留有余地,以备将来的扩建。为发展外向型经济,扩大国际贸易,增强商品在国际市场上的竞争力,建立健全高效、通畅的国际物流体系,实现国际物流合理化和国际贸易扩大化。

二、国际物流合理化的措施

(一)合理规划与布局国内、外物流网点,扩大国际贸易的范围、规模,以达到费用省、服务好、信誉高、创汇好的物流总体目标。

(二)采用先进的运输方式、运输工具和运输设施,加速进出口货物的流转。充分利用海运、多式联运方式,不断扩大集装箱运输和大陆桥运输的规模,增加物流量,扩大进出口贸易量和贸易额。

(三)缩短进出口商品的在途积压,包括进货在途(如进货、到货的待验和待进等)、销售在途(发销售待运、进出口口岸待运)、结算在途(如托收承付中的拖延等),以节省时间,加速商品和资金的周转。

(四)改进运输路线,减少相向、迂回运输。

(五)改进包装,增大技术装载量,多装载货物,减少损耗。

(六)改进港口装卸作业,创造条件扩建港口设施,合理利用泊位与船舶的停靠时间,尽力减少港口杂费,吸引更多的买卖双方入港。

（七）改进海运配载，避免空舱或船货不相适应的状况。

（八）综合考虑国内物流运输。在出口时，有条件要尽量采用就地就近收购、就地加工、就地包装、就地检验、直接出口，即"四就一直"的物流策略。

三、国际物流中心

国际物流中心是指国际物流活动中商品、物资等集散的场所，就大范围国际物流而言，某些小国家或地区可能成为物流中心，如香港、新加坡等就具有国际物流中心的地位。其次自由交易区、保税区等具有一般意义上的物流中心的功能。就小范围而言，港口码头、保税仓库、外贸仓库或者超级市场等都可以成为国际物流中心。当前人们所说的国际物流中心多指由政府部门和物流服务企业共同筹建的具有现代化仓库、先进的分拨管理系统和计算机信息处理系统的外向型物流集散地。

（一）外贸仓库

外贸仓库是进出口商品的集散、储存场所。不仅要完成进出口商品保管储存的任务，还要负担商品加工、挑选、整理、包装、刷唛、备货、组装和发运等一系列的任务。仓库是对外贸易运输的基地，我们要发挥各种运输手段和仓库各自优势，把仓储和运输紧密地结合起来，力争外贸商品早出口、多出口、早结汇、多收汇。仓库还要根据库存商品货件变化和库存时间的长短、周转的快慢等资料，及时向有关单位提供信息,以充分发挥仓库工作的能运输能动作用。

在流通过程的不同环节，不同类型的仓库具有不同的特征，承担着不同的任务。外贸仓库包括：

1. 按照仓库在商品流通中的主要职能分类

（1）口岸仓库。口岸仓库大都设在商品发运出口的沿海港口城市，主要职能是售出口岸和内地对外贸易业务部门收购的代运出口商品和进口等分拨的商品。因此，又叫周转仓库。

（2）中转仓库。中转仓库大都设在商品生产集中的地区和出运港口之间，主要职能是按照商品的合理流向，收储、转运本省和外地经过口岸出口的商品。

（3）加工仓库。其特点是将出口商品储存与加工业务结合在一起，它的主要职能是对某些出口商品进行必要的挑选、整理、分装、改装和适应流通需要的加，以方便储存和适应国际市场需要。如农产品、畜产品、茶叶、中药材及分干鲜果品等加工仓库（工厂）。

（4）储存仓库。其特点是商品储存期较长，其主要职能用于储存待销的出口商品、援外的储备物资、进口待分拨和出口业务需要储备的物资等。

2. 按照储存商品的性能及技术设备分类

（1）通用仓库。通用仓库是用以储存没有特殊要求商品的仓库，其设施、技术相对较简单，适用范围较广。

（2）专用仓库。专用仓库是专门储存易受外界环境或其它商品影响而发生质量变化的商品仓库。相对普通仓库而言，其主要特点在于为专门存放某类或某几类商品而采用相对专业化的设备或专门技术，体现了专用性。

（3）特种仓库。特种仓库是用以储存具有特殊性能、要求使用特别保管设备和保管技术的商品，如危险品、易腐蚀品、石油、部分药品等。这类仓库必须配备专门设备，如制冷、保温、防燥、防燃烧等设施，以满足商品储存的特殊要求。

3. 按照仓库管理体制分类

(1)自用仓库。这类仓库属于各进出口专业公司经营管理。

(2)公用仓库。这类仓库由外贸运输公司经营管理，为各进出口专业公司的商品流通服务。

(3)保税仓库。它是根据有关法律和进出口贸易的规定，专门保管国外进口而暂未纳进口税的商品的仓库，由海关统一进行监督和管理。

(二)保税仓库与保税区

1. 保税仓库

指由海关监管的专门用于存放保税货物的仓库。保税货物是指经海关批准进境后缓办纳税手续，在国内储存，待加工、装配后复出境货物。这类货物规定的期限内复运出境，经海关批准核销。如果转内销，进入国内市场，则必须事先提供进口许可证和有关证件，正式向海关办理进口手续并缴纳关税，货物才能出库。

保税仓库的类型包括：

(1)专业性保税仓库。是由有外贸经营权的企业，经海关批准建立的综合性保税仓库。这类保税仓库一般不经营进出口商品，只为国内外保税货物持有者服务。

(2)公共保税仓库。是具有法人资格的经济实体，经海关批准建立的综合性保税仓库。一般不经营进出口商品，只为国内外保税货物持有者服务。

(3)保税工厂。是整个工厂或专用车间在海关监督管理下，专门生产进料加工、进件装配复出口产品的工厂。

(4)海关监管仓库。主要存放已进境所有人未来提取的货物或行李物品，或者无证到货、单证不齐、手续不完备以及违反海关规程，海关不予放行，需要暂存海关监管仓库等候海关处理的货物。海关监管仓库的另一种类型是出口监管仓库，专门存储已对外成交，并已结汇，但海关批准暂不出境的货物。

2. 保税区

保税区是指一个国家在其境内划出一个专门区域由海关实行特殊方式的监管。海关对进出保税区内的商品免征关税，在区域内外国商品可以长期储存，存放期各国不同，逾期未复出口的或者加收费用或者由海关进行拍卖，所得款项在扣除关税、仓储、运输费用及其他杂费后，余款由货主提出申请予以发还。在保税区内还可以对商品进行改装、分类、混合、展览、加工和制造等活动，商品若从保税区内进入所在国国内，则在离开保税区时要向海关办理报关手续并缴纳进口关税。

保税区一般设立在国际贸易比较发达和技术基础设施较完善的港口地区，一国设立保税区的目的主要是通过对特殊地区实行优惠的政策以吸引外资，大力发展国际贸易和加工工业，从而带动整个国家的经济发展。保税区在经济功能上与“自由港”，“自由贸易区”相类似，也具有“自由进出”和“关税豁免”的特点，只是其地理范围一般较小。自 1990 年，经国务院批准设立我国第一个保税区—上海外高桥保税区以来，又先后在深圳、烟台、青岛、天津、大连、张家港、宁波、厦门、福州，广州和海口等重要港口城市设立了保税区。设立保税区的目的是为了改善投资环境和吸引外资。保税区是我国目前开放度最大的地区，是对我国“经济特区”、“经济技术开发区”的重要补充和发展。保税区在招商引资，出口加工、国际贸易、转口贸易和仓储等方面，对带动区域经济发展起着积极的作用。

(三)自由经济区

1. 自由经济区的概念

自由经济区是指一国设置在口岸或国际机场附近的特定区域，进入该区域的外国商品不办理任何海关手续。

国际上一些著名经济机构从立法的角度对自由经济区进行了定义。如1973年5月18日，海关合作理事会在日本京都通过了《关于简化和协调海关业务制度》的国际公约，其中关于自由经济区的定义是“一国的部分领土内运入的任何货物，就进口税及其他各种税而言，被认为在关境之外，并且可以免于实施惯常的海关监管制度”。1975年，联合国贸发大会将自由经济区定义为“本国海关关境中，一般设在口岸或国际机场附近的一片地域，进入该地域的外国生产资料、原材料可以不办理任何海关手续，进口产品可以在该地区内进行加工后复出口，海关对此不加以任何干预。”

2. 自由经济区的分类

(1)按地理位置分类

①港口型自由贸易区。在港口内划出一个封闭式的隔离辟为自由经济区。它或直接与专用码头联为一体，或通过专用通道与码头相连。

②机场型自由经济区。国际有些自由经济区是以邻近的国际机场为依托的自由经济区，属于这种类型较著名的有爱尔兰香农自由贸易区、美国肯尼迪国际机场对外贸易区等。

③内陆边缘口岸型自由贸易区。这类自由经济区利用其地处两国(或多国)边境的特殊地理位置发展边境贸易、转口贸易和出口加工。例如墨西哥在美墨边境上的加利福尼亚、金塔纳罗尔自由边境区就是典型的例子。

(2)按功能分类

①自由港。是指划在本国边境以外的，不属于任何一国海关管辖的港口或海港地区。在这里外国商品可以免税进口，可以在此装卸、储存、加工、包装、再出口，也能供自由港内的居民消费。这是世界上最早出现的自由经济区。以开放地区的范围，自由港可分为两类：一是将港口及其所在城市完全划为自由港；二是限定在港口或毗邻港口的一小块区域。以海关监管范围和贸易管制程度来看，又有完全自由港和有限自由港之分。完全自由港不属于海关管制范围，一切外国商品可免税进出口，在自由港内进行储存、整理、加工、分级、包装或其他作业不受海关监管，外国商品只在从自由港进入所在国海关管制区时才要纳税。现在世界上的完全自由港很少。有限自由港只对少数指定进出口商品征收关税或实施不同程度的贸易管制，其他商品则可享受免税待遇，如香港、新加坡、马来西亚的槟榔屿等，均属于有限自由港。自由港设区的目的是发挥国际商品集散地和转运中心的作用，达到促进本国和本地区的经济发展。

②自由贸易区。又称为免税贸易区、自由关税区、保税区。它以国际贸易为主要职能，外国商品可以免税进入，在该区内自由储存、分类、包装和简单再加工，然后免税出口。自由贸易区的设区目的同自由港一样，也是为了发展贸易和转口贸易，以便通过发展贸易、增加商业收入来繁荣地区经济。

③出口加工区。又称为工业型自由贸易区。它是指一个国家或地区划出某一区域，准许外国厂商在区内办企业，享受关税优惠待遇。它以开拓远洋市场为目标，利用外资和外国高技术进行产品加工出口，以促进本国（或地区）工业和经济发展。出口加工区实际上是一种自由贸易区与工业区的结合体，同时也是世界自由经济区升级换代的新形式。

④科技工业区。它是指在科研机构和名牌科技大学比较集中、居住环境和教育环境比较优越的大城市近郊辟出一块地方，提供比出口加工区更大的税收优惠，吸引外国资金和高技术人才，研究和开发尖端技术产品，促进科技和经济发展，是智力、资金高度积聚的特定区域，是从事高科技研究，并对其成果进行测试、生产的新型开发区。世界上较著名的科学工业园区有美国的“硅谷”、日本的“筑波科学城”及我国台湾的“新竹科学工业园区”等。科技工业园区是通过优惠措施吸引外资、高技术和专门人才，进行高技术产品的研究、开发和生产。它是自由经济区的一种特殊形式。

四、国际物流中的通关

通关又称为报关，是指出口商或进口商向海关申报出口或进口，接受海关的监督与检查，履行海关规定的手续。办完通关手续，经海关同意，货物方可通关放行。

（一）报关单证

1. 进出口货物报关单

进出口货物报关单（一式两份），是海关验货、征税和结关放行的法定单据，也是海关对进出口货物汇总统计的原始资料。为了及时提取货物和加速货物的运送，报关单位应按海关规定的要求准确填写，并需加盖经海关备案的报关单位的“报关专用章”和报关员的印章签字。

2. 进出口货物许可证的货物，报关时都必须交验外贸管理部门签发的进出口货物许可证。凡根据国家有关规定需要有关主管部门批准文件的还应交验有关的批准文件。

3. 提货单、装货单、运单

这是海关加盖放行章后发还报关人凭以提取或发运货物的凭证。

4. 发票

它是海关审定完税价格的重要依据，报关时应递交载明货物真实价格、运费、保险费和其他费用的发票。

5. 装箱单

单一品种且包装一致的件装货物和散装货物可以免交。

6. 减免税或免验证明

7. 商品检验证明

8. 海关认为必要时应交验的贸易合同及其他有关单证

如根据海关的特殊规定，提交原产地证明书、进口许可证或进口配额证明、品质证书和卫生检验证书等。

（二）报关期限

我国《海关法》规定，出口货物的发货人或其代理人应当在装货的24小时前向海关申报。

进口货物的收货人或其代理人应当自运输工具申报进境之日起14天内向海关申报。逾期罚款，征收滞报金。如自运输工具申报进境之日起超过三个月未向海关申报，其货物可由海关提取变卖。如确因特殊情况未能按期报关，收货人或其代理人应向海关提供有关证明，海关可视情况酌情处理。

(三)出口货物报关程序

《海关法》规定，进出口货物必须经设有海关的地点进境或者出境，进口货物的收货人、出口货物的发货人或其代理人应向海关如实申报、接受海关监管。

对一般进出口货物，海关的监管程序是:接受申报、查验货物、征收税费、结关放行。而相对应的收货人、发货人或其代理人的报关程序是:申请报关、交验货物、缴纳税费、凭单取货。

海关在规定时间内接受报关单位的申报后，审核单证是否齐全、填写是否正确，报关单内容与所附各项单证的内容是否相符，然后查验进出口货物与单证的内容是否一致，必要时海关将开箱检验或者提取样品。货物经查验通过后，如属应纳税货物，由海关计算税费，填发税款缴纳证，待报关单位交清税款或担保付税后，海关在报关单、提单、装货单或运单上加盖放行章后结关放行。

进出口货物的收、发货人或其代理人，在报关前应备妥交审的单证，正确填写报关单，在规定的报关期限内向海关申请报关，协助海关查验货物，负责搬移货物，开拆和重封货物的包装，并负责缴纳须缴纳的税费，然后凭海关盖有放行章的报关单、提单、装货单或运单提取货物。

(四)商检

商品检验是进出口商品检验机构为了鉴定商品的品质、数量和包装是否符合合同规定的要求，以检查卖方是否按合同履行了交货义务，并在发现卖方所交货物与合同不符时，买方有权拒绝接受货物或提出索赔。

1. 商品检验的范围

我国进出口商品检验的范围主要包括以下几个方面:

(1)现行的《商检机构实施检验的进出口商品种类表》所规定的商品。该表是由国家商品检验局根据对外经济贸易发展的需要和进出口商品的实际情况制定的，并不定期地加以调整和公布。

(2)《中华人民共和国食品卫生法(试行)》和《进出境动植物检疫法》所规定的商品。

(3)船舶和集装箱。

(4)海运出口的危险品的包装。

(5)对外贸易合同规定的由商检局实施商品检验的进出口商品。

我国进出口商品实施检验的范围除以上所列之外，根据《商检法》规定，还包括其他法律、行政法规规定需经商检机构或其他检验机构实施检验的进口商品或检验项目。

2. 商品检验的时间和地点

在对外贸易合同中，关于商品检验的时间和地点有三种不同的规定:

第一,以离岸品质和重量为准。即出口国装运港的商品检验机构在货物装运前对货物的品质、数量及包装进行检验，出具检验合格证书为交货的最后的依据。也就是说，货物到达目的港后，买方无权复验，也无权向卖方提出异议。此规定显然对买方单方面有利。

第二，以到岸品质和重量为准。即货物的品质、数量及包装由到达目的港的商品检验机构检验，并出具检验合格证书为货物的交接依据。此规定对买方十分有利。

第三，两次检验、两个证明、两份依据。即以装运港的检验证书作为交付货款的依据；在货物到达目的港之后，允许买方公证结构对货物进行复验并出具检验证书流作为货物交接的最后的依据。这种做法兼顾了买卖双方的利益，并国际上采用较多。

3. 商品检验机构

国际贸易中的商品检验工作，一般是由专业的商品检验部门或检验企业来办理的，他们或称谓"公正鉴定人"（authentic surveyor），或称谓"宣誓衡量人"（sworn measurer）或实验室等，统称为商检机构或公证行。

从事商品检验的机构主要有：

（1）官方机构，这是国家设立的检验机构。

（2）非官方机构，这是由私人和同业公会、协会等开设的检验机构。

（3）工厂企业、用货单位设立的化验室、商品检验室。

在我国，从事进出口商品检验的机构，根据《商检法》的规定，是国家设立的商检部门和设在全国各地的商检局。中国进出口商品检验总公司及其设在各地的分公司根据商检局的指定，以第三者的地位办理进出口商品听检验和鉴定工作。

第三节　国际物流的运输方式

一、国际货物的运输的概念和特点

（一）国际货物运输的概念

国际货物运输指国与国（或地区）之间的跨国货物运输。它可分为国际间贸易货物运输和非贸易货物（如展览品、文件、产品样品、个人物品、礼品等）运输。

（二）国际货物运输的特点

1. 国际货运是国际物流中的最重要环节，也是国际物流系统中最大的子系统。

2. 国际货运是国际贸易、国际交往的一部分，具有涉外性质，受法律、法规及各项因素的制约。

3. 运输路线长、环节多、涉及面广，情况复杂多变。

4. 国际货运对时效性和运输质量要求很高。

5. 风险大，运输保险业参与程度高。

6. 国际货运一般不能由单一运输方式来完成，而由两种或两种以上的运输方式来共同完成。

二、国际货物运输方式

国际货物运输有海洋运输、公路运输、航空运输、管道运输和邮政运输等 5 种运输方式。

见图6-1。

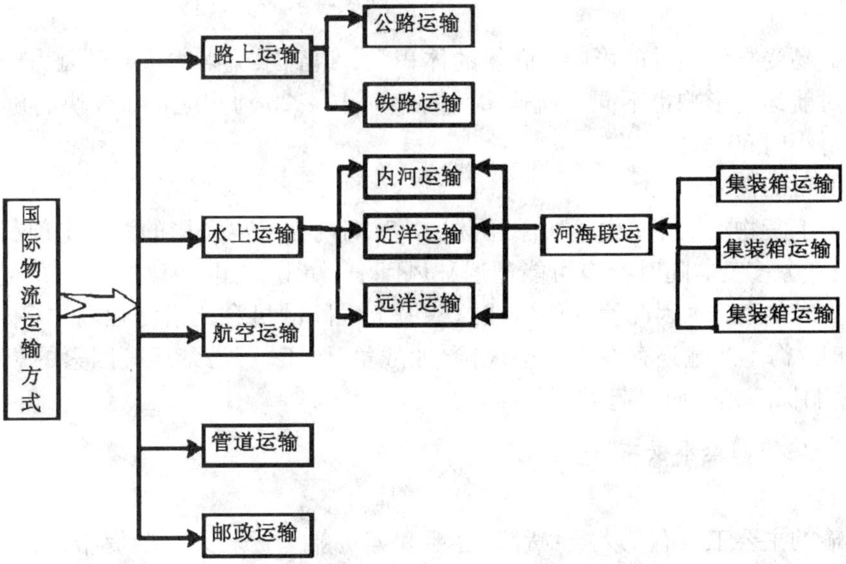

图6-1 国际物流运输方式

其中,水上运输中的海运以及航空运输是国际货运运输方式中最为重要的两种方式。

(一)国际海洋货物运输的概念

国际海洋货物运输是利用天然海洋航道进行的国际物流运输方式,简称海洋运输。世界上国际贸易货物有2/3以上通过海上运输的。我国海岸线长达18000公里,沿海拥有许多终年不冻的优良港口;长江等江河沿岸也有许多对外开放的港口。在我国港口与世界主要港口之间,现在已开辟了众多的定期与不定期的海上航线。中国船公司所属的船舶已航行于五大洲150多个国家与地区的1100多个港口。

(二)海洋运输的特点

1. 承担运量大、运距长

现代海上货物运输的特征是船舶的专业化、大型化和高速化。巨型客轮、巨型油轮、一般杂货船等运输船舶的运载能力,远远大于铁路运输和公路运输。一艘万吨轮载重量相当于250~300个火车皮的载重量;50万吨油轮载重量相当于12500个火车皮。

2. 运费低

由于水路货运输的航道主要利用的是天然水域,除了建设港口和购置船舶外,水域航道几乎不需投资,因此,水路货物运输成本最低;1吨货物的海洋运费仅相当于铁路运费的1/5,汽车运费的1/10和航空运输的运费1/20。

3. 通过能力大

海洋运输利用天然航道四通八达,不受道路和轨道限制,通过能力大。如因政治、经济贸易条件变化,可随时改选最有利的航线。

4. 对货物适应性强

远洋轮船可适应多种货物运输需要，如有多用途船、专用船等，对超重、超长的货物也有较强的适应性，并易于改进运输工艺，适应外贸新发展需要。

5. 航速低

海洋运输易受自然条件的影响，商船的体积大，遇到水流阻力大，受风力影响大，甚至不同的季节对航运的影响也不同。航速多为每小时 10 ~ 20 海里之间，较快的班轮航行速度也仅为大约每小时 30 海里左右。

6. 危险的可能性大

在国际海上货物运输中，由于船舶经常是长时间内在远离海岸的海洋上航行，也由于海洋环境复杂、气象多变，随时都有可能遭遇狂风巨浪、暴雨、雷电、海啸、浮冰等人力不可抗衡的海洋自然灾害的袭击，因此使船舶遭遇这些海上危险的机会比沿海运输中多、比江河运输中更多。同时，海上运输还存在着社会风险，如战争、罢工、贸易禁运等因素的影响。海上运输的货物、船舶保险尤其应引起重视。

（三）海洋运输的基本要素

1. 船舶

海上运输的主要工具有三大类：货船、客船和客货船。货船又有杂货船、散装船、冷藏船、油船、集装箱船、滚装船、载驳船之分。

2. 航线

海上船舶航行路线按时间和港口是否固定划分，有定期航线和不定期航线；按航行水域范围划分，有沿海航线、近海航线和远洋航线。

3. 港口

港口是提供水陆联系的节点，作为国家的运输通道或门户，通过海洋运输进行对外贸易。港口类别很多，按港口用途划分，有商港、军港和避风港等；按货物性质划分，有普通港、专业港；按地理位置划分，有海港、内河港、河口港；按国家政策划分，有国内港、国际港、自由港；按建设难度划分，有天然港、人工港；按港口和腹地交通联系划分，有以内河航道沟通为主的港口、以铁路集散货物为主的港口、以管道集散为主的港口、以公路或其他交通线集散货物为主的港口。

（四）海洋运输方式

按照海洋运输船舶营运方式不同，海洋运输可分为定期船运输（班轮运输）和不定期船运输（租船运输）。

1. 班轮运输

班轮运输（Liner shipping），也称定期船运输，是指班轮公司将船舶按事先制定的船期表，在特定航线的各既定挂靠港口之间，经常地为非特定的众多货主提供规则的、反复的货物运输服务，并按运价体或协议运价的规定计收运费的一种营运方式。

（1）班轮运输的特点。班轮运输除了具有“三固定”（定航线、定航期、定港口）的特点外，还具有以下特点：

①承运人与货主之间在货物装船之前通常不书面签订具有详细条款的运输合同。在杂货班轮运输中，通常是在货物装船后，由承运人或其代理人签发提单；在集装箱班轮运输中，除

通常由承运人或其代理人签发提单外，还可以根据需要签发海运单。这些单据上记有详细的有关承运人、托运人或收货人的责任以及权利和义务的条款。

②在杂货班轮运输中，除非订有协议可允许托运人在船边交货和收货人在船边提货外，通常承运人是在装货港指定的码头仓库接受货物，并在卸货港的码头或仓库向收货人交付货物；在集装箱班轮运输中，通常承运人是在装货港集装箱堆场接受货物，并在卸货港集装箱堆场交付货物。拼箱货则由集拼经营人在装货港集装箱货运站接受货物，并在卸货港集装箱货运站交付货物。

③班轮公司一般负责包括装货、卸货和理舱在内的作业和费用，在杂货班轮 运输中，班轮公司通常不负担仓库至船边或船边至仓库搬运作业的费用；在集装箱班轮运输中，由于运输条款通常为 CY - CY(堆场 - 堆场)，所以班轮公司理应负担堆场至船边或船边至堆场搬运作业的费用。

④承运人与货主之间不规定装卸时间，也不计算滞期费和速遣费。在堆场或货运站交接货物的情况下，会约定交接时间，而不规定装卸船时间；在船边交货或提取货物时，也仅约定托运人或收货人需按照船舶的装卸速度交货或提取货物，否则，货方应赔偿船方因降低装卸速度或中断装卸作业所造成的损失。

(2)班轮运费。班轮承运人根据运输契约完成货物运输后，从托运人那里取得的报酬，包括基本运费和附加运费两部分。

基本运费是对任何一种托运货物计收的运费；主要包括船舶的折旧或租金、燃油、修理费、港口使费(装卸费、吨税和靠泊等费用)、管理费、职工工资等。

附加运费则是根据货物种类或不同的服务内容，视不同情况而加收的运费。可以说是由于在特殊情况下或者临时发生某些事件的情况下而加收的运费。附加运费可以按每一计费吨(或计费单位)加收，也可按基本运费(或其他规定)的一定比例计收。包括燃油附加费、货币贬值附加费、港口附加费、港口拥挤附加费、转船附加费、超长附加费、超重附加费、直航附加费、选港附加费、洗舱附加费、变更卸货港附加费、绕航附加费、旺季附加费、超额责任附加费等等。还有一些不尽合理的费用，如码头作业费、原产地接货费等。

(3)计费标准

班轮运费的计费标准也称计算标准，是指计算运费时使用的计算单位。在班轮运费的计收中，涉及的基本概念有运费吨、起码运费等。

运费吨，是计算运费的一种特定的计费单位。通常，取重量和体积中相对值较大的主计费标准，以便对船舶载重量和舱容的利用给予合理的费用支付。如 100 个纸箱包装的纸制品，重 1.2t，体积为 15 立方米，它的运费吨则按 15t 计算。而 100 箱的铁钉，重 9000 kg，体积 2.6 立方米，它的运费吨则为 9t，其运费则要按各自的运费吨计收。在运价表中，运费吨一般表示为 FT(freight ton) 或 W/M(weight/measurement)。

起码运费，也称起码提单。指以一份提单为单位最少收取的运费。承运人为维护自身的最基本收益，对小批量货物收取起码运费，用以补偿其最基本的装卸、整理、运输等操作过程中的成本支出。不同的承运人使用不同的起码运费标准，件杂货和拼箱货一般以 1 运费吨为起码运费标准，最高不超过 5 运费吨；有的以提单为单位收取起码运费，按提单为标准收取起码运费后不再加收其他附加费。

承运人制定的运价表中都具体规定了各种不同商品的计算运费标准。航运界通用的符号有:

①“W(weight)”表示该种货物应按其毛重计算运费。

②“M(measurement”表示该种货物应按其尺码或体积计算运费。某些国家对运输木材按“板尺”和“霍普斯尺”计算运费(12 板尺 =0.785 霍普斯尺 =1 立方英尺)。

③“W/M”表示该货物应分别按其毛重和体积计算运费,并选择其中运费较高者。

④“Ad. Val. (ad valorem)”表示该种货物应按其 FOB 价格的某一百分比计算运费。由于运价是根据货物的价格确定的,所以又称为从价运费。

⑤“Ad. Val. or W/M”表示该种货物应分别按其 FOB 价格的某一百分比和毛重、体积计算运费,并选择其中运费较高者。

⑥“W/M plus Ad. Val”表示这种货物除应分别按其毛重和体积计算运费,并选择其中运费较高者外,还要加收按货物 FOB 价格的某一百分比计算的运费。

在运价表中,计算单位为运费吨,既有重量吨也有尺码吨。不同国家或地区采用不同的单位制。但目前各国都趋向采用国际单位制,以吨、立方米为计费单位。但英国和某些欧洲国家的航运界仍用长吨(英吨)和立方英尺为计费单位。

1 长吨 =2240.15 磅 =1016.6 kg =1.0166t

1t =2204.62 磅 =1000 kg =0.9842 长吨

1 立方米 =35.7147(立方英尺)

1 容积吨 =40ft

2. 租船运输

租船是指租船人向船东租赁船舶用于运输货物的业务。由于这种营运方式需在市场上寻求机会,没有固定的航线和挂靠港口,也没有预先制定的船期表和费率本,船舶经营人与需要船舶运力的租船人是通过洽谈运输条件、签订租船合同来安排运输的,故称之为“租船运输”。

租船运输主要是根据租船人的要求来安排营运的。通常由租船人租用整船进行运输,而且根据租船人的不同要求,又分为不同租船方式。租船方式主要包括定程租船、定期租船和光船租船三种。由船方与租方签订租船合同,以明确双方的权利和义务。这三种租船方式特点如下:

(1)租船运输是根据租船合同组织运输的。租船合同订明船舶出租人与船舶承租人双方的责任、义务和权利,租船合同条款是解决争议的依据。

(2)国际租船市场行情影响租金或运费水平的高低。世界经济状况、船舶运力供求关系、季节性气候条件及国际政治形势等都是影响因素。

(3)船舶营运中有关费用的分担取决于不同的租船方式,并在租船合同中订明。

(4)租船运输主要适于大宗货物的运输。如谷物、矿石、煤炭等。

水上运输又可分为国际间内河运输和国际间海洋运输(包括近海、近洋和远洋航运 3 类),它的特点是适合于国际间大宗货物运输,运输费用便宜,但速度较慢且有一定风险。

三、国际铁路货物运输

我国对外贸易货物的铁路运输包括国际铁路联运、对香港地区的铁路运输和国内铁路运输三个组成部分。目前，我国经由铁路运输的进出口货量，仅次于海洋运输而居于第二位。铁路运输在我国对外贸易中起着非常重要的作用:第一，把欧亚大陆连成一片，对我国发展与亚洲其他国家和欧洲各国的经济贸易提供了便利条件。第二，它联系港澳，对开展与港澳的贸易和经香港的转口贸易是必不可少的。第三，我国海运进出口货物的集散和我国各地区有关外贸物品的调拨，主要是通过铁路运输来完成的。我国幅员辽阔，海运进口货物大部分利用铁路运往内地各用货单位;海运出口货物大部分也是通过铁路向港口集中，因此铁路是对经济贸易物资集散的重要工具。

采用国际铁路联运，有关当事国事先必须要有书面约定。欧洲国家的铁路联运工作开始较早，1890 年欧洲各国在瑞士首都伯尔尼举行的各国铁路代表大会上制定了《国际铁路货物运送公约》(简称《国际货约》)。《国际铁路货物联运协定》(简称《国际货协》)是 1951 年 11 月由前苏联和东欧 8 个国家签订的。1954 年，中国与朝鲜、蒙古一起加入《国际货协》，越南随后加入，从而形成欧亚 12 国国际铁路联运。前苏联和东欧政局发生变化后，《国际货协》也宣告解散，但铁路联运业务没未见重大改变。而且，东欧的《国际货协》参加国也加入了《国际货约》，为国际铁路货物联运创造了极为便利的条件。

国际铁路货物联运并非仅限于约定国之间。按照《国际货协》有关规定，从参加国向非参加国发货，使用国际铁路货协的联运运单，当货物运到离开参加国的最终出口国国境站时，由铁路边境站负责改换适当的联运票据继续转运至最终到站。从非参加国向参加国铁路发货，其继续转运事宜，由参加《国际货协》的第一国境铁路的进口国国境站负责办理。

铁路运单和运单副本是发、收货人与铁路之间缔结的运输契约，对双方都具有法律效力。运单随同货物自始发站到终点站运行，货到终点站，运单作为通知、清点和交付货物的凭证连同货物一并交给收货人。运单副本在始发站经铁路加盖承运日期戳后，退回给发货人，它是发货人连同其他单证向银行办理结汇的主要单据之一。铁路运单不同于海运提单，不是代表货物所有权的凭证。

(一)国际铁路联运

1. 国际铁路联运的概念。它是这样一种运输方式:使用一份统一的国际联运票据，无需发货人与收货人参加，而由铁路部门负责办理两个或两个以上国家铁路全程运送的货物运输。

2. 国际铁路联运的特点

(1)涉及国家多

凡是办理国际联运，都要涉及两个或两个以上的国家，有时还要通过与《国际货协》有关的国家，向与《国际货协》无关的西北欧国家办理转发送，才能完成全程的运送工作，最后运到目的地。

(2)要求高

由于国际联运参加国多，涉及多个国家的铁路、车站和国境站，有时还要有收转人参加，这就要求每批货物的办理，必须高标准严要求，符合有关规章和协议的规定，否则将造成货损、货差、延迟交货等运输事故。

(3)运输时间短、成本低

国际铁路联运的始发站和最终目的站大多是内陆车站，或发、收货的铁路专用线。货物从发货人的专用线或就近的车站出发，直接到达收货人的专用线或就近的车站。对内陆收发货人来讲铁路运输时间比海运少，运输成本也比海运低。

3. 对港澳地区货物的铁路运输

供应港澳地区的货物由产地经铁路运往深圳北站或广州南站，也是属于国内运输，但与一般国内运输有所不同。例如：对香港供应的货物到深圳北站，由当地的外贸运输机构接货后(不卸车)，再办理港段铁路托运手续，采用原车过轨方式，由香港方收货后转交给香港或九龙买方，出口单位则凭外贸运输机构开出的承运货物收据办理收汇手续。对澳门地区的铁路货物运输，由广州南站转船供应澳门地区，货物的收汇也是凭外运机构的承运收据办理。

四、国际公路货物运输

国际公路运输是构成陆上运输两个基本运输方式之一。它是连接铁路车站、港口和机场，集散物资的重要手段，是连接铁路运输、水路运输和航空运输起端和末端不可缺少的方式。

全世界现有公路总长约 2×10^{10}m，其中高级路面 4.5×10^{9}m，高速公路 1.5×10^{8}m。世界各地公路分布很不均匀，主要集中在北美、西欧、南亚和东亚地区。其中英法两国每百平方千米土地上皆有 160000m 以上的公路。美国公路里程在全球最长，达 6.3×10^{9}m，其公路密度每百千米 67000m。南亚地区，印度每百平方千米为 65000m。北美、西欧、南亚构成了全球的三大公路系统，高密度的公路网给公路运输带来了更广阔的发展前景。

为了统一公路运输所使用的运输单证和承托双方的责任和权利，联合国所属欧洲经济委员会负责起草了《国际公路货物运输合同公约》，并于 1956 年 5 月 19 日在日内瓦由欧洲的法国、英国等 17 个国家参加的会议上一致通过，1961 年 7 月 2 日生效。该公约共有 12 章 51 条，就公约的适用范围、承运人和托运人责任、合同的签订与履行、索赔与诉讼以及连续承运人履行合同等作了较详细的规定。

五、国际航空货物运输

国际航空运输是指由跨国航空承运人办理两国之间空运的全程运输，并承担运输责任的一种现代化运输方式。与其他运输方式相比，具有运输速度快、破损率低、安全性好、空间跨度大、运输质量高、安全准时且不受地面条件限制、运价比较高、载量有限等特点。适合于运送鲜活、易腐和季节性商品及贵重、急需物品。

(一)航空运输的经营方式

航空运输的经营方式主要有班机运输和包机运输两种，其适用范围与特点如表 6-1。

表 6-1 **航空运输的方式**

<table>
<tr><th>经营方式</th><th colspan="2">适用范围与特点</th></tr>
<tr><td>班机运输</td><td colspan="2">在固定的航线上定期航行的航班。飞行航行时，固定始发站、目的站和经停站。一般航空公司的班机都使用客货混合型飞机。一方面搭载旅客，一方面又运送小批量货物。一些较大的航空公司在一些航线上辟有使用全货机的货运航班。</td></tr>
<tr><td rowspan="3">包机运输</td><td colspan="2">货物批量较大，班机不能满足需要时，使用包机运输</td></tr>
<tr><td>整架包机</td><td>航空公司或包机代理公司，按照与租机人双方事先约定的条件和运价，将整架飞机租给租机人，从一个或几个航空站装运货物至指定目的地。</td></tr>
<tr><td>部分包机</td><td>几家航空货运代理公司（或发货人）联合包租一架飞机，或者由包机公司把一架飞机的舱位分别卖给几家航空货运代理公司。部分包机方式适合于1吨以上但不足整机的货物，运费较班机运费低，但运送所需的时间却比班机长。</td></tr>
</table>

（二）航空运输的组织方法

航空运输的组织方法主要有集中托运、联合运输、航空急件传送、送交业务和货到付款5种，其内容如表6-2所示。

表 6-2

组织方法	内容
集中托运	航空货运代理公司把若干批单独发运的货物组成一整批，向航空公司办理托运，采用一份总运单集中发运到同一站，或者运到某一预定站，由航空货运代理公司在目的地指定的代理人收货，然后再报关并分拨给各实际收货人。集中托运的运价比国际空运协会公布的班机运价低7%～10%，因此，在国际航运中使用较为普遍。
联合运输	指包括空运在内的两种以上运输方式的联合运输。具体的做法有陆空运输、陆空陆联运等。
航空急件	是目前国际航空运输中最快捷的运输方式，由专门经营航空货物快运业务的机构和航空公司合作，设专人用最快的速度在发货机场和收货人之间传送急需的药品、医疗器械、贵重物品、图纸资料、货样、单证等物品，又称“桌到桌快递服务”。
送交业务	在国际贸易往来中，通常出口商为了推销商品，扩大贸易，往往向顾客赠送样品、目录、宣传资料、刊物、印刷品等。这些商品空运至到达国之后，委托当地的航空代理办理报关、提取、转运的工作，最后送交给收货人。
货到付款	发货人或其代理人与承运人之间达成协议，由承运人在货物到达后交与收货人的同时，代收航空运单上记载的货款，然后寄给发货人或其代理人，承运人在办理一批货到付款时，按货到付款总额的一定百分比提取劳务费。

航空运输的运价是指从启运机场运至目的机场的运价，一般是按重量（kg）计算，每件货物一般不超过250（kg），体积一般不超过40 cm×60 cm×100 cm，宽体飞机一般不超过100 cm×100 cm×140 cm。每千克货物体积超过6000 cm时，为轻泡货物，轻泡货物以每6000 cm折算1 kg计重，不包括提货、仓储费等其他额外费用。航空运价分为普通货物运价、特种货物运价和等级运价三类。

（三）世界航空货运的现状

测算表明，航空货运虽然只占全球贸易运输量的 2%，但由于航空货运的货物多是高附加值产品，其货物总价值却超过全球贸易货运总值的 40%。目前，美国仍是世界最大的国际国内航空货运市场，从地区间国际航空货运看，亚太至北美、亚太至欧洲和欧洲至北美是最大的三个航空货运区域。1991 年到 2001 年，世界航空货运的运输周转量增长速度达到每年 6.3%，处于一个缓慢增长态势。从 2001 ~ 2021 年，世界航空货运呈现最好的发展速度为 7.8%，虽然速度不算太快，但绝对值将达到 6000 亿吨公里，所以，航空货运的发展空间相当大。世界全货运机从 2000 年的 1742 架将增长到 2020 年的 3523 架，反映出世界全货机在未来 20 年中将要增长 2 倍，货运量在未来将有大的发展。

中国的国际航空货运正处在成长和发展阶段，国际航线已由 1975 年的七条增加到目前的数十条，货物运输周转量年均增长 19.65%，并成立了专业航空货运公司——中国航空货运有限公司，为中国国际物流的发展创造了条件。

第四节　国际货代

一、国际货运代理概述

（一）国际货运代理人的定义

《中华人民共和国国际货物运输代理业管理规定》第 2 条规定："国际货物运输代理业，是指接受进出口货物收货人、发货人的委托，以委托人的名义或者以自己的名义，为委托人办理国际货物运输及相关业务并收取服务报酬的行业。"

（二）国际货运代理的分类

1. 以委托人的性质为标准

包括：货主的代理，承运人的代理。

2. 以委托人委托的代理人数量为标准。

包括独家代理，普通代理。

3. 以委托人授予代理人权限范围为标准。

包括：全权代理人，一般代理。

4. 以委托人委托办理的事项为标准。

包括：综合代理和专项代理。

5. 以代理人的层次为标准。

包括：总代理和分代理。

6. 以运输方式为标准。

包括：水运代理（还可以具体划分为海运代理和河运代理）；空运代理；陆运代理（还可以进一步划分为道路运输代理、铁路运输代理、管道运输代理）；联运代理（还可以进一步划分为海空联运代理、海铁联运代理、空铁联运代理）。

7. 以代理业务的内容为标准。

包括:国际货物运输综合代理;国际船舶代理;国际民用航空运输销售代理;报关代理;报检代理以及报验代理。

二、国际货运代理行业的管理

(一)我国的国际货物代理管理体制和管理机构

我国目前实行的是对外经济贸易主管部门为主，其他部门依职权参与管理的国际货运代理行业管理体制。

1. 国际货运代理行业协会

包括国际货运代理协会联合会和中国国际货运代理协会。

(1)国际货运代理协会联合会，法文为“FEDERATION INTERNATIONAL DES ASSOCIATIONS DE TRANSITAIRES”，英文为“INTERNATIONAL FEDERATION OF FREIGHT FORWARDERS ASSOCIATIONS”，法文缩写“FIATA”，作为国际货运代理协会联合会的标识，被称为“菲亚塔”。FIATA 根据《瑞士民法典》第六十条规定，由 16 个国家的货运代理协会于 1926 年 5 月 31 日在奥地利维也纳成立，总部设在瑞士苏黎士，是一个非营利性的国际货运代理行业组织，其宗旨是保障和提高国际货运代理在全球的利益。

(2)中国国际货运代理协会:英文名称为“CHINA INTERNATIONAL FREIGHT FORWARDERS ASSOCIATION”，简称“CIFA”。

该协会由经国家主管部门批准从事国际货运代理，在中华人民共和国境内注册的国际货运代理企业自愿组成，是经国务院批准，在民政部登记的全国性行业协会，属于非营利性的社团法人，受商务部和民政部的指导和监督。

三 、国际货运代理企业

(一)国际货运代理企业的名称和组织形式

国际货运代理企业必须依法取得中华人民共和国企业法人资格，其名称、标志应当符合国家有关法律、法规和规章，与业务性质、范围相符合，并能体现行业特点。其中，名称应当含有“货运代理”、“运输服务”、“集运”或“物流”等相关字样。

目前，我国国际货运代理企业的组织形式仍然限于有限责任公司或股份有限公司，尚不允许采取合伙企业等组织形式。

(二)国内投资国际货运代理企业的设立

包含申请人资格、设立条件、提交文件、审批程序和分支机构的设立等内容。

1. 申请人资格:应当是与进出口贸易或国际货物有关、有稳定货源的单位，并且符合以上条件的投资者应当在申请项目中占大股。

2. 设立条件:至少要有 5 名从事国际货运代理业务 3 年以上的业务人员;有固定的营业场所;有必要的营业设施;有稳定进出口货源市场;有与经营的业务项目相适应的注册资金。

其中,国际货物运输代理企业的注册资本最低限额应当符合下列要求:

(1)经营海上国际货物运输代理业务的，注册资本最低限额为 500 万元人民币;

(2)经营航空国际货物运输代理业务的，注册资本最低限额为300万元人民币；

(3)经营陆路国际货物运输代理业务或者国际快递业务的，注册资本最低限额为200万元人民币。

国际货物运输代理企业每申请设立一个从事国际货物运输代理业务的分支机构，应当相应增加注册资本50万元人民币。如果企业注册资本超过上述最低限额，则超过部分可以作为设立分支机构的增加资本。

申请设立的国际货运代理企业业务经营范围包括国际多式联运业务的，除应当具备上述条件外，还应当具备下列条件：

(1)从事与《中华人民共和国国际货物运输代理业管理规定实施细则》第32条规定国际货运代理企业经营范围有关的业务3年以上；

(2)具有相应的国内、国外代理网络；

(3)拥有在商务部登记备案的国际货运代理提单。

(三)国际货物运输代理企业的经营范围

国际货物代理企业可以接受委托，作为代理人或者独立经营人从事下列全部或部分经营活动：

1. 揽货、订舱(含租船、包机、包舱)、托运、仓储、包装；
2. 货物的监装、监卸、集装箱拆箱、分拨、中转及相关的短途运输服务；
3. 报关、报检、报验、保险；
4. 缮制签发有关单证、交付运费、结算及交付杂费；
5. 国际展品、私人物品及过境货物运输代理；
6. 国际多式联运、集运(含集装箱拼箱)；
7. 国际快递(不含私人信函)；
8. 咨询及其他国际货运代理业务。

但是，这些并不是每个国际货运代理企业都具有的经营范围。各个国际货运代理企业的具体业务经营范围，最终应以工商行政管理机关颁发的《企业法人营业执照》列明的经营范围为准。

(四)国际货物运输代理企业的其他经营资质

1. 海峡两岸货运业务经营许可证；
2. 道路运输经营许可证；
3. 铁路进出口危险货物代理人资质证书；
4. 无船承运业务经营资格证；
5. 民用航空运输销售代理业务经营批准证书；
6. 国际集装箱多式联运经营许可证；
7. 代理报关企业注册登记证书。

四、国际货运代理的责任

(一)国际货运代理从事传统业务的责任及其分类

包括从事传统业务的责任、责任分类、我国国际货运代理从事传统业务的责任分类。

1. 从事传统业务的责任

国际货运代理人的责任，是指当国际货运代理作为代理人和当事人两种情况时的责任。

国际货运代理人作为纯粹的代理人，应对其本人及其雇员的过错承担责任，其责任和错误包括:未按指示交付货物;尽管得到指示,办理保险仍然出现疏忽;报关有误;运往错误的目的地;未能按要求的程序取得再出口(进口)退税;未取得收货人的货款而交付货物。国际货运代理人还应对其经营过程中造成第三人的财产灭失或损坏或人身伤亡承担责任。如果国际货运代理能够证明他对第三人的选择做到了合理地谨慎，那么他一般不承担因第三人行为或不行为引起的责任。

国际货运代理人作为当事人，系指在为客户提供所需的服务中，是以其本人的名义承担责任的独立合同人，他应对其履行国际货运代理合同而雇佣的承运人、分货运代理的行为或不行为负责。当国际货运代理人以委托人的身份提供多式联运服务时，国际货运代理标准交易条件中的纯粹代理性质的条款就不再适用。其合同义务受其所签发的多式联运提单条款的制约，即使国际货运代理本人不拥有船舶或其他运输工具，也将作为多式联运经营人，对全程负责，承担承运人的全部责任。

国际货运代理按其责任范围的大小，原则上可分为三种情况:①作为国际货运代理人，仅对其由于自己的错误或疏忽负责;②国际货运代理，不仅对其自己的错误和疏忽负责，还应使货物完好地运抵目的地，也就是应承担承运人的责任和造成第三人损失的责任;③国际货运代理的责任取决于合同条款的规定和所选择的运输工具等。

FIATA 规定:国际货运代理仅对属于其本身或其雇员所造成的过失负责。如其在选择第三人时已恪尽职责，则对于该第三人的行为或疏忽不负责任。如能举证他未能做到恪尽职责，其责任也应不超过与其订立合同的任何第三人的责任。

2. 国际货运代理从事传统业务的责任分类

包括:①国际货运代理作为代理人的责任;②国际货运代理对海关的责任;③国际货运代理对第三人的责任;④国际货运代理作为当事人的责任。

(1)国际货运代理作为代理人的责任:只对其本身(在履行义务过程中)的过失及其雇员的过失责任。

(2)国际货运代理对海关的责任:有报关权的国际货运代理在替客户报关时应遵守海关的有关规定，身海关及时、正确、如实早报货物价值、数量和性质。如果报关有误，国际货运代理将会被罚款，并难以从客户那里得到补偿。

(3)国际货运代理对第三人的责任:多指对装卸公司、港口当局等参与货物运输的第三人提出的索赔承担的责任。

(4)国际货运代理作为当事人的责任:不仅对其本身和雇员的过失负责，而且对履行过程中提供的其他服务的过失也应负责。

(三)国际货运代理的除外责任

对于国际货运代理，其除外责任，通常规定在国际货运代理标准交易条件或与客户签订的合同中，包括七个方面：

1. 客户的疏忽过失所致；
2. 客户或其代理人在搬运、装卸、仓储和其他处理中所致；
3. 货物的自然特性或潜在缺陷所致；
4. 货物的包装不牢固、缺乏或不当所致；
5. 货物的标志或地址的错误或不清楚；
6. 货物的内容申报不清楚或不完整所致；
7. 不可抗力所致。

国际货运代理对由于委托人未尽职责由下列事实产生的后果也可以免责：①有关货物的不正确、为清楚或不全面；②货物的包装、刷唛和申报不当等；③货物在卡车、车厢、平板车或集装箱的装载不当；④国际货运代理不能合理预见到的货物内在的危险。由于上述原因引致的共同海损分摊、救助费用、以及对第三人造成的损害赔偿国际货运代理可以免责。

另外，委托人对国际货运代理征询有关业务或处理意见时，必须予以答复，给予明确的指示。如因指示不及时或不当而造成的损失，国际货运代理不承担任何责任。

[案例6－2]

某公司委托某货代从A港运到B城一批化工原料，双方签订了一份运输合同，合同中订有明确条款规定，货代保证货物卸离船舶后办妥一切手续，并于X天之内将该批货物运抵B城交给收货人。船舶抵港后，由于火车车皮未能及时办妥，致使该批货物不能及进运抵B城交给收货人，同时货物在卸港存储期间发生了水湿。于是某公司诉至法院，要求该货运赔偿储运过程中货物水湿部分，同时要求赔偿迟延交付所引起的市价变化的损失。虽然该货运代理从事的是纯粹的代理业务，组织安排货物运输，按所安排货物的数量收取一定比例的手续费，即几千元人民币，但由于他们缺乏经验，以当事人的名义与委托人签订的运输合同(而非以代理人的名义与委托人签订代理合同)，且合同中明确订有货物抵达目的地时间的保证条款，致使须承担货物迟延交付的责任。法院后来认定，货代虽然只收取了代理费，但由于是运输协议的当事人，且违反了协议中订明的货物抵达时间的保证条款，故对货物迟延所产生的损失要承担责任，同时对其货损货差承担责任。

[案例6－3]

某物流商与客户签订一合同，作为承运人的物流商为客户运送一批价值将近900万美元的货物，却只收取2万美元的费用。合同中还要求物流商对货物全程负责，并且不可享受豁免条款，也不可享受赔偿责任限制。这样的生意能做吗？这样的合同能签吗？

五、国际货运操作流程

(一)接受货主询价

1. 海运询价：

(1)需掌握发货港至各大洲，各大航线常用的，及货主常需服务的港口，价格；

(2)主要船公司船期信息；

(3)需要时应向询价货主问明一些类别信息，如货名，危险级别等(水路危规)；

2. 陆运询价:(人民币费用)

(1)需掌握各大主要城市公里数和拖箱价格；

(2)各港区装箱价格；

(3)报关费、商检、动植检收费标准。

3. 不能及时提供的，需请顾客留下电话、姓氏等联系要素，以便在尽可能短的时间内回复货主。

(二)接单(接受货主委托)

接受货主委托后(一般为传真件)需明确的重点信息:①船期、件数;②箱型、箱量;③毛重;④体积各项型最大体积为:(长×宽×高)可装体积，可装重量 1×20GP=31CBM 6×2.38×2.38 25 17MT1×40GP=67CBM 12×2.38×2.38 55 25MT1×40HC=76CBM 12×2.7×2.381×45GP=86CBM(注:GP general purpose 普通箱;CBM cubic metre 立方米;MT metric ton 公吨;HC high cubic 高箱);⑤付费条款、货主联系方法;⑥做箱情况，门到门还是内装

(三)订舱

1. 缮制委托书(十联单);制单时应最大程度保证原始托单的数据正确、相符性，以减少后续过程的频繁更改。

2. 加盖公司订舱章订舱:

需提供订舱附件的(如船公司价格确认件)，应一并备齐方能去订舱。

3. 取得配舱回单，摘取船名、航次、提单号信息。

(四)做箱

1. 门到门:

填妥装箱计划中:做箱时间、船名、航次、关单号、中转港、目的港、毛重、件数、体积、门点、联系人、电话等要因，先于截关日(船期前两天)1~2天排好车班。

2. 内装:

填妥装箱计划中:船期船名航次、关单号、中转港、目的港、毛重、件数、体积、进舱编号等要因，先于截关日(船期前两天)1~2天排好车班。

3. 取得两种做箱方法所得的装箱单(CLP)

(五)报关(有时同时、有时先于做箱)

1. 了解常出口货物报关所需资料。

①需商检

②需配额

③需许可证

④需产地证

⑤需提供商标授权、商标品名

⑥出口香港地区货值超过$10万，其他地区超过$50万，核销时需提供结汇水单(复印

件)

⑦需提供商会核价章

2. 填妥船名航次，提单号，对应装箱单(packing list)，发票，所显示的毛重净重，件数，包装种类，金额，体积，审核报关单的正确性(单证一致)。

3. 显示报关单所在货物的 中文品名，对照海关编码大全，查阅商品编码，审核两者是否相符，按编码确定计量单位，并根据海关所列之监管条件点阅所缺乏报关要件。

4. 备妥报关委托书，报关单，手册，发票，装箱单，核销单，配舱回单(十联单第五联以后)，更改单(需要的话)和其他所需资料，于截关前一天通关。

5. 跟踪场站收据，确保配载上船。

6. 凡是退关改配的，若其中有下个航次，出运仍然需要，诸如许可证，配额，商检，动植检之类的文件资料，退关、改配通知应先于该配置船期一个星期到达，以便(报运部)顺利抽回资料，重新利用。否则只会顺延船期，造成麻烦。

(六)提单确认和修改

1. 问明顾客提单的发放形式：

①电放：需顾客提供正本电放保函(留底)，后出具公司保函到船公司电放。

②预借(如可行)：需顾客提供正本预借保函(留底)，后出具公司保函到船公司预借。

③倒签(如可行)：需顾客提供正本倒签保函(留底)，后出具公司保函到船公司倒签。

*此种情况下，多半是签发 HOUSE B/L。

④分单：应等船开以后 3 ~4 天(候舱单送达海关，以保证退税)，再将一票关单拆成多票关单。

⑤并单：应等船开以后 3 ~4 天(候舱单送达海关，以保证退税)，再将多票关单合成一票关单

⑥异地放单：须经船公司同意，并取得货主保函和异地接单之联系人、电话、传真、公司名、地址等资料方可放单。

2. 依据原始资料，传真于货主确认，并根据回传确立提单正确内容。

(七)签单

1. 查看每张正本提单是否都签全了证章。

2. 是否需要手签。

(八)航次费用结算

1. 海运费

①预付(FREIGHT PREPAID)

②到付(FREIGHT COLLECT)

2. 陆运费

①订舱

②报关(包括返关之前已经报关的费用)

③做箱(内装/门到门)

④其他应考虑的费用：冲港费/冲关费、商检、动植检、提货费、快递费、电放、更改

(九)提单、发票发放(提单样本)

1. 货主自来取件的,需签收。

2. 通过 EMS 和快递送达的,应在名址单,上标明诸如:提单号、发票号、核销单号、许可证号、配额号等要素以备日后查证。

(十)应在一个月内督促航次费用的清算并及时返还货主的核销退税单

(十一)海关退税有问题的,需更改并要提供如下资料:

1. 报关数据正确、舱单不正确的:①经预录后的〈海关返还的〉报关单复印件;②场站收据复印件〈十联单的第七联即黄联〉;③提单正本复印件两张;④装箱单(Container Load Plan)复印件;⑤更正单(三联、正本)。

2. 短装(多报少出)、溢装(少报多出):①船开5天(工作日)内没能及时更正的:先交纳罚款金3000~5000元;货主重新提供的发票、装箱单(Packing list)货主重新提供报关单提单副本复印件(加盖提单副本确认章);②船开5天(工作日)内更改的提单副本复印件(加盖提单副本确认章)正本、正确的报关单。

＊本章小结

本章介绍了国际物流、国际货代的概念，国际物流的运输方式，国际物流作业与国内物流作业的区别，国际物流管理中的运输管理与保管管理。阐述了国际物流系统的组成，进出口商品的的检验系统，国际货代运输企业的经营范围及操作流程。

※ 复习思考题

一、名词解释

国际物流 国际物流运输 国际物流系统 报关 国际货代

二、思考题

1. 什么是国际物流，现代国际物流具有哪些特点?

2. 各种国际物流运输方式之间相比较，分别具有哪些特点?

3. 试述国际货物运输代理企业的经营范围及业务内容。

三、填空题

1. 国际物流系统是由商品的包装、储存、装卸、运输、检验、报关、流通加工和其前后的整理再包装以及国际配送等子系统组成。其中( )、( )和( )等子系统是国际物流的核心系统。

2. 自1990年，经国务院批准设立我国第一个保税区—( )以来，又先后在( )、烟台、( )、天津、大连、张家港、( )、厦门、福州，广州和海口等重要港口城市设立了保税区。

3. 外贸仓库是进出口商品的集散、储存场所。不仅要完成进出口商品保管储存的任务，还要负担( )、( )、( )、( )、( )、( )、组装和发运等一系列的任务。

4. 按照海洋运输船舶营运方式不同，海洋运输可分为( )(班轮运输)和( )(租船运输)。

5. 班轮运费的计费标准也称计算标准，是指计算运费时使用的计算单位。在班轮运费的计收中，涉及的基本概念有( )、( )等。

四、选择题(单选或多选)

1. 国际贸易对物流提出新的要求包括( )。

① 质量要求　② 效率要求　③ 经济要求　④ 安全要求

2. 海洋运输的基本要素不包括( )。

① 船舶　② 航线　③ 陆路　④ 港口

3. 我国常用的国际物流运输方式有( )等多种。

① 国际海洋货物运输　② 国际铁路货物运输

③ 国际航空货物运输　④ 国际公路货物运输

4. 保税仓库的类型包括:( )。

① 专业性保税仓库　② 公共保税仓库

③ 保税工厂　④ 海关监管仓库

5. 对一般进出口货物，海关的监管程序是:( )

① 接受申报　② 查验货物　③ 征收税费　④ 结关放行

6. 下列说法不正确的是( )。

国际货物运输代理企业的注册资本最低限额应当符合下列要求:

① 经营海上国际货物运输代理业务的，注册资本最低限额为 500 万元人民币；

② 经营航空国际货物运输代理业务的，注册资本最低限额为 300 万元人民币；

③ 经营陆路国际货物运输代理业务或者国际快递业务的，注册资本最低限额为 200 万元人民币；

④ 国际货物运输代理企业每申请设立一个从事国际货物运输代理业务的分支机构，应当相应增加注册资本 150 万元人民币。

五、课堂讨论题

UPS 的国际物流

UPS 是一家大型的国际快递公司，它除了自身拥有几百架货物运输飞机之外，还租用了几百架货物运输飞机，每天运输量达 1000 多件。UPS 在今世界建立了 10 多个航空运输的中转中心，在 200 多个国家和地区建立了几万个快递中心。UPS 公司的员工达到几十万。年营业额可达到几百亿美元，在世界快递公司中享有较高的声誉。

UPS 公司是从事信函、文件及包裹快速传递业务的公司。它在世界各国和地区均取得了进出的航空权。在中国，它建立了许多快递中心。公司充分利用高科技手段，做到迅速安全，是物流服务内容广泛，形象完美。

讨论:

(1) 为什么说 UPS 是一家国际物流企业，与一般运输物流企业有什么不同?

(2) 开办快递物流企业是否有风险，风险表现在哪些方面?

(3) UPS 在各地开设快递业务与当地地理环境、风俗习惯、消费观念、收入是否有关?

(4) UPS 是否需要建立许多仓库?

第七章 多式联运与集装物流

7

＊学习目标

通过本章的学习，熟练掌握多式联运的概念与特征、类型、国际多式联运的优越性；掌握国际标准集装箱的分类、规格、标记；了解集装箱的特点和优越性，及托盘的概念、类型。

＊主要内容

多式联运
大陆桥运输
物流标准化
集装箱物流
托盘物流

＊**引导案例**

德国胜利航运开通亚洲－地中海线

德国胜利航运宣布将于五月份联同CKYHS联盟的成员川崎汽船和阳明海运开通一条亚洲－地中海快线(NMX)的新航线。服务航运在其新闻公告中指出，新航线的首个西行航班由集装箱船(San Pedro Bridge)执行，该轮将于2006年5月1日从上海港启航。航线的首个东行航班则由(YM Hiroshima)执行，该轮将于5月4日从意大利的热那亚港启航。

这条定期航线每周开行一个航班，航线共有7艘集装箱船提供服务，每艘船的运载力均为3500柜。新航线的挂港路线是：热那亚、福斯、巴伦西亚、塞德港、新加坡、香港、上海、宁波、厦门、高雄、盐田、新加坡、吉达、塞德港。然后回到热那亚。

胜利航运之首席执行官Han－Hermann Mohr表示：“尽管亚洲部分航线市场的利润正在下降，我们相信中国在国际贸易中的重要性将在一定程度上继续扩展，这将使我们能够高效率地提升我们在亚洲航线上的市场地位。”

第一节　多式联运

随着世界贸易结构的变化和运输技术的发展，传统的海、陆、空、公路和江河运输等相互独立的单一的运输方式已不能适应现实发展的需要，在集装箱运输发展的基础上，出现了一种新的运输方式，即国际多式联运(International Multimodal Transportation)。

一、多式联运的概念与特征

(一)多式联运概念

多式联运是多种方式联合运输的简称。是指根据单一的联合运输合同，使用两种或两种以上的运输方式，由联运经营人组织将货物从指定地点运至交付地点的全程连续运输。多式联运是不同运输方式的综合组织，即在一个完整的货物运输过程中，不同运输企业、不同运输区段、不同运输方式和不用运输环节之间衔接和协调的组织，是一种新的符合综合物流思想的运输组织方式。

[案例 7 – 1]

运输现代化的标志

集装箱运输的发展程度，已被公认为是一个国家运输现代化的重要标志。铁路采用集装箱运输后，铁路运输运距长、运量大的优势更为明显。

1971 年日本铁路集装箱运输在 1000 万吨左右，到 1995 年已超过 1600 万吨。在运距 100 公里以上陆上运输中，铁路运输份额，也已达 30%。

美国虽然是高速公路十分发达的国家，从洛杉矶到纽约横贯东西的高速公路长达 4556 公里。但是 20 世纪 80 年代以来，从洛杉矶运往各地的适宜用集装箱的货物，一般都采用铁路运输。美国太平洋铁 路同盟在持续发展的铁路集装箱过程中，采用了双层叠载集装箱运输，其设在洛杉矶的西海岸运输据点，4 条铁路线装卸作业专用线上，并列着 25 米长，3 米宽的专用货车，每辆货车的最大载重量为 125 吨，车上集装箱叠成两层。这种货车编成列车，最多可达 100 辆，每周运行 26 列。1986 年的集装箱双层叠载运输量已突破 500 万标准箱。美国六大铁路贸易公司也都采用了这种运输方法，且以年增长率超过 10% 的速度上升。由于提高了货车的装载量，使运输成本减少了 30%。

1989 年加拿大国家铁路和双层集装箱运输也已开始起步，从温哥华到多伦多，每周单向运行，一次运量为 120 标准箱。

(二)多式联运的特征

多式联运与传统单一运输方式、单程运输相比，具有如下一些主要特征：

1. 简化货运手续，大大方便货主。在多式联运方式下，无论运输距离有多远，由几种运输方式来完成，且不论运输途中货物经过多少次中转，所有一切运输事项均由多式联运经营人负责办理。且托运人只需办理一次托运，订立一份运输合同，一次支付费用，一次保险，从而省去托运手续的许多不便。同时由于多式联运采用一份货运单证，统一计费，因而也可简化制单和结算手续，节省人力物力。此外，一旦运输过程中发生货损、货差，由多式联运经营人对全程运输负责，从而可简化理赔手续。

2. 提高货运质量，缩短运输时间。多式联运各个运输环节和各种运输工具之间配合密切，衔接紧凑，货物所到之处中转迅速及时，大大减少货物的在途停留时间，从而从根本上保证了货物的安全、迅速、准确、及时地运抵目的地，因而也相应地降低了货物的库存量和库存成本。同时，多式联运系统以集装箱为运输单元进行直达运输，货损货差事故大为减少，从而在很大程度上提高了货物的运输质量。

3. 降低运输成本，节省各种支出。对货主来说，在将货物交由第一承运人以后即可取得货运单证，并据以结汇，从而提前了结汇时间。这不仅有利于货物占用资金的周转，而且可以减少利息的支出。此外，还可相应地节省货物的包装、理货和保险等费用支出。

4. 提高运输管理水平，实现运输合理化。由不同的货运经营人共同参与多式联运，经营的范围可大大扩展，同时可以最大限度地发挥其设备的作用，选择最佳运输线路组织合理化运输。

二、多式联运运输组织方法

货物多式联运的全过程就其工作性质的不同，可分为实际运输过程和全程运输组织业务过程两部分。实际运输过程是由参加多式联运的各种运输方式的实际承运人完成的，其运输组织工作属于各方式运输企业内部的技术、业务组织。全程组织业务过程是由多式联运全程运输的组织者 - 多式联运企业或机构（多式联运经营人，International Multimodal Operator，MTO）完成的，主要包括全程运输所涉及的所有商务性事务和衔接服务性工作的组织实施，其运输组织方法可以有很多种，但就其组织体制来说，基本上可分为协作式联运和衔接式联运两大类。

（一）协作式多式联运组织方法

协作式多式联运的组织者是在各级政府主管部门协调下，由参加多式联运的各种方式运输企业和中转港站共同组成的联运办公室。货物全程运输计划由该机构制定，这种联运组织下的货物运输过程如图 7 - 1 所示。

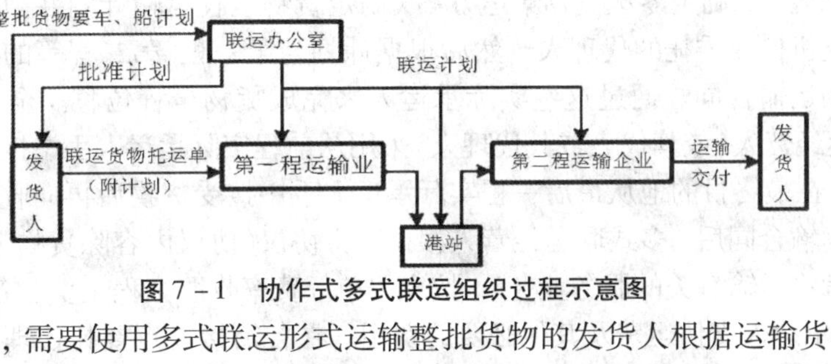

图 7 - 1　协作式多式联运组织过程示意图

在这种机制下，需要使用多式联运形式运输整批货物的发货人根据运输货物的实际需要，向联运办公室提出托运申请，并按月申报整批货物要车、要船计划。联运办公室根据多式联运线路及各运输企业的实际情况制定该托运人托运货物的运输计划，并把该计划批复给托运人及转发给各运输企业和中转港站。发货人根据计划安排向多式联运第一程的运输企业提出托运申请并填写联运货物托运委托书（附运输计划），第一程运输企业接受货物后经双方签字，联运合同即告成立。第一程运输企业组织并完成自己承担区段的货物运输至后一区段衔接地，直接将货物交给中转港站，经换装由后一程运输企业继续运输，直至最终目的地由最后一程运输企业向收货人直接交付。在前后程运输企业之间和港站与运输企业交接货物时，需填写货物运输交接单和中转交接单（交接与费用结算依据）。联运办公室（或第一程企业）负责按合程费率向托运人收取运费，然后按各企业之间商定的比例向各运输企业及港站分配。

对这种组织体制下，全程运输组织是建立在统一计划，统一技术作业标准，统一运行图和统一考核标准基础上的，而且在接受货物运输、中转换装、货物交付等业务中使用的技术装备，衔接条件等也需要在统一协调下同步建设或协商解决，并配套运行以保证全程运输的协同性。

对这种多式联运的组织体制，也称为“货主直接托运制”。这是国内过去和当前多式联运（特别是大宗、稳定重要物资运输）中主要采用的体制。

（二）衔接式多式联运组织方法

衔接式多式联运的全程运输组织业务是由多式联运经营人完成的，这种联运组织下的货物运输过程可用图 7－2 来说明。

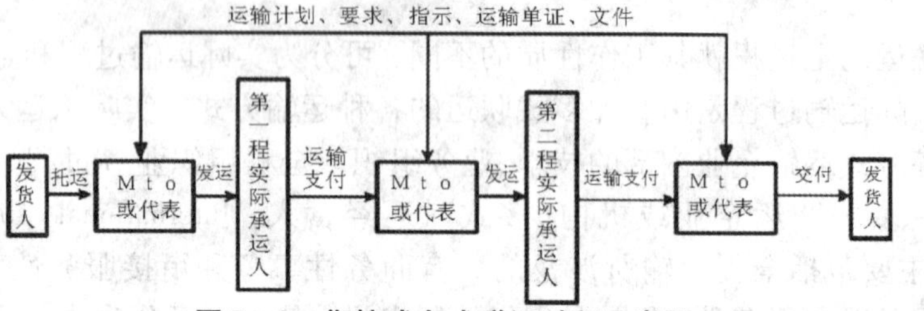

图 7－2　衔接式多式联运过程示意图

在这种组织体制下，需要使用多式联运形式运输成批或零星货物的发货人首先向多式联运经营人（MTO）提出托运申请，多式联运经营人根据自己的条件考虑是否接受，接受时由双方订立货物全程运输和多式联运合同，并在合同指定的地点（可以是发货人的工厂或仓库，也可是指定的货运站中转站、堆场或仓库）双方办理货物的交接，联运经营人签发多式联运单据。接受托运后，多式联运经营人首先要选择货物的运输路线，划分运输区段（确定中转、换装地点）、选择各区段的实际承运人，确定零星货物集运方案，制定货物全程运输计划并把计划转发给各中转衔接地点的分支机构或委托的代理人。然后根据计划与第一程、第二程等的实际承运人分别订立各区段的货物运输合同。通过这些实际承运人来完成货物全程位移。全程各区段之间的衔接，由多式联运经营人（或其代表或其代理人）采用从前程实际承运人手中接受货物再向后程承运人交接货物，在最终目的地从最后一程实际承运人手中接受货物后再向收货人交付货物。在与发货人订立运输合同后，多式联运经营人根据双方协议（协议内容除货物全程运输及衔接外，还包括其他与货物运输有关的服务业务），按全程单一费率收取全程运费和各类服务费、保险费（如需向各实际承运人支付运费及其他必要的费用。在各衔接地点委托代理人完成衔接服务业务时，也需向代理人支付委托代理费用。

在这种多式联运组织体制下，承担各区段货物运输的运输企业的业务与传统分段运输形式下完全相同，这与协作式体制下还要承担运输衔接工作是有很大区别的。

这种联运组织体制。也称为”运输承包发运制“。目前在国际货物多式联运中主要采用这种组织体制，在国内多式联运中采用这种体制的也越来越多。随着我国经济体制的改革，这种组织体制将成为国内多式联运的主要组织体制。

三、国际多式联运

（一）概念

《联合国国际货物多式联运公约》对国际多式联运所下的定义是：“按照多式联运合同，

以至少两种运输方式，由多式联运经营人把货物从一国境内接运货物地点运至另一国境内指定交付货物的地点。”是一种把铁路、水运、公路和航空等传统单一的运输方式有机地结合起来，组成一个连贯的运输系统，以便更好地实现“门到门”运输，为客户或货主提供经济、合理、迅速、安全、简捷的运输服务方式。是一种新的符合综合物流思想的运输组织形式。

(二)国际多式联运的优点

国际多式联运是一种较高级的运输组织方式，它集中了各种运输方式的特点，扬长避短，融合一体，组成连贯运输，达到简化货运环节，加速周转，减少货损货差，降低运输成本，实现合理运输的目的。它相对于单一运输方式具有较大的优越性，主要表现在如下几个方面：

1. 提高运输组织水平

国际多式联运开展以前，各种运输方式都是自成体系，因此其经营 的范围是有限的，承运的数量也是有限的。多式联运的开展，实现了运输的合理化，改善了不同运输的衔接协作，从而提高了运输的组织和管理水平。

2. 综合利用各种运输的优势

多式联运通过各种运输方式的合理搭配，充分发挥各类运输工具的效能，提高了运输效率，减少了货物的库存时间和费用，降低了运输成本。

3. 实现“门到门”运输的有效途径

国际多式联运综合了各种运输的特点，组成了直达连贯运输，可以把货物从发货人的内地工厂或仓库，直接运到收货人的内地工厂或仓库，还可以运到收货人指定的任何适宜的地点。

4. 手续简便、提早结汇

在多式联运方式下，所有运输事宜均由多式联运经营人统一负责办理。对货主而言，只需办理一次托运手续，指定目的地，多式联运经营人就会以此为基础，把海、陆、空组织起来，设定最佳路线，提供统一单证和至目的地的统一费率，承担运输的全部责任。货物在启运地装上第一程运输工具后，货主即可取得多式联运单据，并可凭此向银行办理收汇手续。加速资金周转，节省利息支出。

5. 安全迅速

整个多式联运过程由多式联运经营人统一组织与管理，各个环节配合密切，中途停留时间短。且采用集装箱为主体，减少货损货差，能较好地保证货物安全、迅速、准确、及时地运到目的地。

6. 降低运输成本，节约运杂费用

多式联运可以从多方面节约费用，降低成本，对货主而言是优惠的运价，对承运人而言是高利润。

(三)国际多式联运存在的问题

1. 各国的集装箱标准尚未统一。目前欧洲大陆各国、日本和其他发达国家都是按国际标准化组织(ISO)所规定尺寸，即各国通用的 20 英尺和 40 英尺的标准集装箱。但美国的国内运输中，通常使用45 英尺或48 英尺的集装箱，同时还采用加长、加高的集装箱。由于以上原因，使得美国与其他国家之间的多式联运存在一定的困难和摩擦。

2. 各国集装箱运输的发展不平衡。当前许多发展中国家尚停留在集装箱化的初级阶段，这些地区成为多式联运路线的薄弱环节，然而，其地理位置却处于多式联运的路线的中途，这便成了国际多式联运的主要障碍之一。同时，这些国家由于财政和其他原因，其港口建设与内陆交通状况等的改善成为这些国家的难题之一。

3. 国际多式联运的法律问题尚未统一。至今《联合国国际多式联运公约》尚未达到 30 个国家的有效批准而未能生效，尽管国际货运代理协会联合会（FIATA）制定了多式联运单证，但是，由于各国船公司、承运单位及其企业规模的大小不同，以及各国的法律不同，使得所规定的多式联运经营人责任的多式联运单证及其背面条款都存在差异，加之国际上尚无一个可为各国通用的、统一规范的标准联运单证，造成了多式联运单证纷繁杂乱的状态。

（四）国际多式联运发展概况

1. 国外国际多式联运的发展状况

从 20 世纪 70 年代，国外国际多式联运得到较快的发展，进入海陆空国际联运全面发展时期。目前国际集装箱总运量中，采用国际多式联运方式完成的运量占 10% ~15%。国外主要的国际多式联运线路有：

（1）西伯利亚大陆桥运输线；

（2）北美大陆桥运输线；

（3）北美小陆桥运输线；

（4）北美、东北亚、东南亚、澳新各港口/中国沿海主要港口/中国内地（或反向运输）；

（5）远东各港口/欧洲各港口/欧洲内地（或反向运输）；

（6）远东、东南亚各港口/澳大利亚港港口/澳大利亚内地（或反向运输）。

2. 我国国际多式联运的发展概况

我国于 1980 年 8 月由中国对外贸易运输总公司（以下简称中国外运）开办境内国际集装箱接转西伯利亚大陆桥运输，当时国际多式联运业务量不大。1986 年，铁道部运输局与中国远洋运输总公司（以下简称中远）合作开办国际集装箱海铁联运业务，从而使得我国国际集装箱多式联运得到了较快的发展。从 1994 年开始，铁道部所属的中国铁路集装箱运输中心、中国铁路对外服务公司先后与香港九龙广州铁路公司、香港东方海外货柜航运有限公司、美国总统轮船公司、丹麦马士基航运公司合作开办国际集装箱多式联运业务。目前，中外运系统、中远系统、中国铁路系统、中国海运集团系统以及地方国际航空公司、国际货运代理企业、中外合资与中外合作企业等都在不同程度上开办国际集装箱多式联运业务。

目前，我国已开办的国际多式联运路线主要有：

（1）我国内地 - 我国港口 - 日本港口 - 日本内地（或反向运输）；

（2）我国内地 - 我国港口（包括香港）- 美国港口 - 美国内地（或反向运输）；

（3）我国港口 - 肯尼亚的蒙巴萨港 - 乌干达内地（或反向运输）；

（4）我国内地 - 我国港口（包括香港）- 德国汉堡港或比利时安特卫普港 - 北欧、西欧内地（或反向运输）；

（5）我国内地 - 我国港口（比如上海、新港）- 科威特 - 伊拉克（或反向运输）；

（6）我国东北地区 - 图门 - 朝鲜清津港 - 日本港口（或反向运输）；

(7)我国内地接转西伯利亚大陆桥运输(或反向运输)。

(五) 国际多式联运的主要业务

国际多式联运的主要业务及办理顺序如下:

1. 接受托运申请,订立多式联运合同;
2. 空箱发送、提取及运送;
3. 出口报关;
4. 货物装箱及接受货物;
5. 订舱及安排货物运送;
6. 办理保险;
7. 签发多式联运提单、组织完成货物的全程运输;
8. 运输过程中的海关业务;
9. 货物交付;
10. 货运事故处理。

(六)国际多式联运的类型

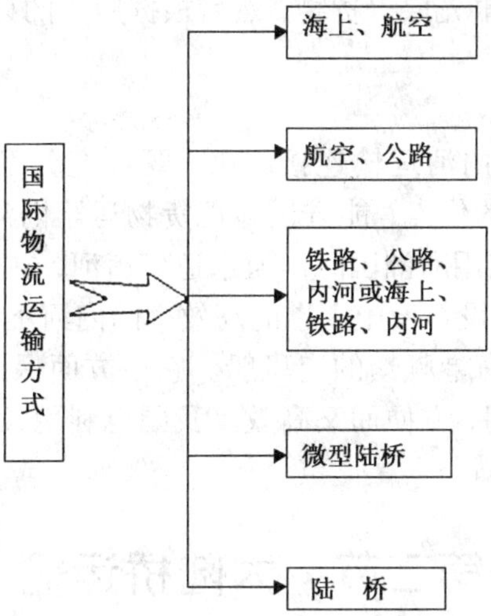

图7-3 国际物流联运方式

根据《联合国国际货物多运式联运公约》的定义,从运输方式的组成看,多式联运必须是两种或两种以上不同运输方式组成的连贯运输。按这种方法分类,理论上多式联运有海-铁、海-空、海-公、铁-公、铁-空、公-空、海-铁-海、公-海-空等共11种类型,但由于当今国际运输中海运占绝大多数的比例,因此目前多式联运主要有海-铁、海-空以及江-海三种类型。

1. 海-铁多式联运

海-铁包括海-铁-海多式联运,是当今多式联运的主要类型,特别是利用大陆桥开展海-铁或海-铁-海多式联运。所谓大陆桥(Land Bridge)是指大陆两端的港口之间,不通过跨洋过 运河的海运,而是通过横贯大陆的铁路,把货物从一端港口运至另一端港口,人们形象地把这种跨接大陆两端连接海运的铁路，称为大陆桥。利用大陆桥进行海－铁－海多式联运，比单一海运可缩短运输距离，节省运输时间和运输成本。例如从日本至鹿特丹利用西伯利亚大陆桥的海－铁多式联运，比经苏伊士运河的全海承运缩短距离约7000km，节省时间和运费20% 左右，经济效益十分显著。当今世界主要有三座大陆桥，即位于欧亚大陆的第一欧亚大陆桥（即西伯利亚大陆桥）、第二欧亚大陆桥（即中国大陆桥）和位于北美大陆的北美大陆桥（主要为美国大陆桥）。

2. 海－空多式联运

海－空多式联运结合海运运量大、成本低和空运速度快、时间要求紧的特点，能对不同运量和不同运输时间要求的货物进行有机结合。随着世界商品技术含量的不断提高，并向轻、小、精、薄方向发展以及跨国公司对及时运输的需求，发达国家已出现采用大型飞机进行国际标准集装箱（空水陆联运集装箱）的海－空多式联运方式。目前世界上海－空多式联运主要线路是远东至欧洲的联运，约占海－空联运总运量的50% 以上。该运输线路的西行线是远东通过海运至美西港口，如温哥华、西雅图、洛杉矶等，再通过空运至欧洲的目的地，东行线主要通过海参威、香港等港口，再通过空运中转至欧洲目的地。另一条主要海－空联运线是远东至中南美，即远东海运至美西的温哥华、洛杉矶等港口，再转空运至中南美内陆目的地。随着世界范围内物流业的兴起，一些大型国际配送中心根据资料预测用户的货物需求量，通过运输成本低廉的海运事先取得货物，然后根据用户的订单采取空运，可在24小时内完成交货。

3. 江－海多式联运

江－海多式联运把海运和内河运输连接起来，既可充分发挥海运量大、成本低的优点，又可发挥内河运输价廉、灵活的优点，能方便地把货物运至内河水系的广大地区。目前世界范围最典型的江－海联运是利用欧洲国际内河水道莱茵河，在数千公里的沿岸，一些重要的工商业中心都通水路，建设了设备设施先进的高效率的内河集装箱码头，开辟了各内陆工商业中心到鹿特丹、安特卫普等海港频繁的定班船。它一方面保证了运输时间，另一方面大大缩短了货物在海港的滞留时间，方便而又高效。我国也利用长江、珠江开展了不同形式的江－海联运，取得了明显的经济效益。

第二节　大陆桥运输

一、大陆桥运输概述

大陆桥运输是指以横贯大陆上的铁路、公路运输系统作为中间桥梁，把大陆两端的海洋连接起来形成的海陆联运并连贯运输。是指国际集装箱过境运输，是国际集装箱多式联运的一种特殊形式。

陆桥运输与海运相比不仅能够缩短运输里程，降低运输费用，加快运输速度等优点，而且对于沿桥地区的社会和经济发展也有巨大的推动作用。大陆桥运输是国际贸易运输中最重要的方式之一，它起到了沟通国际港、内河港、铁路与公路货运站、物流枢纽等的经济联系，成为国际物流的重要依托。同时，大陆桥运输可以加快先进生产力的传递速度，推动沿线特别是内陆性区域经济结构的调整和经济发展，能够带动更多的内涵型区域参与世界市场活动，促进世界经济一体化。

二、世界大陆桥运输线

(一)北美大陆桥主要是指美国大陆桥和加拿大大陆桥

北美大陆桥主要是指美国大陆桥和加拿大大陆桥。

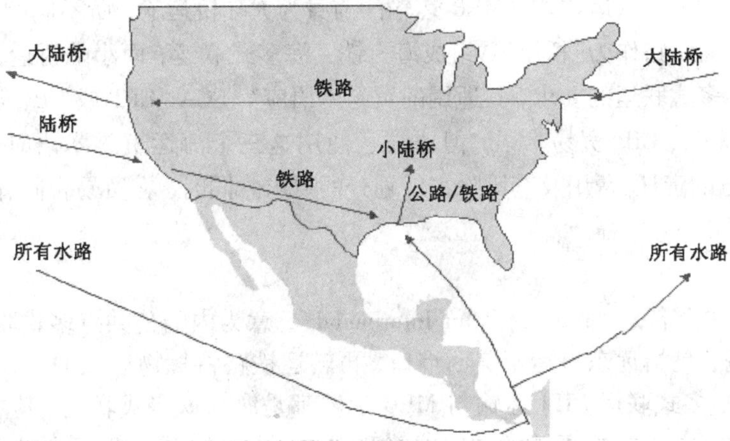

图 7－4　美国陆桥运输线

加拿大大陆桥是从太平洋口岸的温哥华，美国的西雅图换装上桥，经美国，加拿大两大铁路线横穿北美大陆(加拿大和美国)，运抵加拿大的大西洋口岸蒙特利尔。

这里主要介绍美国大陆桥运输线。它包括两条路线，一条是从西部太平洋口岸至东部大西洋口岸的铁路(或公路)运输系统，全长约 3200 公里。另一条是西部太平洋沿岸至南部墨西哥湾口岸的铁路(或公路)运输系统，全长约 500～1000 公里。由于东部港口和铁路太拥挤，货物到达后很难保证及时换装，使大陆桥运输带来的优越性——节省时间不能体现。因此，目前美国的大陆桥运输基本处于停顿状态。但是，由此派生而成的小陆桥(Mini－Land Bridge)和微型陆桥(Micro－Land Bridge) 运输方式却在不断发展。

1. 我国出口到美国的多式联运业务

目前，美国是我国第二大贸易国，从我国运往美国内地的集装箱货物很大一部分采用海－铁联运或多式联运方式，主要有：

(1)OCP 运输

OCP 的英文全名是“Overland Common Point”，意为内陆公共点，美国中部和西部约占三分之二的本土均为 OCP 地区。所谓 OCP 运输，是指远东通过海运至美西港口，再转运铁路将货物 运至 OCP 地区目的地交货的一种海－铁分段联运方式。与过巴拿马运河、绕加勒比海至美东港口再通过陆运运至美国东部或中部地区交货相比，OCP 运输可缩短运输距离，节省运输时间和运输成本，是一种较为合理的运输方式。

由于 OCP 运输不是真正的多式联运，因此托运人必须分别与海运和铁路承运人订立运输合同，通过接力方式将货物运至目的地。对我国出口企业而言，以 CFR 或 CIF 贸易术语成交的合同，其责任和费用终止于美西港口，同时在买卖合同、信用证以及运输单证中均应注明“OCP”字样，以便顺利结汇。

(2)MLB 运输

MLB 的英文全名是“Miniland Bridge”，意为小陆桥运输。

所谓 MLB 运输，是指远东海运至美西港口再转运铁路将货物运至美东或加勒比海沿海地区交货的一种海－铁多式联运方式。MLB 运输的前身为大陆桥运输，所不同的是，大陆桥运输是把美国横贯东西的铁路作为“桥梁”，组成海－铁－海多式联运，而小陆桥运输仅为海－铁多式联运。按照国际多式联运的要求，其适用的贸易术语应为 FCA 、CPT 或 CIP，目前我国出口企业仍沿用 FOB 、CFR 、CIP 贸易术语，但要注意使用这三个海运贸易术语时，应按照 FCA 、CPT、CIP 买卖双方的责任、费用及其风险责任划分的要求。同时，在贸易合同、信用证以及多式联运单据中注明“MLB”字样。

(3)IPI 运输

IPI 运输的英文全名是“Interior Point Intermodal”，意为内陆公共点多式联运。

所谓 IPI 运输，是指远东海运至美西港口，再转运铁路将货物运至 OCP 地区指定目的地交货的一种海－铁 多式联运。IPI 运输与 MLB 运输都是海－铁多式联运，其主要区别是交货地有所不同;IPI 运输 和 OPC 运输的运输线路和交货地相同，其主要区别是 IPI 运输是海－铁多式联运，而 OCP 运输是海－铁分段联运。同样，对我国出口企业来说采用 IPI 运输时也应尽量选用 FCA 、CPT 或 CIP 贸易术语，并在贸易合同、信用证和多式联运单据上注明“IPI”字样。

(二)西伯利亚大陆桥

又称欧亚大陆桥，它主要是利用东起海参崴，西至车里宾斯克长达7000 多公里的西伯利亚大铁路为主干，安排日本各港到欧洲各收交货点的运输，因而称为西伯利亚大陆桥。

(三)新亚欧大陆桥

新亚欧大陆桥 1992 年开始运营，它东起中国的连云港，经新疆阿拉山口，西至荷兰鹿特丹，把太平洋和大西洋连接了起来。新亚欧大陆桥，比经过西伯利亚的欧亚大陆桥缩短运距 2200 km，节约运费 12%。比由连云港或鹿特丹，经新加坡和苏伊士运河走海路缩短运距 9089 km，缩短运输时间一个月左右，节省运费 20%～25%。使运输于中国西部和欧洲之间的货物比走海运节省时间和费用 50% 左右。而且也使中国去欧洲的货物不必绕道满洲里、二连迂回入欧亚大陆桥外运，其社会效果和经济效果非常显著。

新亚欧大陆桥在中国内部横贯东西，穿越江苏、安徽、河南、陕西、甘肃和新疆等十几个省、自治区，近百个市、地、州、铁路辐射面已达大半个中国，促进西北、西南、中原、华东、华北等地区的双向开放，形成沿桥全方位对外开放的格局。

第三节　物流标准化

一、物流标准化的定义

物流标准化是指以物流为一个大系统，制定系统内部设施、机械装备、专用工具等各个分系统的技术标准；制定系统内各分领域如包装、装卸、运输等方面的各类作业标准，以及作为现代物流突出特征的物流信息标准，并形成全国以及和国际接轨的标准化体系。物流标准根据其定义分为物流软件标准和物流硬件标准。具体而言，软件标准包括物流用语的统一、单位标准化、钱票收据标准化、应用条码标准化和包装尺寸标准化；硬件标准包括托盘标准化、集装箱、叉车标准化、拖车载重量标准化，保管设施标准化以及其他物流设备标准化。

二、物流标准化的基点

（一）集装是物流标准化基点

物流是一个非常复杂的系统，涉及的面很广泛。过去，构成物流这个大系统的许多组成部分也并非完全没有搞标准化，但是，这往往只形成局部标准化或与物流某一局部有关的横向系统的标准化。从物流系统来看，这些互相缺乏配合性，不能形成纵向的标准化体系。所以，要形成整个物流体系的标准化，必须在这个局部中寻找一个共同的基点，这个基点能贯穿物流全过程，形成物流标准化工作的核心，这个基点的标准化成了衡量物流全系统的基准，为各个局部标准化的准绳。

为了确定这个基点，人们将进入物流领域的产品（货物）分为三类，即：零杂货物、散装货物与集装系统。这三类的标准化难易程度是不同的。

零杂货物及散装货物在物流的“结点”上（例如在换载、装卸时）都必然发生组合数量及包装形式的变化。因此，要想在这些“结点”上实现集装体为基本单位，其包装形式在装卸、输送及保管的各个阶段基本上不全发生变化，也就是说，集装货物在结点上容易实现标准化的处理。至于零杂货物的未来，一部分可向集装靠拢，向标准包装尺寸靠拢；另一部分还会保持其多样化的形态而难以实现标准化。所以，不论是国际物流还是国内物流，都可以肯定地说，集装系统是使物流全过程贯通而形成体系的核心，是保持物流各环节上使用的设备、装置及机械之间整体性及配合性的核心。所以，集装系统是使物流过程连贯而建立标准化体系的基点。

（二）物流全系统标准化取决于和集装的配合性

具体来讲，集装系统为物流标准化的基点，这个基点的作用之一，就是以此为准来解决全面的标准化。因此，必须实现集装与物流其他各个环节之间的配合。

1. 集装与包装的配合性。包装尺寸和集装尺寸的关系应当是：集装是包装尺寸的倍数系列，而包装是集装尺寸的分割系列。

2. 集装与装卸机具、装卸场所、装卸小工具（如吊索、跳板等）的配合性。

3. 集装与仓库站台、货架、搬运机械、保管设施乃至仓库建筑（净高度、门高、门宽、通路宽度等)的配合性。

4. 集装与保管条件、工具、操作方式的配合性。

5. 集装与运输设备、设施(如运输设备的载重、有效空间尺寸)等的配合性。如果形成了倍数系列的尺寸关系，就能提高装运的密度和形成坚实的货垛。

6. 集装与末端物流的配合性。一般来说，占消费者中大多数的零星消费者的要求是逆规格化方向而行的，消费者追求多样化，这就使多样化的末端物流与简单化的主体物流(集装系统)的配合性出现困难，集装物流转变为末端物流，要对简单性的集装进行多样化的分割，以解决集装的简单化与末端物流多样化要求的矛盾。衔接消费者的“分割系列”与衔接生产者的“倍数系列”有时是有矛盾的，标准化要解决的就是要选择最优。

7. 集装与国际物流的配合性。我国集装标准化要与国际标准接轨。这个接轨可以使国际海运集装箱通过我国的铁路和公路运输直达内地，从而充分发挥集装箱联运“门到门”的优势。

三 、物流标准种类

(一) 大系统配合性、统一性标准

1. 基础编码标准

基础编码标准是对物流对象物编码，并且按物流过程的要求，转化成条形码，这是物流大系统能够实现衔接、配合的最基本的标准，也是采用信息技术对物流进行管理和组织、控制的技术标准。在这个标准之上,才可能实现电子信息传递、远程数据交换、统计、核算等物流活动。

2. 物流基础模数尺寸标准

物流基础模数尺寸指标准化的共同单位尺寸，或系统各标准尺寸的最大公约尺寸。在基础模数尺寸确定之后，各个具体的尺寸标准，都要以基础模数尺寸为依据，选取其整数倍数为规定的尺寸标准。由于基础模数只寸的确定，只需在倍数系列进行标准尺寸选择其他的尺寸标准，这就大大减少了尺才的复杂性。物流基础模数尺寸的确定不但要考虑国内物流系统，而且要考虑到与国际物流系统的衔接，具有一定难度和复杂性。

3. 物流建筑基础模数尺寸

主要是物流系统中各种建筑物所使用的基础模数，它是以物流基础模数尺寸为依据确定的，也可选择共同的模数尺寸。该尺寸是设计建筑物长、宽、高等尺寸，门窗尺寸，建筑物柱间距，跨度及进深等尺寸的依据。

4. 集装模数尺寸

集装模数尺寸是在物流基础模数尺寸基础上，推导出的各种集装设备的基础尺寸，以此尺寸作为设计集装设备三向尺寸的依据。在物流系统中，由于集装是起贯穿作用的，集装尺寸必须与各环节物流设施、设备、机具相配合，因此，整个物流系统设计时往往以集装尺寸为核心，然后，在满足其他要求前提下决定各设计尺寸。因此，集装模数尺寸影响和决定着与其有关各环节标准化。

5. 物流专业名词标准

为了使大系统有效配合和统一，尤其在建立系统的情报信息网络之后，要求信息传递异常准确，这首先便要求专用语言及所代表的涵义实现标准化。如果同一个指令，不同环节有不同的理解，这不仅会造成工作的混乱，而且容易出现大的损失。物流专业名词标准包括物流用语的统一化及定义的统一解释。

6. 物流单据、票证的标准化

物流单据、票证的标准化，可以实现信息的录入和采集，将管理工作规范化和标准化，也是应用计算机和通信网络进行数据交换和传递的基础标准。它可用于物流核算、统计的规范化是建立系统情报网、对系统进行统一管理的重要前提条件，也是对系统进行宏观控制与微观监测的必要前提。

7. 标志、图示和识别标准

物流中的物品、工具、机具都是在不断运动中，因此，识别和区分便十分重要，对于物流中的物流对象，需要有易于识别的又易于区分的标识，有时需要自动识别，这就可以用复杂的条码来代替用肉眼识别的标识。

8. 专业计量单位标准

除国家公布的统一计量标准外，物流系统还有许多专业的计量问题，必须在国家及国际标准基础上，确定本身专门的标准，同时，由于物流的国际性很突出，专业计量标准还需考虑国际计量方式的不一致性，还要考虑国际习惯用法，不能完全以国家统一计量标准为惟一依据。

(二)分系统技术标准

分系统技术标准主要有:运输车船标准、作业车辆标准、传输机具标准、仓库技术标准;包装、托盘、集装箱标准(包括包装、托盘、集装系列尺寸标准)，包装物标准，货架储罐标准等。

四 、物流标准化的方法

目前，物流体系的标准化工作在各个国家都处于初始阶段，标准化的重点在于通过制定标准规格尺寸来实现全物流系统的贯通，取得提高物流效率的初步成果。因此，物流标准化的方法，主要指初步规格化的方法，具体包括以下内容:

(一)确定物流基础模数尺寸

物流标准化的基础是物流基础模数尺寸，它的作用和建筑模数尺寸的作用大体相同，考虑的基点主要是简单化。基础模数尺寸一旦确定，设备的制造、设施的建设、物流系统中各个环节的配合协调、物流系统与其他系统的配合就有了依据。目前国际标准化组织(ISO)制定的物流基础尺寸的标准为:

1. 物流基础模数尺寸:600mm×400mm。

(1)物流集装基础模数尺寸:以 1200mm×1000mm 为主，也允许 1200mm×800mm 和 1200mm×1100 的规格。

(2)物流基础模数尺寸与集装模数尺寸的配合关系。

(二)如何确定基础模数？为什么确定 600mm×400mm 为基础模数尺寸？

模数指一个基本的度量单位，一种基准尺寸。这一术语最初用于建筑。为使房屋建筑的内面积能被充分利用，或建筑物内部便于分割与处理，规定一种基准的度量单位，建筑的长与宽都按这一基准的整数倍进行设计，称为模数。如日本通常就以一张3尺 ×6尺的草垫尺寸这模数设计建筑的尺寸。ISO组织对模数的定义为能引出运输系统各构成要素尺寸的一个标准值。

模数化就是在确定基础模数尺寸后，将相互联系的事物均按基础模数尺寸形成“倍数系列”和“分割系列”，以便相互配套。

由于物流标准化系统较之其他标准系统建立较晚，所以确立基础模数尺寸主要考虑了目前对物流系统影响最大而又最难改变的事物，即输送设备。采取“逆推法”，由输送设备的尺寸来推算最佳的基础模数。当然，在确定基础模数尺寸时也考虑到了现在已通行的包装模数和已使用的集装设备，并从行为科学的角度研究了人及社会的影响，从其与人的关系看，基础模数尺寸是适合人体操作的最高限尺寸。

（三）确定物流模数

物流模数即集装单元基础模数尺寸（即最小的集装尺寸），集装模数尺寸影响和决定着与其有关的各个环节的标准化。

集装单元基础模数尺寸，可以从600mm×400mm按倍数系列推导出来，也可以在满足600mm×400mm的基础模数的前提下，从载货车或大型集装箱的“分割系列”推导出来。物流基础模数尺寸与集装单元基础模数尺寸的配合关系，可用集装单元基础模数尺寸的1200mm×1000mm为例说明，详见图7－5。从图7－5看出，集装单元基础模数尺寸可以由5个物流基础模数尺寸组成。

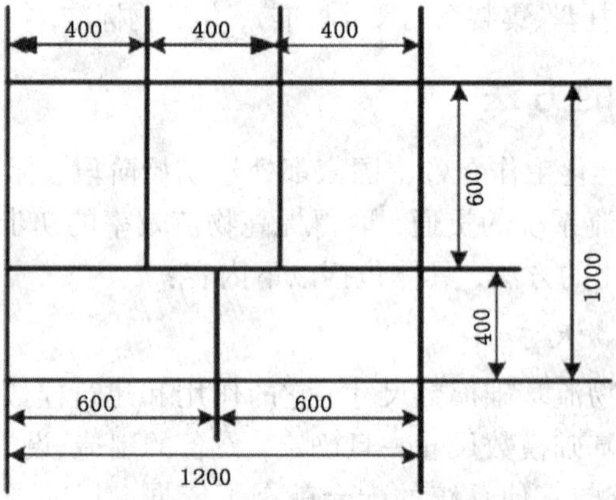

图7－5　物流模数尺寸与集装单元基础模数尺寸的关系图例

（四）以分割及组合的方法确定物流各环节的系统尺寸

物流模数作为物流系统各环节标准化的核心，是形成系列化的基础。可依据物流模数确定有关系列的大小及尺寸，再从中选择全部或部分，作为定型的生产制造尺寸。由物流模数体系可以确定包装容器、运输装卸设备、保管器具等系列尺寸。图为物流模数体系构成图。根据图7－6所示关系，可以确定各环节的系列尺寸。就是以1200mm×1000mm推算的最小尺寸为200mm×200mm的整数分割系列尺寸确定的。

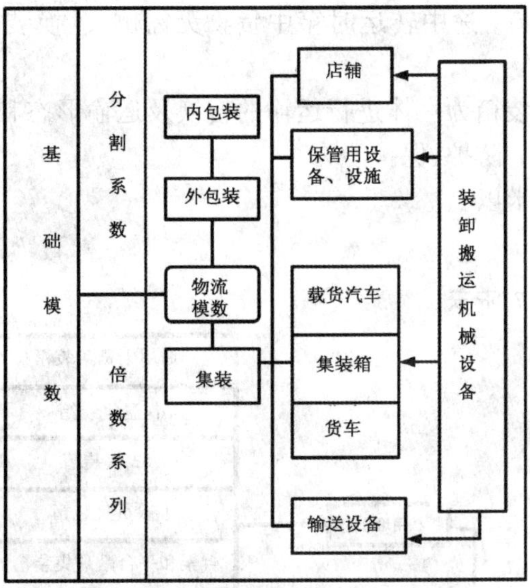

图7-6　物流模数体系构成图

虽然上述模数尺寸尚未正式颁布实施，但是目前看来已成定局，许多国家都以此为基准修改本国物流的有关标准，以和国际的发展趋势吻合。例如，英、美、加拿大、日本等国都已打算放弃国内原来使用的模数尺寸，而改用国际的模数尺寸。日本等一些国家在用1200 mm ×1000 mm的模数尺寸系列的同时，还发展了1100 mm×1100 mm正方形的集装模数，并已形成本国的物流模数系列。

我国虽然尚未从物流系统角度全面开展各环节标准化工作，也尚未研究物流系统的配合性等问题，但是，已经制定了一些分系统的标准。其中汽车、叉车、吊车等已全部实现了标准化，对包装模数及包装尺寸、联运平托盘也制定了国家标准。参照国际标准，还制定了运输包装部位的标示方法国家标准。其中，联运平托盘外部尺寸系列规定优先选用两种尺寸；TP2-800 mm×1200 mm，TP3-1000 mm×1200 mm；还可选用一种尺寸为TP1-800 mm×1000 mm。托盘高度基本尺寸为100 mm与70 mm两种。

第四节　集装箱物流

一、集装箱的概念

(一) 概念

集装箱（container）是我国大陆的称谓，在中国香港称为“货箱”，在中国台湾省称作“货柜”。集装箱是进行散、杂货及特殊单元组合的大型容器性工具。一般集装箱具备下述功能：

1. 能长期反复使用;

2. 以箱为整体进行物流，途中转运时箱中货物无需倒装、换装。箱内货物只在起点和终点进行逐个处置;

3. 对物流过程中以集装箱为一体进行运输的转换及运输形态和其他形态的转换;

4. 对内装货物有较强的防护、保护能力;

5. 箱内净空在 1 立方米以上。

(二)集装箱的分类

集装箱分类,见图 7－7 所示。

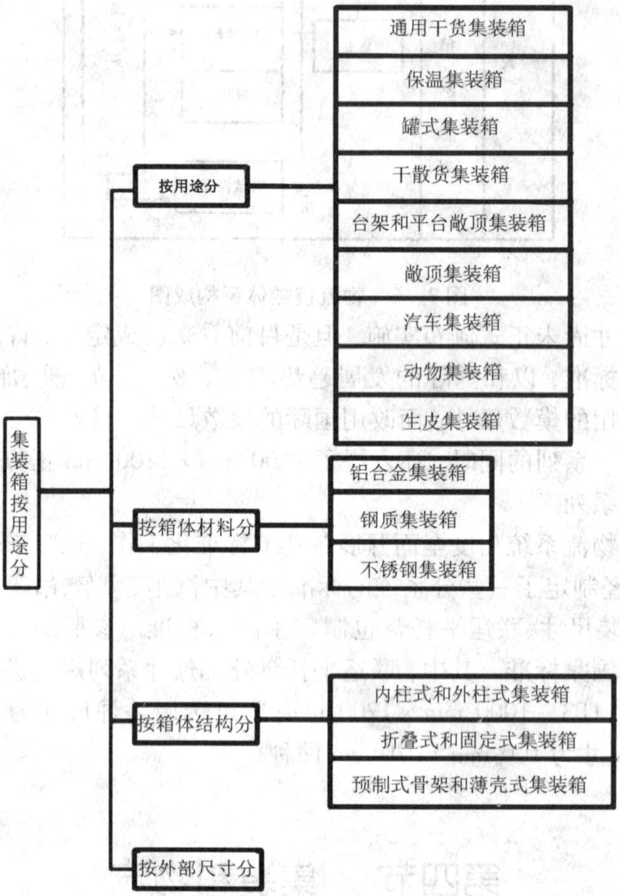

图 7－7　集装箱的分类

(三)集装箱运输

“集装箱运输”是指货物装在集装箱内进行运送的运输方式。它冲破了过去交通运输中的一切陈旧的规章制度和管理体制，形成了一套独立的规章制度和管理体制，是最先进的现代化运输方式。它具有“安全、迅速、简便、价廉”的特点，有利于减少运输环节，可以通过综合利用铁路、公路、水路和航空等各种运输方式，进行多式联运，实现“门到门”运输。所以集装箱运输一出现，就深受各方面的欢迎，显示出其强大的生命力和广阔的发展前景。

图 7－8 集装箱码头

二、集装箱运输的特点和优越性

(一)集装箱运输的特点

传统件杂货运输方式的特点在集装箱化之前，件杂货运输的传统方式通常有两种:(1)用原始的袋、箱、盒、篓、桶、捆等方式进行运输;(2) 用托盘或网络将上述原始包装的货物成组后进行运输。用第一种方式运输存在明显的缺点:(1)货物搬运、倒载次数多，劳动强度大。货物从运输的起始点到终点，往往经过多个接运点，经过多种运输方式的转换（ 如从卡车转为火车、火车转为船舶、船舶再转为卡车等)。每次转换,每件货物都需经过一次装卸搬运，或倒载。由于原始包装的使用机械,在车、船等中只能使用人力，所以劳动强度非常大，对人安全的威胁也大。(2)货物多次搬运,货损、货差大,理货工作量繁重。由于多数为单件人力搬运、装卸，所以货物搬运次数越多，形成货损、货差的可能性越大。为防止货损，只能加强货物包装的强度，造成包装费用上升。同时，为了分清各个承运人的责任，在运输过程的每个转运点转换运输方式时，都必须清点货物，办理交接，进行理货，办理各种文件交接的工作量巨大。这些都直接导致物流成本上升。

货物装卸时间长。由于基本依靠人力装卸货物,所以在运输各环节货物装卸的作业效率很低，装卸时间很长。以装卸普通的 40kg 包装的袋装货为例，装卸一个 20ft 集装箱(假定装载 20t 货物)，只需一个桥吊司机 2 ~3min 的时间；而使用人力，则大约需要 18 个工人，至少作业 半小时以上原始包装的货物改为用托盘或网络成组进行运输，虽然可以使用机械，劳动强度下降,劳动生产率有所上升,装卸时间有所减少,但成组货物的装卸单元(通常为 2t 左右)比集装箱小得多,效率仍然大大低于集装箱。而且,成组化以后货物仍然容易破损;在多次倒载过程中,成组货物容易散开。这些都无法改变货损、货差严重和理货工作量大的缺陷。

(二) 集装箱运输的优越性

1. 扩大成组单元，提高装卸效率，降低劳动强度。在装卸作业中，装卸成组单元越大，装卸效率越高，托盘成组化与单件货物相比，装卸单元扩大了 20 ~40 倍;而集装箱与托盘成组化相比，装卸单元又扩大了 15 ~30 倍，所以集装箱化对装卸效率的提高是个不争的事实。

2. 减少货损、货差，提高货物运输的安全与质量水平。货物装入集装箱后，在整个运输过程中不再倒载。由于减少了装卸搬运的次数，就大大减少了货损、货差，提高了货物的安全和质量。据我国的统计，用火车装运玻璃器皿，一般破损率在 30% 左右，而改用集装箱运输后，破损率下降到 5% 以下。在美国，类似运输破损率不到 0.01%，日本也小于 0.03%。

3. 缩短货物在途时间，降低物流成本。集装箱化给港口和场站的货物装卸、堆码的全机械 化和自动化创造了条件。标准化的货物单元加大，提高了装卸效率，缩短了车船在港口和场站停 留的时间。据航运部门统计，一般普通货船在港停留时间约占整个营运时间的 56%；而采用集装箱运输，则在港时间可缩短到仅占营运时间的 22%。这一时间的缩短，对货主而言就意味着资金占用的大幅下降，可以很大程度地降低物流成本。

4. 节省货物运输包装费用，简化理货工作。集装箱是坚固的金属（或非金属）箱子。集装箱化后，货物自身的包装强度可减弱，包装费用下降。据统计，用集装箱方式运输电视机，本身的包装费用可节约 50%。同时，由于集装箱装箱通关后，一次性铅封，在到达目的地前不再开启，也简化了理货工作，降低了相关费用。

减少货物运输费用。集装箱可节省船舶运费;节省运输环节的货物装卸费用;由于货物安全性提高，运输中保险费用也相应下降。据英国有关方面统计，该国在大西洋航线上开展集装箱运输后，运输成本仅为普通件杂货运输的九分之一。

四、集装箱运输在我国的发展前景

集装箱运输在我国的发展前景一片光明，发展势头良好。

1. 我国经济已进入良性发展的轨道，经济增长将极大刺激运输量的增长。1997 年以后，我国的 GDP 以每年 7% ~8% 的增速上升，经济增长十分稳健。开发西部的政策有效执行，使西部与东南部的经济循环开始建立，这对西部经济的发展和东南部经济的发展，都会有良好的影响。国际贸易稳步增加，外汇储备稳定增加。经济的良性增长，必定刺激物流量的增长，促使运输量增加，促进集装箱运输的发展。

2. 运输货物结构变化，适箱货比例迅速上升，刺激集装箱运输发展。无论是国际贸易还是国内贸易，我国运输货物的结构均在发生明显的变化，适箱货的比例迅速上升，货物集装箱化的程度在提高。从国际贸易的角度看，我国正在渐渐地成为世界的“工厂”。我国传统产业（农业）迄今为止 还存在巨大的过剩劳动力储备，在相当长的时间内还能源源不断地转向现代产业（制造业、服务业），这使得我国现代产业的工资水平不会因为对劳动力需求的增加而过快上升，使我国产品可 以在相当长的时间内，保持劳动力成本低的竞争优势，使世界各国的制造业进一步向我国转移;近年来我国教育水平的不断提高，进入企业的劳动力训练程度提高较快，素质不断提高，这使得 我国制造业的技术含量能很快提高，出口产品的档次不断上升;随着我国加入 WTO，国际贸易 的门也开得越来越大。这些都导致我国不但国际货物运输的数量在迅速上升，货物结构也在明显变化，由早期的初级产品（不适箱货）出口转向现在的加工业制成品（适箱货）出口，直接刺激了 集装箱国际水路运输数量的上升。据统计，自 1979 年以后，我国对外贸易的数量上升了 25 倍，而同期国际加工贸易的数量却上升了 145 倍。这就解释了我国港口国际集装箱运输的吞吐量为 什么会增加得那么快，也可以看出未来的发展势头。从国内贸易的角度看，在 20 世纪七八十年代，我国国内运输的主要格局是“北煤南运”和“南粮北调”，燃料和粮食运输占了沿海水路运输和铁路运输的大半江山 。煤和粮都是不适箱货，所以货物集装箱化的程度很低，各地集装箱的生成量也很低。90 年代以后，由于能源格局的变化和北方粮食产量的增加，“北煤南运”和“南粮北调”的格局被彻底打破，沿海与内陆运输的货物主要变成了各种类型的制成品和水果、花卉等高档农产品，适箱货的比例大幅上升。在国内运输中，集装箱的“生成量”也迅速提高。国际与国内贸易运输货物的结构变化，使集装箱货物生成量上升，客观上刺激了集装箱运输的发展。

3. 随着国力上升，加大了对基础设施投资的力度，使集装箱运输发展的客观基础加强。改革开放后的开始几年，由于我国综合国力比较薄弱，对道路、港口等基础设施的投资一直滞后，这在某种程度上制约了运输和经济的增长，形成恶性循环。近年来，由于我国宏观经济已进入良性循环的轨道，有能力加大对基础设施的投入，这就为集装箱运输的发展创造了良好的条件。如 1995 年，国务院就提出了以上海为中心，江浙为两翼，建设上海“国际航运中心”的设想。2002 年，这一设想迈出了重大实质性步伐。“洋山集装箱深水枢纽港”开始动工兴建。这一宏大的港口工程包括洋山深水港、30km 的跨海大桥和 30 万人口的芦潮港“海港新城”三部分。2005 年，形成一期生产能力后，很可能改变东亚集装箱港口的竞争格局。洋山新港依托江、浙、沪三地的经济实力和中国经济的强大背景，很可能在东亚集装箱港口的激烈竞争中取得有利地位，成为“东亚 - 北美”钟摆式运输中东亚一侧的枢纽港，推动我国集装箱运输的整体发展。

我国的行政管理体制和法律、法规建设，也正在向有利于集装箱运输的方向发展。多年来，我国主要集装箱港口几乎没有“转口运输”，这极大地制约了我国集装箱运输的发展。如上海口岸，多年来集装箱国际转口运输量，只占总吞吐量的不足 1%；深圳盐田港国际转口运输量，也不足 1%。而与此同时，中国香港集装箱转口运输量，占总吞吐量的 40%；中国台湾高雄和新加坡集装箱转口运输量，更高达 70%。这固然有所处地理位置的原因，但也有法律、法规方面的原因。如香港、高雄、新加坡等，集装箱转口运输不作为进、出口处理，可以从一条船上卸下来，直接装上另一条船；而我国的口岸则将转口运输作为进、出口看待，既要纳关税，又要办理复杂的手续。这就严重阻碍了我国港口集装箱转口运输的发展。有关方面已开始对此进行积极的改革，这一问题将很快得以解决。

五、集装箱运输组织

（一）集装箱货物的装箱方式

根据集装箱货物装箱数量和方式分为整箱和拼箱两种。整箱是指托运人自行将货物装满整箱以后，以箱为单位托运的集装箱。这种方式通常在货主有足够货源装载一个或数个整箱时采用。除有些大的货主自己备有集装箱外，一般都向承运人或集装箱租赁公司租用一定的集装箱。空箱运到工厂或仓库后，在海关人员监管下，货主把货装入箱内，加锁、铅封后交承运人并取得站场收据，最后凭收据换取提单或运单。

拼箱是指承运人接受货主托运的数量不足整箱的小票货运后，根据货类性质和目的地进行分类整理，把去向同一目的地的货集中到一定数量，拼装入箱。由于一个箱内有不同货主的货拼装在一起，所以叫拼箱。这种方式在货主托运的货物数量不足装满整箱时采用。拼箱货的分类、整理、集中、装箱、交货等工作均在承运人码头集装箱货运站或内陆集装箱转运站进行。

（二）集装箱货物的交接方式

如上所述，集装箱货运分为整箱和拼箱。因此在交接方式上也有所不同，一般有以下四类。

1. 整箱交、整箱接。货主在工厂或仓库把装满货后的整箱交给承运人，收货人在目的地以同样的整箱交货。也即，承运人以整箱为单位负责交接。货物的装箱和拆箱均由货方负责。

2. 拼箱交、拆箱交。货主将不足整箱的小票托运货物在集装箱货运站或内陆转运站交给承运人，由承运人负责拼箱和装箱，运到目的地货运站或内陆转运站，又承运人负责拆箱，拆箱后收货人凭单接货。货物的装箱和拆箱均由承运人负责。

3. 整箱交、拆箱接。货主在工厂或仓库把装满后的整箱交给承运人，在目的地的集装箱货运站或内陆转运站由承运人负责拆箱后，各收货人凭单接货。

4. 拼箱交、整箱接。货主将不尽整箱的小票托运货物在集装箱货运站或内力转运站交给承运人。由承运人分类调整，把同一收货人的货集中拼箱成整箱，运到目的地后，承运人以整箱交，收货人以整箱接。

在上述各种交接方式中，以整箱交、整箱接效果最好，也能发挥集装箱的优越性。

（三）集装箱货物的交接地点

货物运输中的交接地点是指根据运输合同，承运人与货方交接货物、划分责任风险和费用的地点。由于国际公约或各国法律通常制定了强制性的法律规范，因此承运人不能通过合同的方式减轻自己的责任；而有关费用问题，则可以由双方当事人另行约定。在集装箱运输中，根据实际需要，货物的交接地点并不固定。

目前集装箱运输中货物的交接地点有船边或吊钩（ship′s rail or hook/tackle）、集装箱堆场、集装箱货运站和其他双方约定的地点（“门 door”）。

集装箱堆场（container yard，CY），是交接和保管空箱（empty container）和重箱（loaded container）的场所，也是集装箱换装运输工具的场所。

集装箱货运站（container freight station，CFS），是拼箱货交接和保管的场所，也是拼箱货装箱和拆箱的场所。

根据承运人从发货人手中接收货物和向收货人交付货物地点的不同组合，集装箱货物的交接方式可分为以下 8 种。

1. “门到门”。交接方式。一般理解为发货人负责装箱办理通关和加封，承运人在发货人处接受货物后，对货物运输的全程负责直到运至收货人处交付货物时止，货物交接的形态均为整箱货。

2. “门”至堆场交接方式。一般理解为发货人负责装箱、办理通关和加封，承运人在发货人处接受货物后，对货物运输全程负责，直到运至运输合同中指定的码头或内陆堆场向收货人交付货物为止，货物交接形态均为整箱货。

3. “门”至集装箱货运站交接方式。一般理解为发货人负责装箱、办理通关和加封，承运人在发货人处接受货物后，对货物全程运输负责，直到运至运输合同中指定的码头或码头附近或内陆地区的集装箱货运站，并负责拆箱，直至想收货人交付为止。在这种交接方式下，承运人接受的是整箱货，交付时为拼箱形态。

4. 堆场至堆场交接方式。一般理解为发货人负责装箱，办理通关及加封手续，并自行负责将集装箱由装箱地运输合同中指定的码头或内陆堆场，承运人在该堆场接受货物后，负责将货物运至合同中指定的目的地堆场的全程运输，并在目的地堆场向收货人交付货物，收货人负责至拆箱地运输和拆箱、还箱工作。货物的交接形态均为整箱货。

5. 堆场至集装箱货运站交接方式。一般理解为发货人负责装箱，办理通关及加封手续，并自行负责将集装箱由装箱地运至运输合同只指定的堆场交给承运人。承运人负责将货物运至合同中指定的目的地堆场的全程运输，并负责拆箱后向收货人交付货物。承运人以整箱形态接受货物，以拼箱形态交付货物。

6. 集装箱运站至"门"交接方式。一般理解为发货人以原来的形态把货物运至运输合同指定的集装箱货运站，承运人集装箱货运站接受货物负责装箱、加封后，负责将货物运至手货人处交付货物。承运人以拼箱形态接受货物，以整箱形态交付货物。这种交接方式一般对应于多个发货人，一个收货人的情况。

7. 集装箱货运站至堆场交接方式。

8. 集装箱货运站至集装箱货运站交接方式。

以上 8 种交接方式，进一步可以归纳为以下 4 种方式。

"门到门"。这种运输方式的特征是，在整个运输过程中，完全是集装箱运输，故最适合于整箱交、拆箱接。

门到场站。这种运输方式的特征是，由门到场站为集装箱运输，由场站到门的是货物运输，故适合于整箱交、整箱接。

场站到门。这种运输方式的特征是，由门至场站为货物运输，有场站至门是集装箱运输，故适合于拼箱交、整箱接。

场站到场站。这种运输方式的特征是，除中间一段为集装箱运输外，两端的内陆运输均为货物运输，故适合于拼箱交，拼箱接。

(四)集装箱运输进出口程序

1. 订舱。出口公司根据贸易合同装运期事先向船公司办理订舱手续。

船公司确认订舱后，签发装货单，分送集装箱堆场和集装箱货运站，据以安排空箱及办理货运交接。

2. 发送空箱。整箱货运所需的空箱，由船公司送交或发货人领取。拼箱货运所需的空箱，一班由货运站领取。

3. 拼箱货装箱。集装箱货运站根据订舱单核收托运货物签发场站货物收据，经分类整理，然后在站内装箱。

4. 整箱货运箱。发货人收到空箱后，自行装箱并按时运至集装箱堆场。集装箱堆场根据订舱单、装箱单验收并签发场站货物收据。

5. 集装箱货运交接。

上述(4)(5)签发的场站收据是发货人交货和船。

六、集装箱物流

集装箱物流，是通过集装箱将包装、装卸、储存、运输、保管连贯起来，形成贯通全程的物流活动。集装箱物流的巨大优势是通过不同运输手段的有效衔接，形成"多式联运"，以实现"门到门"的物流服务。

集装箱物流方式有单独的集装箱水路运输、集装箱公路运输、集装箱铁路运输及集装箱航空运输等方式，也有不同组合的集装箱联运。正确选择集装箱的运输方式，充分利用集装箱的优势，避免在选择上出现错误，是物流管理工作的重要内容。

(一)集装箱水运方式的选择

集装箱物流，尤其是国际集装箱运输，船舶是主要的运输工具，国际通用 6 米（20 英尺）及 12 米（40 英尺）两种大型集装箱，用普通船运输，装运量有限，且装运困难，所以近几十年发展出了若干型式的专用集装箱船，这是集装箱运输，尤其是集装箱联运的主要运输工具。

能载运集装箱的船舶种类很多，但载运能力、载运方式相距甚远。现在主要采用的有以下若干种：

1. 吊装式集装船

集装箱入出船作业采用吊装方式，利用岸上或船上起重设备进行吊装吊卸。主要有三种类型：第一种是专用全集装箱船，第二种是半集装箱船，第三种是集装箱－杂货两用船。这三种船集装箱货体的装卸作业都采取吊上、吊下方式。其中最典型的是全集装箱船。

(1)全集装箱船。是集装箱专用船，其特点是载运集装箱数量大，一般为大开口单甲板，舱内有稳固集装箱的箱格结构，每一箱格可堆放集装箱 4～9 层。甲板上可堆放集装箱 2～3 层，并有系紧装置稳固集装箱。全集装箱船载重量一般在万吨级以上，第四代全集装箱船已达 5 万吨级以上，载箱量最大已达 4000～5000 个国际标准集装箱，有很高的运输效率。

(2)集装箱－杂货两用船。是属于多用途的货船。这种船主要适合货种、货流变化量大，未形成有效集装箱集运系统的航线上采用，往往是集装箱和各种散杂货混载，有很高的灵活性。这种船一般是双甲板船，采用大船口、平舱盖，以便在盖上放置集装箱。舱口尺寸与国际标准集装箱配套，以便装卸作业。

2. 滚装式集装箱船

是将集装箱货载连同牵引车一起驶入船上，车及集装箱一同完成水运或上船后只卸下集装箱而将车辆从船上驶下的方式，连同车辆一起运输的集装箱船，所运之集装箱不能叠放堆码，因而船型必须是多层甲板。这种船与码头之间的装卸是通过船首、船尾或船侧的开口处，通过跳板将车载集装箱驶上驶下。各层仓的沟通主要靠斜坡道或升降机。

滚装式集装箱有很大的特点，其优点是对码头要求较低，装卸速度快，装卸效率高，适应货种多。其缺点是舱容利用率低、造价高，在集装箱运输中是一种辅助船型。

3. 载驳集装箱船

又称子母集装箱船或浮装式集装箱船。载有集装箱的驳船，浮进载驳船或整体吊入载驳船之后，进行“船载船”的载驳运输，到达后再将载有集装箱的子驳船放入水中。

载驳集装箱船的主要特点是利用小驳船的机动性及通达性，可将海上干线运输、内航干 线运输与小河道、小水域的配送、集货运输有效地联结起来，有利于实现“门到门”的运输，尤其是大小船之间的转运，利用载驳集装箱船可节省转运时间、转运时的装卸费用。

4. 内河集装箱船

用于内河航运的专用集装箱船，主要是有自航能力的自航驳船，也采用驳船组队的形式。内河集装箱船主要特点是上部建筑简单，有大开口或大甲板便于装卸集装箱。内河集装箱船受内河船运限制，船体较小，内河水深变动较大，因而主要采用吊上吊下方式进行集装装卸。

5. 江海联运型集装箱船

能在海上和江上运输而不需换运的集装箱船，又有江船出海型和海船进江型两种。

（二）集装箱公路运输方式的选择

集装箱公路运输是集装箱物流的重要运输形式，尤其是集装箱“门到门”汽车直接运输和联运系统，集装箱公路运输是不可缺少的首尾运输重要环节。对于大型集装箱而言，集装箱公路运输也进行长距离的干线运输。

集装箱公路运输车可选择的车辆种类有下列几种。

1. 集装箱半挂车

集装箱半挂车又分平板式、梁架式、浮动轮式及伸缩梁架式若干种。其基本结构是：半挂车前部有支脚或浮动轮，后部为承重轮，在运输时，前部搭放于拖车之上，和拖车一起形成一个整体，集装箱自重及挂车自重由拖车和挂车共同承重。几种半挂车中，梁架式有较强的专用性，挂车车体较轻，因而运输耗能少，平板式属于多用型，除用于运装集装箱之外还可装运其他多种大重量、长尺寸货物，专用性较差，车身重量较大，因而运输集装箱的技术经济效果不如梁架式。

2. 集装箱全挂车

全挂车车体是无动力可行走式车体，挂车完全承载集装箱，短距离移动时，可用各种小型车辆拉动，甚至人力推动；进行长距离集装箱运输时，则接上拖车形成集装箱全挂列车。这种车型如用于国际大型集装箱，则列车总长度太长，运行产生不便，一般用于小型集装箱，采用较短的全挂车。

3. 集装箱自装自卸车

车上带有装卸集装箱设施的特殊形式的集装箱车。在进行集装箱“门到门”运输时，若一端或两端缺乏装卸工具，采用这种车型十分有利，是实现集装箱“门到门”运输的重要车辆。

（三）集装箱铁路运输方式的选择

集装箱铁路运输主要担负“站到站”的任务，在多式联运中，承担陆地干线运输的责任。铁路的集装箱运输是有限制的，主要受到车辆、路线和接发集装箱车站的限制。

1. 集装箱铁路运输车辆的选择

一般铁路货车皆可装运集装箱，但装箱大小及长度受铁道货车尺寸的制约，且普通铁道平板货车虽可装运集装箱，但自重较大，无效运输较严重，车辆构造也不适于快速装卸及大量运输。所以，除了一般混运运输线以外，专门进行集装箱运输的线路及定期集装直达列车一般都采用集装箱专用车。专用车主要类型有如下几种：

（1）梁架式集装箱专用车。车上没有平底台板，而将集装箱直接置于梁架的平面之上，集装箱装上后，有稳固装置锁固集装箱并有缓冲装置。

（2）车载车式滚装集装箱货车。采用的是低平台平板货车，拖车式集装箱可从货车的一端借助高站台或斜面开上货车，进行“车载车”运输；车载车运输又称“驮背运输”、“滚动公路"式运输。由于列车运行速度快，装卸速度快而且装运能力大，所以，这种运输形式在不少国家普遍采用。在美国，铁路驮背运输方式的直达列车已占相同领域集装箱货运量的44%。这种车载车方式运输集装箱，主要好处在于实行"门到门"联运时，免去繁琐的转运换载装卸，而靠载集装箱的全挂车或半挂车实现"门到门"。

(3)双层集装箱货车。铁道运输集装箱时往往受通过高度限制，一般货车只能进行单层放置，因而往往达不到货车的载重要求。然而，双层叠放，受桥梁、涵洞影响，又出现超高问题，所以采用双层集装箱专用货车，可大大提高车辆的载运能力。双层集装箱货车采用凹型车底，以降低车底高度。

2. 集装箱铁路运输方式选择

铁路运输方式，受集装箱办理车站和线路的限制，需要做出不同的选择。①选择一般集装箱办理站的集装箱铁路运输。由于受到铁路货站装卸设备和装卸能力的限制，同时还受到发、到货量的限制，不可能所有的铁路货站都能够承运集装箱。选择铁路集装箱运输必须首先选择集装箱办理站。一般的集装箱办理站可以办理铁路集装箱运输。②铁路集装箱直达列车。铁路集装箱直达列车和路线班车，是发达国家普遍采用的一种高效、快速的集装箱铁路运输方式，采用这种方式可以解决铁路干线运输领域准时、快速问题。

(四)集装箱贯通式物流

集装箱贯通式物流，是采用集装箱多式联运的方法，实现"一票到底"的"门到门"物流，这是现代供应链的一个重要组成部分。

集装箱贯通式物流的环节如下：

1. 集装箱集疏运输

集装箱集疏运输时干线运输的首尾衔接性支线运输，是国际集装箱运输的必然组成部分，这种集疏运输是在内陆进行，所以又称内陆集疏运，有内陆公路集疏运、内河集疏运及铁路集疏运三种形式。集疏运输的任务，是将各用户的集装箱通过三种形式或其中某种形式集中成能采用专用集装箱船或集装箱列车进行干线运输的批量，或将大批量到港、到站的集装箱运给用户完成疏运任务。

2. 集装箱干线运输

(1)集装箱班轮。利用集装箱船在固定港口之间进行定期定航线的集装箱运输。这种运输形式在各国普遍采用，运输量巨大。我国也开辟了到美洲、欧洲、日本、香港、地中海、东南亚等地的定期班轮航线。

(2)集装箱定期直达列车。采用固定车底的专用集装箱车皮或者平底车组成专列，定点、定线、定期运行。

(3)集装箱专运列车、快运列车。

(五)国际集装箱多式联运

1."门到门"的集装箱联运

这种方式全线联运，并从集装箱在货主门口装货开始直到用户门口卸箱为止。中途全部实行一票到底的联运并在不同运输工具之间实现有效换载。"门到门"集装箱联运在管理上采用一家承接组织全程运输的方式，在技术上主要是运输工具之间有效转换。为此，必须在专门衔接集装箱货载的站、场、港专业化地处理此项工作。

2. 陆桥集装箱联运。利用大陆桥实行集装箱的运输。陆桥运输以集装箱联运为标志，也以跨不同国家的运输线为标志，所以又称国际集装箱陆桥运输。

目前，国际上已开辟了许多条多式联运线路，其中和亚洲有关、能为我国所利用的主要多式联运有如下两种：

(1) 远东——欧洲多式联运。包括海陆联运和大陆桥运输两种。其中远东——欧洲多式联运所通过的大陆桥是西伯利亚大陆桥和新欧亚大陆桥。

(2) 亚洲——欧美海空联运。以亚洲至欧美的海运为主，在欧、美到达地通过空运到内陆地区的多式联运。

第五节　托盘物流

一、概述

(一) 托盘的概念及定义

托盘是为了使物品能有效地装卸、运输、保管，将其按一定数量组合放置于一定形状的台面上，这种台面有供叉车从下部叉入并将台板托起的叉入口。以托盘为基本结构的平板、台板和各种在这种基本结构基础上所形成的各种形式的集装器具都可统称为托盘。托盘的发展可以说是与叉车同步，叉车与托盘的共同使用形成的有效装卸系统，大大地促进了装卸活动的发展，使装卸机械化水平大幅度提高，使长期以来在运输过程中的装卸瓶颈得以解决或改善。所以，托盘的出现也有效地促进了全物流过程水平的提高。

托盘最初是在装卸领域出现并发展的，在应用过程中又进一步发展了托盘作为储存设施，作为一个运输单位的重要作用。托盘成了物流系统化的重要装备机具，对现代物流的形成，对物流系统的建立起到不小的作用。

托盘的出现也促进了集装箱和其他集装方式的形成和发展，现在，托盘已是和集装同样重要的集装方式，形成了集装系统的两大支柱。托盘以其简单、方便等优点在集装领域中颇受青睐。

(二) 托盘的特点

托盘和集装箱在许多方面是优缺点互补，难以利用集装箱的地方可利用托盘，托盘难以完成的工作由集装箱完成。

1. 托盘的主要优点

(1) 自重量小。因而用于装卸、运输托盘本身所消耗的劳动较小，无效运输及装卸相比较集装箱为小。

(2) 返空容易。返空时占用运力很少，由于托盘造价不高，又很容易互相代用，互以对方托盘抵补，所以无需像集装箱那样必有固定归属者，也无需像集装箱那样返空。即使返空，也比集装箱容易。

(3) 装盘容易。不需像集装箱那样深入到箱体内部，装盘后可采用捆扎、紧包等技术处理，使用简便。

(4)装载量虽较集装箱小，但也能集中一定数量，比一般包装的组合量大得多。

2. 托盘的主要缺点

保护性比集装箱差，露天存放困难，需要有仓库等配套设施。

二、各种类型的托盘

各种类型的托盘见图 7－9 所示。

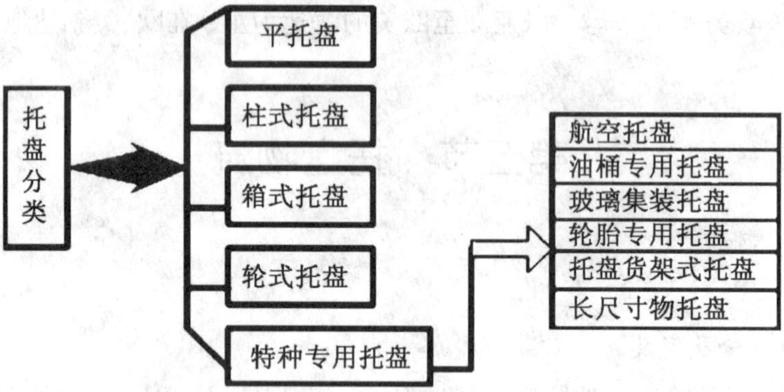

图 7－9　托盘的分类

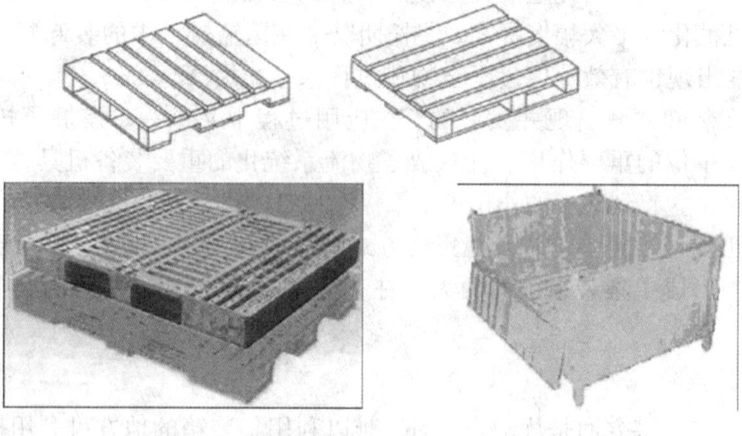

图 7－10　各类托盘

(一)平托盘

一般所称的托盘主要指平托盘，平托盘是托盘中使用量最大的一种，是托盘中之通用型托盘。

平托盘又进一步分为如下三种类型。

1. 根据台面分类。按承托货物台面分成单面形、单面使用形、双面使用型和翼型四种。

2. 根据叉车叉入方式分类　。分为单向叉入型、双向叉入型、四向叉入型三种。四向叉入型，叉车可从四个方向进叉，因而叉运较为灵活。单向叉入型只能从一个方向叉入，因而在叉车操作时较为困难。

3. 根据制造材料不同分类

不同的制造材料，托盘的强度不同，重量也不同，在选用时应当加以考虑。

(1) 木制平托盘。木制平托盘制造方便，便于维修，本体也较轻，是使用广泛的平托盘。

(2) 钢制平托盘。用角钢等异型钢材焊接制成的平托盘，和木制平托盘一样，也有各种叉入型和单面、双面使用型等各种型式。钢制平托盘自重较重，人力搬运较为困难。最近采用轻钢结构，最低重量可制成 35 公斤的 1100 ㎜ × 1100 ㎜钢制平托盘，可用人力搬移。钢制平托盘最大特点是强度高，不易损坏和变形，维修工作量较小。钢制平托盘制成翼形平托盘有优势。这种托盘不但可使用叉车装卸，也可利用两翼套吊吊具进行吊装作业。

(3) 塑料制平托盘。采用塑料模制成平托盘，一般是双面使用型，两向叉入或四向叉入，由于塑料强度有限，很少有翼形的平托盘。塑料制平托盘最主要的特点是本体重量轻，耐腐蚀性能强，可着各种颜色分类区分，托盘是整体结构，不存在透钉刺破货物的问题，但塑料承载能力不如钢、木制托盘。

胶合板制平托盘。用胶合板钉制台面的平板型台面托盘，这种托盘质轻，但承重力及耐久性皆较差。

(二) 柱式托盘

柱式托盘的基本结构是托盘的四个角有固定式或可卸式的柱子，这种托盘又可进一步发展成从对角的柱子上端用横梁连结、使柱子成门框型。柱式托盘的柱子部分用钢材制成，按柱子固定与否分为固定柱式和可卸柱式两种。

柱式托盘的主要作用有两个，其一是防止托盘上所置货物在运输、装卸等过程中发生塌垛；其二是利用柱子承重，可以将托盘货载堆高叠放，而不用担心压坏托盘上的货物。

(三) 箱式托盘

箱式托盘的基本结构是沿托盘四个边有板式、栅式、网式等各种平面组成箱体，有些箱体有顶板，有些箱体上没有顶板。箱板有固定式、折叠式和可卸式三种。由于四周栏板不同，箱式托盘又有各种叫法，如称作笼式托盘或集装笼。箱式托盘的主要特点有两个：一是防护能力强，可有效防止塌垛，防止货损；二是由于四周的护板护栏，这种托盘装运范围较大，不但能装运可码垛的整齐形状包装货物，也可装运各种不能稳定堆码的异型物品。

(四) 轮式托盘

轮式托盘的基本结构是在柱式、箱式托盘下部装有小型轮子，这种托盘不但具有一般柱式、箱式托盘的优点，而且可利用轮子作小距离运动，可不需搬运机具实现搬运。可利用轮子做滚上滚下的装卸，也有利于装放车内、船内后，移动其位置，所以轮式托盘有强的搬运性。此外，轮式托盘在生产物流系统中，还可以兼作作业车辆。

(五) 特种专用托盘

上述托盘都带有一定的通用性，可适装多种中、小件杂、散、包装货物。由于托盘制作简单，造价低，所以某些较大数量运输的货物，都可制出装载效率高、装运方便、适于某种物品的有特殊要求的专用托盘。现在各国采用的专用托盘种类不可计数，都在某些特殊领域发挥作用：

1. 航空托盘。航空货运或行李托运用托盘，一般采用铝合金制造，为适应各种飞机货舱及舱门的限制，一般制成平托盘，托盘上所载物品以网络覆罩固定之。

2. 平板玻璃集装托盘。又称平板玻璃集装架。这种托盘能支撑和固定立放的平板玻璃，在装运时，平板玻璃顺着运输方向放置以保持托盘货载的稳定性。

3. 油桶专用托盘。专门装运标准油桶的异型平托盘，托盘为双面型，两个面皆有稳固油桶的波形表面或侧挡板，油桶卧放于托盘上面。由于波形槽或挡板的作用，不会发生滚动位移。同时，还可几层叠垛，解决桶形物难以堆高码放的困难，也方便了储存。

4. 货架式托盘。其结构特点是一种框架形托盘，框架正面尺寸比平托盘略宽，以保证托盘能放入架内，架的深度比托盘的尺寸宽，以保证托盘能搭放在架上。架子下部有四个支脚，形成了叉车进叉的空间。这种架式托盘叠高组合，便成了托盘货架，可将托盘货载送入内放置。这种架式托盘也是托盘货架的一种，是货架与托盘的一体物。

5. 长尺寸物托盘。专门用于装放长尺寸材料的托盘，这种托盘叠高码放后便成了组装式长尺寸货架。

6. 轮胎专用托盘。轮胎本身有一定的耐水、耐蚀性，因而在物流过程中勿需密闭，且本身很轻，装放于集装箱中不能充分发挥箱的载重能力，其主要问题是储运时怕压、挤，采用托盘是一种很好的选择。

三、托盘物流方式

（一）托盘作业机械的选择

1. 装卸机械类

装卸机械主要有以下两种。

（1）叉车。是托盘装卸的主体机械，全部托盘都采用叉车装卸设计，个别托盘，比如钢制翼形托盘、长尺寸物托盘、平板玻璃集装架等也有辅助以吊车装卸的设计。可以说，托盘和叉车是配套使用的两种机具。

图7－11　各式叉车

(2)托盘移动车。在小范围中移动托盘的小型机具，这种机具的作用是在仓库内部货位之间移动托盘，调整托盘与运输工具之间的装卸位置，在运输工具内部移动托盘货体就位。这种车分动力式与手动式两种。其工作原理是先降低托盘叉的高度，使之低于托盘底座高度，当叉入托盘叉入口后，抬高叉座，将托盘抬起，利用移动车的轮子移动托盘，到达目的地之后，再降低叉座高度，从叉入口中抽出叉爪。

2. 搬运机械类

适用或专用于托盘搬运的机械主要有以下三种：

辐式输送机。这种输送机承重能力大，因而适用于托盘。在托盘中，只有轮式托盘不适合采用这种输送机。

链式输送机。除了轮式托盘外，适用于其他各型托盘。

垂直输送机。托盘专用的托盘垂直输送机是将水平输送和垂直输送结合为一体的输送机，垂直通道按标准托盘及尺寸设计。

无人搬运车。在工厂内部及物流中心、配送中心，需进行一定距离的运输，且又难以完全长期固定运输路线，因而不能安装固定式的输送机，在这种场合下除了使用一般产业车辆外,也使用较大的无人搬运车系统。

3. 移动机械类

托盘在集装箱、火车、大型汽车、船舶内作业时，常常需要进行移动就位的活动，例如，用叉车将托盘从厢式货车后门装入后，为连续进行叉车装入托盘货物的装卸操作，就需将先装进的托盘货物向车箱内部移动,类似作业需要有一些专门的移动工具，主要如下：

(1)托盘移动器。有手动、自动两种类型，是在带槽车箱底盘座上移动托盘的简单工具。将移动器叉入托盘下部的车底板上预设的槽中，按动压杆，就会将托盘抬起，移动器的小轮则可沿槽座将托盘向前移动。

(2)带有倾斜装置的车上辊子。在卡车上安装可前后小角度倾斜的辊子，在装卸时将辊子抬起，以托起托盘，辊子的前后倾斜，使装入或卸出托盘货物省力易行。在运输时，降下辊子，使托盘落坐于车台板上以保持稳定。

(3)车尾板升降机。上述托盘移动器及托盘用的带辐轮座卡车都只适用于不带轮的托盘，轮式托盘本身有移动装置，因而在车箱底板上移动很容易进行。车尾板升降机的作用是尾板可低放于地面，将轮式托盘推上以后，尾板水平上升与车台座水平相接，这样便可将轮式托盘推入车内就位，或从车内推出准备卸下。

4. 托盘自动装盘机

托盘自动装盘机是标准包装货物或确定规格包装货物，按预定指令反复、多层在托盘上码放形成托盘货体的机械，它是托盘作业全机械化的重要一环。

5. 托盘货架

托盘专用货架有固定式、装配式、移动式等多种一般货架，还有驶入式、重力流动式及立体托盘式等多种特殊形式货架。

图 7－12　托盘货架

6. 配套机具

物流过程中许多环节还需有一些配套机具来提高作业效率、贯通物流系统，主要有升降台板。依靠它有升降定位的作用，将不同高度的作业面联系在一起，起到不同高度过渡的作用。有带轮及不带轮两种。这种台板不但用于托盘，也可用于工厂中的作业。

(二)托盘转向器

托盘转向器,是能转动托盘方向的简单器具。托盘转向器的作用，可使装卸托盘的操作人员固定在一个位置操作，依靠转向器，将新的作业面展现在操作者面前。这样可减轻操作者劳动强度。在工厂的生产线上，操作者在活动空间狭小、位置必须固定的情况下，采用这种转向器更为有效。托盘转向器分轻型、中型、重型三种，分别以不同颜色标识。其最大荷载可达 3000 千克以上，自重一般不超过人的搬运能力。

1. 托盘的装盘

用平托盘运输形状整齐的包装货物，装盘是一项重要的操作，整个物流过程的托盘货体稳定与否，主要取决于装盘方式和稳固方式。

在托盘上放装同一形状的立体形包装货物，可以采取各种交错咬合的办法码垛，这可以保证足够的稳定性，甚至不需要再用其他方式加固。托盘上货体码放方式很多，其中主要有四种码放方式：重叠式、纵横交错式、正反交错式和旋转交错式。

托盘塌垛是物流管理中要重点防范的问题。一旦出现塌垛，不但会造成货损，而且破坏了物流过程的贯通性，阻缓了物流速度，降低了物流效率。在物流过程中的塌垛大体有四种情形：货体倾斜;货体整体移位;货体部分错位外移，部分落下;全面塌垛。

发生塌垛危险的主要原因，一方面是运输工具、运输线路及路况意外事故等外部原因，另一方面是码放不当的内部原因。比较而言，在不发生特殊运输事故情况下，码垛问题是发生塌垛的重要因素。另外，包装表面的材质也起一定的作用，表面摩擦力大的包装物则较不易发生塌垛。

3. 托盘货体的紧固。托盘货体的紧固是保证货体稳固性、防止塌垛的重要手段。托盘货体紧固方法有如下若干种：(1)捆扎。用绳索、打包带等对托盘货体进行捆扎以保证货体的稳固。捆扎方式有水平捆扎、垂直捆扎等方式。(2)网罩。用网络罩盖托盘货体起到紧固作用。这种方法多用于航空托盘。(3)框架。用框架包围整个托盘货体再用打包带或绳索捆以起到稳固作用。(4)中间夹摩擦材料。将摩擦系数大的片状材料，如麻包片、纸板、泡沫塑料等夹入货物层间，起到加大摩擦力、防止层间滑动的作用。(5)专用金属具。对某些托盘货物，最上部如可伸入金属放夹卡，则专用夹卡将相邻的包装物卡住，以便每层货物通过金属具成整体，防止个别分离滑落。(6)粘合。在每层之间贴上双面胶条，可将两层通过胶条粘合在一起，这样便可防止在物流中，托盘上货物从层间发生滑落。(7)胶带粘扎。托盘货体用单面不干胶包装带粘捆，即使是胶带部分损坏，由于全部贴于货物表面，也不会出现散捆，而绳索、包装带捆扎，一旦一处断裂，全部捆扎便失去作用。(8)平托盘周边垫高。将平托盘周边稍微垫高，托盘上置之货物会向中心互相依靠，在物流中，发生摇动、振动时，可防止层间滑动错位，防止货垛外倾，因而也会起到稳固作用。(9)收缩薄膜。将热缩塑料薄膜置于托盘货体之上，然后进行热缩处理，塑料薄膜收缩后，便将托盘货体紧箍成一体。这种方法不但能起到固紧，防塌垛作用，而且用于塑料薄膜的不透水作用，还可起到防水、防雨作用。这有利于克服托盘货体不能露天放置，需要仓库的缺点，可大大扩展托盘的应用领域。(10)拉伸薄膜。用拉伸塑料薄膜缠绕捆扎拉伸薄膜，外力撤除后收缩固紧托盘货体。

四、托盘的使用及管理

(一) 托盘的使用

1. 托盘联运

托盘联运，其含义是将载货托盘货体，从发货人开始，通过装卸、运输、转运、保管、配送等物流环节，将托盘货体原封不动地送达收货人的一种"门到门"运输方法。

由于采用了托盘，物流过程中的各个环节可以以托盘货体整体作为处理对象，而不需逐个处理每件货物，这样就可大大减少人力装卸次数，节省劳务费用，防止事故及货损的发生，节省包装及包装费用，加快物流速度托盘联运是社会化的问题，很难在一个行业、一个部分或一个小地区自行解决，因此，要解决托盘联运问题，必须实行全社会统一的托盘技术标准和托盘管理制度。实行联运的托盘有固定的尺寸标准和有限的种类，不是上述列举的所有托盘都进入联运领域，所以，实行托盘联运也就限制了托盘在专业领域和特殊场合的运用。非联运托盘必 然有其应用领域和存在的优势。我国联运托盘的规格尺寸和国际标准化组织规定的通用尺寸是一致的。国家标准（GB/T2934－1996）规定，主要有四个规格，即：1200 ㎜ × 1000 ㎜；1200 ㎜ × 800 ㎜；1140 ㎜ × 1140 ㎜；1219 ㎜ × 1016 ㎜。联运用托盘都采用平托盘，以便于叉车、货架、仓库的标准化。

2. 托盘专用

各个产业领域，各小流通领域，各工厂、车间、仓库内部都有提高工效、追求物流合理化的问题。因此，托盘专用也是拓宽托盘使用领域不可忽视的手段。托盘专用即是按某一领域的要求，在这一领域的各个环节，采用专用托盘作为贯通一气的手段。实际上，这是一个小领域的托盘联运，托盘专用可按这一领域的特殊性选择和设计效率最高的专运托盘，而无需照顾社会物流标准化的要求，因而托盘的选择更合理，在这一领域中有别的领域无法比拟的技术经济效果。在较大的托盘自用领域也可参照托盘联运的管理方式，组织托盘交换，以在这一领域中，用尽可能少的托盘数量解决问题。

平板玻璃专用托盘的物流是典型例子。平板玻璃产量很大，也有较广阔的流通领域，但是这种产品不可能利用通用联运平托盘，其他形式的托盘也很难采用，平板玻璃专用托盘解决了其他种类不能解决的立装、紧固等问题，形成了这一领域的“门到门”的贯通运输。

但是，专用托盘的流通，有时要配以专用机具、设施，这样会降低这些机具设施的使用效率，限制了它的发展，这是专用托盘的缺点。

在工厂物流系统中，为配合流水线作业，专用托盘使用领域也很广泛。如汽车工厂的零部件专用托盘，其流程是托盘装入零部件后，进入立体仓库保管，按装配计划，从立体仓库取出托盘进入装配流水线，内置的零件在一定装配位置装配完后，空盘再回送至供应部门，如此往复使用。

(二)托盘的管理和联营体系

托盘在联运系统中的管理和集装箱有很大的不同，主要在于联运托盘种类少，尺寸及材料大体相同，托盘价格相差不大，因此，不需像集装箱那样严格计划返运，不需像集装箱那样有明确的不可变的归属。基于这个特点，托盘可只保留一个数量的归属权，具体托盘则可在联营系统中广泛进行交换，而不强调个别托盘的归属和返盘。

联营共用托盘有以下几种方式：

1. 对口交流方式

有关单位之间签订协议，各单位所属托盘可在若干有关单位之间运营，共同承担接收回送等义务，到一定时期清算。

2. 即时交换方式

以运输承担人和发货人为双方。当发货人发出一批托盘后，运输承担人则给予发货人同等批量托盘。这种方式在趋近一体化的欧洲采用颇为广泛。

3. 租赁方式

托盘由托盘公司所拥有，托盘公司在各地设营业点，货主自己不备托盘，使用时从附近租赁公司租用，接货后空盘就近归还租赁公司，托盘公司拥有全部托盘并调配、维修、更新托盘。这是一种社会化很强的托盘管理形式。

4. 租赁交换并用方式

这种方式是运输当事人与货主之间采用交换方式，而与托盘公司之间采用租赁方式。

结算交换方式是针对即时交换的缺点而制定的。即时交换方式容易出现现场空托盘数量不足的情况，空托盘无法及时回收与返还，致使托盘货物滞留，而影响整个发送过程的进行。采用结算交换方式，托盘流动方式与即时交换方式程序相同，只是不需在现场交换托盘，通过传票处理，在规定的日期内返还即可。对不能按期返还的或造成丢失的要支付赔偿金。由于该方式对托盘回收、返还的责任范围等均有明确规定，因而较即时交换方式更有优越性。

* 本章小结

本章介绍了多式联运、集装箱、托盘的概念及分类，多式联运运输的方式，各种集装物流方式及其优缺点。

※ 复习思考题

一、名词解释

多式联运 集装箱 大陆桥运输 托盘

二、思考题

1. 简述多式联运的类型及主要业务。

2. 集装箱运输有哪些特点？哪些优越性？

3. 简述托盘的类型及优点。

三、填空题

1.《联合国国际货物多式联运公约》对国际多式联运所下的定义是："按照多式联运合同，以至少( )运输方式，由( )把货物从一国境内接运货物地点运至另一国境内指定交付货物的地点。"是一种把( )、( )、( )和( )等传统单一的运输方式有机地结合起来，组成一个连贯的运输系统，以便更好地实现( )运输，为客户或货主提供经济、合理、迅速、安全、简捷的运输服务方式。

2. 国外主要的国际多式联运线路有：(1)( )；(2)( )；(3)( )；

(4)北美、东北亚、东南亚、澳新各港口/中国沿海主要港口/中国内地(或反向运输)；

(5)远东各港口/欧洲各港口/欧洲内地(或反向运输)；

(6)远东、东南亚各港口/澳大利亚港港口/澳大利亚内地(或反向运输)。

3. 根据《联合国国际货物多运式联运公约》的定义，理论上多式联运有( )、( )、( )、( )、( )、( )、( )、( )等共 11 种类型，但由于当今国际运输中海运占绝大多数的比例，因此目前多式联运主要有( )、( )以及( )三种类型。

4. 美国大陆桥运输线。它包括两条路线，一条是从( )至( )的铁路(或公路)运输系统，全长约 3200 公里。另一条是( )至( )的铁路(或公路)运输系统，全长约 500 ~ 1000 公里。

由于东部港口和铁路太拥挤，货物到达后很难保证及时换装，使大陆桥运输带来的优越性——节省时间不能体现。因此，目前美国的大陆桥运输基本处于停顿状态。但是，由此派生而成的( )和( )运输方式却在不断发展。

5. 托盘的使用有两种方法：( )、( )。

四、选择题(单选或多选)

1. 我国出口到美国的多式联运业务，从我国运往美国内地的集装箱货物很大一部分采用海－铁联运或多式联运方式，主要有：( )。

① OCP 运输　② MLB 运输　③ IPI 运输　④ 加拿大大陆桥运输

2. 北美大陆桥主要是指( )。

① 美国大陆桥　② 加拿大大陆桥　③ 西伯利亚大陆桥　④ 新亚欧大陆桥

3. 目前在国际货物多式联运中主要采用的组织体制是，( )。

① 协作式多式联运　② 衔接式多式联运

③ 货主直接托运制　④ 门到门

4. 集装箱货运分为整箱和拼箱。因此在交接方式上也有所不同，一般有以下几类( )。

① 整箱交、整箱接　② 拼箱交、拆箱交

③ 整箱交、拆箱接　④ 接箱交、整箱接。

5. 我国联运托盘的规格尺寸和国际标准化组织规定的通用尺寸是一致的。主要有的规格有( )。

① 1200 mm × 1000 mm　② 1200 mm × 800 mm

③ 1140 mm × 1140 mm　④ 1219 mm × 1016 mm

五、课堂讨论题

不来梅港的集装箱货运

德国不来梅港的集装箱货物运输从 20 世纪 90 年代以来持续增长，平均 每年的增长幅度保持在7% 左右。2001 年不来梅港的集装箱吞吐量达到了 223 万 TEU，比 1999 年的 125 万 TEU 增长了 78.4%，其增长速度居德国各大港口之首。

不来梅港集装箱码头具有得天独厚的先天优势。不来梅港直接面对外海，航运船舶不必逆河流而上就可直接进港停靠码头。此外，不来梅港没有涨潮时进港的限制，船舶可以全天候入港。该港集装箱码头总面积 240 公顷，有 3 个集装箱码头、10 个停靠泊位，码头总长 3000m，水深 14 ~ 15m，拥有11 台桥式起吊机，可以堆存43 万 TEU 集装箱货物。目前经营集装箱码头的不来梅港务公司，是德国政府控股的官方企业。该公司不仅经营集装箱码头，还经营汽车码头和物流业等，负责港口的整体经营运作。从 1998 年起，该公司逐渐实施民营化，国有股份有计划地减少。同时，该公司还将所属的集装将汽车、综合物流、小宗散货等各业务部门分拆为分公司，实行独立核算，以加强在国际市场的竞争能力。

讨论

1. 不来梅港集装箱码头经营特色是什么？

2. 搜集资料分析我国集装箱码头现状及未来发展趋势。

第八章 8

物流企业客户管理与第三方物流

*学习目标

掌握客户服务与第三方物流的基本概念；了解通过改变客户服务理念对物流服务的影响，从而对提高服务意识，把握好客户服务的基本要素。掌握第三方物流的基本原理及应用，影响第三方物流选择的因素及如何选择第三方物流，学习第三方物流管理的内容。

*主要内容

物流客户的开发

物流客户的服务

第三方物流

*引导案例

美国汽车工业的第三方物流

从发达国家第三方物流的实际运作情况来看，企业的动机和合作是各种各样的，而且第三方物流的运作几乎涉及企业经营活动的所有环节。

1. 美国汽车工业的情况。美国的通用汽车公司在1996年前后，发现其存货和配送成本不断上升，装配厂里到处都是不足整车的货运卡车出出进进。分析原因发现，当时有分布在14个州的400多个供应商通过电话指令向通用公司的30个装配厂供应物料。于是，通用公司求助于第三方物流服务公司Penske为自己设计一个解决方案。目标有三：降低成本，改善物料回运管理和相关的信息处理方法，减少承运人的数量。第三方物流服务公司首先对通用公司的物料回运和配送过程进行了诊断，然后提出在克里夫兰设立一个可进行换装作业的战略配送中心，由该中心负责回运物料和零部件配送的组织管理。战略配送中心全部由第三方物流公司的人来操作和管理。第三方物流公司还为通用公司配置了全天候的专职运输车队，设立EDI专线系统，安排供应商的送货时间，设计物料回运路线，并对总装厂实施JIT配送。

同样是汽车工业巨头的福特公司在1996年3月份决定把它在北美的整车配送业务外包给了UPS公司的一个分支机构——UPS全球物流服务公司。但该第三方物流服务公司并不自己运输车辆，而是代表福特公司管理整车的配送工作。该公司要重建福特公司的配送网络、要引入新的管理方法、要消除配送瓶颈、减少等候时间、还要提供配送信息管理系统以实现每一辆整车配送全程的有效监控。福特公司的目标是把整车配送时间从现在的14～15天缩短到9～10天，让客户更满意。同时减少存货水平，提高设施利用率，降低成本，提高市场竞争力。

第一节　物流企业客户的开发

一、物流需求预测与分析

根据中国仓储协会的调查，中国物流市场的现状如下。

(一)工商企业第三方物流代理比例及第三方数量

物流代理的比例如表 8－1 所示。

表 8－1　物流代理的比例(%)

代理比例	生产企业	商业企业
30 以下	29.5	50
30～60	26.2	0
60 以上	44.3	50
总计	100	100

由表 8－1 可知，生产企业中，有第三方参与的情况下，第三方代理的物流量占总物流量的比例大于 60% 的企业有 44.3%，30%～60% 间的企业有 26.2%，在 30% 以下的企业有 29.5%。商业企业各有 50% 的企业，第三方代理比例在 30% 以下和 60% 以上。

(二)工商企业物流任务"外包"情况

工商企业的物流"外包"情况如表 8－2 所示。

表 8－2　"外包"内容构成

企业类型	单纯仓储	干线运输	市内配送	包装
生产企业	20	48	28	4
商业企业	29	29	29	14

由表 8－2 可知，生产企业的"外包"物流主要集中在干线运输，其次是市内配送和仓储，再次是包装；商业企业的外包物流在市内配送、仓储和干线运输方面比例均等，说明生产企业和商业企业和物流"外包"的侧重点不同。

(三)物流费用的付款方式

物流费用的付款方式如表 8－3 所示。

表 8－3　物流费用的付款方式(%)

物流费用的付款方式	生产企业	商业企业
仓储费、运费、包装费、信息费分开收支	69.2	66.7
按销售额比例提成	3.8	33.3
总量协议	21.2	0
其他方式	5.8	0

由表8－3可知，结算物流费用的过程中，生产企业最常用的付款方式是各项物流费用分开核算，其次是总量协议。商业企业最常用的付款方式是各项物流费用分开核算，其次是按销售比例提成。总体来看，物流需求方和物流供给方的费用结算方式还处于单笔单结的传统方式，给运作账目和结算带来巨大压力。

(四)物流设备的拥有情况

物流设备的拥有情况如表8－4所示。

表8－4　　拥有下列类型仓库的企业数量及比例

项目	普通平房库	普通楼房库	高层货架仓库	立体仓库	保温仓库	冷藏仓库	冷冻仓库	危险品仓库	简易仓库
数量	25	16	4	6	5	4	2	3	17
百分比(%)	29	19	5	7	6	5	2	3.5	20

(五)库房利用率。

库房利用率如表8－5所示。

表8－5　　库房利用率　　(%)

库房利用率	生产企业	商业企业	物流企业
30以下	2.1	0	0
30～50	2.1	0	2.8
50～70	21.3	27.8	25.0
70～85	25.5	22.2	36.1
85以上	48.9	50.0	36.1
合计	100	100	100

由表8－5可知，生产企业中库房利用率大于85%的生产企业占总企业数的48.9%，商业企业中为50%，物流企业中为36.1%；生产企业库房累积平均利用率为78.5，商业企业为76.4%，物流企业为83.1%。整体看来，我国库房利用率都高于50%。物流企业的库房利用率最高，说明储运及物流企业在仓储管理方面具有一定的优势。

(六)物流考核标准及新物流商的选择

1.物流效果考核标准。

物流效果考核标准如表8－6所示。

表8－6　　物流效果考核标准　　(%)

企业类型	运作成本	产品市场占有率	作业质量
生产企业	39	10	51
商业企业	41	15	44

由表 8－6 可知，物流效果考核标准首先是作业质量，其次是运作成本，最后是产品市场占有率。

2. 新物流代理商的选择。是否考虑寻找新的物流代理商的生产企业和商业企业如表 8－7 所示。

表 8－7　是否考虑寻找新的物流代理商　(%)

	生产企业	商业企业
是	62.5	18.8
否	37.5	81.2
总计	100	100

由表 8－7 可知，在调查企业中有 62.5% 的生产企业和 18.8% 的商业企业在寻找新的物流代理商。根据目前企业物流执行主体的状态，说明大部分企业的自理物流将转交第三方物流运作，另一方面说明采用第三方物流的企业中，物流供求关系极不稳定，第三方物流公司的市场机会广阔且变数较大。

3. 生产企业选择新的物流代理商的行业分析。

生产企业选择新的物流代理商的行业分析如表 8－8 所示。

表 8－8　生产企业选择新的物流代理商的行业分析(%)

行业	选择新的物流代理商		合计
	是	否	
食品	73.9	26.1	100
家电	50.0	50.0	100
电子	76.9	23.1	100
电信	50.0	50.0	100
日化	66.7	33.3	100
服装	0	100	100
医药	54.5	45.5	100
汽车	25.0	75.0	100
其他	66.7	33.3	100

(七)期望新的物流服务商提供的服务内容及其比例

期望新的物流服务商提供的服务内容如表 8－9 所示。

表 8－9　期望新的物流服务商提供的服务内容及其比例(%)

仓储保管	16
干线运输	20
市内配送	14
包装加工	6
物流网络再设计	12
定做条码扫描系统	8
构建物流信息系统	10
原料质检	3
代为报关	7
代结货款	4

(八)选择新兴物流代理商的最主要标准及其比例

选择新兴物流代理商的最主要标准及其比例如表 8－10 所示。

表 8－10　选择新兴物流代理商的最主要标准及其比例　(%)

	生产企业	商业企业
经济性	25.4	36.4
物流满足能力	27.0	36.4
作业质量	47.6	27.4
总计	100	100

由表 8－10 可知，生产企业选择新的物流服务商首先是作业质量，其次是物流满足能力，最后是运作的经济性。商业企业选择新的物流服务商首先考虑的是物流满足能力和运作的经济性，其次是作业质量。物流企业在进行服务策略定位时，要有针对性。

二、客户资料收集

(一)供应商调查

一般来说，物流企业业务人员了解供应商的情况越多，选择合适供应商来源的能力和与供应商谈判的能力就会越强，因此，需要对供应商进行全面调查，主要包括：

1. 供应商的资信调查：调查所有供应商的财务状态以及相应的资信度。

2. 供应商的供货能力调查：收集供应商生产设施设备情况、生产能力和效益情况，预测其制造成本。

3. 供应商供货质量保证:确定供应商生产标准和质量管理人员的培训标准，并共同建立质量保证系统，实现保质保量与质量改进目标。

4. 供应商销售战略调查:以便更好地理解供应商的销售目标，制定有效的采购战略。

5. 供应商绩效评价:通过相关调查分析，评价供应商的供货服务绩效能力与服务水平。

6. 寻找新供应商调查:根据企业生产经营发展需要，寻找和发掘新的供应商。

(二)供应商评价

1. 非正式评价:主要是企业内部各部门接触过供应商的相关人员对供应商的评价。

2. 正式评价:将供应商供货过程的质量、数量、价格、交付与服务的情况，对照企业确定的供应商评价标准，依据规定的程序和方法进行的供应商评价。

3. 新供应商评价:建立企业完善的评价系统，根据采购需求，评价和选择新的供应商。

4. 供应链体系的供应商评价:从供应链体系的整体值来评价供应商，构建战略联盟。

三、客户关系的建立

(一)展现物流企业的优势

由于目前物流的环境条件还不够成熟，特别是在金融、法制、法规、物流企业的层次等方面存在许多问题，因此，生产企业往往会有顾虑。因为在这样的环境下，万一物流服务商开拓市场不成功，后果将不堪设想。因此，物流服务商要以多种方式在制造商面前展现自己的优势。

1. 人才优势

包括年龄、学历、物流专业人员中知识结构、经历等，尤其要展现物流专业人员整合资源的优势。因为商场如战场。竞争激烈的物流市场“商战”，不仅是“质量战”、“价格战”、“服务战”，更重要的是“人才战”。

专业人才群体是物流企业管理的核心，物流企业的工作重心就是进行一体化的物流系统设计、成本演算、信息系统设计等，并且要不断地解决物流市场之间在地理上的差异、产品分类、顾客供应量、制造需求、存货控制以及不断地修正网络以适应供求基本结构变化等等，这是物流企业工作的核心和原动力。

2. 展现物流商开拓物流市场的经验和成效

展示对所代理品种所处行业的了解:主要包括生产企业所处行业的特点、发展趋势、可能存在的有利和不利因素以及竞争情况等。

(1)国家的产业政策。

(2)行业发展存在的限制因素。

(3)产品依赖于有限的自然资源的情况。

(4)产品依赖于其他行业的情况。

(5)行业内部的竞争情况。

展示对拟代理企业的了解:

(1)企业的经营业务范围。

(2)企业的主要业务。

(3)企业的主要产品品种、生产能力、主要市场、市场占有情况、销售额和销售方式等(包括海外市场)。

(4)主要原材料供应、自然资源的耗用情况，如涉及外汇收支平衡问题还应予以说明。

(5)对制造商业务有重要意义的工业产权和其他类似无形资产的有关情况。

(6)产品价格的限制。

(7)产品外销的限制。

(8)主要客户及其依赖情况。

(9)产品的生产与销售是否存在补贴。

(10)产品结构过度集中或分散的情况以及风险。

(11)主要产品或主要业务所采用技术的先进程度以及同类的最新产品、最新技术和替代产品的简况。

(12)融资能力及其局限性。

(13)自然条件的限制。

(二)物流理念

不同的物流企业其物流理念不同，但都有一个共同的特点，这就是都体现了以客户为中心，强调量身订做。如有一家物流企业的物流理念是"我们今天和未来所做的一切，都是以降低客户的经营成本为目标，为客户提供安全、迅速、准确、节省、方便、满意的物流服务"。其内涵是:要求每一名员工必须要牢固地树立起"以客户为中心"的物流服务精神，明确以"降低客户的经营成本"为根本的物流服务目标，建立以"伙伴式、双赢策略"为准则的物流服务模式，最终实现以"服务社会、服务国家"为价值取向的企业物流服务宗旨。

(三)市场定位

物流企业因从事物流环节不同，市场定位也不尽相同。一般说应该选择自己熟悉的作业环节作为自己的市场战略，例如货代业可以从事无设施物流经营管理性公司，也有人称"虚拟经营"。运用自己多年所形成的广阔的代理网络和经营体系、管理经验，与货物承运人、仓储经营人、生产厂和销售方进行有效的结合，利用所在地及周边地区的设施、设备网点，进行系统物流管理。充分展示自己的组织、管理、控制能力，同时可以多种方式建立海内外的合作伙伴关系进行跨区域经营。战略上的市场定位就是根据市场需求、客户需要、自身条件，运用现代物流的管理思想、技术与能力，选择能发挥自身特长的物流活动内容作为初级阶段的主要经营内容。但是物流需要自身的系统性，一件商品从上游的原材料供应物流到生产物流，乃至出厂包装、仓储、运输和销售物流等应当形成一个供应链，而目前国内物流还不可能完全具备这样的条件，所以市场定位初期一定要选择自己熟悉的领域，向两头延伸，以创造条件逐步发展;也可以采用横向合作的方法，保证物流系统与物流管理的系统性和完整性。

(四)建立信息的网络系统

物流信息质量和及时性是物流作业和管理的关键要素。因此，信息网络系统既要负责企业内部各方面的信息采集和管理，又要与外部界面的各个方面保持即时联系。对于今天的企业来说，要保持市场竞争能力，必须把信息系统建立起来，并应用和延伸到管理控制、市场需求管理、决策与分析，并与其他成员连成一体，采用 EDI 技术、条形码技术、扫描输入技术等进行网上采购、订单处理、配送作业、电子银行等一系列的网上交易，形成开放式的增殖信息网络系统，并将第一方、第二方和第三方物流及其他部门连成一个完整的系统网络。

（五）选择市场切入点

在目前国内市场和企业对现代物流还没完全认知的情况下，市场客户的身份、规模及具体需求等信息掌握也成为物流企业提供服务的首要问题。解决这一问题原则上应注重以下几方面：

1. 市场调查。首先要对自己所在的城市、集贸市场、进出口公司、物资供销部门、火车站、飞机场等有较充分的认识和了解。

2. 市场营销策略。任何厂家、商家的市场营销策略都是顾客至上或以顾客为核心的，物流企业也不例外。市场营销是把卖方顾客的需求看做是所商业活动背后的动机，利用其各种销售策略向市场渗透，以期成为可得的商业机会。

3. 选择突破口。选择哪类企业作为突破口，这是一个毫无硬性规定和规律性可循的，也是每个物流企业都会遇到的难题。物流企业是市场竞争以及企业的市场发展需要的结果，物流主张首先要识别顾客的需求，然后把可利用的资源集中起来，满足客户的需求，需求是前提。企业的物流需求、经营状况和企业的追求目标各异。

4. 不断提高和完善物流服务水平。当前为客户提供完善的高水平的物流服务还面临较大困难，物流企业应首先从物流系统的角度从事某一相对简单的物流服务，或针对客户的某一问题和特殊要求运用物流的管理技巧为客户提供服务。物流企业在服务过程中不断修订目标值，制订物流计划，提高解决问题的能力，实行运行检测，反馈运行结果，反复验证个性直至完善。这项工作始终是动态开展，这就需要物流企业有一个综合部门，专门负责应用内部审核项目方法、外部评价项目方法、技术评价方法等手段去提高和完善物流服务水平。

第二节 物流企业客户的服务

客户服务是市场营销学中经常使用的字眼，它是指发生在买方、卖方和第三方之间的活动。客户服务的质量直接影响着客户满意的程度。客户服务的质量是实现高水平客户服务的关键，进而有助于获得高度的客户满意。

一、客户服务的基本概念

（一）几个基本概念

1. 客户

是企业的动力，是企业利润之源。对客户，通常的看法是：客户是购买产品或服务的个体，即消费者。客户是针对特定的某一类人或者某一个细分市场而言的。顾客可以由任何人或机构来提供服务，而客户则主要由专门的人员来提供服务。

2. 客户满意

客户满意是指客户通过对一个产品的可感知的效果（或结果），与他的期望值相比较之后，所形成的愉悦或失望的感觉状态，从构成市场营销组合的四要素（4P）来看，客户满意度反映了客户对企业提供产品或服务是否满意的全方位的评价。

3. 物流服务

物流服务是指物流企业为促进其产品或服务的销售，发生在客户与物流企业之间的相互活动。

物流服务，见图 8－1 所示：

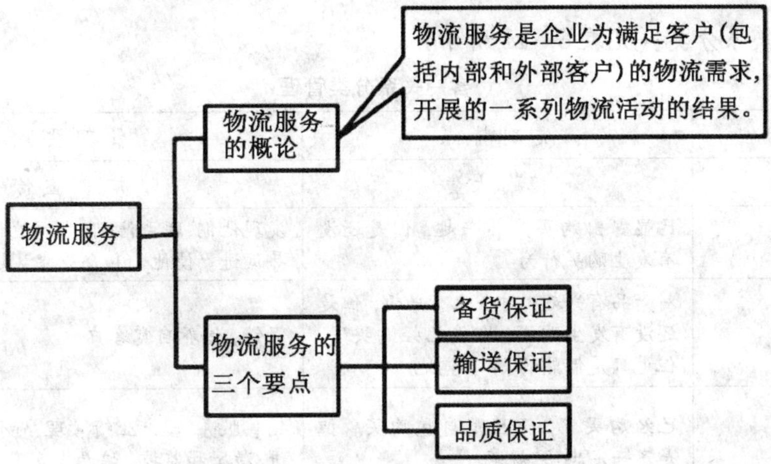

图 8－1　物流服务的概念及物流服务的 3 个要点

(二)客户服务的含义

1. 客户服务是一种活动：物流商对客户服务要有控制力。

2. 客户服务是一种绩效水平：客户服务是可以精确衡量的。

3. 客户服务强化了物流服务应以客户为中心。

(三)客户服务的基本能力

1. 可得性：

当顾客需要存货时，所拥有的库存能力。

(1)缺货率

(2)供应比率

(3)订单完成率

2. 作业完成

(1)速度

(2)一致性

(3)灵活性

(4)故障与恢复

3. 可靠性

(1)衡量变量

(2)衡量单位

(3)衡量基础

(四)增值服务

包括以客户为核心、以促销为核心、以制造为核心、以时间为核心的服务以及向供应商渗透的基本服务。

二、客户关系分类及管理

(一)客户关系分类:(见表 8－11 所示)

表 8－11　客户关系分类管理

客户类别	类别特点	管理要点
潜在客户	隐藏、大量	广告宣传
普通客户	已显露出购买产品兴趣，但是还没有发生购买行为	发现他们、联系他们、沟通他们、购买咨询指导促进。使他们和企业联系起来。
基本客户	对产品有兴趣，对企业有兴趣，但是还没有发生购买，即使已经购买了，但也只是偶然的、不自觉地	促销，培养自觉客户
实际客户	已经购买了，而且是自觉购买。但是不一定忠实、规范	销售服务、客户业绩管理、资信管理、销售促进、激励和监控，培养忠实客户、规范客户。
骨干客户	购买量大、购买频次高、有经济实力、有社会影响、守信用	高档次销售服务指导监控;大规模表彰激励;培养骨干、忠实、规范客户;树立旗帜;充分利用、发挥他们的作用，带动其他顾客、为企业发展建言献策

(二)客户满意度

人们认为只要为客户提供的商品和服务与顾客的期望和要求相同，顾客就应该满意了，事实上这种满意是很难持续长久的。因为这种等值的服务很难锁住顾客，很容易被其他对手的产品和服务所打动。只有向顾客提供高于其期待的产品和服务才能提高客户对企业的忠诚度。物流服务与客户满意度和忠诚度的关系如表 8－12 所示。

表 8－12　物流服务与客户满意度和忠诚度的关系

物流服务与客户期待的关系	满意度及忠诚度	满意度类别
物流服务低于客户期待	不满意	不满意
物流服务等于客户期待	基本满意，比较忠诚	顾客基本满意
物流服务高于客户期待	满意，忠诚度上升	顾客相当满意
物流企业与供应商建立了一种共存、共进、共荣的关系，物流服务不仅能满足客户的使用要求，还会为客户带来成功的体验。	非常满意，十分忠诚	顾客相当满意

(三)正确把握客户需求

物流企业应从以下几个方面把握客户的物流需求：

1. 供应商想从物流企业得到什么样的物流服务。

2. 供应商要怎样使用物流企业提供的产品和服务。

3. 物流企业所提供的产品和服务与客户所期待的产品和服务之间的差距在哪里。

4. 供应商还会有什么潜在的需求。

一个企业如果做到了最好的客户满意，它将拥有最忠诚的客户群和客户资源。

以顾客满意为中心的服务理念和以自我为中心的物流服务理念具有本质区别，如表 8－13 所示。

表 8－13　以顾客满意为中心服务理念和以自我为中心物流服务理念的区别

以顾客满意为中心的服务理念	以自我为中心的服务理念
时时处处为顾客着想	时时处处为自己着想
站在顾客的立场上为顾客考虑	站在自己的立场上为自己着想
倾听顾客的心声	自己没错，是顾客错了
考虑顾客的需求	不考虑顾客的需求
受到顾客欢迎	得不到顾客的拥护
引起顾客的共鸣，得到顾客的认可	无法引起顾客的共鸣，得不到顾客的认可
双赢，共同发展	只考虑自身的发展

三、客户服务标准

(一)企业对物流服务的要求

企业对物流企业的物流服务水平要求很高。如 MOTOROLA 公司对与之合作的中外运的要求有如下几点：

1. 要提供 24 小时的全天候准时服务。主要包括：

(1)保证 MOTOROLA 公司与中外运业务人员、天津机场、北京机场两个办事处及双方有关负责人通讯联络 24 小时畅通；

(2)保证运输车辆 24 小时运转；

(3)保证天津与北京机场办事处 24 小时提货、交货；

(4)保证 MOTOROLA 公司在中外运系统全国 98 个城市代理点 24 小时提货、交货。

2. 要求服务速度快。MOTOROLA 公司对提货、操作、航班、派送都有明确的规定，时间以小时计算，例如，指定为上午航班启运，如果是下午出运，就是延误。

3. 要求服务的安全系数高。要求对运输的全过程负责。因此，中外运不仅要保证自己不出问题，而且要保证航空公司及派送代理处货物的各个环节都不出问题。一旦某个环节出了问题，将由中外运承担责任，赔偿损失，而且当过失达到一定程度时，将被取消做业务的资格。

4. 要求信息反馈快。要求中外运的电脑与 MOTOROLA 公司联网，做到对货物实时跟踪、查询、掌握货物运输的全过程。

5. 要求服务的项目多。根据 MOTOROLA 公司货物流转的需要，通过发挥中外运系统的网络与综合服务优势，提供包括出口运输、进口运输、国内空运、国内陆运、国际快递、国际海运和国内提货的派送等全方位的物流服务。

(二)企业选择物流企业的基本做法

首先，通过多种方式对备选的运输代理企业的资信、网络、业务能力等进行周密的调查，并给初选的企业少量业务试运行，以实际考察这些企业服务的能力与质量，对不合格者，取消代理资格。MOTOROLA 公司选择中外运的做法如下：

在 1999 年的运输代理竞标中，中外运再次成为 MOTOROLA 公司在中国的业务的主要货运代理企业之一。MOTOROLA 公司对获得运输代理资格的企业进行严格的月度作业考评。以百分的形式为代理公司各环节进行打分，90 分为及格，95 分以上者可以考虑优先选择新业务。如果低于 90 分，将被点名批评，并要求写出书面改进措施，限期整改。在下月考评中仍低于 90 分者将被取消作业资格。这种考评方式 MOTOROLA 公司称之为全面质量评比，主要考核内容是：

1. 运输周期：即从接货发运至收货人签收的全过程运输，是否达到被 MOTOROLA 公司规定的时间要求。

2. 信息反馈：该公司要求整个运输过程中的信息必须及时、准确。

3. 单证资料：该公司要求制作的各种单据准确、规范。

4. 财务结算：该公司要求运输代理公司每月末准确列出所结算的报表。

5. 货物安全：本月是否出现货损、货差、丢失、雨淋等事故。

6. 客户投诉：该公司非常重视客户的投诉，如果运输代理公司没有达到其客户的要求，会扣分减量甚至取消运输代理公司的代理资格。

总之，MOTOROLA 公司的考核工作主要通过两个途径进行，一是 MOTOROLA 公司本身对代理的严格考评，二是通过它的客户对运输代理服务的满意程度来决定代理的分数。

四、客户服务的重要要素

客户服务涉及公司的许多部门，从物流角度来看，客户服务有四个重要要素：时间、可靠性、沟通和方便。下面我们就探讨这些要素对物流服务的买卖双方的影响。

(一)时间

时间要素通常是指订货周期时间。订货周期主要指从客户确定对某种产品有需求到需求被满足之间的时间间隔，也成为提前期。时间要素主要受以下几个变量的影响：即订单传送、订单处理、订货准备及订货装运。企业只有有效地管理与控制这些活动，才能保证订货周期的合理性和可靠性的一致，才能提高企业的客户服务水平。

1. 订单传送时间。订单传送时间是指从客户发出订单到卖方收到订单时的时间间隔。订单传送时间可以从电话的几分钟到邮寄的数天。随着卖方订单传送速度的提高，提前期缩短了，但是订单传送成本提高了。

客户可以通过供商的销售代表、直接邮寄、打电话或通过电子设备，如计算机到计算机（一般指的是电子数据交换 EDI）向供货方订货。向供货方的销售人员订货和直接邮寄订货速度较慢且可靠性差；电话订货速度较快，但可靠性较差，其错误往往造成一系列延误；许多企业利用传真进行订货，这种方法速度较快且可靠性较高。

计算机与信息技术的迅速发展使得订单传送方式发生了变革，供求双方的联系非常紧密，买方可以直接登录到卖方计算机，根据卖方所提供的产品及其他信息有针对性地订货，或者通过互联网络直接订货，这种方式大大提高了订货效率，逐渐被更多的企业所采纳。

2. 订单处理时间。订单处理时间是指处理客户订单并准备装运的时间，这一功能涉及客户资信调查、销售记录的处理、订单移交到仓库以及装运文件的准备。订单处理可以通过有效地利用电子数据处理设备来同时进行其中各项工作。

3. 订货准备时间。订货准备时间涉及挑选订货并包装以备装运。从简单的人工系统到高度自动化系统，不同的物料搬运系统对于订货的准备有不同的影响，准备时间会有很大变化，管理者需要考虑各项成本与效益。挑选与包装时间主要受下列因素影响：系统的自动化程度、客户订货的复杂性、分拣设备的规模及复杂性、集装箱化程度（如是否托盘化或者托盘尺寸是否匹配）等。

4. 订货装运时间。订货装运时间是指从将订货装上运输工具到买方在目的地收到订货的时间间隔。运输时间的长短与下列因素有关：装运规模、运输方式、运输距离。货物的全部运输时间对距离的依赖性要比对运输方式的依赖性小。

（二）可靠性

客户订货周期的缩短标志着企业销售物流管理水平的提高，但是，如果没有销售物流的可靠性作保证则是毫无意义的。可靠性是指根据客户订单的要求，按照预定的提前期，安全地将订货送达客户指定地方。对客户来说，在许多情况下可靠性比提前期更重要。如果提前期是固定的，客户可将其库存调整到最低水平，不需要保险存货来避免由于波动的提前期造成的缺货。

1. 提前期的可靠性。提前期的可靠性对于客户的库存水平和缺货损失有直接影响，可靠的提前期可以减少客户面临的供应不确定性。如果生产企业能向客户保证预定的提前期，加上少许偏差，那么该企业就使他的产品与竞争者的产品明显区别开来，企业提供可靠的提前期能使客户的库存、缺货、订单处理和生产计划的总成本最小化。

2. 安全交货的可靠性。安全交货是销售物流系统的最终目的，如果货物破损或丢失，客户不仅能如期使用这些产品，还会增加库存、生产和销售成本。收到破损货物意味着客户不能将破损的货物用于生产或销售，这就增加了缺货损失。为避免这种情况，客户就必须提高库存水平。这样，不安全交货使得买方的库存成本上升，这种情况对于采用及时生产方法的企业来说是绝对不允许的。另外，不安全交货还会使客户承担向承运人提出索赔或向卖方返回破损商品的费用。

3. 正确供货的可靠性。可靠性还包括正确供货，当客户收到的订货与所订货物不符时，将给客户造成停工待料的损失。销售物流领域中订货信息的传送和订货挑选会影响企业的正确供货。在订货信息传递阶段，使用 EDI 可以大大降低出错率，产品标识及条形码的标准化可以减少订货挑选过程中的差错。另外，EDI 与条形码结合起来还能够提高存货周转率，降低成本，提高销售物流系统的服务水平。

管理者必须连续监控以上三个方面的可靠性，这包括认真做好信息反馈工作，了解客户的反应及要求，提高客户服务系统的可靠性。

(三)沟通

与客户沟通是监控客户服务可靠性的关键手段。设计客户服务水平必须包括客户沟通。

沟通渠道和方式应对所有客户开放并准入，因为这是销售物流外部约束的信息来源。没有与客户的联系，管理者就不能提供有效、经济的服务。例如，供应方应该把影响服务水平的信息及时通知客户，使买方能够理解和作必要的调整。另外，许多客户需要了解装运状态的信息，询问有关装运时间、运输路线等情况，因为这些信息对客户的运行计划是非常必要的。

(四)方便性

由于消费者的需求千差万别，一个企业无论规模多么大，都不能满足全部消费者的所有需求的变化，而只能满足市场上一部分消费者的需求，企业可以有针对性地提供不同的产品，细分的标准包括地理环境、客户状况、需求特点、购买行为等因素。

从销售物流服务观点来看，所有持有客户对系统有相同要求，有一个或几个标准的服务水平适用于所有客户是最理想的，但却是不现实的。客户在包装、运输方式及承运人、运输路线及交货时间等方面的需求都不尽相同。为了更好地满足客户需求，就必须确认客户的不同要求，根据客户规模、市场区域、购买的产品及其他因素将客户需求细分，为不同客户提供适宜的服条水平，这样可以使管理者针对不同客户以最经济的方式满足其需求。

管理者必须将方便性因素摆在适当的位置，销售物流功能会由于过多的服务水平决策而不能实现最优化，因此，服务水平决策需要具有灵活性，并限制在容易识别客户的范围内，在每一个特定情况下，都必须要考察服务与成本之间的关系。

五、客户关系的产生

当社会由工业社会进入信息社会后，社会发生了巨大的变化，这些变化对企业产生了深刻的影响，表现在以下几个方面：

(一)经营思想从产品为中心转向以客户为中心

由于产品高低的差距日益缩小，而客户将目光投向了服务，客户对服务的要求不断地提升。所以，企业的注意力就从产品转向了客户，因为客户是企业的另一重要资源。企业需要充分利用以客户为中心的人力和财力资源，来达到提高经营效果的目的。

(二)管理战略从市场占有率转向客户占有率

企业往往注意在市场上的占有率，以此来衡量企业的效益。孰不知此种占有率是经常变动的，因为一旦客户的要求得不到满足时，大批客户就会离你而去。因此，只有客户占有率高，特别是长期客户占有率高，才是比较实在的。而这些所谓的长期客户，就是忠诚的客户。

(三)经营成果的标志从投资回报率转向客户保持率

企业经营的好坏可以用投资回报率来考核，这是毫无疑问的。然而，不同时期同样的投资则回报率可以是不相同的。如果使用客户保持率来衡量经营成果的话，将更能说明问题，因为任何时期只要客户保持率是高的，其经营效果必然是好的。

(四)提高利润的手段从内部的节支转向外部的增收

为了得到较高的利润，企业长期以来千方百计地使用各种方法挖掘内部潜力以降低成本，越来越多的企业应用了 ERP 软件和进行业务流程重组，使内部管理的效率提高了，优化工作完成了。但是，提高利润仅仅依靠内部节支的方法终究是有限的，企业只有将精力由内部转向外部，增加收入，才能不断地提高利润。而增加销售收入的最好途径就是能吸引客户，满足客户的各种个性化要求，以便达到较高的客户满意度。

(五)客户关系管理的作用

客户关系管理是一种新颖的企业战略和管理手段。客户关系管理在开拓市场、吸引客户、减少销售环节、降低销售成本、提高企业运行效率等方面会带来很大的效益。具体表现在以下几个方面。

1. 开拓市场

通过使用电话、传真、因特网等多种工具，企业与客户可以进行频繁的交往，扩大了销售活动的范围，增加了与客户往来的信息，加快了信息传递速度，出现了更多的商机，掌握了市场的最新动态，把握了竞争的最好时机。

2. 吸引客户

由于客户与企业有较多的渠道可以进行交流，一方面企业联系客户方便，另一方面客户也可以选择喜爱的方式与企业交流，客户服务和支持加强了，客户满意度提高了，企业吸引了客户，留住了老客户，找到了新客户，企业的客户队伍在不断地扩大。

3. 减少了销售环节

由于与客户交往的营销、销售、服务与支持的任何的企业员工，均可以通过系统所给出的由四面八方所汇集的客户信息，全面地了解客户的情况，同时也可以将自身所得到的客户信息输入系统，使销售渠道更为畅通，信息的中间传递环节减少，销售环节也相应地减少。

4. 降低了销售成本

由于销售环节的减少，投入的销售人员相应地也减少了，人员工资费用降低了，销售管理费用相应地也减少了，当然，销售成本也就跟着降低了。

5. 提高了企业的运行效率

由于客户信息的增多，企业通过对客户信息的加工和处理，从中提炼出许多宝贵的分析数据，为产品销售的数量、成本、市场风险、客户变化等多方面的决策提供了依据，这些决策的执行使企业在经营过程中的运行效率提高了。

6. 加强了各部门的协调

许多企业中的市场营销、销售、客户服务与支持部门都是作为独立的实体工作的，由于部门界限的原因，造成不同的业务功能往往难以交流，难以协调。因此，不能将注意力集中在客户方面。

客户关系管理能够建立一个企业各个部门共享的通信和交流的信息窗口，不同部门能从建立客户关系的共同目标出发，做到相互配合、相互支援，提高为客户服务的效率。

7. 提高员工工作的有效性

客户关系管理呆以改善对客户的反应能力，并对客户服务的全过程更加清楚。企业可以通过清晰的流程和严格的步骤去规划与客户之间交往的一切活动，使现有的客户和潜在客户得到满足，就可以留住客户，扩大客户队伍。

六、物流客户管理的实现

物流客户管理的实施主要体现在市场营销、销售实现、客户服务和决策分析四大业务领域，这些都是客户与企业发生关系的重要方面。从这几方面入手才能保证物流客户管理业务的实现，从而实现资源的整合和协调、确保客户体验的一致性。

(一)市场营销

物流客户管理中的市场营销包括对传统市场营销行为和流程的优化及自动化，包括整个系列的商机测量、获取和管理，包括营销活动管理以及实时营销等等。个性化和一对一成为营销的基本思路和可行做法，最初在客户接触中企业需要实际测量客户的需求，针对具体目标受众开展集中的营销活动，营销既符合互动的规范，又针对客户的喜好和购买习惯。实时营销的方式转变为电话、传真、WEB 网站、E - mail 等的集成，旨在使客户以自己的方式、在方便的时间获得他需要的信息，形成更好的客户体验。在获取商机和客户需求信息后，及时与销售部门合作以激活潜在的消费行为，或与相关职能人员共享信息，改进产品或服务，从速从优满足客户的需求。

(二)销售实现

客户管理拓展了销售的概念，从销售人员的不连续活动到涉及公司各职能部门和员工的连续进程都纳入了销售实现中。销售人员及其他员工与潜在客户的互动行为、将潜在客户发展为现实客户并保持其忠诚度是关系到企业盈利的核心工作，因此客户管理对于销售实现是十分重要的，在具体流程中它被拓展为包括销售预测、过程管理、客户信息管理、建议产生及反馈、业务经验分析等一系列的作业。

(三)客户服务

客户管理与传统商务模式相比，最明显改进之一，就是把客户服务视作最关键的业务内容，视同企业的赢利而非成本来源。企业提供的客户服务已经超出传统的帮助平台，成为能否保留并拓展市场的关键，只有提供更快速和周到的优质服务才能吸收和保持更多的客户。客户服务必须能够积极主动地处理客户各种类型的询问、信息咨询、订单请求、订单执行情况反馈，并提高质量的现场服务。同时，客户服务中心已经超出传统的电话中呼叫中心的范围，向可以处理各种通信媒介的客户联络中心的演变，可接受并使用如 E - mai、传真、网络及其他任何客户喜欢使用的方式。越来越多的客户通过 Internet 查询产品、发出订单，对企业提供自助服务的要求也越来越高。

(四)决策分析

客户管理的另一个重要方面在于创造和具备了使客户价值最大化的决策和分析能力。首先，可以通过对客户数据的全面分析，来规范客户信息。消除交流和共享的障碍，并测量用户的需求，潜在消费的优先级定位、衡量客户满意度，以及评估客户带来企业的价值，提供管理报告、建议和完成各种业务应用系统融入到分析环境中开展智能性分析，分析结果反馈给管理层和整个企业各职能部门，增加了信息分析的价值，更能使企业领导者权衡信息做出全面及时的商业决策。

七、物流客户管理创新

(一)服务为先

利用物流能力贯彻服务为先以获得竞争优势，这种创新是基于以客户为核心的市场营销所作出的广泛承诺。其基本的思想是:物流若要以快于本行业的发展速度来扩大其市场份额。那么，从长期看，这要取决于他能否吸引和拥有相关行业中最成功的客户。以客户为导向的市场营销要求流通企业把资源集中在首选的关键客户上，因为这些客户优先考虑的就是供应商的物流能力。

(二)增值为本

物流客户管理创新必须以增值为本，即为客户提供增值服务，从而也为自己带来增值。增值服务系指独特的或特别的活动，使厂商们能够通过共同努力提高其效率和效益。在日常的物流活动中，大量的增值服务项目买卖双方都同意由服务专业机构来承担，诸如承运、仓储等专业公司等。例如，汽车运输公司所提供的增值服务会超出其基本的运输服务。结合一些附加的服务项目，诸如货物的分类和排序，以满足特定的客户独特的需求。

(三)关系至上

随着现代客户管理向客户关系管理方向的推进，物流客户管理也应紧随这种推进，即奉行关系至上的客户管理创新。企业通过技术投资，建立能搜集、跟踪和分析客户信息的系统，或可增加客户联系渠道、客户互动以及对客户渠道和企业平台的整合的功能模块。主要范围包括销售自动化、客户服务的支持和营销自动化、呼叫中心等。

第三节　物流服务管理

一、物流服务概述

所谓物流服务是对客户商品利用可能性的物流保证，其本质是满足顾客的需求。

物流服务主要包括以下要素：

1. 拥有顾客所期望的商品，保证随时有货供应。

2. 在顾客所期望的时间内传递商品，保证在客户需要的时间内送达货物。

3. 符合顾客所期望的质量，保证达到客户要求的货物及配送质量。

物流服务就是围绕供应订货和使客户保持满意而展开的各项活动。面对日益激烈的国内、国际市场竞争和消费者价值取向的多元化，企业管理者已发现加强物流管理，改进物流服务是创造持久的竞争优势的有效手段。

二、物流服务的核心——订单服务

接受订货是企业物流工作最重要的内容之一，而对于订单的服务则是物流服务的重要组成部分。从企业订货周期所经过的阶段来分，可将订单服务工作分为3个组成部分，即订单传递服务、订单处理活动、订单分解和集合服务。

订单传递服务是指自客户发出订货单到企业收到订单这段时间内发生的一系列工作。加快订单传递速度，缩短顾客的订货周期，是改善物流服务的重要内容。近年来许多企业利用了电子化的订单传递方式，如使用电子数据交换系统及电子扫描技术、条形码等，提高订单的传递速度。

订单处理是从接受订货到发运交货，包括受理客户收到货物后反映意见的处理等单据处理的全过程。订单处理包括下达指标、备货整装、制单发运3个阶段的工作。按照迅速、准确、服务周到的要求做好订单的处理工作，能使客户产生信赖，缩短订货周期，提高物流服务的满意度，增强客户的忠诚度，持久提高企业的竞争力。因此，订单处理是物流服务的核心工作。

订单分拣和集合职能包括自仓库接到产品出库通知直到将该产品装车外运这段时间内进行的所有活动。完成该阶段的工作后，就完成了订单服务的全部工作。

加强对订单服务工作的组织和管理，改善订货处理过程，缩短订货周期，可以大大提高顾客服务水平和顾客满意程度。同时，加强订单管理还有利于降低库存水平，节约物流成本，使企业获得竞争优势。

三、物流服务管理

以适当的成本实现高质量的物流服务，是物流管理所追求的目标。科学合理地制定物流服务的策略，采取切实可行的步骤改进物流作业，不断提高物流服务质量，是物流服务管理的重要内容。

(一)物流服务的决策步骤

1. 确定物流服务要素

开展物流服务，首先必须明确物流服务究竟应包括哪些要素以及相应的具体指标，即哪些物流活动构成了服务的主要内容。一般来讲，备货、接受订货的截止时间、进货期、订货单位、信息等要素的明确化是物流战略策划的第一步，只有清晰地把握这些要素，才能使以后的决策顺利进行，并加以操作和控制。

向顾客收集有关物流服务的信息，改善物流服务，应当了解顾客对物流服务的要求。为此，应调查顾客对物流服务的需求、满意度，以及与竞争企业的物流服务相比是否具有优势等问题，收集物流服务信息，为制订服务策略，确定服务水准提供依据。

2. 顾客需求的类型化

由于不同的细分市场顾客服务的要求不一致，所以，物流服务水准的设定必须从市场特性的分析开始入手。此外，顾客思维方式以及行动模式的差异也会呈现出多样化的顾客需求，在这种状况下，以什么样的特性为标准来区分顾客群成为制定物流服务战略，影响核心服务要素的重要问题。另外，在进行顾客需求类型化的过程中，应当充分考虑不同顾客群体对本企业的贡献度以及顾客的潜在能力，对本企业重要的顾客群体，应在资源配置、服务等方面予以优先考虑。

3. 制定物流服务组合

对顾客需求进行类型化之后，要针对不同的顾客群体制定出相应的物流服务基本方针，从而在政策上明确对重点顾客群体实现经营资源的优先配置。此后，还要对拟定的物流服务水准进行预算分析，特别是商品单位、进货时间、在库服务率、特别附加服务等重要服务要素的变更会对成本产生什么样或多大的影响等，从而使企业既能实现最大程度的物流服务，又能将费用成本控制在企业所能承受或确保竞争优势的范围之内。

(二)改善物流服务的步骤

改善物流服务的过程可以分为5个步骤:顾客服务现状把握、顾客服务评价、制定物流服务组合、物流系统再构筑、顾客满意度的定期评价。这个过程不断循环往复，从而推动物流服务不断深入发展，提高效率和效果。

四、物流增值服务

物流增值服务指在完成物流基本功能基础上，根据客户需求提供的各种延伸业务活动。在竞争不断加剧市场环境下，不但要求物流服务在传统的运输和仓储服务项目上有更严格的服务质量，同时还要求它们积极拓展物流业务，提供尽可能多的增值性服务，这主要包括:

(一)增加便利性的服务

对消费者而言，一切能够简化手续、简化操作的服务都是增值性服务。简化是相对于消费者而言的，并不是说服务的内容简单化了，而是指为了获得某种服务，以前需要消费者自己做的一些事情，现在由物流服务提供商以各种方式代替消费者做了，从而使消费者获得的这种服务变得简单，而且更加方便，这当然增加了商品或服务的价值。

(二)加快反应速度的服务

快速反应已经成为物流发展的动力之一。可通过推广增值性物流服务方案，如:优化配送中心、物流中心网络，重新设计适合客户的流通渠道，以此来减少物流环节、简化物流过程，提高物流系统的快速反应能力。

(三)降低成本的服务

通过提供增值物流服务，寻找能够降低物流成本的物流解决方案。可以考虑的方案包括:采用第三方物流服务商，采取物流共同化计划;通过采用比较适用但投资较少的物流技术和设施设备，推行物流管理技术，如运筹学中的管理技术、单品管理技术、条形码技术和信息技术等，提高物流的效率和效益，降低物流成本。

(四)延伸服务

物流服务向上可以延伸到市场调查与预测、采购及订单处理;向下可以延伸到物流咨询、物流系统设计、物流方案的规划与选择、库存控制决策建议、货款回收结算、教育与培训等。

以上这些延伸服务最具有增值性，但也是最难提供的服务。目前，能否提供此类增值服务已成为衡量一个物流企业是否真正具有竞争力的标志。

第四节　第三方物流

一、第三方物流的概念

中华人民共和国国家标准（GB /T 18354 - 2001）物流术语中给出了第三方物流的概念。“第三方物流是指由供方与需方以外的物流企业提供物流服务的业务模式。”第三方就是指提供物流交易双方的部分或全部物流功能的外部服务提供者。在某种意义上可以说，它是物流专业化的一种形式。

[案例 8 - 1]

物流的社会化

美国的仓库和配送中心，越来越多的是营业性的。日用消费品 50% 是货主自有仓库，50% 是第三方的营业性仓库。食品行业则绝大多数使用营业性的仓库和配送中心。干货贮藏公司是美国最大的一家提供社会性物流服务的配送公司，在全美拥有 30 个大型配送中心。共有 65 万平方米仓库,3000 个客户 。其中芝加哥配送中心的仓库面积即达 30 万平方米，每天处理商品 17.5 万箱。另一家第三方物流中心 USCO 于 1985 年在全美有 30 个仓库，面积为 37 万平方米。到 1996 年已拥有 70 个区域性配送中心和 30 个小型配送中心，仓库面识已达 117 万平方米,10 年中扩大了 2 倍。

在日本有 160 万家中小企业，占市场零售总额的 58%，其物流业务大都委托第三方的物流业者办理。拥有 65 万平方米仓库的三菱商事株式会社就是以中小企业为对象开展社会性物流业务的。日本的大型企业大都有自己的配送中心，但有的企业由于商品库存量有季节性之分，在有的季节商品库存大于自有仓库容量时，也往往求助于营业性的配送中心。特别是每年的中秋节，有互赠礼品的习惯，在年末，零售环节要进行大拍卖。这时候，批发商就要通过营业性的配送中心解决季节性的储存问题。据味之素株式会社介绍，其产品以及所需原料，一半储存在自己的仓库中，另一半则储存在营业性仓库里。一般说来，厂家使用自己仓库储存的占 45%，使用营业性仓库的占 55%。

在欧洲，向主要连锁零售发货的业务中,61% 是控制在第三方的营业性配货公司手里，30% 则由零售商自有的配送中心发货，还有 9% 是类似牛奶、鸡蛋、面包等保质期很短的商品，则是从营业性的仓库或者直接从生产商处发货。以英国为基地的英之杰公司为工商企业提供社会性物流服务，业务遍及亚洲、澳大利亚和中东地区的 32 个国家。

第三方物流是随着物流产业发展而发展的物流专业化的重要形式。物流产业发展到一定阶段必然会出现第三方物流的发展，而且第三方物流的占有率与物流产业的水平之间有着非常明显的相关关系。自 20 世纪 80 年代以来，欧美国家的物流已不再作为工商企业直接管理的活动，一律由外部物流专业公司提供物流服务。如 1992 年对全球 500 家最大制造商物流主管的调查表明，有 37% 的企业采用第二方物流服务。1997 年，英国主要的零售商已控制了 94% 的工程配送（ 从配送中心到商店 ），其中将近 47% 的配送是外包的。在美国的一些主要市场上，第三方物流的利用率已经达到 73% 。对西方国家物流产业的实证分析证明，独立的第三方物流要占社会物流活动总规模的50%，物流产业才能形成。所以，第三方物流的发展程度反映和体现着一个国家物流产业发展的整体水平。

从现有情况看，无论是第三方物流服务的需求方还是供应方，服务的主要内容比较集中于传统意义上的运输服务和仓储服务。物流企业对单项服务的内容都有一定的经验，如何将这种单项服务的内容有机地组合起来，提供物流服务的整体方案，这是第三方物流发展的关键。

二、第三方物流与传统的物流委托的异同

(一)第三方物流与传统物流的区别(如表8－14所示)

表8－14　　第三方物流与传统物流的区别

功能要素	第三方物流	传统物流
	一对多	一对一
合约关系	数量少(对用户)	数量多(对用户)
法人构成	一对一	多对一
业务关系	多功能	单功能
服务功能	较低	较高
物流成本	较多	较少
增值服务质量控制	难	易
运营风险	大	小
供应链因素	多	少

(二)各方物流的概念(如表8－15所示)

表8－15　　各方物流的概念

名 词	解 释
第一方物流	需求方为采购而进行的物流，如赴产地采购、自行运回商品
第二方物流	供应方为了提供商品而进行的物流，如供应商送货上门
第三方物流	由物流的供应方和需求方之外的第三方所进行的物流
第四方物流	提供各种物流信息咨询服务的企业
第五方物流	提供各层次物流人才培训服务的企业

三、第三方物流的特点

(一) 信息网络化

信息流服务于物流，信息技术是第三方物流发展的基础，在物流服务过程中，信息技术的运用使物流活动实现了信息共享，促进了物流管理的科学化，提高了物流服务的效率。

(二)关系合同化

首先，第三方物流是通过合同的形式来规范物流经营者和物流需求者 之间关系的。物流经营者根据合同的要求，提供多功能直至全方位一体化的物流服务，并以合同来管理所有

提供的物流服务活动及其过程。其次，第三方发展物流联盟也是通过合同形式来明确各物流联盟参与者之间的关系。

（三）功能专业化

第二方物流企业所提供的服务是专业化的服务，对于专门从事物流服 务的企业，它的物流设计、物流操作过程、物流管理都应该是专业化的，物流设备和设施都应该是标准化的。

（四）服务个性化

不同的物流消费者要求提供不同的物流服务，第三方物流企业根据物流需求者的要求，提供针对性强的个性化服务和增值服务。

四、第三方物流的种类及经营方式

从全球范围看，第三方物流可以根据其核心能力和历史背景大致分为6个类别：

（一）提供运输服务为主

由海运、陆运和空运公司建立起物流能力；在需要物流上/下游信息的环节提供运输增值服务；充分利用广大的运输终端网络提供仓库和转运服务。如TNT，UPS，FedEx，DHL。

（二）提供货物代理服务为主

基于信息服务，侧重货运过程的协调；寻求通过管理实物、财务和海关/管制制度来提供“综合物流服务”的机会。如BAX，MSAS，AEI，Emery。

（三）信息和系统集成为主

原本主要致力于建立系统的系统集成商，现在开始管理信息系统的外包业务；为了给客户增加更多的价值，系统集成商主动提供有关电子商务、物流和供应链管理的工作。如Accenture，GE。

（四）提供仓储服务为主

提供公用或共享的仓储服务；通过与承运商和/或独立船队的关系提供配送服务；擅长为食品杂货、零售和消费类产品提供增值服务。如Exel，Tibbet&Britten。

（五）提供港口/铁路终端服务为主

基于终端运作服务，并将业务延伸至运输和配送；通常以散货、消费类和工业类产品提供仓储、转运、分运，以及终端配送服务。如PSA Corp，CWT。

（六）电子分销商

零部件分销商和增值服务分销商，开始进入物流增值服务的领域；服务内容包括：系统配置、EDI、货物跟踪、信息系统集成、库存管理等。如：Arrow，Avnet，Synnex。

五、第三方物流应具备的条件

若一个企业把其物流业务全部或部分外包出去，那么提供这种业务的企业通常称为第三方物流服务商。这意味着只要外包物流业务中的一个环节，例如运输、仓储、存货管理等其中的任何一种，都可以称之为第三方物流服务。因此，第三方物流服务提供者不一定需要拥有雄厚的资产基础，拥有几辆拖卡或一个仓库的企业也可从事第三方物流服务。

但应当看到，随着物流的发展，物流正由传统物流向现代物流方向发展。物流的含义也越来越复杂化。传统物流包括仓储、存货管理、发送、配送和运输。而现代物流在原有基础上增加了订货处理、采购、信息通讯系统和质量控制。资产基础薄弱的第三方物流提供者根本无法提供现代物流意义上的多种功能，有的甚至不能满足规模较大的单一的物流功能，如大量的产品运输需特殊的物流功能要求。例如，北欧某航运公司承运从北欧至远东地区的纸筒，装船时，当地气温可能很低（如在冬季），而航行途中要经过炎热地带，如果运输途中通风不良，常会因货舱温度急剧变化而使纸筒表面产生大量汗湿，直接影响货运质量。这家公司为保证运输质量专门设计了一整套调节舱温度、湿度的通风和更换压舱水的作业程序，按照制定的图表，定时通风和调换压舱水，严格保证了货物质量。可见，没有实力的运输公司是不可能满足这种个性化的特殊运输要求的。

在激烈的市场竞争中，成为一个跟上物流发展要求的第三方物流提供者应具备许多必不可少的条件。

（一）拥有现代化的仓储设施和运输工具

对一个物流公司来说，现代化仓储设施与运输工具极其重要。仓储成本在一个企业的产品成本中占很大比例。因此，当一个企业把其物流业务外包给第三方物流提供者时，企业希望通过该物流提供商以其仓储设施来降低产品成本。对拥有现代化仓储设施的物流公司来说，快速周转货物正是其优势所在。现代化的仓储设施要求先进的搬运技术，而随着科技的进步，搬运系统正由机械化、半自动化系统向自动化、信息引导系统方向发展。

（二）迅速修复物流障碍的能力

现在的厂商之间的竞争已发展成为快速反应顾客需求能力的竞争，即基于时间的竞争。因此，物流服务能否做到安全、准时显得至关重要。不管物流公司的作业如何完善，故障发生的概率总是存在的。例如，货物运输途中运输工具出现机械故障或交通出现堵塞、仓库搬运设施需要立即维修等。怎样处理这些突发性事件而使物流过程不停滞是物流公司必须考虑的问题。所以，物流公司应当制订预防或应急方案来处理异常情况的发生，以便在突发性事件发生时迅速采用替换方案来恢复物流流程。排除故障能力的大小往往是客户选择物流公司的一个重要依据。

（三）提供增值服务

顾客需求的多样性增加了企业生产产品的种类。专业物流公司若希望在物流行业发展，还应提供增值服务。增值服务是指特别的与额外的活动。根据实现目标不同又可分为以顾客为核心的服务、以促销为核心的服务、以制造为核心的服务和以时间为核心的服务。例如，美国EXEL公司属下专设一个部门建立了订货登记服务，为刚出生的婴儿安排将P&G公司生产的一次性尿布送到顾客家中。又如，一家仓储公司使用多达6种不同的纸箱重新包装一种普通消费者用的肥皂，以支持各种促销方案和各种等级的贸易要求。通过提供增值服务，有助于提高企业在顾客心目中的地位，而这在未来的市场竞争中更加重要。

（四）拥有先进的物流信息系统

信息技术的调整发展，使得物流过程中库存积压、送货延时、运输不可控等情况大大降低。目前，世界上最先进的物流系统已经使用了 GPS(全球定位系统)、RF(射频识别装置)。此外，电子商务的高速增长与现代物流的发 展相互渗透，形成了电子商务物流、网上订仓、网上签单、客户个性化管理和网上结算的趋势。随着电子商务的进一步发展，更多的无形物流活动将通过 Internet 与 EDI(电子数据交换)来实现。优秀的第三方物流提供商必须有能力与客户之间建立 Internet 和 EDI 的物流信息系统。它可以帮助物流公司及时跟踪货物的运输过程，掌握库存的准确信息，从而合理调配和使用车辆、库房和人员等各种资源。通过为企业与顾客提供实时的信息查询，在有效沟通企业与顾客需求的同时为企业与顾客提供实时的信息查询，在有效沟通企业与顾客需求同时为企业与顾客提供优良的客户服务，使物流公司占有更多市场。所以信息系统是物流企业生存的必要条件，这也是生产厂商选择物流服务企业的首要条件。

(五)高素质的现代物流人才

现代物流作业过程环节复杂、信息量大、对技术要求高，而且各种物流信息具有不确定性、难以捕捉的特点。因此，现代物流企业属于人才与技术密集型企业。要在第三方物流行业立于不败之地的物流企业必须拥有一批熟悉现代物流运作规律、懂得生产管理并具备计算机网络技能的人才。

六、第三方物流的特色

现代管理理论提出，企业要把资源集中在核心竞争能力上，以便获取最大的投资回报。

那些不属于核心能力的功能应被弱化或者外包。而物流通常不被大多数的制造企业和流通企业视为他们的核心能力，第三方物流企业就能很好地解决这一问题。第三方物流企业拥有一般企业所不具有的第三方灵活性，尤其对于那些业务量呈现季节性变化的企业来讲，外包物流对企业盈利的影响应更为明显。

[**案例** 8 -2]

美国通用汽车的第三方物流服务

美国通用汽车的萨顿工厂通过与赖德专业物流公司的合作，取得良好的效益。萨顿集中于汽车制造，而赖德管理萨顿的物流事务。赖德接洽供应商，将零部件运到位于田纳西州的萨顿工厂，同时将成品汽车运到经销商那里。萨顿使用电子数据交换（EDI）进行订购，并将信息发送给赖德。赖德从分布在美国、加拿大和墨西哥的300个不同的供应商那里进行所有必要的小批量采购，并使用特殊的决策支持系统软件来有效地规划路线，使运输成本最小化。

(一)第三方物流企业具有如下优势

1. 具有专业水平和相应物流网络。通过专业化的发展，第三方物流企业有能力开发信息网络并且积累针对不同物流市场的专业知识，包括运输、仓储和其他增值服务。许多关键信息，如卡车运量、国际通关文件、空运报价和其他信息等，通常是由第三方物流企业收集和处理的。

对于第三方物流企业来说，获得这些信息更为经济，因为它们的投资可以通过为大量客户提供服务而获得分摊。对于非物流专业企业来讲，获得这些专长的费用就会非常昂贵。

2. 拥有规模经济效益。由于拥有较大的购买力和货物配载能力，一家第三方物流企业可以从运输公司或者其他物流服务商那里得到比他的客户更为低廉的运输报价，可以从运输商那里大批量购买运输能力，然后集中配载很多客户的货物，大幅度地降低单位运输成本。

3. 有助于减少资本投入，加速资本周转。企业自建物流需要投入大量的资金购买物流设备，建设仓库和信息网络等专业物流设备。这些资源对于缺乏资金的企业特别是中小企业是个沉重的负担。而如果使用第三方物流公司不仅减少设施的投资，还解放了仓库和车队方面的资金占用，加速了资金周转。

通过物流外包，制造企业可以降低因拥有运输设备、仓库和其他物流过程中所必需的投资，从而改善企业的盈利状况，把更多的资金投在公司的核心业务上。许多第三方物流企业，在国内外都有良好的运输和分销网络。希望拓展国际市场或其他地区市场以寻求发展的企业，可以借助这些网络进入新的市场。

4. 促进资源使化配置。第三方物流还能促使企业实现资源优化配置，将有限的人力、财力集中于核心业务，进行重点研究，发展优势技能，努力开发出新产品参与世界竞争，同时有利于企业节省费用，减少资本沉淀，减少库存，提升企业形象。第三方物流提供者对于物流需求者不是竞争对手，而是战略伙伴，它们为客户着想，通过全球性的信息网络使客户的供应链管理完全透明化，使客户随时可通过 Internet 了解供应链的情况。第三方物流提供者是物流专家，它们利用完备的设施和训练有素的人员对整个物流活动实现完全的控制，减少物流的复杂性，它们通过遍布全球的运送网和服务提供者　（分承包方）大大缩短了交货期，帮助客户改进服务，树立自己的品牌形象。第三方物流提供者通过“量体裁衣”式的物流系统设计，制订出以顾客为导向、低成本、高效率的物流作业方案，为企业的市场竞争创造有利条件。

5. 提供灵活多样的顾客服务，为顾客创造更多的价值。通过第三方物流的服务，企业 不必因为建造新设施或长期租赁而调拨资金并在经营灵活性上受到限制。利用第三方物流可以向最终客户提供超过自己提供给他们的更多样的服务品种，如提供本企业一时不能满足客户要求的暂时缺货、短时的仓储管理等服务，为顾客带来更多的附加价程，使顾客满意度提高。

6. 发挥信息技术优势。科学技术日益进步使专业的第三方物流供应商能不断地更新信息技术和设备，而普通的单个制造公司通常一时间难以更新自己的资源或技能；不同的零售商可能有不同的、不断变化的配送和信息技术需求，此时，第三方物流公司能以一种快速、更具成本优势的方式满足这些需求，而这些服务通常都是制造商一家难以做到的。同样，第三方物流供应商还可以满足一家企业的潜在顾客需求的能力，从而使企业能够接洽到零售商。

［案例 8－3］

赖德专业物流服务

美国赖德专业物流公司向一家床垫制造商西蒙斯公司（Simmons）提供一种新技术，使得后者彻底改变了自己的经营方式。在合作前，西蒙斯公司在每一个制造厂储存了 20000 到 50000 个床垫来适时满足客户的时尚需求。合作后，赖德在西蒙斯的制造厂安排一个现场物流经理。当定单到达时，该物流经理使用特殊的软件来设计一个把床垫发送给客户的优化顺序和路线。随后这一物流计划被发送到工厂的楼底，在那里按照确切的数量、款式和顺序制造床垫，并全部及时发送。该项物流合作从根本降低了西蒙斯对库存的需求。

许多第三方物流企业与独立的软件供应商结盟或者开发了内部的信息系统，这使得它们能够最大限度地利用运输和分销网络，有效地进行货物追踪，进行电子交易，生产提高供应链管理效率所必需的报表和进行其他相关的增值服务。许多第三方物流企业已在信息技术方面进行了大量的技入，可以做到帮助客户搞清楚哪种技术最有用处，如何实施，如何跟得上日新月异的物流管理技术发展。与合适的第三方物流企业合作可以使得企业以最低的投入充分亨用更好的信息技术。

电子商务的出现推动了产业的重组，物流产业的功能会逐渐强化。比如在电子商务环境下，消费者在网上的虚拟商店购物，现实的商店和银行的实物交付的功能将逐渐转化，而物流企业的任务会越来越重，用户通过网上的虚拟商店购物，并在网上支付，信息流和资金流的运作过程很快就能完成，剩下的工作就只有实物的物流处理了，专业化物流中心成了所有企业和供应商对用户的惟一实物供应者，可见，第三方物流企业的作用越来越突出。

(二)第三方物流企业的效益源泉

1. 规模效益

第三方物流企业最基本的特征是集多家企业的物流业务于一身，物流业务的规模扩大了。物流业务规模的扩大，可以让企业的物流设施、人力、物力、财力等资源充分利用，发挥效益;有的还可以采用专用设备、设施，提高工作效率;有的甚至采用先进技术，跟高科技接轨、跟全国甚至全世界接轨，取得超级效益。这些都是扩大规模带来的好处。规模效益是第三方物流的一个最重要的效益源泉。没有规模就没有效益，这正是第一方物流或第二方物流的不足。规模效益也正是第三方物流比第一、二方物流优越的地方。

2. 系统协调

系统协调是指第三方物流公司在自己所占有的供应商群及其各自的客户群中进行的协调活动。这些协调活动包括:

①联合调运活动打破各个供应商、各个客户群之间的界限，在这些供应商、客户之间统一组织运输，这样不但可以更节省车辆，还可以更充分利用车辆。

②打破各个客户群之间的界限，统一组织配送，即进行联合配送，这样将比在原来的各个客户群内部组织配送更节省。

③因为掌握了众多的供应商和他们各自的客户群，其相互之间可能会有互为供需的关系，通过自己的协调，促使他们之间形成新的更合理的供需关系。这种新的供需关系不但可以帮助供应商开拓市场，而且也可以大大有利于第三方物流公司节约物流费用。

④统一批量化作业，例如订货、质检、报关、报审等，实行批量化作业可以节省时间、提高工作效率。

这种协调效益是第三方物流企业最主要的效益源泉。第三方物流企业要学会利用协调效益来提高自己的效益水平。要提高协调效益，就要努力做到:

①要努力培养系统和系统工程的观点和思想方法。

②要努力学习掌握物流优化的理论与方法，提高物流管理水平。

③在客户的选择上，除了注意数量之外，还要注意加强客户之间的相关性。这种相关性，主要表现为例如是同一行业、同一地区、同一类物资甚至是同一种产品等。客户之间的相关性越强，则互为供需的可能性越大，系统协调的可能性也越大。

3. 专业化效益

通过专业化来提高企业的效益。在第三方物流企业当中，由于业务量大，所以多个物流作业可以实现专业化，例如运输、仓储、装卸、搬运、包装、信息处理等都可以实现专业化。专业化就可以导致科技化和先进化，从而导致经济效益的大幅度提高。专业化不但是指作业专业化、设备专业化，而且指人的专业化。

4. 群体效益

即第三方物流企业不但能够提高自身的效益，而且也可提高自己的客户企业的效益。客户企业的物流业务交给第三方物流企业承包后，不但自己的物流任务可以完成得更好，而且还使自己甩开这些繁琐的物流事务活动，集中精力发展自己的核心竞争力，提高企业的优势，使企业取得更大的经济效益。因此，第三方物流企业能够使自己和客户群都增强各自的核心竞争力，使整个群体共赢共荣，获得很好的群体效益。

七、第三方服务的内容

(一)服务功能

从物流企业的服务功能上看，我国物流服务商的收益 85% 来自基础性服务，如运输管理（占 53%）和仓储管理(占 32%)，增值服务及物流信息服务与支持物流的财务的收益只占 15% 。增值服务主要是货物拆拼箱，重新贴签／重新包装，包装／分类／并货／零部件配套，产品退货管理，组装／配件组装，测试和修理。我国的第三方物流企业仍以运输、仓储等基本物流业务为主，加工、配送、定制服务等增值服务功能处在发展完善阶段。像宝供、中海这样功能完善的第三方物流企业目前为数不多，规模也不是 很大。中远集团、中外运集团、中国储运总公司这样大型的运输、仓储企业虽已向第三 方物流企业转化，但它们的传统运输、仓储业务仍占主要部分，第三方物流的功能还不完善。生产企业和商业企业的外包物流主要集中在市内配送、单纯仓储和干线运输。其中生产企业的外包物流中，单纯仓储占 21% 、干线运输 36% 、市内配送 28% 、包装 4%；商业企业的外包物流中，单纯仓储占 37% 、干线运输 21% 、市内配送 43% 、包装 14%；增值服务主要是货物拆箱拼箱，重新贴签／重新包装，包装／分类／并货／零部件配套，产品退货管理，组装／配件组装、测试和修理。

(二)服务范围

从服务的范围来看，天津、北京、上海、深圳、青岛等第三方物流相对发展较快的地区服务范围多集中于全国范围。以天津为例，天津市物流企业的业务辐射范围主要是全国，全市 63.7% 的物流企业已将其业务辐射到全国的范围。另有相当一部分企业（ 约占 30%）的业务辐射范围已扩展到国外，这说明天津市物流企业在不断壮大。

八、物流外协第三方的方式与发展趋势

为了集中相对稀缺的资源，以构筑企业的核心竞争力，越来越多的企业采取了将企业物

流业务外包给第三方物流公司的形式。物流外协第三方实际上是社会化大分工进一步发展的结果。

(一)物流外协第三方的方式

1. 系统接管。物流系统接管是企业将物流系统全部卖给或承包给第三方物流供应商。第三方物流供应商接管企业的物流系统并雇佣原企业的员工。

2. 战略联盟。企业与第三方物流供应商或其他企业合资，企业保留物流设施的部分产权，并在物流作业中保持参与。同时，物流合同商提供部分资本和专业服务，企业也为合资者提供特色服务，达到资源共享的目的。

3. 系统剥离。物流系统剥离是指企业将物流部门部分分离出去，使其成为一个独立的子公司，允许其承担其它企业的物流业务。

4. 管理型合同。对希望自己拥有物流设施（资产）的公司，仍可以把管理外协。这是大型零售商常采用的战略。欧盟国家把合同外包看成是改进物流作业管理的一种方法。因为这种形式的外协不是以资产为基础的，它给使用服务的一方在业务谈判中以很大的灵活性。

(二)物流服务外协的发展趋势

企业外部物流服务的多样性的增加，已改变了企业外协物流服务的方式和与外部合同的关系，在以下两个方面这种改变表现的特别明显。

1. 以合同形式采购物流服务的比例增加。运输与仓储服务传统上是以交易为基础进行的。这些服务相当标准化，并能以最低价格购买。虽然公路运输行业的分散与竞争，使订业中拥有众多小型承运人提供低价服务，但是以此种方式购买运输服务又有很大的缺点，那就是需要这种运输的人需在日常工作中接触大量的独立承运人，这无疑会使交易成本上升，并使高质量送达服务遇到困难。不过，即使在这种市场上，企业也必须固定地使用相对稳定的几家运输承运人以减少麻烦，甚至在无正规合同的情况下，制造商也表现出对特定承运人的"忠诚"。当公司有一些特殊要求，需要一些定制的服务并对承运人的投资有部分参与时，它们必须准备进入长期合同，而且当运输专一服务于特订货主时，还要求合同最好能覆盖至少是车辆生命期的整个期间。凡此种种都说明，物流服务采购中以合同形式采购的比例越来越大。

2. 合同方的数量减少。欧美发达国家不论在交易型市场（短期、不固定）或合同物流服务市场单个企业以合同形式成交的平均数均在减少。这是因为，以合同形式采购物流服务，使供需双方都能降低交易成本和提高服务标准。

物流服务外部化，并集中于很少数量的合同商的情况，增加了客户的依赖性，加强了客户与供应商之间的联系。

九、第三方物流运营策略与发展方向

(一)运营策略

对第三方物流的服务需求几乎存在所有的行业，但世界范围内也没有一家第三方物流公司能够在多个地区成为多种行业的物流提供商，各物流企业都有各自擅长的领域，如 TNT 物流业务主要集中在电子、快速消费品、汽车物流三大领域；三井物产则以钢铁物流而闻名；Ryder 是世界著名的汽车物流服务商；宅配便以小件快运以及城际配送为龙头业务（见表 8 - 16）。另外，像化工物流、家具物流、医药物流等因行业特征明显，在国外也都是由专业物流公司来运作的。

而且一些大型的 3PL 提供高在其自身能力的发展和新客户的发展方面正变得越来越主动，全球化的趋势使得战略联盟和合作成为潮流。许多功能服务商愿意与海外的具有相同核心竞争力的伙伴进行合作。例如：运输物流提供商利用自身的合作伙伴，提供全球性服务。货运代理和全球化运输能力将全球的仓库/分销企业连接起来，为客户提供门到门的服务。表 8 - 16 列举了中国部分物流公司的主要经营模式与经营领域。

表 8 - 16 部分中国物流公司的经营领域与经营模式

名称	主要经营领域	经营模式
中国运输网	提供中国卡车货运信息	B to B
货运网	提供中国机动车货运信息	B to B
鹏程货运信息网	从事卡车运输	B to B
广东宝供储运	集中在工业品的储运	B to B
大通运输公司	集中在大宗货物的进出口运输	B to B
中国出口货运有限公司上海储运公司	国际货运代理	B to B
四联储运股份公司	集装箱货运、联运及机器运输	B to B

（二）发展方向

即发展第三方物流（TPL）。提供第三方物流服务，是以发货人和专业物流代理商之间的正式合同为条件的。这一合同明确规定了服务费用、期限及相互责任等事项。这种基于“合同制物流”的运作模式有利于通过电子商务系统网络化的虚拟企业将散置在各地的分属不同所有者的仓库通过网络系统连接起来，使之成为“虚拟仓库”，进行统一管理和调配使用，服务半径和货物集散空间放大了。

第三方物流的管理是以供应链为主的全方位管理，是企业间高效的物流管理模式，它着重于物流信息的管理，然而，具体物流的运作还需企业各自完成，这使第三方物流的快捷、安全、服务水准高、成本低的特点充分得到发挥，它可以整合整个供应链上的物流进行统一运营，降低整个物流系统的作业成本。供应链上的企业通过合同、契约的方式，形成长期稳定的战略伙伴关系，同时第三方物流经营者与供应链上的服务对象也需建立长期合同关系。只有长期稳定的合作关系，才能拥有稳定、高效的物流系统，从而获得长远的竞争优势。

当然，第三方物流的服务对象不仅仅是供应链上的企业，它可以为任何其他企业、个人提供物流服务。单个企业的物流经营目标是如何在最短的时间内将物品送至客户手中，更多考虑的是库存和配送速度之间的优化、平衡，服务对象为单个零散的客户；而 TPL 是将各个不同企业的物流整合起来进行管理运作，它在实现自身效益最大化的同时，事实上也实现了社会物流的合理化。当它为多个供应链提供服务时，也就实现了多个供应链上的物流整合，这将会大大节约社会物流成本，提高社会经济效益，TPL 的影响力将是长远而深刻的。

十、国外第三方物流服务的发展趋势

(一)以合同形式采购物流服务的比例增加

运输与仓储服务传统上是以交易为基础进行的。这些服务相当标准化，并能以最低价格购买。虽然公路运输行业的分散与竞争使行业中拥有众多小型承运人提供低价服务，但是以此种方式购买运输服务有很大的缺点，那就是需要运输从业人员在日常工作中接触大量的独立承运人，这无疑会使交易成本上升，并使高质量送达服务遇到困难。不过，即使在这种市场上，企业也必须固定地使用相对稳定的几家运输承运人以减少麻烦，甚至在无正规合同的情况下，制造商也表现出对特定承运人的“忠诚”。当公司有一些特殊要求，需要一些定制的服务并对承运人的投资有部分参与时，它们更必须准备签订长期合同，而且当运输专一的服务于特定货主时，还要求合同最好能覆盖至少是车辆生命期的整个期间。凡此种种都说明，物流服务采购中以合同形式采购的比例越来越大。

(二)合同方的数量减少、交易成本降低

在欧洲的一些国家，许多国内公路运输是通过作为货运市场中间人的代理公司进行的，这样就大大减少了托运人与运输公司的直接交易。在美国，1980 年实现运输自由化，货运中间人的数量激增;在英国，仅在国际物流中使用中间商，国内运输作业仍按传统的做法，由客户直接与众多的运输公司进行交易。这样做固然可以使托运人得到较低的运价，但交易成本却相对较高。可是许多托运人却只考虑了较低的运价和平稳的采购运输服务的可能性，而没有从购买运输服务的总成本方面考虑。

在“货运管理”方式安排下，某些大的第三方物流，如 Excel Logistics 将代理客户的公路运输作业分包给较小的承运人。在美国，许多第三方物流公司提供与此相类似的“一站式运输”服务。

(三)物流服务更趋于标准化

单个公司采用的运输与物流公司越多，花费在熟悉与监控方面的时间也就越多。运输业务集中于少数几个可靠的运输公司，就可使这些任务简化，也可能使这少数几家运输公司更负责任，保持与改进服务质量。以合同为基础的公司采购物流服务时，只需雇佣少数物流服务供应商。英国大约 39% 的公司只雇佣一个供应商，而另外 47% 公司则雇佣 1 ~ 5 个供应商。之所以要雇佣一个以上供应商的主要原因是:保证竞争、全国范围的能力覆盖、不同业务需求、灵活性、不同优势、成本与服务，其中成本与服务是起决定作用的。在欧洲，大多数外包物流是以国家划分给多个物流供应商的。对 68 个欧洲 500 强制造商的调查表明，59% 的公司采用了这种策略。

(四)更严格的物流服务提供商的选择

有多项研究表明:过去许多公司选择运输方式或承运人时产不全面考虑所有的选择可能。这种选择程序的缺陷可部分解释为运输支出在许多公司的总支出并不显著，并且不同运输公司之间服务质量的差别也不大。现在，既然公司已把许多与物流相关的服务外部化，这些服务的外部支出在公司预算中就开始凸现。这一现象加上对服务质量的重视、减少承运人及采用合同关系，使对承运人的选择变成一件重要的决策，需要对市场更全面的评价和采用更正规的选择程序。

（五）合同方在设计物流系统过程中更紧密地参与

许多制造商正使用开放式的“表现”规范采购零部件，以取代传统的根据“设计规范”进行采购的方式。设计规范详细地规定了各项要求，而开放式的“表现”规范仅仅给出总的框架要求，这样就给供应商以较大的创新空间，有利于经济而又有效地开发符合客户要求的部件。

在物流服务的采购上也具有同样的趋势，公司物流外部化过程中，将物流系统的设计包括在合中中已非常普遍。外部化的决策经常与物流系统的重构决策同时做出。另外，使用合同物流的原因之一是获得专业技能。毫不奇怪，公司应该在确定物流战略时寻求物流公司的建议。这是因为外部合同方比内部的物流经理能更加客观地看待公司的物流系统。

（六）对长期伙伴关系发展的更大重视

就如对产品供应商发展紧密互益关系的重要性一样，与物流供应商发展这种长期伙伴关系也同样重要。这类关系中，有相当部分已被建立起来，并已发展成物流合同的正式条款。这类关系在专一服务于一家客户的情况下更易建立。当物流能力分享于几家客户时，有时会有客户冲突。专一关系虽然能保证服务质量标准，但弱化了供应商通过集合多个客户业务而降低单位成本的传统的作用。虽然许多工商企业愿意付出较高的成本以取得专一性服务，以保持较高控制程度与服务水平，然而，在英国，越来越多的公司放松了对专一合同的要求，而给服务供应商以更大的自由去争取回程货与捎带货。与此同时，对分享用户的物流服务的需求也大大增加了。

（七）采取零库存原则

采用零库存系统的先决条件之一是快速和可靠的运送。在没有缓冲存货的情况下，生产和配送作业对送货时间的不准确更为敏感。英国有53%的大型公司在实施零库存时，遇到承运人提供的服务标准问题，这迫使它们改变采购运输服务的方式。另外，为减少承运人的数量，增加以合同为基础的业务比例，它们与运输公司建立起紧密、长期和更互相依赖的关系。

（八）开发电子数据交换（EDI）

许多供应商与这客户关系，尤其是第三方物流提供的综合物流服务，已通过建立EDI联系而得以加强。对美国公司承运人与货主关系的分析表明，具有EDI连接的比例已从1994年的29.3%上升到1996年37.4%；电子交易从18.2%上升到了31.5%。通过使物料通过供应商系统时更可见与透明，EDI使客户对合同作业增加了信心。第三方物流与客户计算机的整合，也加强了他们之间的作业联系，并使双方在短期难以立即中断关系。然而，在双方对EDI成本分摊问题上，尤其是在多用户分享服务的情况下，是有争论的。

（九）物流设备越来越专业化

在运输与物料搬运领域中，技术的发展使个别公司对物流特制设备需求成为可能。这类客户特制设备大大增加了在供应商与客户之间“关系性合同”，这已是物流行业的老经验了。

（十）相互依赖程度的改变

在客户与供应商相互依赖时，紧密与合作性关系更有发展的可能。传统上发货人认为他们对承运人的依赖性不大，这反映了发货人对公路运输市场的观点，即公路运输是买方市场，运输业务可以在短期内以很低的成本在不同承运人间转移。

物流服务外部化，并集中于很少数量的第三方物流的情况，增加了客户的依赖性，使它更难以断绝，至少在短期内更难以断绝与第三方物流之间的关系。

十一、第三方物流企业的业务创新

（一）第三方物流企业业务创新

第三方物流企业未来的发展将会更多地依赖于增值服务领域的大胆创新，而这种创新也将会更多地以信息化技术为载体，借助于互联网环境向社会的各个层面迅速渗透。企业发展应用增值服务的领域与方向很多，既可以把物流业务与信息服务扩展到采购、配送、联运、包装加工、多方结算等方面，也可以扩展到客户的商品分销、客户服务、代理记账、委托财务管理、授权结算等方面。

（二）供应链核心企业外包其他业务

当第三方物流承担运输和仓储业务取得成功后，客户企业往往会考虑进一步扩大合作范围，如产品包装、标签印制甚至产品组装等。

（三）整合供应链作业

一体化供应链管理要求核心企业对整个供应链流程进行整合，而第三方物流企业是该领域的专家，相对于制造商企业来说，第三方物流企业可以做得更好。因而越来越多的制造商企业考虑与第三方物流企业合作进行供应链整合。

1. 开发物流信息管理系统

在供应链一体化后，客户企业需要支持物流作业的信息技术，而企业信息部门忙于内部信息系统，这就为第三方物流企业提供了扩展业务的机会。第三方物流企业在物流优化方面具有明显的优势，可帮助其顾客采用供应链策略管理物流作业。

2. 处理供应链末端业务

尽可能地在靠近消费者或者买主的地方完成产品，已成为供应链管理体制中的基本原则。根据某权威机构的最新统计数据表明:2000 年全国商品零售总额为 34200 亿元，中国商品的物流支出与社会商品零售总额的比例约为 1 ∶ 5，即全国的物流支出约为 6840 亿元。预计其中的第三方物流末端服务的需求约为 1368 亿元。

（四）第三方物流业务创新的支撑体系

1. 物流作业的信息化

信息化是第三方物流管理系统构建的基础，物流信息化表现为物流信息的商品化、物流信息收集的数据库化和代码化、物流信息处理的电子化和计算机化、物流信息传递的标准化和实时化、物流信息存储的数字化等。条形码技术（bar - code）、电子数据交换（EDI）、数据仓库技术（DW）、电子自动订货系统（EOS）等物流信息技术的逐渐普及使物流信息化程度越来越高。第三方物流企业越来越依赖于以信息化为基础的物流系统的建立。

2. 物流作业自动化

在物流信息化的基础上实现物流作业的自动化。物流作业利用条形码 / 语音 / 射频自动识别系统、自动分拣系统、自动存取系统、货物自动跟踪系统等物流自动化设施，大大减少了人力劳动，扩大了物流作业能力，降低了物流作业出错率，为第三方物流企业满足更多客户的需求提供了必要的保障。

3. 优化物流网络设计

第三方和需要有完善、健全的物流网络体系，网络上点与点之间的物流活动保持系统性、一致性，因为分散的物流单体只有形成网络才能满足现代化生产与流通的需要。第三方物流与上游供应商、制造商及下游客户之间要实现信息的及时传递和共享，这样才能增强企业之间的信息交互使用程度，提高企业的服务水平，减少供应链中不必要的环节。与供应链管理相结合的第三方物流的网络建设应该适应供应链核心企业的业务需求，优化网络设计，减少物流环节。

4. 实现物流服务的柔性化

柔性化是为实现“以顾客为中心”理念而在生产领域提出的，即能够根据消费者需求的变化来灵活调节生产工艺，柔性化的物流服务正是适应生产、流通与消费的需求而发展起来的一种新型物流模式。客户的需求越来越向个性化发展，相应地供应链核心企业的物流活动也必然出现多边形和不可预测性的特点，第三方物流应根据消费需求“多品种、小批量、多批次、周期短”的特点灵活组织物流作业，满足不同层次的企业对第三方物流服务的需求。

5. 建立客户服务窗口

第三方物流企业一定要建立面对客户的服务窗口，因为货物不只是靠电脑和信息，而是要通过配送中心送到客户手中去的。依托电子商务的大环境，采用网络化的计算机技术和现代化的硬件设备、软件系统及先进的管理手段。针对社会需求，严格地、守信用地按照用户的订货要求，进行一系列的分类、整理、分工、配货等理货工作，定时、定点、定量地交给各类客户。

6. 管理模式的优化

第三方物流企业在管理模式方面一定要优化，尽可能地使用一些新的技术、采用更有效的管理方法来满足客户对物流服务的多方位需求。现代社会已进入知识经济时代，企业生存、发展的关键已从传统的规模经营转向对新知识、新技术、新观念的捕捉与吸收利用的效率。因此，在企业内部建立学习型组织，实现智能化管理的优化，已成为第三方物流企业成功营运的基础条件。要建立学习型组织，必须采取有效的激励机制和完善人事培训制度，以促进公司员工积极学习新知识与技能，以期最终提高第三方物流服务企业的竞争力。

*本章小结

本章介绍了物流客户服务及第三方物流的概念，并详细阐述了物流社会化立足点是客户服务，物流的客户服务的基本服务和增值服务；阐述了第三方物流的基本原理及发展趋势，第三方物流运作方式和运作特点。

※ 复习思考题

一、名词解释

客户服务 第三方物流

二、思考题

1. 什么是客户服务？客户服务的重要性体现在哪些方面？

2. 提高客户服务水平应具备哪几个要素？

3. 什么是第三方物流？第三方物流的服务内容包括哪些？

4. 第三方物流应如何运作才能保持核心优势？

5. 试述第三方物流的发展趋势。

三、填空题

1. 物流服务的三个要点有（ ）、（ ）、（ ）。

2. 客户服务的重要要素有（ ）、（ ）、（ ）、（ ）。

3. 物流客户管理创新有（ ）、（ ）、（ ）。

4. 第三方物流的特点是（ ）、（ ）、（ ）、（ ）。

5. 第三方物流服务内容包括：开发物流策略和（ ）、（ ）、（ ）、（ ）、（ ）、（ ）、（ ）和（ ）。

6. 越来越多的第三方物流公司也将借助信息技术，通过不断改进（ ），完善（ ），降低（ ），进一步增加（ ）内容，抢占物流这个巨大的市场。

四、选择题（单选或多选）

1.（ ）的定义是：物流渠道中的专业化物流中间人，以签订合同的方式，在一定期间内，为其他公司提供的所有或某些方面的物流业务服务。

① 物流企业　② 物流服务　③ 客户服务　④ 第三方物流

2.（ ）已被许多公司视为节省成本，增加效益和使其产品和服务增强竞争力的关键。

① 高效的物流管理　② 第三方物流　③ 物流信息化　④ 客户服务

3. 第三方物流的优势表现为（ ）。

① 降低总费用　② 企业能从第三方物流服务中获益

③ 能帮助企业削减固定费用　④ 提高物流速度

4. 从客户角度的对客户服务的评价内容主要有（ ）以及定单完成的准确率和账单的准确率。

① 定单及时率　② 定单完整率　③ 定单完整无缺的货物比率　④ 破损率

5. 第三方物流具有（ ）的基本特征。

① 第三方物流建立在现代电子信息技术基础之上。

② 第三方物流是合同导向的系列物流服务。

③ 第三方物流是个性化的物流服务。

④ 第三方物流拥有数据管理系统和客户服务中。

五、课堂讨论题

马士基物流想顾客之所想

当今，商业物流和客户联盟常与其他的远洋运输物流业者进行激烈的竞争。物流业的佼佼者马士基物流——商业和客户联盟，也发现自己的竞争对手不仅有业内企业，还有包括远洋运输物流业以外的企业，如联邦快递、联合包裹服务和德国邮政。

马士基相信，远洋运输业的改革势必会改变运输物流业的现状。在这种形势下，客户也提出了希望得到综合物流服务的要求，这对公司来说是一个挑战。快递公司想通过与速递、非航运运输及第三方物流企业合作，来扩大他们的海运服务范围。这些公司提供各式各样的物流服务，他们的目标与马士基一样，都是希望客户以最小的代价得到最快捷、最可靠的送货上门服务。

马士基公司在世界各地有160多个办事处，3000多个雇员。而以前的名字，商业物流和客户联盟变成了今天的马士基物流。因为"马士基"这个名字在航运界有广泛的知名度和信誉，拥有这个名字令人骄傲。

马士基国际物流分为美洲分公司、欧洲分公司和亚太分公司。在美国，马士基有7个办事处，在欧洲有40多个，在我国也有13个。这些办事处分地区地处理着公司的物流业务。同时，公司在美国还有4个自己的物流货仓网络，负责货物的转运、存储。实际操作中，在统一的经营方针指导下，马士基物流双分成了9个分部，货场管理、供应链管理、空运、NVO服务、信息技术、金融、公关和市场、商业过程和仓储分运。这些部门是由商业和客户两方组成的，由于减少了中间环节，它们运作得非常好。它们彼此间默契的配合并不仅仅靠总部统一的命令，而是靠减少中间环节来实现。为便于更好地为客户服务，马士基还与一家中间转运公司达成了合作协议，此中转公司专门有6个办事处，为马士基的客户服务，提供中转及NVO服务。马士基本身有能力完成中间商的工作，但考虑到客户与中间商长久而密切的合作关系，马士基还没有决定是否应扩大自己的服务网络，来代替中间商所起的作用。

在北美，马士基物流重新培训了95%的原公司雇员。组建新公司时，公司从来没想到要裁员。他们的雇员与客户非常熟悉，并建立了良好的关系。他们认为，雇员是公司的财富。在马士基物流，数据传送电子化与货运有着同等重要的地位。在过去的5年中，公司为实现物流服务的计算机系统化，投入了上百万美元，建立了适合公司业务发展的系统——M·Power。M·Power可以在多种操作平台上工作。此系统可以在电子数据交换机和因特网上工作。M·Power使各级别的客户都可以跟踪其业务过程。你如果想了解客户的货现在在哪里，问M·Power就可以了，它一定会知道的。什么时候货物能到配货中心，M·Power也知道。这样就避免了估计上的错误，不必不停地与各方面联系，M·Power可以24小时地工作。在信息处理上，马士基也与其他公司进行了合作。它的前竞争对手，Sea－Land物流，有他自己的客户协调系统和航运跟踪系统。现在，这些系统并入了M·Power系统，为马士基的客户服务，跟踪货物运输的全过程，使M·Power工作得更加完美了。

马士基的信息自动化并非到此为止，他们还想把它的供应链全部自动化。公司的技术人员正在努力使系统自动接收航班发货地的数据。通过研究他们发现，自动化的"瓶颈"往往来自供应商，所以他们给供应商提供了一个网站，让供货商能输入班轮信息，自动发到系统上而不必硬拷贝或发传真。马士基生产了不少终端系统给供货商使用。这些计算机设备都是免费为客户安装的，公司在这方面花费了上百万美元。这样，客户工作起来就会更加方便，这是马士基的主要目的。马士基一直关注新技术的发展，希望公司与客户一起发展，跟上时代前进的步伐。

客户和商家都对马士基提供的更广泛业务范围很感兴趣。与客户良好的合作关系，使公司有更好的商业发展前景，这种稳定的关系受到客户的称赞。在公司整个改革过程中，公司员工与客户经常联系，并告诉客户每一个变化，让客户了解公司的改革内容。为了更好地为客户服务，马士基物流从不画地为牢，只要需要，宁愿与 APL 的 ACS 物流合作，来提高自己为客户服务的质量。客户对马士基包括海运、仓储及转运的物流服务越来越感兴趣。

马士基物流的综合服务吸引了很多新客户。只要客户需要，他们就会提供相应的服务，这正是他们成功的关键。

讨论

1. 马士基物流服务的特色有哪些？马士基是如何开展物流客户服务的？
2. 如何理解马士基的综合服务是马士基公司成功的关键？

[案例分析]

中远货运的物流服务

中远国际货运有限公司是中国最大的货运企业集团之一，担负着中远集装箱运输的国际、国内货运代理、船舶代理、沿海货运、拼箱、多式联运及项目物流等有关业务。公司成立以来，曾先后组织并承担了秦山核电、云南磷矿、上海通用汽车、海尔电器、杜邦纺织等大型物流项目，使中远货运的品牌不仅局限在“海上承运人”，而且延伸到全方位的“物流经营人”领域。

在物流服务上，中远货运具备如下 4 个方面优势。

(1) 依靠中远大规模的集装箱班轮船队及辅助设施，在国内集装箱航运市场占据了举足轻重的地位。

(2) 拥有相对完善的业务分支机构和代理网络，中远货运在全国 29 个省区的 100 多个城市设有业务网点近 300 个，形成了以北京为中心，以香港、大连、天津、青岛、上海、广州、深圳、武汉、厦门等口岸和内陆地区公司为龙头，以遍布全国主要城镇的货运网点为依托的江海、陆上货运服务网络，可以为广大客户提供全方位的物流服务。

(3) 中远货运在业务经营上，一直以组织、安排运输服务为特长，它拥有高素质的专业销售队伍，能够通过对供应链的整体设计和管理，最大限度地降低货物流通的时间与成本，拥有较强的货运控制和驾驭能力。

(4) 中远货运拥有大规模的、与中远货运运力相匹配的客户群。中远货运成立以来，坚持服务创新的经营战略，不断拓展货地驼的增值服务，为货主提供“一站服务”，“绿色服务”等服务模式，在国内货运行业中，应用客户完全满意服务体系(TCSS)，实现电子订舱与网上货运保险等业界领先的服务手段，同时，中远货运依托“零距离服务”理念，致力于客户关系建设，提高客户管理水平。目前，中远货运的客户范围已从工贸企业货主到私营企业，个人货主，能够针对不同类型的客户需求，提供个性化的服务。

在中远货运目前提供的物流服务中，可以分为基本业务和增值服务两大类，在基础物流服务方面，中远货运已经具备了雄厚的实力，在货运增值服务上，也有着强有力的优势，如拼箱、多式联运、项目物流等。中远货运将继续依托自身的航运主业优势，以集装箱运输为核心，逐步开展综合物流服务，避免追求“小而全”或“大而全”的物流模式，亦不会简单局限于两头延伸服务。在增值物流业务中，突出个性化服务与边缘市场开发；在冷冻冷藏鲜活货、化工危险品、展品物流、在建工程项目物流，拼箱、私人物品运输等新型业务上开拓物流新市场。

下面介绍中远货运物流两个突出个性化特点服务的案例。

(1)通用汽车项目。上海通用汽车是上海汽车集团公司与美国通用汽车公司合资的企业，中远货运为上海通用汽车提供了 Inbound 全程物流管理，使其生产线做到了零库存，中远货运一是按照上海通用汽车的要求做到了生产零部件 JIT 直送工位，准点供应。因为汽车制造业比较特殊，零部件比较多，品种规格都比较复杂。如果汽车制造商自己进行采购和物流配送，需要浪费很多时间，中远货运为此提供了一种把原材料直接送到生产线上去的服务。二是“门到门”运输配送，使零部件库存放在途中。门到门的运输有很大优势，如包装成本可以大幅度下降，从供应商的仓库门到客户的仓库门，装卸一次就可以了，这比铁路运输要先进得多；库存可以放在运输途中，算好时间，货物准时送到，使货物在流通的过程中只进行一次调控。三是在上海通用的生产线旁边设立了“再配送中心”。四是做到 每两小时自动补货到位，保证“蓄水池”充满“活水”。通过提供上述服务，中远货运与上海通用汽车建立起了战略合作伙伴关系。

(2)杜邦纺织品项目。中远货运为客户提供了涵盖出口、进口以及内陆陆运的 JIT 物流服务。根据杜邦的生产预测与产品需求特征，中远货运为其量身定做了物流提供方式，包括整套操作流程，从原材料的 Inbound 物流(就是海外到天津到北京)，到产成品的 Outbound 物流(就是北京到天津到上海)的全方位质保方案及应急措施，得到杜邦的认同和依赖。

随着业务的良性运转，中远货运逐步得到了客户的信任，进一步开拓了逆向的物流市场，实现了客户价值的创造与维护，降低了企业的运营成本。

分析

1. 中远货运是如何依托自身优势不断拓展第三方物流市场的？
2. 上海通用汽车为什么要与中远货运建立战略伙伴关系？这对双方有什么利弊？
3. 请结合本案例说明第三方物流对于整个社会物流管理水平提升有何重要意义。

第九章 电子商务与物流

9

＊学习目标

通过本章的学习掌握电子商务平台上现代物流管理的基本概念、电子商务与物流的关系，知道电子商务与物流的有机组成，电子商务应用于物流业的基本模式等内容。

＊主要内容

电子商务与物流

电子商务下的物流作业流程

电子商务运行方式及物流支持

电子商务下物流业的发展趋势及模式的探讨

＊**引导案例**

物流的无纸化和无人化

高新技术的引入正在使日本的物流业发生一场静悄悄的革命，高新技术的引入正在使日本的物流业发生一场静悄悄的革命，电脑的普遍使用和自动分拣系统、无人驾驶叉车等构成了日本物流业的无纸化和无人化现象。三菱仓库株式会社横滨支店 C 号仓库建于 1994 年，建筑面积 4823 平方米，共有 5 层。这是三菱仓库高度技能化计划的最初实施。C 号仓库设计上为单元自动仓库，配置电动移动式货架，无人操作垂直搬运机，装备无线终端的无人叉车。仓库各单元均通过计算机和无线通讯连接，除了商品全部采用条形码外，各进货单元、货架、货位等也均采用条形码。这个仓库主要储存由国外进口的商品。货物运抵前一周，轮船公司即输送货物信息，经仓库计算机系统处理后确定货物存放位置。货物抵仓后，确定条形码，经扫描进入计算机，无人操作垂直搬运机按计算机指令送货至规定楼层，再 由无人驾驶叉车按计算机指令送货至指定货架货位。操作人员通过计算机核对货物条形码与货位条形码是否一致，防止出差错。进入仓库，只有自动化机械在按计算机指令操作，不见人影。C 号仓库有 1000 多只货架，月商品吞吐量 1.2 万吨。三菱仓库横汉文店有工作人员 14 人，工作效率非常高。把物流配送和自动化、计算机化结合在一起，是物流业发展的新方向。

第一节　电子商务与物流概述

一、电子商务及其发展

(一)电子商务的概念

1.狭义的电子商务：一般是指基于数据(可以是文本、声音、图像)的处理和传输，通过开放的网络(主要是 Internet)进行的商业交易。

2.广义的电子商务:是一种全新的商务模式,利用前所未有的网络方式,涉及内部网(Intranet 和 Internet)等领域,将顾客、销售商、供应商和企业员工联在一起,将有价值的信息传递给需要的人们。其内容包括两个方面:一是电子方式;二是商贸活动。即必须利用电子方式或电子信息技术来进行商务活动。其目的是充分提高商务活动的效率。电子商务概念模型见图 9-1 所示。

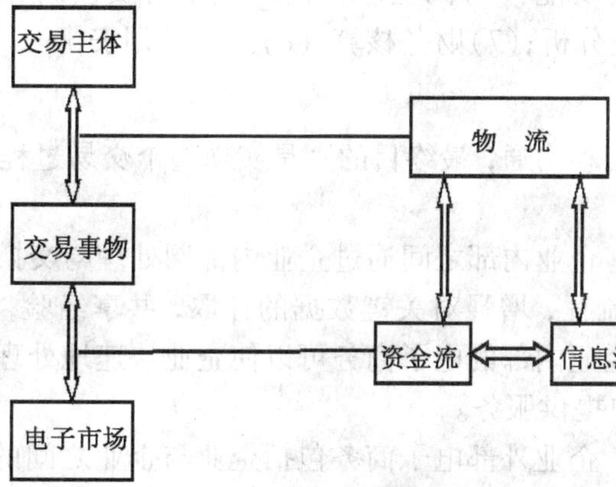

图 9-1 电子商务概念模型

电子商务可以通过多种电子通信方式来完成。比如通过打电话或发传真的方式与客户进行商贸活动,可以称作为电子商务。但是,现在人们所探讨的电子商务主要是以 EDI 和 Internet 来完成的。尤其是随着 Internet 技术的日益成熟,电子商务真正的发展将是建立在 Internet 技术上的。所以也有人把电子商务简称为 IC(Internet Commerce)。

[案例 9-1]

中国物流网(www. china - logisticsnet. com)

一打开中国物流网,就会看见一句话:"电子商务时代-物流决胜"。在互联网这个虚拟的空间中,企业之间的网上交易优势,再也不像实体经济中那样明显,企业之间存在的差距,主要表现在物流服务。因此,物流必然成为一种竞争中的决胜手段。中国物流网的主办者就是带着这样一种判断给物流业提供一个信息平台。中国物流网从 1999 年开办至今,已经有十几万人数的访问量,传递了一千余条信息,组织了物流研讨会、物流培训班,发布了在国内运作成功的物流软件信息,推荐了深圳平湖物流基地、北京京良物流基地等物流项目,开始了它的初期运作。

从贸易活动的角度分析,电子商务可以在多个环节实现,由此可以将电子商务分为两个层次,较低层次的电子商务如电子商情、电子贸易、电子合同等;最完整的也是最高级的电子商务应该是利用 Internet 能够进行全部的贸易活动,即在网上将信息流、商流、资金流和部分的物流完整地实现。也就是说,可以从寻找客户开始,一直到洽谈、订货、在线付(收)款、开据电子发票以至到电子报关、电子纳税等都可以通过 Internet 完成。

要实现完整的电子商务还涉及到很多方面,除了买家、卖家外,还必须要有银行或金融机构、政府机构、认证机构、配送中心等机构的加入才行。由于参与电子商务中的各方在地理位置上是互不谋面的，因此整个电子商务过程并不是传统商务活动的翻版，事实上，网上银行、在线电子支付等条件和数据加密、电子签名等技术也在电子商务中发挥着重要的不可或缺的作用。

（二）电子商务的主要功能

电子商务的主要功能包括企业的销售，售前和售后服务，以及利用 Internet 进行市场开发等商业活动。具体包括的功能：(1)网上广告；(2)网上订货；(3)网上付款；(4)客户服务；(5)商品运送；(6)市场调查分析；(7)财务核算；(8)经营计划安排。

（三）电子商务的分类

电子商务的本质是交流和沟通，最终目的则是实现整个交易过程的电子化。目前电子商务可分为以下两个大类：

1. 企业内部电子商务。企业内部之间通过企业内部网处理与交换商贸信息。它可以用来自动处理商务操作及工作流程，增强对关键数据的存取，共享经验，共同解决客户问题，并保持组织间的联系。通过企业内部的电子商务可以使企业快速地处理商务活动，更快地对市场做出反应，更好地为客户提供服务。

2. 企业外部电子商务。企业外部电子商务包括企业与企业之间的电子商务（B－B 模式）和企业与消费者之间的电子商务（B－C 模式）等。

(1)企业与企业之间的电子商务。企业与企业之间通过 Internet 或专用网方式进行电子商务活动，这是电子商务模式中最具发展潜力的。对 B－B 模式已经经过了 3 个发展阶段。即：因特网连接阶段——网上交易阶段——Web 阶段。

(2)企业与消费者之间的电子商务（B－C 模式）。企业通过因特网为消费者提供一个新型的购物环境——网上商店，消费者通过网络在网上购物，网上支付。由于这种模式节省了客户和企业双方的时间，缩短了他们的空间距离，大大提高了交易效率，节省了不必要的开支，所以网上购物成了电子商务的一个重要发展方向，对 B－C 模式来说，电子商务意味着更多客户、更多机会、更快发展，两者之间省去了中间商环节，真正实现两点一线最短距离的直线交流。这将使生产者及时得到市场的反馈信息，大大降低企业库存，加快企业对市场的反应速度和对商机的把握，增加市场竞争力。一旦内外环境成熟，企业从最初原材料采购开始到最终成交都可以在网上进行，这将加快运作速度，降低交易成本，达到盈利的目标。

（四）电子商务的发展

电子商务的发展经历了两个阶段。

1. 20 世纪 60～90 年代基于 EDI 的电子商务

EDI 在 20 世纪 60 年代产生于美国，当时的贸易商们在使用计算机处理各类商务文件的时候发现，由人工输入到一台计算机中的数据 70% 是来源于另一台计算机输出的文件，由于过多的人为因素，影响了数据的准确性和工作效率的提高，因而，人们开始尝试在贸易伙伴之间的计算机上能够自动交换，EDI 应运而生。

EDI 是将业务文件按一个公认的标准从一台计算机传输到另一台计算机上去的电子传输方法。由于 EDI 大大地减少了纸张票据，因此，人们也形象地称之为“无纸贸易”或“无纸交易”。

20 世纪 90 年代之前的大多数 EDI 都不通过因特网，而是通过租用的电脑在专用网络上实现，这类专用的网络被称为增值网（Value－Added Network，VAN），这样做的目的主要是考虑到安全问题。但随着因特网安全性的日益提高，作为一个费用更低、覆盖面更广、服务更好的系统，其已表现出替代 VAN 而成为 EDI 的硬件载体的趋势，因此有人把通过因特网实现的 EDI 直接叫做因特网 EDI。

2.20 世纪 90 年代以来基于国际因特网的电子商务

由于使用 VAN 的费用很高，只有大型企业才会使用，因此限制了基于 EDI 的电子商务应用范围的扩大。20 世纪 90 年代中期以后，因特网迅速走向普及化，逐步地从大学、科研机构走向企业和百姓家庭，其功能也已从信息共享演变为一种大众化的信息传播工具。从 1991 年起，一直排斥在因特网之外的商业贸易活动正式进入到这个领域，并因此而使电子商务成为因特网应用的最大热点。

基于因特网的电子商务之所以对企业具有如此大吸引力，是因为它比基于 EDI 的电子商务具有以下一些明显的优势：

（1）费用低廉：由于因特网是国际开放性网络，使用费用很便宜，一般来说，其费用不到 VAN 的 1／4，这一优势使得许多企业尤其是中小企业对其非常感兴趣。

（2）覆盖面广：因特网几乎遍及全球的各个角落，用户通过普通电话线就可以方便地与贸易伙伴传递商业信息和文件。

（3）功能更全面：因特网可以全面支持不同类型的用户实现不同层次的商务目标，如发布电子商情、在线洽谈、建立虚拟商场或网上银行等。

（4）使用更灵活：基于因特网的电子商务可以不受特殊数据交换协议的限制，任何商业文件或单证可以直接通过填写与现行的纸面单证格式一致的屏幕单证来完成，不需要再进行翻译，任何人都能看懂或直接使用。

二、电子商务中物流的作用

（一）物流保障生产

无论在传统的贸易方式下，还是在电子商务下，生产都是商品流通本，而生产的顺利进行需要各类物流活动支持。生产的全过程从原材料的采购开始，便要求有相应的供应物流活动，使所采购的材料到位，否则，生产就难以进行；在生产和各工艺流程之间，也需要原材料、半成品的物流过程，即所谓的生产物流，以实现生产的流动性；部分余料、可重复利用的物资的回收，就需要所谓的回收物流；废弃物的处理则需要废弃物物流。可见，整个生产过程实际上就是系统列化的物流活动。

合理化、现代化的物流，通过降低费用从而降低成本、优化库存结构、减少资金占压、缩短生产周期，保障了现代化生产的高效进行。相反，缺少了现代化的物流，生产将难以顺利进行，那么，无论电子商务是多么便捷的贸易形式，仍将是无米之炊。

（二）物流服务于商流

在商流活动中，商品所有权在购销合同签订的那一刻起，便由供方转移到需方，而商品实体并没有因此而移动。在传统的交易过程中，除了非实物交割的期货交易，一般的商流都必须伴随相应的物流活动，即按照需方（购方）的需求将商品实体由供方（卖方）以适当的方式、途径向需方(购方)转移。而在电子商务下，消费者通过上网点击购物，完成了商品所有权的交割过程，即商流过程。但电子商务的活动并未结束，只有商品和服务真正转移到消费者手中，商务活动才告以终结。

在整个电子商务的交易过程中，物流实际上是以商流的后续者和服务者的姿态出现的。没有现代化的物流，如何轻松的商流活动都会退化为一纸空文。

(三)电子商务的出现

在最大程度上方便了最终消费者。他们不必再跑到拥挤的商业街，一家又一家地挑选自己所需的商品，而只要坐在家里，在因特网上搜索、查看、挑选，就可以完成他们的购物过程。但试想，他们所购的商品迟迟不能送到，或商家所送并非自己所购，那消费者还会选择网上购物吗？网上购物的不安全性，一直是电子商务难以推广的重要原因。

物流是电子商务中实现以“以顾客为中心”理念的最终保证，缺少了现代化的物流技术，电子商务给消费者带来的购物便捷等于零，消费者必然会转向他们认为更为安全的传统购物方式，那网上购物还有什么存在的必要?

(四)物流是电子商务的最重要的环节

电子商务给传统商务模式带来了巨大冲击，使传统的仓储业、批发业面临挑战。当生产企业可以按照网上收到的订单组织生产，由第三方物流企业提供从生产线末端的包装开始，直至送到消费者家中的售后服务，物流成为电子商务活动的最后一个关键环节，是电子商务中最重要的环节之一。

从以上的论述中可见，物流是电子商务重要的组成部分。我们必须摒弃原有的“重信息流、商流和资金流的电子化，而忽视物流电子化”的观念，大力发展现代化物流，以进一步推广电子商务。

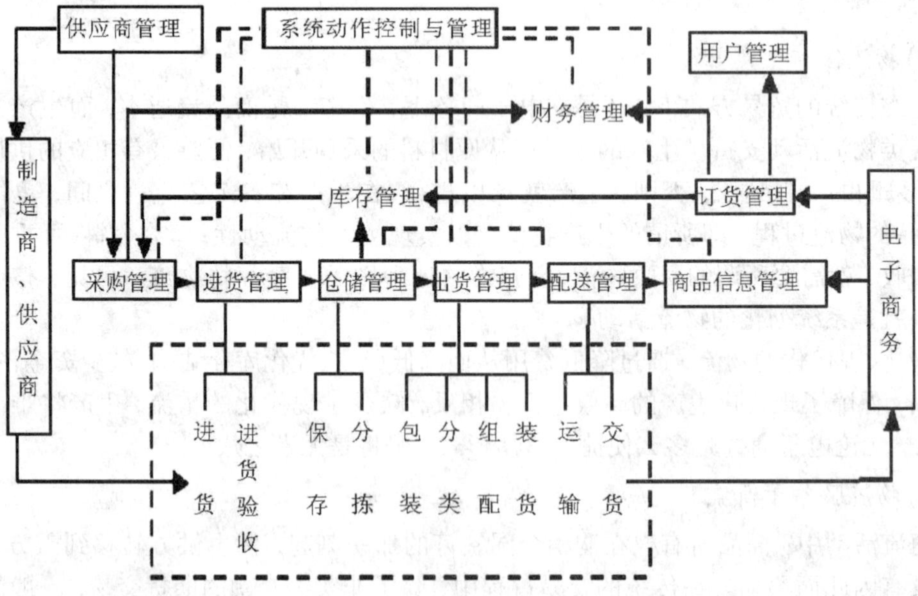

图 9－2　电子商务条件下商流、物流的一般过程

三、电子商务与物流的关系

(一)物流是电子商务概念模型的基本要素

电子商务概念模型是对现实世界中电子商务活动的一般抽象描述，它由电子商务实体、电子市场、交易事务和信息流、商流、资金流、物流等基本要素构成。如图9－2所示。

在电子商务概念模型中，电子商务实体是指能够从事电子商务的客观对象，它可以是企业、银行、商店、政府机构和个人等。电子市场是指电子商务实体从事商品和服务交换的场所，它由各种各样的商务活动参与者利用各种通信装置，通过网络连接成一个统一的整体。交易事务是指电子商务实体之间所从事的具体的商务活动的内容，例如询价、报价、转账支付、广告宣传、商品运输等。

电子商务中的任何一笔交易，都包含着几种基本的“流”，即信息流、商流、资金流、物流。其中信息流既包括商品信息的提供、促销行销、技术支持、售后服务等内容，也包括诸如询价单、报价单、付款通知单、转账通知单等商业贸易单证，还包括交易方的支付能力、支付信誉等。商流是指商品在购、销之间进行交易和商品所有权转移的运动过程，具体是指商品交易的一系列活动。资金流主要是指资金的转移过程，包括付款、转账等过程。在电子商务下，以上的3种流的处理都可以通过计算机和网络通信设备实现。物流，作为4种“流”中最为特殊的一种，是指物质实体的流动过程，具体是指运输、储存、配送、装卸、保管、物流信息管理等各种活动。对于少数商品和服务来说，可以直接通过网络传输的方式进行配送，如各种电子出版物、信息咨询服务、有价信息软件等。而对于大多数商品和服务来说物流仍要经由物理方式传输，但由于一系列机械化、自动化工具的应用，准确、及时的物流信息对物流过程的监控，将使物流的流动速度加快、准确率提高，能有效地减少库存，缩短生产周期。因此，物流是电子商务的基本组成要素之一。

(二)电子商务对物流的影响

近几年来，随着电子商务环境的改善以及电子商务所具备的巨大优势，使电子商务在短短的几年中以惊人的速度发展。在这一发展过程中，人们发现作为支持有形商品网上商务活动的物流，已成为有形商品网上商务活动能否顺利进行和发展的一个关键因素。没有一个高效的、合理的、畅通的物流系统，电子商务所具有的优势就难以得到有效的发挥，没有一个与电子商务相适应的物流体系，电子商务就难以得到有效的发展。电子商务活动对物流的影响，主要表现在以下几个方面：

1. 电子商务将改变人们传统的物流观念

电子商务作为一个新兴的商务活动，它为物流创造了一个虚拟性的运动空间。在电子商务状态下，人们在进行物流活动时，物流的各种职能及功能可以通过虚拟化的方式表现出来，在这种虚拟化的过程中，人们可以通过各种组合方式，寻求物流的合理化，使商品实体在实际的运动过程中，达到效率最高、费用最省、距离最短、时间最少的功能。

2. 电子商务将改变物流的运作方式

首先，电子商务可使物流实现网络的实时控制。传统的物流活动在其运作过程中，不管其是以生产为中心，还是以成本或利润为中心，其实质都是以商流为中心，从属于商流活动，因而物流的运动方式是紧紧伴随着商流来运动。而在电子商务下，物流的运作是以信息为中心，信息不仅决定了物流的运动方向，而且也决定着物流的运作方式。在实际运作过程中，通过网络上的信息传递，可以有效地实现对物流的实时控制，实现物流的合理化。其次，网络对物流的实时控制是以整体物流以来进行的。在传统的物流活动中，虽然也有依据计算机对物流实时控制，但这种控制都是以单个的运作方式来进行的。比如，在实施计算机管理的物流中心或仓储企业中，所实施的计算机管理信息系统，大都是以企业自身为中心来管理物流的。而在电子商务时代，网络全球化的特点，可使物流在全球范围内实施整体的实时控制。

3. 电子商务将改变物流行业的经营形式

首先，电子商务将改变物流企业对物流的组织和管理。在传统经济条件下，物流往往是从某一企业来进行组织和管理的，而电子商务则要求物流从社会的角度来实行系统的组织的管理，以打破传统物流分散的状态。这就要求企业在组织过程物流过程中，不仅要考虑本企业的物流组织和管理，而且更重要的是要考虑全社会的整体系统。其次，电子商务将改变物流企业的竞争状态。在传统经济活动中，物流企业之间存在激烈的竞争，这种竞争往往是依靠本企业提供优质服务、降低物流费用等方面来进行的。在电子商务时代，这些竞争内容虽然依然存在，但有效性却大大降低了。原因在于电子商务需要一个全球性的物流系统来保证商品实体的合理流动，对于一个企业来说，即使它的规模再大，也是难以达到这一要求的。这就要求物流企业应相互联合起来，在竞争中形成一种协同竞争的状态，以实现物流高效化、合理化、系统化。

4. 电子商务将促进物流基础设施的改善和物流技术与物流管理水平的提高

首先，电子商务将促进物流基础设施的改善。电子商务高效率和全球性的特点，要求物流也必须达到这一目标。而物流在达到这一目标，良好的交通运输网络、通信网络等基础设施则是最基本的保证。其次，电子商务将促进物流技术的进步。物流技术主要包括物流硬技术和软技术。物流硬技术是指在组织物流过程中所需的各种材料、机械和设施等。物流软技术是指组织高效率的物流所需的计划、管理、评价等方面的技术和管理方法。从物流环节来考察，物流技术包括运输技术、保管技术、装卸技术、包装技术等。物流技术水平的高低是实现物流效率高低的一个重要因素，要建立一个适应电子商务运作的高效率的物流系统，加快提高物流的技术水平则有着重要的作用。第三，电子商务将促进物流管理水平的提高。物流管理水平的高低直接决定和影响着物流效率的高低，也影响着电子商务高效率优势的实现问题。只有提高物流的管理水平，建立科学合理的管理制度，将科学的管理手段和方法应用于物流管理当中，才能确保物流的畅通进行，实现物流的合理化和高效化，促进电子商务的发展。

5. 电子商务对物流人才的提出了更高的要求

电子商务不仅要求物流管理人员具有较高的物流管理水平，而且也要求物流管理人员要具有较高的电子商务知识，并在实际的运作过程中能有效地将二者有机地结合在一起。

四、电子商务与物流的发展

现代物流的发展已经不仅仅是哪一个企业或部门的事情，而是整个社会和全球发展的必然；也不仅仅是应用几个尖端技术就能解决了的，而是要形成整体的有机系统。

（一）电子商务物流的特点

1. 实行供应链管理

电子商务物流最突出的特征是在企业内部、外部之间的物流运作实行供应链管理。

2. 实现零库存生产

零库存生产是指将必要的原材料、零部件以必要的数量在必要的时间，并且只将所需的零部件和原材料，只以所需要的时间送到特定的生产线。零库存生产是电子商务条件下对生产阶段物流的新要求。

3. 物流信息化

物流信息化表现为物流信息的商品化、物流信息收集的数据化和代码化、物流信息管理的电算化和计算机化、物流信息传递的标准化和实时化、物流信息储存的数字化等。

4. 物流配送的全球化

电子商务为众多企业拓展市场的同时，也对企业的物流配送提出了全球化服务的要求。

5. 物流服务的多功能化与社会化

电子商务物流要求为企业提供全方位的服务，既包括仓储、运输服务，还包括配货、分发和各种用户需要的配套服务，使物流成为连接生产企业与最终用户的重要链条。同时，在电子商务条件下，物流服务也将更多地依靠专业的物流公司来提供，物流服务的社会化走势将越来越明显。

（二）电子商务平台上的物流服务

1. 电子商务平台上的物流服务

在电子商务平台上，物流的诸功能要素：运输、搬运、储存、保管、包装、装卸、流通以及信息等均可得到进一步的完善，特别是信息服务功能可以将信息作为“虚拟库存”。通过建立需求端数据自动收集系统 ADC（Automated Data Collection），在供应链的不同环节采用 EDI、电子数据交换，建立基于 Internet 的 Intranet，为用户提供 Web 服务器，提供便于数据实时更新和浏览查询的一系列服务，方便一些生产厂商和下游的经销商、物流服务商共用数据库，共享库存信息，达到尽量减少实物库存水平但并不降低供货服务水平的目的。

2. 增值性物流服务

电子商务平台上的物流服务通过附加安装服务（服务增值）、附加制造服务（产品增值）、附加销售服务（商品增值）、附加快递服务（时间增值）来提高顾客的认可度。

在电子商务环境下，利用条码（Barcode）、电子数据交换（EDI）、全球卫星定位系统（GPS）、地理信息系统（GIS）、射频技术（RF）等对整个公司分散在全球各处的货物（包括在途货物）进行动态持续的物流管理将会变得非常简单。在具体的物流作业中，还包括运输技术、仓储技术、搬运技术、包装技术、集装单元化技术等技术手段的应用，这些技术的完善和成功实施不是物流部门力所能及的，它需要整个国家基础实施的完善和有效管理的配合。在未来一段时间内，电子商务下的物流，经营方式将以第三方物流为主导，管理方式采取供应链管理，物流技术全面先进，物流功能多样，物流服务品种繁多。物流将不再像我们想像的那样：繁杂、笨重、肮脏，而会变得快捷、高效、安全、清洁。自然科学技术在不断发展，物流管理技术和运作方式也会随着技术的发展而不断革新。新型的物流系统会不断地降低社会物流成本，在实现物流企业自身经济效益和社会效益的同时，最终也必将会给消费者带来巨大的效益；物流系统的发展在降低社会流通成本的同时，也降低了整个社会商品体系的价格，从而可以拉动消费，启动投资，保证国民经济的持续健康增长。物流系统的发展成果将成为衡量国民经济的重要砝码，成为比较国家经济竞争力的一个重要元素。

第二节　电子商务下的物流作业流程

一、电子商务下的物流流程

电子商务下整个供应链是由供应商、制造商、物流中心和顾客所组成的，供应商、制造商、物流中心和顾客通过 Internet 共享需求信息，供应商根据顾客的需求，生产所需要的原材料，原材料经过制造商的加工、包装等一系列作业后，将产品集中到物流中心，物流中心根据顾客的定单情况，将货物送到顾客手中。与传统商务相比，供应链环节减少了，现实的零售店没有了，物流中心的作用变得越来越显著，物流中心既是制造商的仓库，又是顾客的实物供应仓库。如果上述流程在简化一下，变成电子商务环境下生产企业与用户之间的物流运行过程。如见图 9－3 所示。

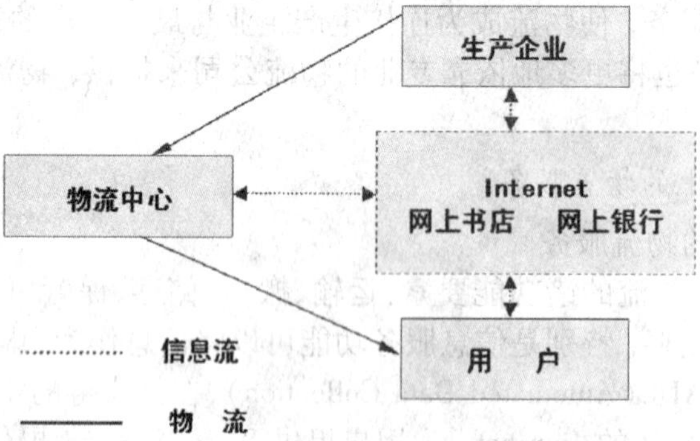

图 9－3　电子商务下生产企业与用户之间的物流运行过程

二、电子商务下制造企业的物流业务流程

（一）各个批发商根据自己的销售情况，确定所需货物的品种和数量，给企业的销售部门下达定单，下达定单的方式是通过因特网进行的。

（二）销售部门收到定单以后，开始对下达定单的批发商进行信用审计，信用审计的方式一般是通过调查它的财务状况进行。

（三）销售部签订合同后，将定单上的信息传递给生产管理部，生产管理部接到任务后，如果仓库里有存货，可以直接发给用户，如果没有存货要根据计划组织新的生产。

（四）在组织新的生产之前，生产管理部根据销售部传来的指令，制定生产计划，根据生产计划，由管理软件直接编制采购计划。

（五）采购部门将采购计划进行必要的调整，确定所需原材料的品种和数量。

（六）采购部确定采购计划后，通过因特网向原材料供应商发布采购信息。确定原材料供应商。

（七）采购部通过因特网向原材料供应商发出采购定单，原材料供应商收到定单后，也要进行信用审计，即确认定单的过程。

（八）原材料供应商通过因特网向采购部发出供货通知，采购部收到通知后，准备接货和办理结账手续。

（九）原材料供应商开始供货，同时准备好供货单和发票。生产部收到原材料后，进行验货和办理货物入库手续。

（十）原材料到库后，生产管理部根据事先安排好的生产任务，由生产部开始组织生产。经过一系列的生产工艺，生产出所需的产品。

（十一）生产部将完工的信息通过因特网将信息同时反馈给生产管理部、销售部和用户，用户收到信息以后准备接货和办理结账手续。

（十二）生产部开始供货，同时准备好供货单和发票。用户收到货物后，进行验货和办理货物入库手续。

三、电子商务下物流企业的物流业务流程

（一）采购作业流程（见图9－4所示）

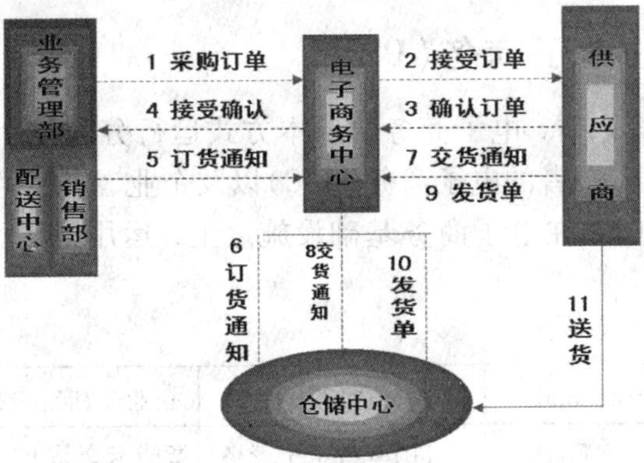

图9－4　采购作业流程

（二）销售作业流程（如图9－5所示）

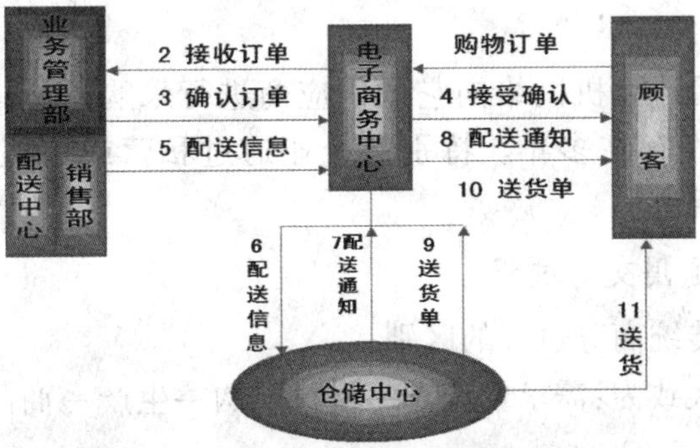

图9－5　电子商务下的销售作业过程

（三）仓储中心作业流程（如图 9－6 所示）

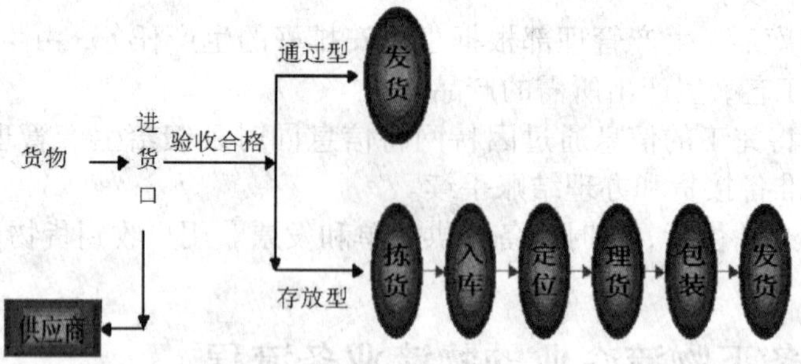

图 9－6 仓储中心作业流程

第三节 电子商务运行方式及物流支持

一、企业对企业的电子商务（B2B）

从电子商务的实质内容来看，电子商务的基本方式运行分为三个层次：企业与企业之间的电子商务（B2B）、企业对消费者的电子商务（B2C）以及企业、消费者和政府之间的电子商务（B2G，C2G）。这三者都是建立在电子商务基础设施之上，运用电子手段和电子工具进行的商务活动，如图 9－7 所示：

企业-企业（B2B）		企业-消费者（B2C）		企业-政府（B2G）
EFT	Email	EDI	电子表格	智能卡交易十……
电子基础设施				

图 9－7 电子商务的基本形式

（一）B2B 的电子商务模式的含义

企业对企业（Businese－to－Businese）的电子商务模式指的是企业与企业之间进行的电子商务活动。

例如，工商企业利用计算机网络向它的供应商进行采购，或利用计算机网络进行付款等。这一类电子商务已经存在多年。特别是企业通过私营或增值计算机网络（VAN）采用 EDI 方式所进行的商务活动。

（二）B2B 电子商务通用交易过程

1. 电子商务过程与传统商务过程的区别：

（1）传统商务过程大致为：需求量调查→材料采购→生产→商品销售→收款→货币结算→商品交割。

（2）当引入电子商务时，这个过程变成：以电子查询的形式进行需求调查→以电子单证的形式调查原材料信息，确定采购方案→生产→通过电子广告促进商品销售→以电子货币的形式进行资金接收→同电子银行进行货币结算→商品交割。

2. B2B 电子商务通用交易过程

B2B 电子商务通用交易过程可以分为四个阶段:(1)交易前的准备阶段:买卖双方和参加交易各方在签约前做好交易准备;(2)交易谈判和签订合同阶段:双方可通过通信设备进行谈判，利用 EDI 签订电子合同;(3)办理交易进行前的手续阶段:与有关各中介方如银行、税务系统、运输公司等办理完向买方发货的一切手续;(4)交易合同的履行和索赔阶段。

3. 支持企业间电子商务的常用技术——EDI 技术

支持企业间电子商务的常用技术——EDI 技术是指机构之间通过计算机网络所进行的统一结构和标准信息的直接交换，因此，可以最大程度地减少甚至消除人为因素的介入和信息录入工作。目前，EDI 主要在行业内部开展得较为成功。

(三)B2B 电子商务平台

B2B 电子商务平台以交易服务中心、商务服务中心、信息服务中心、客户服务中心为基本构架。

1. 交易服务中心:为企业提供商品目录、采购、销售、合同管理、物流配送等一整套的交易管理服务。

2. 商务服务中心:为企业进行商品交易之外的商务活动提供服务，对市场策划、销售管理等进行全面支持。

3. 信息服务中心:为企业提供政策法规、市场信息、行业动态、咨询服务等各种信息。

4. 客户服务中心:以关系管理以客户服务为核心，建立平台的统一客户档案，定期进行客户的信用评估，会员企业在接受中心提供服务的同时，通过平台的客户关系管理为自己的客户进行有效地管理与服务。

二、企业对消费者的电子商务(B2C)

(一)B2C 的电子商务的含义

企业对消费者(Business - to - Consumer)的电子商务，指的是企业与消费者之间进行的电子商务活动。这类电子商务主要是借助于国际互联网所开展的在线式销售活动。最近几年随着国际互联网络的发展，这类电子商务的发展异军突起。例如，在国际互联网上目前已出现许多大型超级市场，所出售的产品一应俱全，从食品、饮料到电脑、汽车等，几乎包括了所有的消费品。

B2C 电子商务发展较快的主要原因

1. 国际互联网的发展为企业和消费者之间开辟了新的交易平台;

2. 开展 B2C 电子商务，障碍最少，应用潜力巨大。

(二)B2C 的物流配送支持方式

1. 建立自己相对完善的配送体系;

2. 电子商务公司不拥有自己的任何物流实体;

3. 自营与外包相结合的配送模式。

三、其他电子商务模式(B2G 、C2G)

(一)企业对政府B2G:企业对政府(Business - to - Government)的电子商务，指的是政府机构之间进行的电子商务活动。

(二)消费者对政府(Consumer - to - Government)的电子商务。指的是政府对个人的电子商务活动。这类电子商务活动目前还没有真正形成。

* 本章小结

本章主要讲述了电子商务下的物流。介绍了电子商务与物流的关系，分析了电子商务下的物流的特点，电子商务下的物流作业流程;电子商务运行方式及物流支持;分析电子商务对物流的作用及其所体现的规模经济特殊性，并结合我国流通领域现状提出电子商务下物流体系的最佳模式。

※ 复习思考题

一、名词解释

电子商务 B2B B2C B2G 电子商务概念模型

二、思考题

1. 何谓电子商务？它对物流管理有何意义？
2. 电子商务的种类有哪些？电子商务的主要功能有哪些？
3. 电子商务环境下的物流具有哪些特点？
4. 电子商务对当代物流有哪些促进作用？
5. 请说明电子商务下物流企业的物流业务流程。
6. 请阐述B2C下的物流配送支持方式。

三、填空题

1. 电子商务下的物流，经营方式将以( )为主导，管理方式采取( )管理，物流技术全面先进，物流功能多样，物流服务品种繁多。

2. 电子商务是在INTERNET开放的网络环境下，基于浏览器/服务器的应用方式，实现( )和( )、( )、( )的一种新型的运作方式。

3. 电子商务的主要功能包括企业的销售，售前和售后服务，以及利用Internet进行市场开发等商业活动。具体包括的功能:①( );②( );③( );④( );⑤( );⑥( );⑦( );⑧( )。

4. 电子商务条件下的物流模式，可以从其( )与( )两个不同方面来分类。

5. 基于因特网的电子商务之所以对企业具有如此大吸引力，是因为它比基于EDI的电子商务具有以下一些明显的优势:( )、( )、( )、( )。

四、选择题(单选或多选)

1.( )是基于Internet技术的以提供全方位物流服务为宗旨的物流业整体解决方案。制造企业、商业流通企业或第三方物流公司使用该系统可实时掌握作业执行情况。

① 商务活动　② 物流脉　③ 供应链管理　④ 第三方物流

2.在电子商务环境下，利用( )等对整个公司分散在全球各处的货物(包括在途货物)进行动态持续的物流管理将会变得非常简单。

① 条形码(barcode)　② 电子数据交换(EDI)

③ 全球卫星定位系统(GPS)　④ 地理信息系统(GIS)

3.电子商务应用于物流业的基本模式主要有两大不同体系和解决思路。这就是( )。

① 应用电子商务平台　② 供应链管理　③ 整体化物流系统　④ 围绕配送中心构建物流系统

4.通过附加安装服务和附加制造服务，可以实现物流的( )。

① 服务增值　② 产品增值　③ 商品增值　④ 时间增值

5.B2B电子商务平台以( )为基本构架。

① 交易服务中心　② 商务服务中心　③ 信息服务中心　④ 客户服务中心

五、课堂讨论题

易趣网——给客户带来交易乐趣的电子商务网站

易趣网名字取自中文“交易的乐趣”，网站域名“eachnet”则是中文名字的谐音，同时也蕴涵着“each person's net(每个人的网)”的意义。这个名字向用户传达了易趣自创始以来对自身的希望：易趣要成为广大网民喜闻乐见，易于使用，安全高效的交易平台。

在三年多的时间里，易趣从最初的100名用户到今天注册用户已经超过440万名。截止到目前，在易趣网上的卖方累计登陆展示商品570万件，易趣网上累计的交易额近12亿元人民币，易趣不仅成为中国网络流通领域不可或缺的经济实体，而且也是当今全球最大的中文网上交易平台。2002年3月，全球最大的电子商务公司eBay注资3000万美元，与易趣结成战略合作伙伴关系。时至今日，易趣已累计吸引5亿元人民币的外来投资，成为国内由归国留学人员创办的最大的企业之一。

易趣正与中国电子商务一同成长。易趣主要是提供网上交易平台服务，通俗地说就是“网上南京路”，或者可以称之为“网上王府井”，个人和商家可以在易趣上开店，向消费者直接出售自己的商品。同时，易趣也联合支付、物流等合作伙伴，为买卖双方提供更完美的交易体验。

用户在易趣网上能找到品种繁多、价廉物美的商品，同时也可以处理自己闲置的物品。商家在易趣网上能以全新的模式销售商品，在有效控制成本的同时，大幅提升销售量，并且不受地域与时间的限制。通过网络的力量，易趣的交易平台已覆盖了中国的三十多个省市，提高了市场的效率，也降低了由于信息缺乏和分销渠道分布不均所造成的交易障碍。

易趣强大完善的信用体系也为交易的安全性提供了保障。即使像戴尔这样的国际企业，也为普通的个人创业者提供了低成本的销售渠道。今天的易趣已为社会创造了千余个就业岗位，许多下岗工人通过易趣再次就业，学会利用网络手段赚钱、谋生，重新确立了自己服务社会的位置。今天的易趣在网上各类别的销售均有不凡表现，尤其是电脑、服饰，电子、电器，房产，收藏等类别，已经位居全国网上销售第一位。易趣每天新增商品3000多件，每天用户出价逾10000次，月成交金额近5000万元人民币。最近一项统计显示，易趣的浏览量已经跃居中国电子商务网站第一位和世界电子商务网站第十二位。

2001年，易趣开始收取商品登录费，是全国互联网行业第一家实现全员收费的商业网站。收费后，网站月新增用户呈加速增长的态势，2002年2月新增用户较2001年8月刚收费时增幅达70%。收费后，新增物品数也逐月高速增长，目前已经达到收费前5倍。

今天的易趣，每10秒就有1件新登商品，每5秒就有1个买家出价，每20秒就有1件商品成功卖出。

讨论：

1. 电子商务的发展与物流之间的关系如何？

2. 如何建立与完善电子商务物流体系如何？

第十章 10

物流信息技术基础

* 学习目标

通过本章的学习了解物流相关的信息技术，重点掌握物流信息系统的应用。

* 主要内容

现代信息技术基础

现代物流信息编码标识技术

现代物流信息传输技术

* 引导案例

美国宝洁公司:全球 RFID 技术应用领导者

采用 RFID(射频识别)技术是应用条形码系统以来在产品身份识别方面取得的最重大的进展。上世纪 90 年代后期，麻省理工学院开始对将 RFID 技术应用于零售供应链进行研究。幸运的是，研究工作得到了许多大公司以及美国统一代码委员会 UCC(负责建立条形码机制)的资助。

宝洁公司是研究工作的发起者之一，它是当今最大的跨国公司之一，销售额接近 500 亿美元，大约在 100000 名雇员，在全球 160 个国家建立了约 300 个分支机构。

Jeannie Tharrington 女士是宝洁公司负责 RFID 技术研发的多功能团队的成员，她解释了宝洁公司是如何开始参与 RFID 技术研发的。“我们发现当前的供应链不能完全满足消费者的需求，于是我们对供应链有了完全不同的看法。将供应链建成所有合作者都能同时接收到信息的真正的网络，会给我们带来许多潜在的好处。”

贴标和识读

2003 年 9 月，在芝加哥，Auto ID Center 制定出一套全球性标准。各技术公司依据此标准制造出商业领域所接受的标签和读取器。Tharrington 女士又继续解释道，“我们非常高兴地看到全球标准化取得了进展，这对于我们这样一个跨国公司来说非常重要。全球标准化使我们能够将这一项目推进到下一个阶段，与我们的零售合作伙伴一起在实践中检测和学习这一技术。”

很显然，无论是大公司还是小公司，在探寻 RFID 贴标和识读的最佳方式时，会面对同样复杂的任务。为了研究在供应链的各个关键环节如何在货盘和箱子上贴标和识读，宝洁公司与大型零售商(如沃尔玛和 Target 公司)紧密合作。首先，要在工厂装卸货物的月台门口对标签进行识读，然后要在货物进入以及离开零售配送中心时对货物标签进行识读。当货物进入商店，搬离储藏室摆上货架时，以及在空箱运送回储藏室时，都要对标签进行识读。人们认识到在零售领域存在这样的情况：产品多次被列入脱销产品目录，但是大量的箱子可能仍被放在储藏室中而难以确定。更糟糕的是，需要花费大量时间来费力地寻找被记录为贮存中的箱子，而事实上箱子并没在那里。

在箱子、纸巾包装上识读标签比较容易，而在洗发水瓶和衬有铝箔的洗涤剂包装盒上识读标签比较困难。此外，标签识读的有效性可能与其在箱子上的贴标位置有关，甚至还要考虑到传送带及传输辊的材料特性。

宝洁公司建立了一个 RFID 技术的研发团队，其团队成员的技能和业务背景全面涵盖了公司的各个业务部门，从生产、销售到财务和 IT 部门。他们对现有的 RFID 的各组成部分进行了测试，没有与任何标签和读取器的供应商签订长期合同。据估计，如果他们在零售领域扩展了其 RFID 技术的应用范围，就会在明年的某个时候作出决策。

成本和收益

Tharrington 女士谈到成本和收益时是这么说的，“宝洁公司在这一非常有发展前途的技术上投入了大量的时间和金钱。每个人都希望标签和读取器的成本会随着产量的增加而不断降低。在 RFID 技术应用在货盘和箱子上的扫描成本降至 5 美分，应用在个别产品上扫描成本降至 1 美分以前，最好仅将此技术应用于高价值产品和有特殊安全要求的产品。”

对参与 RFID 技术研发的生产商们来说，他们关心的是在何处可以降低成本，又在何处能够获取最大利益。当然，如果只有供应链中的一个成员获取了全部利益，而却要由其他成员来承担成本，RFID 技术就不能顺利而有效地应用。

如果考虑到某些广为人知的数字，你就很容易理解这种状况。似乎每个人都赞同，如果货架上的产品脱销，就会导致全年的销售额下降 7 ~ 8%，如果能够证明，RFID 技术确实能为保持货架上在任何时候都存有商品做出重要贡献，就能使各大零售商增加数十亿美元的收入，而大型制造商也会增加数亿美元的收入。

光明前景

任何人都会认为，RFID 将会是零售供应链组织方式上的最大创新。如果所在这一切都能实现，顾客在货架上找到自己想要的商品的可能性就会大大增加，就不会因看到空空的货架而感到沮丧。此外，任何一个要花费很长时间在收款人员不足的付款台前等待付款的顾客，都一定会期待着在将来的某一天，他们能够推着购物车走出商店，不需要打开和重新包装每一件商品，就能得到一张打印有内装物和价格的购物票据。

第一节　现代信息技术概述

一、数据与信息

（一）数据

数据是人们用来反映客观事物而记录下来的可以鉴别的符号，是客观事物的基本表达。例如：体重 100 公斤的摔跤运动员，其中“100 公斤”、“摔跤”、“运动员”就是数据，反映了一位特定的运动员。

(二)信息

1. 信息的概念

一般来讲,信息是指能够反映事物内涵的知识、资料、情报、图像、数据、文件、语言、声音等。信息是事物的内容、形式及其发展变化的反映。

信息普遍存在于人类社会和自然界中，它是物质形态及其运动形式的体现。在科学技术高速发展的今天，信息的开发和利用越来越成为经济发展和社会进步的关键，它已成为人类不可或缺的资源之一。人们对信息及时、准确、完整的掌握和处理的程度会直接影响到其行为作用的大小。尤其是进入 20 世纪 80 年代以来，信息对人类社会的进程产生了巨大的影响，使得经济、政治、教育、科研、文化、国防乃至社会的生活方式都发生了巨大的变化。

2. 信息的特征

(1)客观性。信息是物质的基本属性，由于物质是客观存在的，所以信息的存在也是不以人们的意志为转移的。

(2)传递性。客观存在的信息，通过人的智慧被感知以后，将其转换成语言、文字、图形、代码等可传递、可接受的形式，并且依据一定的物质载体进行存储和传递。信息可以全向传递，也可以定向传递，信息通过传递实现了其扩散的过程。

(3)价值性。信息是一种资源，具有价值性，人们可以通过利用信息获得效益。例如，目前网上有许多购书的电子商务网站，如果要购买一本最新版的专业性强的图书，只要了解到相关网站的购书信息，就可以实行在线订购，不仅比到出版社订购方便、快捷，还可以享受打折待遇。

(4)时效性。信息具有时效性，如果信息从发出、接收到利用的时间间隔超过了一定的时间，信息就会失去了其原有的价值。例如，企业在得到用户的需求信息后，如果不及时进行处理和利用，就有可能丢失商机，丧失用户，造成损失。信息的生命周期是指信息从产生、搜集、加工、传输、使用到失效的全过程。

(5)不对称性。由于人们的认知程度受其文化水平、实践经验、获得途径等原因的限制，造成了对事物认识的不对称性。在市场中交易的双方所掌握的信息是不相等的，不同的企业掌握信息的程度各有不同，这就形成了信息的不对称性。企业掌握的信息越充分，对其决策越有利。

(6)共享性。信息与物质和能源的一个主要区别是信息共享性。物质和能源是不可共享的，而信息可以共享。在物质和能源的交换中，一方得到的物质和能源正是另一方所失去的;而在信息的共享者获得信息时，提供信息者并没有丢失信息。

二、物流信息

(一)物流信息的定义

物流信息(LogisticsInformation):反映物流各种活动内容的知识、资料、图像、数据、文件的总称。物流信息是物流活动中各环节生成的信息，一般随着从生产到消费的物流活动的产生而产生的信息流，与物流过程中的运输、保管、装卸、包装等各种职能有机结合在一起，是整个物流活动顺利进行所不可缺少的。只有通过对物流信息的研究才能使物流成为一个有机系统，而不是各个孤立的活动。例如，在物流中对各项活动进行计划预测、动态分析时，还需及时提供物流费用、生产情况、市场动态等有关信息。

(二)物流信息的分类

1. 按物流信息的来源分类。根据物流信息的来源划分，物流信息分为物流系统内信息和物流系统外信息两个方面。

(1)物流系统内信息。物流系统内信息是指伴随着物流活动而发生的信息，包括交通运输信息、仓储信息、装卸搬运信息、包装信息、流通加工信息和配送信息。例如，交通运输信息就包括铁路、公路、水运、航空、管道等各种运输基础设施的建设进度、网络疏密、利用状况、畅通程度、收费标准、质量等级、营运能力、管理水平以及火车、卡车、轮船、飞机等各种运输工具相互转换的难易度、物流结点的作业效率等。物流是一个系统工程，强调系统的整合性和协调性。所以，运输、保管、装卸搬运及包装等各个环节的协调运转，除了管理因素外，信息传递的及时性和顺畅程度也有着重要影响。各个物流环节信息的整合和系统化筛选是十分重要的。每个环节的信息都不能间断，否则物流系统的整体优势就会受到影响，甚至失去了物流本身存在的意义。

(2)物流系统外信息。物流系统外信息是指在物流活动以外发生的，但提供给物流活动使用的信息，包括商流信息、资金流信息、生产信息、消费信息与国内外政治、经济、文化等信息。例如，零售商根据对消费者需求的预测以及库存状况制定订货计划，向批发商或直接向生产厂家发出订货信息。批发商在接到零售商的订货信息后，在确认现有库存水平能满足订单要求的基础上，向物流部门发出发货配送信息。如果发现现有的库存水平不能满足订单的要求，则马上向生产厂家发出订单。生产厂家在接到订单之后，如果发现其现有库存不能满足订单要求，则马上组织生产，按订单上的数量和时间要求向物流部门发出发货配送信息。

2. 按物流的功能分类。根据物流的功能划分，物流信息分为计划信息、控制及作业信息、统计信息和支持信息等。

(1)计划信息。计划信息是指尚未实现但已当作目标确认的一类信息，如物流量计划、仓库吞吐量计划、车皮计划、与物流活动有关的国民经济计划、工农业产品产量计划等。这种信息具有相对稳定性和更新速度慢的特点。掌握了计划信息，便可对物流活动本身进行战略思考，这对物流活动有着非常重要的战略意义。

(2)控制及作业信息。控制及作业信息是指在物流活动过程中发生的信息，如库存种类、库存量、在运量、运输工具状况、物价、运费、投资在建情况、港口船舶的贸易货物到发情况等。这种信息具有动态性强、更新速度快和时效性强的特点。掌握了控制及作业信息，可以控制和调整正在发生的物流活动和指导下一次即将发生的物流活动，以实现对过程的控制和对业务活动的微调。

(3)统计信息。统计信息是指物流活动结束后，对整个物流活动的一种总结性、归纳性的信息，如上一年度、月度发生的物流量、物流种类、运输方式、运输工具使用量、仓储量、装卸量以及与物流有关的工农业产品产量、内外贸易量等。这种信息具有恒定不变和较强的资料性的特点。掌握了统计信息，可以正确掌握过去的物流活动及规律，以指导物流战略发展和制定计划。

(4)支持信息。支持信息是指对物流计划、业务、操作有影响的文化、科技、产品、法律、教育等方面的信息，如物流技术革新、物流人才需求等信息。这种信息不仅对物流战略发展具有价值，而且对控制、操作物流业务也能起到指导和启发的作用。

3. 按管理层次分类。根据管理层次的划分，物流信息分为操作管理信息、知识管理信息、战术管理信息和战略管理信息。

(1)操作管理信息。操作管理信息产生于操作管理层，反映和控制企业的日常生产和经营工作，如每天的产品质量指标、用户订货合同、供应厂商原材料信息等。这类信息通常具有信息量大、发生频率高等特点。

(2)知识管理信息。知识管理信息是知识管理部门相关人员对企业自己的知识进行收集、分类、存储和查询，并进行知识分析得到的信息。例如，专家决策知识、物流企业相关业务知识、工人的技术和经验形成的知识信息等。

(3)战术管理信息。战术管理信息是部门负责人制定局部和中期决策所涉及的信息。例如，月销售计划完成情况、单位产品的制造成本、库存费用和市场商情信息等。

(4)战略管理信息。战略管理信息是企业高层管理决策者制定企业年经营目标、企业战略决策所需要的信息。例如，企业全年经营业绩综合报表、消费者收入动向和市场动态、国家有关政策法规等。

(三)物流信息的特点

物流信息除具有信息的一般特点外，还具有以下特点：

1. 分布性。物流信息伴随着物体的位移而分布在不同的地点，分布面广。随着物流活动的不断扩展，需要在全球范围内对物流信息进行收集、处理和加工。

2. 动态性。由于物流活动本身的复杂性以及物流所面对客户的多样性，决定了物流信息将随着物流活动不同阶段而动态变化，这就需要具备对动态信息的捕获和揭示能力。例如，超市销售的商品种类和数量在一天里甚至一小时里都会有很大的变化。

3. 复杂性。物流信息种类多，不仅物流系统内部各个环节有不同种类的信息，而且由于物流系统与其他系统(如生产系统、供应系统)密切相关，因而还必须搜集这些物流系统外的有关信息。这使得物流信息的搜集、分类、筛选、统计、研究等工作的难度增加。传统经济中的行业分工进行重组:商业机构衰退，而新型的快递公司将会茁壮成长。

(四)物流信息的作用

物流信息是伴随着物流活动的发生而产生的，贯穿于物流活动的整个过程中，在物流活动中起着中枢神经系统的作用，它不仅对物流活动具有支持保证的作用，而且具有连接整合物流系统活动效率化的作用。正是由于物流信息具有这些作用，使得物流信息在现代企业经营战略中占有越来越重要的地位。建立物流信息系统，提供迅速、准确、及时、全面的物流信息是现代企业获得竞争优势的必要条件。

物流信息的作用具体表现在以下几个方面：

1. 物流信息有助于物流活动各环节之间的相互衔接。物流活动是一个系统工程，采购、运输、库存以及销售等物流活动在企业内部互相作用，形成一个有机的整体系统。物流系统内各子系统的相互衔接是通过信息予以沟通的，而且系统内基本资源的调度也是通过信息的传递来实现的。通过物流信息的指导，才能保证物流各项活动运转；物流系统也不再是各个独立活动的组合，而是有机的联系和密切的组合。例如，企业在接收到商品的订货信息后，要检查商品库存中是否存在商品，如果有，就可以发出配送指示信息，通知配送部门进行配送活动；如果没有库存，则发出采购或生产信息，通知采购部门进行采购活动，或由生产部门安排生产，以满足顾客需要。配送部门得到配送指示信息之后，就会按照配送指示信息的要求对商品进行个性化包装，并反馈包装完成信息；物流配送部门则开始设计运输方案，进而产生运输指示信息，对商品实施运输；在商品运输的前后，配送中心还会发出装卸指示信息，指导商品的装卸过程；当商品成功运到顾客手中之后，还要传递配送成功的信息（如图 10－1 所示）。因此，物流信息的传送连接着物流活动的各个环节，并指导各环节的工作，起着桥梁和纽带的作用。

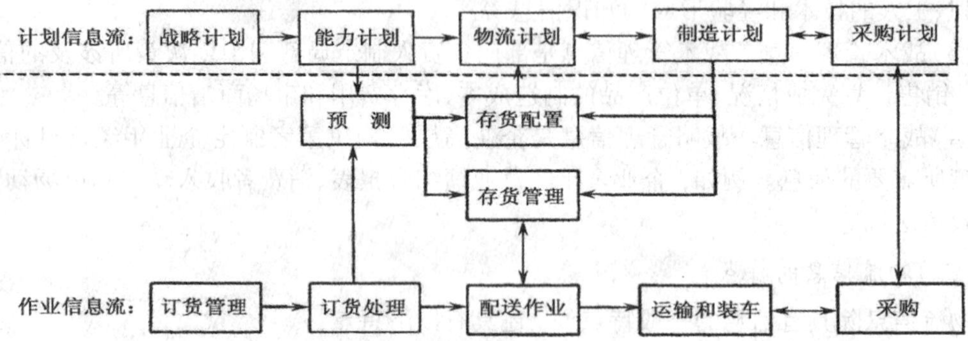

图 10－1　物流业务流程图

2. 物流信息有助于物流活动各环节之间的协调与控制。要合理组织物流活动（即根据总目标的需要，适时、适量调度系统内的基本资源，使各个子系统相互协调）必须依赖物流系统中物流信息的沟通，只有通过高效的信息传递和反馈才能实现整个系统的合理有效运行。在整个物流活动过程中，每一个活动环节都会产生大量的物流信息，而物流系统通过合理应用现代信息技术，对这些信息进行挖掘和分析，得到每个环节后下一步活动的指示性信息，从而对各个环节的活动进行协调与控制。例如，根据客户订购信息和库存反馈信息安排采购或生产计划，根据出库信息安排配送或货源补充，等等。因此，利用物流信息，能够有效地支持和保证物流活动的顺利进行。

3. 物流信息有助于物流管理和决策水平的提高。有效的物流管理可以提高客户服务水平，而物流管理需要大量准确、及时的信息和用以协调物流系统运作的反馈信息。任何信息的遗漏和错误都将直接影响物流系统运转的效率和效果，进而影响企业的经济效益。物流系统产生的效益来自于整体物流服务水平的提高和物流成本的下降，而物流服务水平的提高与畅通的物流信息在物流过程中的协调作用是密不可分的。物流管理通过加强各活动环节之间的信息交流与协调，使其中的物流和资金流保持畅通，实现供需平衡，提高经济效益。

在物流管理中存在着以下基本决策问题：

（1）位置决策。即物流管理中的设施定位，包括物流设施、库存点和货源等，在考虑需求和环境条件的基础上，通过优化进行决策。

(2)生产决策。生产决策主要根据物流的流动路径，合理安排各生产成员间的物流分配。良好的决策可以在各成员间实现良好的负荷均衡，使物流保持畅通。

(3)库存决策。库存决策主要涉及库存的方式、数量和管理方法，是降低物流成本的重要依据。

(4)采购决策。根据商品需求量和成本合理化确定采购批次、间隔和批量，以确保在不间断供给的前提下使成本最小化。

(5)运输配送决策。它包括运输配送方式、批量、路径以及运输设备的装载能力等。

通过运用科学的分析工具，对物流活动所产生的各类信息进行科学分析，从而获得更多富有价值的信息。通过物流系统各环节间的信息共享，有效地缩短订货提前期，降低库存，提高搬运和运输效率，减少递送时间，提高订货和发货精度，及时高效地响应顾客提出的各种问题，从而极大地提高顾客满意度和企业形象，提高物流系统的竞争力。

三、现代物流信息技术

(一)信息技术与物流信息技术

1. 信息技术

信息技术(Information technology，IT)泛指凡是能拓展人的信息处理能力的技术。通过信息技术的应用，可以替代或辅助人们完成对信息的检测、识别、变换、存储、传递、计算、提取、控制和利用。现代信息技术一般指电子元器件、计算机技术和网络通信技术。电子元器件是后两者发展的基础，它们之间相互制约、相互推动。

2. 物流信息技术

物流信息技术是指运用于物流各环节中的信息技术。它是建立在计算机、网络通信技术平台上的各种技术应用，包括硬件技术和软件技术，如计算机技术、网络通信技术、全球卫星定位(GPS)技术、地理信息(GIS)技术、条形码、射频技术，以及在这些技术手段支撑下的数据库技术、面向行业的管理信息系统等软件技术。

(二)现代物流信息技术

1. 条形码技术

条形码技术亦称条码技术，是20世纪在计算机应用中产生和发展起来的一种自动识别技术，是集条码理论、光电技术、计算机技术、通信技术、条码印刷技术于一体的综合性技术。

条码技术是物流自动跟踪的最有力工具，被广泛应用。在生产到销售的流通转移过程中，条码技术起到了准确识别物品信息和快速跟踪物品历程等重要作用，它是物流信息管理工作的基础。

2. 射频技术

射频技术(RF)是一种基于电磁理论的通信技术，适用于物料跟踪、运载工具跟踪和货架识别等要求非接触数据采集和交换的场合。目前通常利用便携式的数据终端，通过非接触式的方式从射频卡采集数据，采集的数据可通过射频通信的方式传送到主计算机，由主计算机对各种物流数据进行处理，以实现对物流全过程的控制。

3. 电子数据交换

电子数据交换(EDI)是按照协议的标准结构格式，将标准的经济信息，通过网络传输，在贸易伙伴的计算机系统之间进行交换和自动处理。

4. 数据库技术

数据库技术将信息系统中大量的数据按一定的结构组织起来，提供存储、维护、查询的功能。可以将物流系统的数据库建成一个物流系统或供应链的公共数据平台，为数据采集、数据更新和数据交换提供方便。结合数据仓库技术和数据挖掘技术，对原始信息进行系统的加工、汇总和整理，提取隐含的、从前未知的、潜在有用的信息和关系，满足物流过程智能化管理的需要。

5. 地理信息系统

地理信息系统(GIS)以地理空间数据为基础，采用地理模型分析方法，适时地提供多种空间和动态的地理信息，是一种为地理研究和决策服务的计算机技术系统。通过各种软件的配合，地理信息系统可以建立车辆路线模型、网络物流模型、分配集合模型、设施定位模型等，更好地为物流决策服务。

6. 全球定位系统

全球定位系统(GPS)是利用空中卫星对地面目标进行精确导航与定位，以达到全天候、高准确度地跟踪地面目标移动轨迹的目的。近年来，全球定位系统已在物流领域进行了广泛的应用，主要应用在汽车自定位及跟踪调度、铁路车辆运输管理、船舶跟踪及最佳航线的确定、空中运输管理和军事物流配送等领域。

[案例 10－1]

中远 GPS 系统的两个实例

第一个例子，有一次，货运汽车在上海卸完货，计划在舟山装冷藏海鲜返回北京，调度中心的地图上已经可以见到车辆即将到舟山的摆渡码头，此时，客户突然通知取消此项业务，通过系统马上通知司机结束任务返回，避免了四千元的摆渡费用的浪费。

第二个例子，有一个客户临时需要增加一车去广州的货物，却只有一个司机，通过 GPS 定位系统，监控到有另外一辆货车正从上海驶向郑州终点，及时通知即将到达郑州的运货汽车，车辆由北京一个司机驾驶起程，到郑州后和另一个司机及时会合，完成了到广州的临时货运任务，避免了增加司机或推迟起运的损失。

第二节 现代物流信息编码标识技术

一、物流信息编码标识概述

(一)物流信息编码标识的定义

物流信息编码标识就是对在供应链中运转的物品进行标识，是为实现供应链目标所需的信息通过合理的标识能够迅速、准确的采集。

为了实现物流标识信息迅速、准确的采集，对物流的标识主要采用了自动识别技术中的条码技术。其特点是数据采集快速、准确，成本低廉，易于实现，并有全球通用的标准，使所标识的信息能够适应供应链的特点。

（二）物流信息编码的特点

鉴于供应链物流的特点和目标，必须将物流、信息流、资金流等进行综合考虑，才能发挥系统的功能效益 。物流信息编码是供应链中用以标识物流领域中具体实“物”的特殊代码。物流信息编码是生产厂家、配销业、运输业及消费者等整个供应链过程中各个环节的共享数据，贯穿整个贸易过程，并通过物流信息编码数据的收集、反馈，提高整个物流系统的经济效益。物流信息编码的特点主要有以下几方面：

1. 商品以及货运单元的惟一标识。物流信息编码通常包括商品单元和货运单元的标识，商品单元的编码是消费单元的惟一标识，它常常是单个商品的惟一标识，用于零售业现代化的管理，货运单元的编码常常是多个商品的集合，也可以是多种商品的集合的标识，用于物流现代化的管理。

2. 用于供应链全过程。在供应链的全部过程中，包括了从生产厂家生产出产品、包装、运输、仓储、分拣、配送，一直到零售业的各个环节，在这些环节中，随时随地都要用到物流的标识，在零售业中通常是需要对商品单元进行标识，而在其他环节中则需要对货运单元进行标识，因此物流编码涉及面很广包括生产业、运输业、仓储业、配销以及零售业等，是多种行业共享的通用数据。

3. 信息多。物流信息编码所表示的信息较多，它是可变的、可表示多种含义、多种信息的编码，它可以是无含义的商品及其货运单元的惟一标识，也可以表示货物的体积、重量、生产日期、批号等等信息，它是根据贸易伙伴在贸易过程中的共同需求，经过协商，共同制定的。

4. 可变性。对于供应链中单个商品的标识基本是一个国际化、通用化、标准化的惟一标识，是零售业的共同语言。而在供应链中其他环节的标识则是随着国际贸易的不断发展，贸易伙伴对各种信息的需求不断增加，物流信息编码的应用在不断扩大，标识内容也在不断丰富，物流信息编码的新增和删除时有发生。

5. 维护性。由于具有可变性的特点，物流信息编码的标准是需要经常维护的，因此，及时沟通用户需求和及时传达标准化机构的编码应用的变更内容是十分必要的，是确保国际贸易中物流现代化、信息化的重要保障。

（三）物流信息编码的主要内容

物流信息编码的内容可分为以下几个方面：项目标识、动态项目标识、日期、数量、参考项目、位置码、特殊应用及内部使用等。

1. 项目标识

项目标识及对商品项目及货运单元项目的标识，相同的项目的编码是相同的，它的内容是无含义的，但其对项目的标识是惟一的。主要编码方式有13位和14位两种。13位编码由三段组成，分别为厂商识别代码、商品项目代码及校验码。14位编码通常是在13位编码的基础上，在13位编码前面加一位数字组成，具体编码方法在后面具体介绍。

2. 动态项目标识

动态项目标识是对商品项目中每一个具体单元的标识，它是对系列货运包装箱的标识，其本身为系列号，及每一个货运包装箱具有不同的编码，其编码为18位。

3. 日期

对日期的标识为六位编码，依次表示年、月、日，主要有生产日期、包装日期、保质期、有效期等，相信会随着应用的需要不断增加。

4. 度量

度量的内容比较多，不同度量的编码位数也不同，主要包括数量、重量、长、宽、高以及面积体积等内容，相同的度量有不同的计量单位的分别。

5. 参考项目

参考项目的内容也较多，包括客户购货定单代码、收货方邮政编码、卷状产品的长、宽、内径、方向、叠压层数等各种信息，其编码位数也个不相同。

6. 位置码

位置码是对法律实体、功能实体、物理实体进行标识的代码。其中：法律实体是指合法存在的机构；功能实体是指法律实体内的具体部门；物理实体是指具体的地址，例如，建筑物的某个房间，仓库或仓库的某个门，交货地等。

7. 特殊应用及内部使用

特殊应用是指在特殊行业（如医疗保健业）的应用，内部使用是指在公司内部使用，由于其编码不与外界发生联系，编码方式及标识内容由公司自己制定。

二、自动识别技术概述

（一）自动识别技术的基本概念

在信息系统早期，相当部分数据的处理都是通过人工手工录入，这样，不仅数据量十分庞大，劳动强度大，而且数据误码率较高，也失去了实时的意义。为了解决这些问题，人们就研究和发展了各种各样的自动识别技术，将人们从繁沉的重复的但又十分不精确的手工劳动中解放出来，提高了系统信息的实时性和准确性，从而为生产的实时调整，财务的及时总结以及决策的正确制定提供正确的参考依据。在当前比较流行的物流研究中，基础数据的自动识别与实时采集更是物流信息系统（LMIS，Logistics Management Information System）的存在基础，因为，物流过程比其他任何环节更接近于现实的"物"，物流产生的实时数据比其他任何工况都要密集，数据量都要大。

那么，究竟什么是自动识别技术呢？

自动识别技术就是应用一定的识别装置，通过被识别物品和识别装置之间的接近活动，自动地获取被识别物品的相关信息，并提供给后台的计算机处理系统来完成相关后续处理的一种技术。举例说明：

商场的条形码扫描系统就是一种典型的自动识别技术。售货员通过扫描仪扫描商品的条码，获取商品的名称、价格，输入数量，后台POS系统即可计算出该批商品的价格，从而完成顾客的结算。当然，顾客也可以采用银行卡支付的形式进行支付，银行卡支付过程本身也是自动识别技术的一种应用形式。

自动识别技术是以计算机技术和通信技术的发展为基础的综合性科学技术，它是信息数据自动识读、自动输入计算机的重要方法和手段。归根到底，自动识别技术是一种高度自动化的信息或者数据采集技术。

自动识别技术近几十年在全球范围内得到了迅猛发展，初步形成了一个包括条码技术、磁条磁卡技术、IC 卡技术、光学字符识别、射频技术、声音识别及视觉识别等集计算机、光、磁、物理、机电、通信技术为一体的高新技术学科。

（二）自动识别技术的种类与特征比较

自动识别系统根据识别对象的特征可以分为两大类，分别是数据采集技术和特征提取技术。这两大类自动识别技术的基本功能都是完成物品的自动识别和数据的自动采集。

数据采集技术的基本特征是需要被识别物体具有特定的识别特征载体（如标签等，仅光学字符识别例外），而特征提取技术则根据被识别物体的本身的行为特征（包括静态的、动态的和属性的特征）来完成数据的自动采集。

数据采集技术包括：

1. 光存储器：

（1）条码（一维、二维）

（2）矩阵码

（3）光标阅读器

（4）光学字符识别（OCR）

2. 磁存储器：

（1）磁条

（2）非接触磁卡

（3）磁光存储

（4）微波

3. 电存储器：

（1）触摸式存储

（2）RFID 射频识别（无芯片、有芯片）

（3）存储卡（智能卡、非接触式智能卡）

（4）视觉识别

（5）能量扰动识别

特征提取技术包括：

1. 动态特征：

（1）声音（语音）

（2）键盘敲击

（3）其他感觉特征

2. 属性特征：

（1）化学感觉特征

（2）物理感觉特征

（3）生物抗体病毒特征

（4）联合感觉系统

我们在以下的内容里简单介绍自动识别技术的条码技术、光学字符识别 OCR、磁条（卡）

技术、IC 卡识别技术、声音识别技术等自动识别技术。可以说，自动识别技术从条码开始，以无线射频结束，也就是说，条码技术是自动识别技术的始祖，而无线射频技术则是自动识别技术的未来终极。

1. 条码技术

条码是由一组规则排列的条、空以及相应的数字组成，这种用条、空组成的数据编码可以供条码阅读器识读，而且很容易译成二进制数和十进制数。这些条和空可以有各种不同的组合方法，构成不同的图形符号，即各种符号体系（也称码制），适用于不同的应用场合。

目前使用频率最高的几种码制是 EAN、UPC、39 码，交叉 25 码和 EAN128 码，其中 UPC 条码主要用于北美地区，EAN 条码是国际通用符号体系，它们是一种定长、无含义的条码，主要用于商品标识。EAN128 条码是由国际物品编码协会（EAN International ）和美国统一代码委员会（UCC）联合开发、共同采用的一种特定的条码符号。它是一种连续型、非定长有含义的高密度代码，用以表示生产日期、批号、数量、规格、保质期、收货地等更多的商品信息。另有一些码制主要是适应特殊需要的应用方面，如库德巴码用于血库、图书馆、包裹等的跟踪管理，25 码用于包装、运输和国际航空系统为机票进行顺序编号，还有类似 39 码的 93 码，它密度更高些，可代替 39 码。

上述这些条码都是一维条码。为了提高一定面积上的条码信息密度和信息量又发展了一种新的条码编码形式——二维条码。从结构上讲，二维条码分为两类，其中一类是由矩阵代码和点代码组成，其数据是以二维空间的形态编码的，另一类是包含重叠的或多行条码符号，其数据以成串的数据行显示。重叠的符号标记法有 CODE 49、CODE 16K 和 PDF417。

PDF 是便携式数据文件（Portable Data File ）的缩写，简称为 PDF417 条码。417 则与多宽度代码有关，用来对字符编码。PDF417 是由 Symbol Technologies Inc 设计和推出的。重叠代码中包含了行与行尾标识符以及扫描软件，可以从标签的不同部分获得数据，只要所有的行都被扫到就可以组合成一个完整的数据输入，所以这种码的数据可靠性很好，对 PDF417 而言，标签上污损或毁掉的部分高达 50% 时，仍可以读取全部数据内容，因此具有很强的修正错误的能力。

PDF417 条码是一种高密度、高信息含量的便携式数据文件，其特点为：信息容量大、编码应用范围广、保密防伪性能好、译码可靠性高、条码符号的形状可变。美国的一些州、加拿大部分省份已经在车辆年检、行车证年审及驾驶证年审等方面，将 PDF417 选为机读标准。巴林、墨西哥、新西兰筹国家将其应用于报关单、身份证、货物实时跟踪等方面。

矩阵代码如：Maxicode，Data Matrix，Code One，Vericode 和 DotCode A，矩阵代码标签可以做得很小，甚至可以做成硅晶片的标签，因此适用于小物件。

条码成本最低、适于大量需求且数据不必更改的场合。例如商品包装上就很适宜，但是较易磨损、且数据量很小。而且条码只对一种或者一类商品有效，也就是说，同样的商品具有相同的条码。

2. 光学字符识别 OCR

光学字符识别 OCR 已有三十多年历史，近几年又出现了图像字符识别 ICR（Image Character Recognition）和智能字符识别 ICR（Intelligent Character Recognition），实际上这三种自动识别技术的基本原理大致相同。

OCR 的三个重要的应用领域是：办公室自动化中的文本输入；邮件自动处理；与自动获取文本过程相关的其它领域，这些领域包括：零售价格识读，定单数据输入、单证、支票和文件识读，微电路及小件产品上状态特征识读等。由于在识别手迹特征方面的进展，目前探索在手迹分析及鉴定签名方面的应用。

OCR 的优点是人眼可视读、可扫描，但输入速度和可靠性不如条码，数据格式有限，通常要用接触式扫描器。

采自动化处理方法，使票据上加印的磁性墨水字输入电子阅读分类机，阅读票面上磁字的银行代号、金额、日期等等资讯，再予以分类并核计，这是全世界各大票据交换所采用的一种技术，也就是"磁性墨水字体辨认"，通称磁码，英文全名为"Magnetic Ink Character Recognition"，简称 MICR。MICR 是银行界用于支票的专用技术，在特定的领域中应用，但成本较高，而接触识读，可靠性高。

最新的 OCR 政府应用莫过于国家税务局的增值税进项发票的验证识读扫描了。扫描系统通过扫描持票者持有的增值税发票抵扣联上的相关信息，包括发票号码、单位税号、金额、日期等七项指标，通过后台加密算法，计算出该张发票的正确的密押，与抵扣联上右上角载明的密押进行比对，由此判定该发票的真伪。这种算法的应用从根本上杜绝了假增值税发票的存在的可能。

3. 磁条（卡）技术

磁条技术应用了物理学和磁力学的基本原理。对自动识别设备制造商来说，磁条就是一层薄薄的由定向排列的铁性氧化粒子组成的材料（也称为涂料），用树脂粘合在一起并粘在诸如纸或者塑料这样的非磁性基片上。

磁条技术的优点是数据可读写，即具有现场改写数据的能力；数据存储量能满足大多数需求，便于使用，成本低廉，还具有一定的数据安全性；它能粘附于许多不同规格和形式的基材上。这些优点，使之在很多领域得到了广泛应用，如信用卡、银行 ATM 卡、机票、公共汽车票、自动售货卡、会员卡、现金卡（如电话磁卡）、地铁 AFC（据说北京 13 号城铁的小磁票成本在 4 分钱左右）等。

磁条技术是接触识读，它与条码有三点不同：一个是其数据可做部分读写操作，另一个是给定面积编码容量比条码大，还有就是对于物品逐一标识成本比条码高，接触性识读最大的缺点就是灵活性太差。

磁卡的价格也很便宜，但是很容易磨损，磁条不能折叠、撕裂，数据量较小。

4. IC 卡识别技术

IC（Integrated Card）卡是 1970 年由法国人 Roland Moreno 发明的，他第一次将可编程设置的 IC 芯片放于卡片中，使卡片具有更多功能。通常说的 IC 卡多数是指接触式 IC 卡。

IC 卡（接触式）和磁卡比较有以下特点：

安全性高；IC 卡的存储容量大，便于应用，方便保管；IC 卡防磁、防一定强度的静电，抗干扰能力强，可靠性比磁卡高，使用寿命长，一般可重复读写 10 万次以上；IC 卡的价格稍高些；由于它的触点暴露在外面，有可能因人为的原因或静电损坏。

在我们生活中，IC 卡的应用也比较广泛，我们接触得比较多的有电话 IC 卡、购电（气）卡、手机 SIM 卡、牡丹交通卡（一种磁卡和 IC 卡的复合卡），以及即将大面积推广的智能水表、智能气表等。

5. 声音识别技术

声音识别技术的迅速发展以及高效可靠的应用软件的开发，使声音识别系统在很多方面得到了应用。这种系统可以用声音指令实现“不用手”的数据采集,其最大特点就是不用手和眼睛，这对那些采集数据同时还要完成手脚并用的工作场合，以及标签仅为识别手段，数据采集不实际或不合适的场合尤为适用。如汉字的语音输入系统就是典型的声音识别技术，但是误码率很高。我们可以再举一个例子，GSM 手机上的语音电话存储也是一个典型的语音识别的例子，但是我们都知道，电话号码的语音准确呼出距实用还有一段相当长的距离。

6. 视觉识别

视觉识别系统可以看作是这样的系统:它能获取视觉图像，而且通过一个特征抽取和分析的过程，能自动识别限定的标志、字符、编码结构或可作为确切识断的基础呈现在图像内的其它特征。

随着自动化的发展，视觉技术可与其他自动识别技术结合起来应用。

7. 射频识别技术(RFID)

射频技术的基本原理是电磁理论。射频系统的优点是不局限于视线，识别距离比光学系统远，射频识别卡可具有读写能力，可携带大量数据、难以伪造和智能性较高等。射频识别和条码一样是非接触式识别技术，由于无线电波能“扫描”数据，所以 RFID 挂牌可做成隐形的，有些 RFID 识别产品的识别距离可以达到数百米，RFID 标签可做成可读写的。

射频标签最大的优点就在于非接触，因此完成识别工作时无须人工干预、适于实现自动化且不易损坏，可识别高速运动物体并可同时识别多个射频标签，操作快捷方便。射频标签不怕油渍、灰尘污染等恶劣的环境，短距离的射频标签可以在这样的环境中替代条码，例如用在工厂的流水线上跟踪物体。长距离的产品多用于交通上，可达几十米，如自动收费或识别车辆身份。

RFID 识别的缺点是标签成本相对较高，而且一般不能随意扔掉，而多数条码扫描寿命结束时可扔掉。

RFID 适用的领域:物料跟踪、运载工具和货架识别等要求非接触数据采集和交换的场合，由于 RFID 标签具有可读写能力，对于需要频繁改变数据内容的场合尤为适用。

第三节　现代物流信息交换技术

一、EDI

(一)EDI 简介

EDI 的概念正逐渐被我国经贸界人士所熟悉。所谓 EDI，即电子数据交换(Electronic Data Interchange)，是一种计算机应用技术，应用这种技术的贸易伙伴根据事先达成的协议，对经济信息按照一定的标准进行格式化处理，并把这些数据通过计算机网络，在它们的电子计算机应用系统之间进行交换和自动处理。贸易伙伴可以通过 EDI 发出订单询问有关商品信息、接受订单、办理货物运输和银行结算等事项。也就是说，和贸易有关的手续都可以在不使用纸质单证的情况下完成，所以，EDI 也被普遍地称为无纸贸易。

近年来，EDI 在物流中被广泛应用，称为物流 EDI。所谓的物流 EDI 是指货主、承运业主以及其他相关的单位之间，通过 EDI 系统进行物流数据交换，并以此为基础实施物流作业活动的方法。物流 EDI 的参与对象有货主（如生产厂家、贸易商、批发商、零售商等）、承运业主（如独立的物流承运企业等）、实际运送货物的交通运输企业、协助单位 （政府有关部门、金融企业等）和其他的物流相关单位（如仓库业者、配送中心等）。

从以上概念可知，EDI 是一套报文通信工具，它利用计算机的数据处理和通信功能，将交易双方彼此往来的文档（如询价单或订货单等）转成标准格式，并通过通信网络传输给对方。因此，EDI 只是一个电子平台，无论是物流领域还是其他领域，都只是 EDI 的一个具体的应用对象或应用实例。

［**案例** 10－2］

耐克公司的电子数据交换

NIKE 公司采用电子数据交换 EDI 方式与其供应商联系，它同时要求供应布料的织布厂先到美国总公司上报新开发的布样，由设计师选择合适的布料设计为成衣款式后，再下单给成衣厂商生产，而且成衣厂商所使用的布料也必须是 NIKE 公司认可的织布厂生产的。这样一来，织布厂必须提早规划新产品供 NIKE 公司选购。但由于布料是买主指定，买主给予成衣厂商订布的时间缩短，成衣厂商的交货期也就越来越短，从以往的 180 天缩短为 120 天甚至 90 天。显然，NIKE 公司的库存压力减轻了，但成衣厂商为了提高产品的可得性就必须对织布厂提出快速交货的要求。这时织布厂将面临要么增加基本原材料的存货，要么投资扩大其新产品的开发能力。

（二）物流 EDI 的优势

物流信息由有关公司作业的实时数据组成，包括进口物料流程、生产状态、产品库存、顾客装运以及新来的订货等等，从外界的角度看，公司需要与卖主或供应商、金融机构、运输承运人和顾客交流有关订货、装运和开单的信息，而内部功能则可用于交换有关生产计划和控制等数据。

图 10－2 表现的是手工条件下，贸易单证的传递方式。操作人员首先使用打印机将企业 MIS 的数据库中存放的数据打印出来，形成贸易单证。然后通过邮件或传真的方式发给贸易伙伴。贸易伙伴收到单证后，再由录入人员手工录入到数据库中，以便各个部门共享。

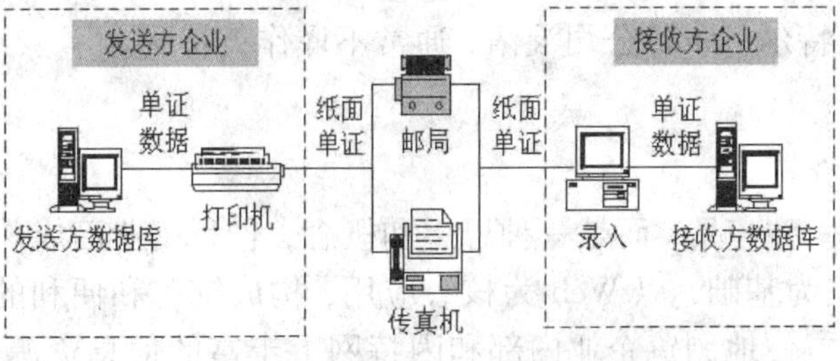

图 10－2 手工条件下贸易单证的传递方式

图 10－3（使用 EDI 时贸易单证的处理）反映的是使用 EDI 的情况。数据库中的数据通过一个翻译器转换成字符型的标准贸易单证，然后通过网络传递给贸易伙伴的计算机。该计算机再通过翻译器将标准贸易单证转化成本企业内部的数据格式，存入数据库。

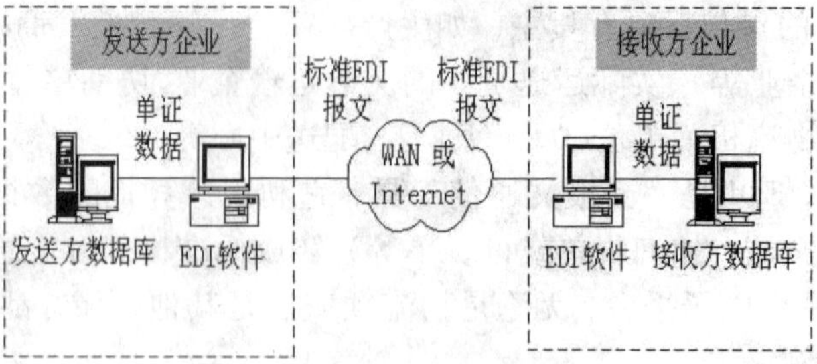

图 10－3　EDI 条件下贸易单证的传递方式

由此比较，不难看出使用 EDI 的好处。EDI 的直接利益包括：

1. 提高内部生产率；
2. 改善渠道关系；
3. 提高外部生产率；
4. 提高国际竞争能力；
5. 降低作业成本。

EDI 通过更快的信息传输及减少信息登录的冗杂工作来改善生产率通过减少数据登录的次数和个体数来提高精确性。EDI 是通过以下几个方面对物流作业的成本产生影响的：

1. 降低与印刷、邮寄以及处理书面交易有关的劳动和物料成本；
2. 减少电话、传真以及电传通信费用；
3. 减少抄写成本；
4. 可及时利用运输资源，降低运输成本和减少时间浪费。

二、因特网、企业内联网及企业外联网

（一）因特网

因特网指的是全球公有、使用 TCP/IP 这套通讯协议的一个计算机系统，这个系统所提供的信息与服务，以及系统的用户。

因特网又叫互联网，因特网是 Internet 的译名，“Inter”音译为“因特”，“Net”意译为“网”。为了避免与英特尔（Intel）公司混淆，通常不译作英特网。

（二）企业内联网

1. 企业内联网简介

企业内联网不是一种产品，而是一种思想和概念，它利用业已成熟而广泛采用的因特网技术，以 TCP/IP 协议为基础，以 Web 为核心应用，构成统一和便利的信息交换平台。用户通过 WWW 的工具能方便地浏览企业内部和因特网上丰富的信息资源，并且可将电子邮件、电子新闻、电子表格和各种数据库应用等系统集成到浏览器界面中，同时又能够较好地与传统的 C/S 系统相融合，使传统应用平滑地过渡到企业内联网。近几年，企业内联网受到了广

泛关注，取得了迅速发展，给企业带来众多益处。它与传统的企业管理信息系统相比有很多优点，其最突出的优点在于企业内外部的信息交流，不仅减少了通信联络费用，还加强了管理，提高了工作效率和质量，改进了客户服务质量，提供了许多新的商业机会，改进了决策手段。因此，企业内联网得到高速发展和极其广泛的应用。

2. 企业内联网的功能

(1)收发电子邮件(E－mail)。E－mail是一种通过计算机网络与其它用户进行联系的快速、简便、高效和廉价的现代化通信手段，在世界范围内得以普遍采用。它采用“存储转发”传送电子信件，邮件服务器充当“电子邮箱”，在网上建有账号的PC机通过“电子邮箱”收发电子信件，非常方便。

(2)信息发布功能。企业信息的发布，如企业法规、工作计划、电话号码、工资文件和其他各种有关文件等都可以存储在企业内联网的Web服务器上，供企业内部客户或授权的外部客户，通过浏览器方便地查询。这些信息是以Web页面(HTML页面)的方式发布的。

(3)文件传送功能。该功能是基于FTP(File Tranfer Protocol)协议的，网络上的两台计算机无论地理位置如何，只要它们都支持FTP，则网上用户可将需要的文件在两台计算机之间进行传送，使用FTP几乎可以传送任何类型的正文文件、二进制文件、图像文件、声音文件和数据压缩文件等。

(4)用户与安全管理功能。可以根据具体情况建立用户组，用户组由若干个用户组成，可以对不同的用户组或用户设置不同的访问权限，以达到对各种信息的访问权限进行控制的目的，对于需要在传输中保密的信息，还可以采用加密技术和手段，保护信息提供者的利益。

(5)网络新闻服务功能。运用新闻讨论组、广告栏或群组讨论软件，集思广益，共同研究开发信息系统或软件。在网上，企业内部的网络用户可以就共同关心的问题相互交换意见，充分沟通。每个用户可以自由地向网上发送自己的文章或信息，阐明自己的观点或提出问题。在信息社会中，这种交流有利于企业获得更多的商业机会和商品信息，也有利于促进企业管理、提高生产力和增强竞争能力。

(6)数据处理与查询功能。通过WWW的某些技术，实现Web服务器与数据库系统的连接，完成对数据的处理与查询，用户可以通过操作简单易用的浏览器来查询所需要的数据、声音和图像信息等。

(三)企业外联网

1. 企业外联网简介

外联网把企业及其供应商或其他贸易伙伴联系在一起。外联网可以是下列几种网络类型中的任何一种:公共网络、安全(专用)网络或虚拟专用网络(VPN)。这几种网络都能实现企业间的信息共享。外联网的信息是安全的，它可以防止信息泄露给未经授权的用户。授权用户可以公开地通过外联网连入其他企业的网络。外联网为企业提供了专用的设施，帮助企业协调采购，通过EDI交换业务单证，实现彼此之间的交流和沟通。实际上外联网可通过互联网建立起来，但外联网一般是联系业务的独立网络。利用传统的互联网协议(包括TCP/IP)，外联网可用互联网实现网间通讯。即使是独立于互联网的专用网络也可使用互联网的协议和技术来进行通讯。

一些外联网是从内联网发展而来的，这些内联网用于企业已有多年了。管理层将内联网数据向互联网用户开放，以减轻企业雇员的工作负荷。一个著名的例子是DHL快递公司。多年来，顾客跟踪他们包裹的方法一直是拨打DHL的免费电话，告诉接线员自己的包裹号码。接线员输入包裹号码后，包裹跟踪信息就会显示在接线员的控制台上。最后，接线员把包裹状态告诉顾客。有关包裹的所有信息都属于DHL的内部信息。几年前，DHL免费向所有提出要求的人提供包裹跟踪软件。软件安装在顾客的计算机上，通过调制解调器拨叫DHL的计算机，询问包裹的状态，并在顾客的计算机上显示出结果。随着WWW的普及，DHL现在放弃了客户机软件，而在其网站上提供包裹跟踪服务。这种最新的系统可提供多种WWW访问服务，包括包裹跟踪、在线生成空运单据、运输货物登记及DHL物资运输服务。顾客可键入自己的账号和空运单据号，然后进入DHL的作业系统跟踪货物的运输流程。重要的信息（如包裹的状态）都保存在DHL的外联网中。这个系统将顾客的订单及仓库数据管理系统与DHL的收货、开具发票和包裹跟踪软件集成了起来。

2. 企业外联网的类型

（1）公共网络

如果一个组织允许公众通过任何公共网络（如互联网）访问该组织的内部网，或两个或更多的企业同意用公共网络把它们的内部网连在一起，这就形成了公共网络外部网。在这种结构中，安全性是个大问题，因为公共网络不提供任何安全保护措施。为了保证合作企业之间交易的安全，每个企业在把它的信息送到公共网络之前，必须对这些信息提供安全保护。内部网一般用防火墙来检查来自互联网（它当然是一种公共网络）的信息包，但是防火墙也不是百分之百安全的。这就是公共网络外部网在实际中很少采用的原因，因为风险太大了。专用网络和虚拟专用网络都能提供足够的安全保护来满足企业间交易的需要。

（2）专用网络

专用网络是两个企业间的专线连接，这种连接是两个企业的内部网之间的物理连接。专线是两点之间永久的专用电话线连接。和一般的拨号连接不同，专线是一直连通的。这种连接的最大优点就是安全。除了这两个合法连入专用网络的企业，其他任何人和企业都不能进入该网络。所以，专用网络保证了信息流的安全性和完整性。

专用网络的最大缺陷是成本太高，因为专线非常昂贵。每对想要专用网络的企业都需要一条独立的专用（电话）线把它们连到一起。例如，如果一个企业想通过专用网络与7个企业建立外部网连接，企业必须支付7条专线的费用。企业一般把这个问题称为“伸缩”问题：增加专用网络的数目很困难、昂贵且耗时。那么企业到底该如何在它们的内部网之间建立紧密和专用的联系呢？答案可能就是根据虚拟专用网络设计的外部网。

（3）虚拟专用网络（VPN）

虚拟专用网络（VPN）外部网是一种特殊的网络，它采用一种叫做“IP通道”或“数据封装”的系统，用公共网络及其协议向贸易伙伴、顾客、供应商和雇员发送敏感的数据。这种通道是互联网上的一种专用通路，可保证数据在外部网上的企业之间安全地传输。由于最敏感的数据处于最严格的控制之下，VPN也就提供了安全的保护。VPN就像高速公路（互联网）上的一条单独的密封的公共汽车通道，公共汽车通道外的车辆看不到通道内的乘客。利用建立在互联网上的VPN专用通道，处于异地的企业员工可以向企业的计算机发送敏感的信息。外部网合作伙伴间的这种受保护的通道方案发展很快，而且成本也很低。大部分的外部网都是局域网——局域网型的外部网或客户机/服务器型的外部网。早期的系统(如EDI)是局域网——局域网型的代表，现在流行的是客户机/服务器型的外部网。

如果一个企业想和其供应商或贸易伙伴建立更为密切的联系，就可以用VPN把它们连接在一起。建立VPN不需要专线。除了每个公司的内部网外，所需的惟一设施就是互联网。Aventail等提供外部网服务的公司将VPN的安装和维护变得越来越容易。

人们常常把外部网和VPN混为一谈。虽然VPN是一种外部网，但并不是每个外部网都是VPN。设计虚拟专用网络可以降低成本，尽管其主要目的是利用合作企业间的联盟创造一种竞争优势。同使用专线的专用网络不一样，VPN适时地建立了一种临时的逻辑连接，一旦通讯会话结束，这种连接就断开了。VPN中“虚拟”一词的意思是:这种连接看上去像是永久的内部网络连接，但实际上是临时的。一旦两个内部网之间发生交易，VPN就建立起来，交易通过互联网完成。交易一旦结束，连接就终止了。

三、GPS、GSM与GIS技术的综合应用

(一)GPS简介

GPS，即全球定位系统，主要用于军事目的，可在任何时间、任何地点向用户提供三维位置、速度和时间的信息服务系统。它的全称是GLOBAL POSITIONING SYSTEM，简称GPS。近几年来，GPS技术被广泛地应用于军事、科研，以及交通运输、测绘、通信、建筑、石油勘探等国民经济众多部门，甚至已深入到人们的日常生活中，如居民小区的智能化管理和医疗救护等等。

GPS系统主要有三大组成部分，即空间星座部分、地面监控部分和用户设备部分。

GPS的空间星座部分由24颗均匀分布在6个轨道平面内的卫星组成;GPS的地面监控部分负责卫星的监控和卫星星历的计算，它包括1个主控站、3个注入站和5个监测站；GPS的用户设备主要由接收机硬件和处理软件组成。用户通过用户设备接收GPS卫星信号，经信号处理而获得用户位置、速度等信息，最终实现利用GPS进行导航和定位的目的。

(二)GSM简介

GSM，即无线移动通信系统，亦称公网无线通信技术或蜂窝网无线通信技术。它是我国覆盖面积最大，可靠性最强的无线移动通信系统。它的全称是GLOBAL SYSTEM FOR MOBILE COMMUNICATION，简称GSM。目前，我国已建成了世界上最大的GSM网，覆盖300多个地区、2000多个县市，可与30多个国家和地区自动漫游。它与GPS、GIS技术相结合，可应用于车辆的安全报警、监控和管理方面，也可以应用于智能消防系统。

GSM系统有几项重要特点:防盗拷能力佳、网络容量大、手机号码资源丰富、通话清晰、稳定性强不易受干扰、信息灵敏、通话死角少、手机耗电量低。目前世界上主要的两大GSM系统为GSM 900及GSM1800，由于采用了不同频率，因此适用的手机也不尽相同。前者发展的时间较早，使用的国家较多，后者发展的时间较晚，使用的国家也较少。物理特性方面，前者频谱较低，波长较长，穿透力较差，但传送的距离较远，而手机发射功率较强，耗电量较大，因此待机时间较短;而后者的频谱较高，波长较短，穿透力佳，但传送的距离短，其手机的发射功率较小，待机时间则相应地较长。

（三）GIS 简介

地理信息系统（GIS，GEOGRAPHIC INFORMATION SYSTEM）是随着地理科学、计算机技术、遥感技术和信息科学的发展而发展起来的一个学科。在计算机发展史上，在计算机发展史上，计算机辅助设计技术（CAD）的出现使人们可以用计算机处理像图形这样的数据，图形数据的标志之一就是图形元素有明确的位置坐标，不同图形之间有各种各样的拓扑关系。简单地说，拓扑关系指图形元素之间的空间位置和连接关系。简单的图形元素如点、线、多边形等；点有坐标（x，y）；线可以看成由无数点组成，线的位置就可以表示为一系列坐标对（x1，y1），（x2，y2），……（xn，yn）；平面上的多边形可以认为是由闭合曲线形成范围。图形元素之间有多种多样的相互关系，如一个点在一条线上或在一个多边形内，一条线穿过一个多边形等等。在实际应用中，一个地理信息系统要管理非常多、非常复杂的数据，可能有几万个多边形，几万条线，上万个点，还要计算和管理它们之间的各种复杂的空间关系……。

地理信息系统是将计算机硬件、软件、地理数据以及系统管理人员组织而成的对任一形式的地理信息进行高效获取、存储、更新、操作、分析及显示的集成。

（四）GPS、GSM 与 GIS 技术综合举例

先进的信息技术在物流管理中的大量采用，使物流行业的效率大大提高。EDI 即电子数据交换系统，利用电脑技术把各方信息连成一片，利用条码技术可有效地管理和分拣货品，利用网络技术可实现网上订单和查询。但是上述技术仍然仍然无法解决运输途中这一“盲区”问题。我国地域广阔，交通状况却，车辆和货物在运输途中的监管不容忽视。另外，如何使提高车辆的运输效率，减少空驶消耗也是物流行业人士为之头疼的问题。要解决上述两大难题，首先必须要依赖于一个覆盖全国的移动通信网，使调度中心能及时与移动的车辆建立联系，其次要依赖于定位系统，使调度中心能随时监控车辆（/货物）的位置，保证整个供应链正常运转。GPS 技术、GSM 技术、GIS 技术和网络技术想结合，为上述问题的解决提供了完整的技术方案。

1. 系统需求分析

货运车辆是一种大范围活动的移动目标，对物流公司来讲，对货运车辆的监控管理主要体现在以下几个方面的需求：

（1）车辆、司机和货物的安全

（2）对车辆（货物）位置和状态的及时掌握

（3）及时与车辆进行信息沟通

分析这三点，我们可以发现，车辆的位置和状态信息的数据量并不大，但要求有一定的实时性。同时车辆与调度中心之间的信息沟通实际上也是一种小数据量的通信方式，即使系统将来扩展为可实时传输货物条码信息，或者发送调度信息，其信息量一般也不会超过短信息的长度范围。因此，利用 GSM 的短消息业务基本可满足系统通信的需要。其次，通过短信息方式发送数据其成本代价远远低于其它方式（如通过话音信道）。另外，车辆与调度中心的调度信息或货运信息如果采用短消息 + 车载中文显示屏的方式进行，与传真等传统方式比较具有以下几个优点：一是速度快，不掉线；二是费用低；三是设备体积小，操作简单。由于车载设备，特别是安装在货运车辆上的车载设备工作环境比较恶劣，因此要求车载设备必须具备

较强的抗震性能、抗干扰性能和较宽的工作温度范围，因此在车载终端的上我们应本着可靠、实用的设计和集成原则。

2. 系统结构

系统主要由车载终端、监控中心和已建成的 GSM 网络和 GPS 系统四部分构成。车载单元利用 GPS 接收机来实现自身定位，通过 GSM 的短消息业务把自身的位置和状态(如速度、方向、空/满载、报警等)信息发送到监控中心。监控中心可以通过 GSM 网的话音业务与车载电话建立话音通讯，也可以利用短消息业务向车载单元发送中文简短信息。监控中心或其它外部应用系统可随时查询到车辆的位置和状态信息。

3. 系统功能和特点

针对应用特点，本系统可提供的服务为：

①车辆位置监控

②防劫报警、紧急监听、遥控断油断电

③交通救援

④车载电话

⑤区域报警和超速报警功能

可扩展的功能为：

①车载终端中文信息接收发送

②车辆自导航

③车载传真机接入

④车载条码扫描器接口

⑤与外部应用软件的接口

⑥与车载打印机的接口

本系统的主要特点是 覆盖范围大，在移通或联通的 GSM 网络覆盖范围内皆可跟踪到车辆；系统容量大；投资小，工程周期短，维护简单，无需建立专用的通讯网；数据传输速度快、可靠性高；车载终端设备体积小，便于隐蔽安装；扩展性好。

4. 车载单元

车载单元由 GPS 接收模块、GSM 通讯模块、控制模块和附属选配件构成。车载单元中的 GPS 模块用于接收 GPS 卫星的信号并计算出自身的位置，GSM 模块用于收发短消息和车载电话功能。

车载单元具备以下基本功能：

位置查询跟踪：收到中心查询或跟踪命令后自动根据中心的要求回传位置和状态信息。

紧急报警：用户可以触发隐蔽的报警按钮监控中心报警，报警后自动连续向监控中心报告自身位置，直到中心发送解除命令。

监听：在报警情况下，监控中心可远程监听现场情况。

车载电话：选配电话手柄，可实现车载电话功能。

遥控设置功能：可通过中心指令遥控设置车载单元参数，如身份码、密码、监控中心号码、服务电话号码等。

车载单元的可扩展功能如下：

信息交互：可连接LCD中文显示屏，与监控中心交互信息。

票据打印：可连接打印机，实现简单的票据打印。

货品管理：连接条码扫描器，直接把装载的货物条码信息发送到监控中心，实现货品的管理。

自导航：利用GPS接收机的位置数据输出与自导航显示屏连接，实现车辆的导航功能。

5. 监控中心

单机版监控中心由GSM MODEM、PC机、监控软件等组成，可实现小规模的系统应用，适合企业内部车辆调度和管理。监控管理软件基于WINDOWS98/WINDOWS NT4. 0/WINDOWS2000操作系统。GSM MODEM和GSM天线用于短消息的收发，通信服务软件负责短消息的接收和发送，并且接受单机监控软件或其它应用的收发请求，监控中心软件负责车辆的监控管理以及车辆位置在GIS系统上的显示。其它应用为系统的扩展部分，如货运信息的收发、调度信息的发布或者外部程序与监控软件之间的网关接口等。可根据用户的要求提供定制或提供接口。单机版监控中心软件的主要功能为：车辆定位及跟踪监控中心操作员可任意选择车辆，发出指令，该车将自动传回位置信息、运行轨迹以及速度、方向、空/满载等状态信息。轨迹存储和回放系统可存储监控目标的轨迹和状态信息，需要时可在电子地图上回放。报警中心可处理车辆发出的紧急报警、盗警、医疗求助、交通救援、越区和超速等警情。远程监听 中心在收到报警后可对报警车辆实施远程的现场情况监听。GIS系统矢量化的地理信息系统，电子地图可分层显示，支持地理信息查询和多窗口显示，支持无级缩放，支持车辆的自动中心和自动漫游。配备全国公路交通图，可为用户定制电子地图或特殊图层。

可扩展的软件功能如下：中文信息信息发布可对配备LCD中文显示屏的终端用户发布中文信息并可指示车载的打印机进行打印。内容可包括一般寻呼信息、调度信息、工作单等。扩展的外部应用接口将提供对货物条码信息的支持，并提供接口供外部应用程序查询车辆/货物的实时位置。将提供车辆调度系统的信息发布接口。上述接口采用TCP/IP协议，支持通过Internet远程访问监控中心。远程地理信息查询将对配备自导航显示屏的用户提供后台地理信息查询的支持，可远程将查询结果发送到车载自导航显示屏上。PDA支持充分发挥掌上电脑的多功能优势，使用PDA的显示屏可替代专用的自导航显示屏，并且支持多样的双向通讯手段，如短消息、WAP、E-mail、传真等。

[案例10-3]

耐克公司在中国的信息网络

在中国，信息网络应用的成功例子是：耐克（苏州）体育用品有限公司信息网络是耐克公司为实现办公自动化及生产的现代化控制的管理，委托深圳路明电脑有限公司设计施工的网络工程项目，包括整个厂区的结构化布线和组网。

项目总投资为128万元，整个工程范围是一栋办公楼和7个车间、2个仓库，共有数据信息点203个，语音信息点167个，网络主干用AMP的6芯光缆将办公楼与其它建筑呈星型连接。首期联网工作站数目为50台，全部采用COMPAQ DESKPR02000工作站，服务器则选用高性能的COMPAQ PROLIANT2500，网络操作系统采用Banyan Vines，网络设备采用3COM的交换机作为网络主干，路由器选用CISCO公司的2500系列产品，工作组则采用D

-Link 的交换式集线器，网络主干及大部分工作站以 100Mbps 速率传输，仅有几个使用较少的工作站以 10Mbps 速率传输。整个网络还通过一条 64K 的 DDN 专线连到福州公司，并通过福州公司与香港公司、台湾公司 相连形成一个大的广域网。首期工程已于 1997 年底竣工并交付使用，网络运行状况良好，深受耐克公司用户好评。

6. 系统实施方案

根据 GPS 技术在国内车辆监控调度导航系统中的应用现状，以及从成本、技术成熟性、配套设施等因素考虑，建议本系统分三个阶段实施，方法和步骤如下：阶段一：实现车辆的报警、定位和监控。阶段二：实现调度信息的下发和工作单的打印的输出；实现车载货物条码信息的实时上发；在软件上实现 GPS 监控软件与物流管理系统软件的连接，物流管理系统或调度中心可通过接口直接查询车/货的位置并下达调度指令。实现各个单机版中心之间的互联互用。阶段三：实现车辆的自导航设施。

*本章小结

本章介绍了物流信息的基本情况，物流信息编码标识技术及传输技术，这些信息资源在物流系统里起到什么样的作用。

※ 复习思考题

一、名词解释

物流信息　　自动识别技术　　GPS　　GSM　　GIS　　EDI OCR RFID PDF

二、思考题

1. 什么是现代物流信息技术？

2. 现有的自动识别技术有哪些？分别加以说明。

3. EDI 如何促进物流的发展？

4. GPS、GSM 与 GIS 三者如何应用于物流行业？

三、填空题

1. 信息的特征有：( )、( )、( )、( )、( )、( )。

2. 物流信息(LogisticsInformation)：反映物流各种活动内容的( )、( )、( )、( )、( )的总称。

3. 现代物流信息技术包括：( )、( )、( )、( )、( )、( )。

4. ( )，即全球定位系统，主要用于军事目的，可在任何时间、任何地点向用户提供三维位置、速度和时间的信息服务系统。

5. 车载单元具备以下基本功能：( )、( )、( )、( )、( )。

四、选择题(单选或多选)

1. 车载单元的可扩展功能有：( )

① 信息交互　　② 票据打印　　③ 货品管理　　④ 自导航

2. EDI 的直接利益包括：( )

① 提高内部生产率　　② 改善渠道关系
③ 提高外部生产率　　④ 降低作业成本

3. 在自动识别技术中，( )的优点是不局限于视线，具有读写能力，可携带大量数据，难以仿造和智能性较高等。

① RFID　② IC 卡　③ OCR　④ 条码技术

4. ( )是人们用来反映客观事物而记录下来的可以鉴别的符号，是客观事物的基本表达。

① 信息　② 数据　③ 标识　④ 物流信息

5. 企业外联网的类型有( )、( )、( )。

① 公共网络　② 专用网络　③ 虚拟专用网络　④ 局域网

五、课堂讨论题

美国物流信息化状况

物流信息化需要物流信息技术的支撑，同时，物流信息化的发展也带动了物流信息服务业的发展。目前美国物流信息化大致可分为以下 3 个方面。

1. 企业物流信息化

由于物流管理的基础是物流信息，并且物流管理利用信息流来控制实物流，因而企业纷纷将物流信息化作为物流合理化的一个重要途径，主要做法有：

(1)普遍采用条码技术(Bar – Coding)和射频识别技术(RFID)，提高信息采集效率和准确性，采用基于 Internet 的电子数据交换技术(Web EDI)进行企业内外的信息传输，实现订单录入、处理、跟踪、结算业务处理的无纸化。

(2)广泛应用仓库管理系统(WMS)和运输管理系统(TMS)来提供运输与仓储效率，如沃尔玛同休斯公司合作发射了专用卫星用于全球店铺的信息传递与运输车辆的定位及联络，公司 5500 辆运输卡车，全部装备了卫星定位系统(GPS)，每辆车在什么位置、装载什么货物，目的地是什么地方，总部一目了然，从而可以合理安排运量和路程，最大限度地发挥运输潜力。

(3)通过与供应商和客户的信息共享，实现供应链的透明化，运用 JIT、CPFR、VMI、SMI 等供应链管理技术，实现供应链伙伴之间的协同商务，以便“用信息代替库存”，降低供应链的物流总成本，提高供应链的竞争力。如 DELL 通过网站向供应商提供实时数据，使供应商随时能够了解和掌握零部件库存、需求预测及其他客户信息，更好地根据 DELL 的需求组织生产并按 JIT 配送，大多数零部件只在 DELL 仓库存放 15 分钟以内；同时，DELL 的客户在网上接指令配置 PC，下订单 5 分钟后就可以得到确认，36 小时以内客户订购的 PC 就会下生产线装上配送车。

(4)通过网上采购辅助材料，网上销售多余库存以及通过电子物流服务商进行仓储与运输交易等手段，借助电子商务来降低物流成本。

2. 物流企业信息化

由于在仓储、运输管理和基于 Internet 的通信方面的技术与实施能力已成为进入第三方物流行业的门槛，现代物流企业高度重视信息化建设，并呈现以下特点：

(1)物流信息服务包括预先发货通知、送达签收反馈、订单跟踪查询、库存状态查询、货物在途跟踪，运行绩效(KPI)监测、管理报告等，已成为第三方物流服务的基本内容。如美集物流(APLL)的 See Change 信息系统将一般船公司对集装箱的跟踪深入到对存货单元(SKU)的跟踪，将一般船公司从港口到港口的跟踪延伸为从供应端到消费端的全程跟踪;UPS 的供应商管理可以使客户通过 UPS 的信息系统对国外供应商的订单履行状态进行在线跟踪，这些信息服务已成为物流企业服务产品的组成部分。

(2)物流企业在客户的财务、库存、技术和数据管理方面承担越来越大的责任，从而在客户供应链管理中发挥战略性作用。物流外包影响供应链管理的最大因素是数据管理，因为用企业及其供应链伙伴广泛接受的格式维护与提供数据以实现供应链的可视化是一个巨大的挑战，物流企业不仅需要在技术方面进行较大投入，而且还需要具备持续改进、额外管理和流程再造能力。所以对技术、人才和信息基础设施的投入已成为物流企业区别竞争对手的重要手段。如 UPS 每年信息化投入 10 亿美元，其网站平均每天点击 11500 万次、790 万个网上查询，公司获得美国“CIO－100”强称号;APLL 为 IT 应用百佳企业之一。

(3)随着客户一体化物流服务需求的提高和物流企业信息服务能力的增强，出现了基于物流信息的平台，通过整合和管理自身的以及其他服务提供商补充的资源、能力和技术，提供全面的供应链解决方案的第四方物流服务(4PL)。如 APLL 为 DELL 提供管理供应商及其承运人的第四方物流服务，使 DELL 可以更好地控制零配件库存和进厂运输周期及运费，同时可以通过 APLL 的 See Change 信息系统从供应商处开始对进厂物流进行全程跟踪。

(4)物流企业大都采用面向客户自主开发物流信息系统的方式来实现物流信息化。一方面，购买一套大型物流软件的价格很高，一般有 60% ~70% 的功能物流企业暂时不用，浪费严重，所以物流企业可以制定信息结构的总体规划，根据实际需要先购买或研制部分软件，随着业务的发展不断完善信息系统。另一方面，物流企业开发信息系统的目标是满足 客户的需求、提高客户服务水平，往往在信息系统中融入自己优化的流程和技术诀窍，一般只会与一些软件商在数据库、运输管理、仓储管理等功能方面结成伙伴，但总体上自己掌握。

3. 物流信息服务业

(1)供应链软件提供商:美国的供应链软件提供商大致可分为 3 类，一是提供 WMS、TMS 等物流功能管理的软件商，如 EXE、PROVIA;二是提供供应链管理计划与执行系统(SCP、SCE)的软件商，如 MANUGISTICS;三是在提供 ERP 的基础上向上下游扩展到企业资源管理(ERM)的软件商，如 SAP、ORACLE、PEOPLESOFT 。这些软件商将行业标准、优化的流程和商业智能融入到软件系统，客户既可以选择成套的行业解决方案，又可以根据实际需要先安装一部分模块。

(2)信息中间商(Informediary):主要是提高专门的信息基础设施。物流服务商要和客户之间实现供应链一体化，又没有办法自己来做这么大的信息平台，因此通过信息中间商来进行这样的服务。如制造商 CAPSTAN 公司通过建立一个公共信息平台，把采购商、供应商、物流服务商、承运人、海关、金融服务等机构都放到上面。通过这个平台，大家交换数据，完成国际物流服务。数据交换的方式很多，可以用传统的 EDI 方式，也可以在网上作 FIP 文件传输，或者是采用现在比较流行的 XM，联接。这种服务商就是专门提供这样的信息平台，通过会员制来提供服务。由于全球供应链最难的或者说信息最容易脱节的地方，就是跨越国境，因而这一服务有一定的市场需求，当然这种服务平台对宽带技术以及网上平台技术的要求敢比较高。

(3)网上市场(E – Marketplace):随着电子商务的兴起，网上交易不断涌现，其中物流特别是运输网上交易日益活跃。运输网上交易形式多样，包括合并第在方提供商，如 transplace. com 由 J. B. Hunt Transport 等六个伙伴合并而成，拥有 38000 牵引车，91000 台拖挂车，和大约 48000 名职业司机，为潜在的客户带来巨大以能力；也包括行业中立交易商如 Logistics. com，提供运输能力与需求的自动配送优化、管理现场交易等各种运输交易形式，以便为参与者提供交易的灵活性，创造专门的和定向的交易市场，为客户提供一个客户化运输管理系统(TMS)软件包的所有益处，而不需要购买、安装并尽量利用现在员工。

分析：

1. 美国物流信息技术包括哪些组成部分？
2. 案例中提到的不同物流信息技术的主要功能是什么？
3. 本案例对如何提高企业物流和物流企业信息化管理水平有何重要启示？

参考文献

一、蔡淑琴,《物流信息系统》, 中国物资出版社, 2002 年
二、赵刚,《物流信息系统》, 四川人民出版社, 2002 年
三、欧阳文霞,《物流信息技术》, 人民交通出版社, 2002 年
四、孙丽芳,《物流信息技术与信息系统》, 电子工业出版社, 2004 年
五、吴信才,《地理信息系统设计与实现》, 电子工业出版社, 2000 年
六、孙海,《物流信息技术》, 人民交通出版社, 2005 年
七、朱明,《数据挖掘》, 中国科学技术大学出版社, 2002 年
八、张成海, 张铎,《现代自动识别技术与应用》, 清华大学出版社, 2003 年
九、吉龙, 江锦祥,《物流信息技术》, 机械工业出版社, 2004 年
十、宋文官,《电子商务基础》, 东北财经大学出版社, 2004 年
十一、张宗成,《现代物流信息化》, 中山大学出版社, 2001 年
十二、马士华、林勇、陈志祥,《供应链管理》, 机械工业出版社,2001 年
十三、张铎、林自葵,《电子商务与现代物流》,北京大学出版社, 2002 年
十四、曾剑、王景锋、邹敏,《物流管理基础》,机械工业出版社 2005.9
十五、李吟龙,《物流基础》,人民交通出版社,2004.1
十六、甘卫华、尹春建,《现代物流基础》,电子工业出版社,2005.5
十七、后勤工程学院现代物流研究所编写,《现代物流概念和物流管理》, 中国物资出版社
十八 、http://www.chinawuliu.com
十九、张铎、周建勤主编,《电子商务物流管理》,高等教育出版社, 2001 年
二十、桂寿平,《物流学基础理论》,华南理工大学出版社,2004.5
二十一、刘伟,《物流管理概论》,电子工业出版社, 2004.9
二十二、郝渊晓,《现代物流管理学》,中山大学出版社 ,2001.11
二十三、杨茅甄,《集装箱运输实务》,高等教育出版社,2004.12
二十四、中国国际货运代理协会编《国际多式联运与现代物流理论与实务》
二十五、《现代物流技术基础》,清华大学出版社,2004.6
二十六、杨志刚,《国际货运物流实务、法规与案例》,化学工业出版社
二十七、《国际货运代理从业人员资格培训考试复习指南》,中国商务出版社
二十八、中国国际货运代理协会编,《国际货运代理基础知识》

读者反馈意见

亲爱的读者：

感谢您对《现代物流概论》的学习和热爱！为了今后能给您提供更优质的服务，请您抽出宝贵时间填写下面意见反馈表，以便我们更好地对本教材做进一步的改进。同时如果您在使用本教材的过程中遇到了什么问题，或者有什么好的建议，也请您来信、来电告诉我们。

地址：北京市丰台区科学城南极星大厦108室

电话：010－83794403/83794590

电子邮箱：caikai6223@263.net　QQ：649319527　QQ：1694299827

网址：WWW.KFHWH.CN

教材名称：《现代物流概论》

个人资料：

姓名：＿＿＿＿＿年龄：＿＿＿＿＿所在院校/专业＿＿＿＿＿＿＿＿

文化程度：＿＿＿＿＿＿通讯地址：＿＿＿＿＿＿＿＿＿＿＿＿

联系电话：＿＿＿＿＿＿电子信箱：＿＿＿＿＿＿＿＿＿＿＿＿

您使用本书是作为：□指定教材、□选用教材、□辅导教材

您对封面设计的满意度：

□很满意、□满意、□一般、□不满意　改进建议＿＿＿＿＿＿＿＿

您对本书印刷质量的满意度：

□很满意、□满意、□一般、□不满意　改进建议＿＿＿＿＿＿＿＿

您对本书的总体满意度：

从语言质量角度看：□很满意、□满意、□一般、□不满意

从科技含量角度看：□很满意、□满意、□一般、□不满意

本书最令您满意的是：

□指导明确、□内容充实、□讲解详尽、□实例丰富

您认为本书在哪些地方应进行修改？（可附页）

＿＿＿＿＿＿＿＿＿＿＿＿＿＿＿＿＿＿＿＿＿＿＿＿＿＿

＿＿＿＿＿＿＿＿＿＿＿＿＿＿＿＿＿＿＿＿＿＿＿＿＿＿

您希望本书在哪些方面需进行改进？（可附页）

＿＿＿＿＿＿＿＿＿＿＿＿＿＿＿＿＿＿＿＿＿＿＿＿＿＿

＿＿＿＿＿＿＿＿＿＿＿＿＿＿＿＿＿＿＿＿＿＿＿＿＿＿